U0505681

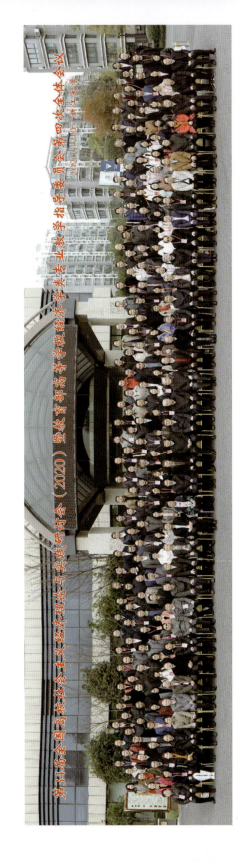

第34届全国高校社会主义经济理论与实践研讨会（2020）暨教育部高等学校经济学类专业教学指导委员会第四次全体会议

2020年12月05日 浙江大学

全国高校社会主义经济 理论与实践研讨会丛书

社会主义经济理论研究集萃（2020）

全面小康的中国经济

洪银兴　黄泰岩　潘士远　等著

QUANMIAN XIAOKANG DE ZHONGGUO JINGJI

中国财经出版传媒集团

经济科学出版社
Economic Science Press

图书在版编目（CIP）数据

社会主义经济理论研究集萃.2020：全面小康的中国经济/洪银兴等著.—北京：经济科学出版社，2021.10

（全国高校社会主义经济理论与实践研讨会丛书）

ISBN 978 - 7 - 5218 - 3021 - 7

Ⅰ.①社… Ⅱ.①洪… Ⅲ.①社会主义经济 - 研究 - 中国 Ⅳ.①F120.2

中国版本图书馆 CIP 数据核字（2021）第 222976 号

责任编辑：于　源　陈　晨
责任校对：杨　海
责任印制：范　艳

社会主义经济理论研究集萃（2020）

全面小康的中国经济

洪银兴　黄泰岩　潘士远　等著

经济科学出版社出版、发行　新华书店经销

社址：北京市海淀区阜成路甲 28 号　邮编：100142

总编部电话：010 - 88191217　发行部电话：010 - 88191522

网址：www. esp. com. cn

电子邮箱：esp@ esp. com. cn

天猫网店：经济科学出版社旗舰店

网址：http://jjkxcbs. tmall. com

北京季蜂印刷有限公司印装

710 × 1000　16 开　26.25 印张　450000 字

2021 年 10 月第 1 版　2021 年 10 月第 1 次印刷

ISBN 978 - 7 - 5218 - 3021 - 7　定价：105.00 元

（图书出现印装问题，本社负责调换。电话：010 - 88191510）

（版权所有　侵权必究　打击盗版　举报热线：010 - 88191661

QQ：2242791300　营销中心电话：010 - 88191537

电子邮箱：dbts@ esp. com. cn）

总　序

　　全国高校社会主义经济理论与实践研讨会是在原国家教委的倡导下于1985年组织创办的，由北京大学、中国人民大学、南开大学、复旦大学、武汉大学、吉林大学、厦门大学、西南财经大学等8所部直属大学的老一辈经济学大师组成领导小组。宋涛、胡代光、滕维藻、蒋学模、谭崇台、关梦觉、刘诗白、吴宣恭、卫兴华、谷书堂、陶大镛、张维达、陈征等前辈先后担任领导小组成员，中国人民大学宋涛先生担任领导小组组长，卫兴华先生兼任秘书长。

　　在教育部的正确领导和大力支持下，全国高校社会主义经济理论与实践研讨会经历了三十多个春秋，在风雨中坚持不懈，举办了33次大型研讨会并出版了33部论文集，影响不断扩大，经久不衰，参会者热情日益高涨。其中一个重要原因是研讨会的强大凝聚力，凝聚力的基础就是马克思主义经济学及其理论创新。这个研讨会是高校从事马克思主义政治经济学教学与研究的教师的思想聚会和精神大餐。每次研讨会都有老一辈经济学家的坚强领导和掌舵，有举办单位的周密组织，有各个高校的积极支持，有所有参会者，特别是青年经济学者们的踊跃参与和智慧奉献。每次会议的研讨都有明确的议题，议题能够紧扣时代脉搏，理论联系实际，参会者主要通过论文评审方式选出，再加特邀代表，会议气氛百花齐放、自主和谐，从而保证了每次会议都能取得可喜成果，大家都有收获。30多年来，参加会议的许多代表是年年积极参加，还有一批批年轻同志的不断加入。这个会议培养出了一批坚持马克思主义、理论联系实际的经济学专家，为各个高校坚持以中国化、时代化的马克思主义经济学进课堂、进教材、进学生头脑做出了重大贡献。参加会议的一批批年轻人在学术界崭露头角，进入了学术和行政的重要岗位。所有这些表明，我们这个研讨会已经办出了品质、品牌，具有生命力、吸引力。

从 2007 年第 21 次会议开始，领导小组进行了新老交替。经多方征求意见，包括原领导小组成员的意见，并向教育部有关领导汇报和获得同意，确定了研讨会领导小组成员的调整，决定新的领导小组继续主要由原来 8 所大学推选年轻代表组成，由南京大学洪银兴教授担任组长，其他成员有林岗、黄泰岩、刘伟、逄锦聚、庄宗明、刘灿、简新华、李慧中、谢地等教授，黄泰岩教授兼任秘书长，张宇、黄桂田、张二震 3 位教授任副秘书长。2010 年，研讨会领导小组增补北京师范大学李晓西教授为领导小组成员。2016 年，研讨会领导小组增补北京师范大学赖德胜教授任副秘书长。2018 年因李慧中教授退休，由张晖明教授接任。从第 21 次年会开始，会务组织和具体的工作安排则由新领导小组协商处理。但是老一辈经济学家继续在为研讨会掌舵，新一届领导小组成员决心秉承传统，守正创新，增强活力，不仅要把老一辈经济学家开创的事业继承下来，还要越办越好，发扬光大。特别是在出现多个全国性经济学论坛和年会的背景下，更要以自身的特色，特别是以坚持马克思主义经济学中国化、时代化，开拓当代中国马克思主义经济学新境界为特色增强凝聚力和吸引力。

伴随着我国改革发展的历史进程，我国高校经济学界以马克思主义政治经济学的基本理论和方法为指导，积极借鉴现代西方经济学的有益成果，深入研究我国改革开放和发展转型中的重大理论和实践问题，为建立中国特色社会主义经济理论体系做出了重要贡献。其中包括：社会主义初级阶段理论、社会主义基本经济制度理论、中国经济运行理论、中国经济发展理论、对外开放理论，等等。这些都是马克思主义经济学中国化、时代化的创新性理论成果。

马克思主义经济学的中国化、时代化，是我们理论创新的方向。中国马克思主义经济学的研究，一定要面向中国改革、转型和发展的伟大实践，在实践的基础上推进理论创新。马克思主义经济学的本质特征之一就是其开放性，我们既要吸收发达国家的发展生产力的先进经验，又要吸收西方经济学中的科学成分。对于马克思主义经济学理论，不仅要解决坚持问题，更要解决好发展问题。马克思主义经济学的与时俱进，也就是马克思主义经济学在中国特色社会主义的实践中发展，在吸取各种经济学流派的积极成果中发展。

为进一步推进中国特色社会主义政治经济学的理论创新，全国高校社会主义经济理论与实践研讨会领导小组决定自 2016 年开始设立"兴华优秀论文奖"。卫兴华教授作为"人民教育家"国家荣誉称号获得者、中国杰出的马克思主义经济学家和研讨会的主要创办者、组织者，特将其所获得的第四届吴玉章人文社会科学终身成就奖的 100 万元奖金全部捐赠出来作为"兴华优秀论文奖"的奖励基金。设立"兴华优秀论文奖"的目的是激励学者们为创新发展中国特色社会主义政治经济学创作出更为厚重的精品力作，助力培养造就出一大批马克思主义经济理论家特别是中青年经济理论家。

本书在"人民教育家"国家荣誉称号获得者卫兴华教授仙逝一周年时编辑出版，我们要继承他的精神，沿着"最美奋斗者"的足迹，继续推进中国经济学的理论创新与实践探索。本书的出版，也是对他的一种纪念。

2007 年以前，研讨会每年都要出版一本包括所有提交论文的概要的文集。从 2007 年的第 21 次年会起出版的会议文集不再是全部论文的概要，而是经评审组专家评审，在大会入选的论文中选择部分切合年会主题的代表性论文结集由经济科学出版社出版。陈亮做了文集编辑的基础工作，文集最后由黄泰岩定稿。我们希望每年出版的文集能够代表当年马克思主义经济学中国化、时代化研究的高端水平，努力为推进当代中国马克思主义经济学的理论创新，科学回答坚持和发展什么样的中国特色社会主义、怎样坚持和发展中国特色社会主义的重大理论和实际问题，增强理论自信、道路自信、制度自信、文化自信，培养造就一大批当代中国马克思主义理论家特别是中青年理论家做出应有的贡献。

全国高校社会主义经济理论与实践研讨会领导小组

目录

第一篇　中国经济发展的新格局

第二篇　中国经济发展的新征程

第三篇　中国经济发展的新业态

第四篇　中国经济发展的新动力

第五篇　中国经济学的新发展

目　录

开 幕 词

刘 伟[*]

各位代表、各位来宾、各位专家和同学们：

在教育部的支持下，各方共同努力下，第34届全国高校社会主义经济理论与实践研讨会在美丽的浙江大学召开，同时，我们还召开教育部经济学类专业教学指导委员会第四次会议，可谓好事成双。首先，我谨代表研讨会领导小组，对会议的顺利召开表示热烈的祝贺！对全体与会代表、各位教指委委员的到来表示热烈的欢迎！对承办此次会议的浙江大学经济学院和所有为此次会议顺利举办付出艰辛努力的工作人员，表示衷心的感谢！

全国高校社会主义经济理论与实践研讨会是在原国家教委的倡导下于1985年组织创办的，从1986年第一届研讨会召开以来，到这一届已经是第34届了。30多年来，在教育部的大力支持下，在老一辈经济学家的亲切关怀和指导下，研讨会历久弥新，为全国高校中从事社会主义经济理论研究的志同道合者提供了一个高水平的学术交流平台。大家以改革开放和社会主义现代化进程中遇到的重大问题为导向，以马克思主义经济学为基本立场，兼容并包，集思广益，畅所欲言，不仅为国家经济建设的实践问题献计献策，还为建设中国特色社会主义经济理论做出了重大贡献。今天，我们看到老中青三代学者济济一堂，充分展现了我们这个研讨会的号召力和影响力，还显示了我们中国特色社会主义经济理论研究薪火相传、生生不息的繁荣发展局面。

这一局面的形成，是与老一辈经济学家的始终关怀和无私奉献分不开的。尤其是卫兴华教授，作为中国杰出的马克思主义经济学家、教育家和研讨会的主要组织者，一直关心关注马克思主义经济学的创新发展和人才培养，特将其所获第四届吴玉章人文社会科学终身成就奖的100万元作为

---

* 刘伟，中国人民大学教授。

原始基金，从第 30 届研讨会开始在参会论文中评选优秀论文，颁发"兴华优秀论文奖"。这次会议我们也评选出了 5 篇优秀论文，稍后将颁发第四届"兴华优秀论文奖"。让我们以热烈的掌声对获奖者表示祝贺，向设奖者卫兴华教授表示感谢，也向所有一直以来关心、支持研讨会，关爱后学成长的老一辈经济学家，致以崇高的敬意。

各位同仁，2020 年是一个不同寻常的年份。新冠肺炎疫情肆虐全球，但在中国共产党的领导下，我们不仅取得了防疫抗疫的阶段性胜利，还取得了经济恢复的胜利。在 12 月 3 日召开的中央政治局常委会上，习近平总书记听取脱贫攻坚总结评估汇报时指出，我们如期完成了新时代脱贫攻坚目标任务，现行标准下农村贫困人口全部脱贫，贫困县全部摘帽，消除了绝对贫困和区域性整体贫困，近 1 亿贫困人口实现脱贫，取得了令全世界刮目相看的重大胜利。[①] 这些历史性成就的取得，充分体现了中国特色社会主义制度的优越性。这些成就的取得，对每一位身处其中的经济理论工作者而言，都深受鼓舞。

回顾改革开放 40 多年来，中国经济社会所取得的伟大成就与社会主义经济理论发展紧密相连。一方面我国社会主义现代化建设所取得的伟大成就，不仅为社会主义经济理论的发展提供了丰沃的土壤，还不断提出新的问题。中国特色社会主义经济理论的每一次重大成就的取得，无不是与我国改革开放实践的重大现实问题紧密结合的，无不是扎根于我国经济社会建设的实践土壤而结出的硕果。另一方面，社会主义经济理论建设，不断丰富完善我国社会主义建设实践的理论指导思想。40 多年来，我们在现代化进程中的每一次重大进展，无不是以社会主义经济理论的重大突破为前提引领的。

因此，作为社会主义经济学理论工作者，我们必须将学术研究与中国改革开放和社会主义现代化建设的伟大实践紧密结合，坚持把论文写在祖国大地上，坚持"四个自信"，才能不断取得理论突破，不断深入推进马克思主义经济学的中国化，不断丰富和完善中国特色社会主义经济理论体系。

各位同仁，全国高校社会主义经济理论与实践研讨会，作为全国高校社会主义经济研究工作者的交流平台，需要各位专家学者的共同努力和积

---

① 《中共中央政治局常务委员会召开会议 听取脱贫攻坚总结评估汇报》，载于《人民日报》2020 年 12 月 4 日第 1 版。

极参与，把这个平台建设好。期待大家在研讨中贯彻百花齐放、百家争鸣的精神，多提建设性意见，充分体现研讨会的水平与学者的学术研究深度，充分反映我国高校社会主义经济理论研究的最新科研成果。也预祝本次研讨会取得圆满成功，祝各位参会者身体健康、事业兴旺！

　　谢谢！

闭 幕 词

逄锦聚[*]

各位领导、各位学者、各位同仁，老师们、同学们：

大家上午好！

为期一天半的"第34届全国高校社会主义经济理论与实践研讨会"即将落下帷幕，首先请允许我代表全国高校社会主义经济理论与实践研讨会领导小组，对浙江大学经济学院在这次会议承办中所做的出色组织工作表示衷心的感谢！对全国各个高校的与会代表和各界朋友出席本次会议并贡献智慧表示感谢！

这次会议开得非常成功！

首先，主题鲜明，意义重大。2020年是一个极不平凡的一年，我们经受住了新冠肺炎疫情冲击的严峻考验，取得了全面小康社会建设的伟大胜利。刚刚召开的中国共产党十九届五中全会，为开启我国全面建设社会主义现代化新征程指明了道路。我国经济社会在各种复杂环境中所展现出来的韧劲和发展的潜力，对于我们每一位经济学研究工作者而言，既是千载难逢的机会，也是巨大的挑战。说是机会，是中国改革开放和伟大实践，其所面临的背景的复杂性，所进行的探索的曲折性，所取得的成就的显著性，在人类发展历史上是前所未有的，这对于身处这样一个伟大时代的经济学研究者而言，正是我们大有作为的好时代。会议紧紧围绕党的十九届五中全会精神，就即将开启全面建设社会主义现代化国家新征程，贯彻新发展理念，实现高质量发展，构建新发展格局，开拓当代中国马克思主义经济学新境界等重大课题进行研讨，并取得积极成果。这既体现了高校学者们的高度责任感，也体现了高校社会主义经济理论与实践研讨会举办以来一直秉持的初衷。

其次，成果丰硕，水平很高。从参与本次会议的论文来看，内容丰

---

[*] 逄锦聚，南开大学讲席教授。

富，显示了我们研究者的研究视野广阔，研究工作扎实，研究方法先进，研究结论有启发性的特点。论文的主题既有马克思主义经济学中国化、时代化的问题，也有中国经济运行中各方面的问题，包括产业、区域、财政、人口资源、环境、市场竞争、金融等各个国民经济的重要领域。特别是数字经济、信息化、人工智能等新产业技术革命对经济运行的影响，也有不少参会论文进行了深入的探讨和研究。应该说本次会议的成果涵盖面广，前沿性强，体现了中国经济学研究发展的最新成果。而且参会论文和与会报告，思想性和科学性并存，既有大局宏观着眼的思考，也有细处雕琢的扎实。两者的结合，大大增加了研究的价值和张力，也大大提升了本次研讨会的层次和水平，对于参与学者而言，其收获也大为增加。

最后，代表性广，参与度高。本次会议参会人员有年长的老学者，也有大批年富力强的年轻学者；有我国自己培养起来的专家，也有海外归国的学者。这体现了我们这个研讨会的生机活力，也体现了我国社会主义经济理论的构建和发展，越来越成为广大有识之士，尤其是年轻的、具有国际视野的学者的共识。我也欣喜地看到在每一个分会场上，大家热烈讨论，坦诚交流，展现了一种和谐互动的学术氛围。这种氛围对每一与会学者提高研究能力和水平都是至关重要，对我们整个社会主义经济理论研究营造良好氛围更是意义重大。我期待我们每一位与会学者能在今后的学术研究和交流中，坚守这样一种实事求是的、坦诚的交流，共同为推动社会主义经济理论体系建设做出贡献。

这次研讨会还专门举行了纪念人民教育家卫兴华教授的活动，举行了《致敬！人民教育家卫兴华教授》新书发布揭幕，颁发了第五届"兴华优秀论文奖"，举办了人民教育家卫兴华教授学术思想研讨会，我们以此缅怀这位从事马克思主义经济学和社会主义经济理论教学与研究工作60余年、春风化雨、桃李天下的人民教育家，缅怀这位为研讨会创办和组织发展壮大付出艰辛劳动的人民教育家卫兴华教授，砥砺每位经济学教学与科研工作者为当代中国马克思主义经济学创新发展和全面建设社会主义现代化国家新征程做出更大贡献。

实践在发展，时代在前进。我们生活在难得的好时代，让我们以这次研讨会为新起点，跟踪时代和实践发展，为人民做学问，为建成社会主义现代化强国，实现中华民族伟大复兴做出更大贡献！

现在，我宣布大会达到预期目的，胜利闭幕！

第一篇

中国经济发展的新格局

政治经济学视角的新发展格局

洪银兴*

再生产包含的生产、分配、流通、消费四个环节循环形成了国民经济循环。国民经济循环是各个再生产环节共同作用的结果，以最终消费带动的需求对供给有显著的牵引作用。进入新时代，面对全球化的新变局，以外循环为主体逐渐转向以内循环为主体，主要涉及这两个方面：一是部分外向度高的地区转向国内循环为主体；二是产业链循环由外转内。转向内循环为主体需要扩大内需战略同深化供给侧结构性改革有机结合。扩大内需需要加快培育完整内需体系的要求。供给侧发力是要推进产业链现代化。其基本路径是围绕产业链部署创新链，产业链与创新链深度融合。国际国内双循环相互促进的新发展格局涉及我国的开放型经济的战略性变化。新时代的经济全球化同时也是基于资源禀赋的劳动和资源的比较优势终结过程，需要在创新驱动基础上培育核心技术的竞争优势。这就要求传统的出口导向的开放模式转向内需型开放模式，其着力点是发展创新导向的开放型经济。

进入新时代，积极应对世界百年未有之大变局的重大对策是，构建以国内大循环为主体、国内国际双循环相互促进的新发展格局。新发展格局理论是中国特色社会主义政治经济学的最新成果。从政治经济学视角研究新发展格局的内涵和理论价值，可以更好地科学指导发展的实践，实现向新发展格局的有效转型。

---

* 洪银兴，南京大学文科资深教授。

一、以社会再生产理论科学认识畅通国民经济循环

马克思的再生产理论指出，再生产包含生产、分配、流通、消费四个环节。这四个环节的循环就形成国民经济循环。习近平总书记在十九届五中全会上指出："构建新发展格局，要坚持扩大内需这个战略基点，使生产、分配、流通、消费更多依托国内市场，形成国民经济良性循环。"① 可见习近平关于新发展格局的界定同马克思的再生产理论是一脉相承的，有科学的依据。

根据马克思关于再生产环节的分析，国民经济循环既有正向的也有反向的。所谓正向循环，指的是生产为起点消费为终点期间经过分配和流通环节的循环。所谓反向循环，指的是消费为起点生产为终点期间经过分配和流通环节的循环。对一个快速增长型经济体来说，反向循环即以消费为起点的顺畅循环特别重要。以最终消费带动的需求对供给有显著的牵引作用。

消费环节的作用。在再生产中，消费提供生产的目的和动机。没有消费就没有生产。居民消费水平提升直接带动生产水平提升。马克思在《资本论》中提出消费力概念，是指一定时期内消费者的消费能力。马克思特别说明了发展消费力与发展生产力同等重要。他说："发展生产的能力，因而既是发展消费的能力，又是发展消费的资料。消费的能力是消费的条件，因而是消费的首要手段，而这种能力是一种个人才能的发展，一种生产力的发展。"② 马克思明确指出，"禁欲不是发展生产力的条件"。③ 正是消费力的提高，消费的扩大推动生产力的发展。因此消费力本身就是一种生产力。据此，人们特别重视最终消费对经济增长的拉动作用。

虽然是以消费为起点，绝不意味着只是最终消费影响国民经济循环，需要进一步明确最终消费从哪里来，消费力是如何提高的？根据马克思的分析，这些都要靠再生产的其他环节的作用。这意味着再生产其他环节对国民经济循环的影响不可忽视。国民经济循环是各个再生产环节共同作用

---

① 习近平：《关于〈中共中央关于制定国民经济和社会发展第十四个五年规划和二○三五年远景目标的建议〉的说明》，载于《人民日报》2020年11月4日第2版。

②③ 《马克思恩格斯全集》第46卷（下），人民出版社1980年版，第225～226页。

的结果。

分配环节的作用。人们的消费力就与分配相关，个人消费力是由其收入水平决定的，而社会消费力则决定于社会的分配关系。一是社会生产成果在不同生产要素所有者之间或在社会各个阶级之间的分配决定着消费力，二是积累与消费之间的分配也决定着消费力。马克思指出，在资本主义社会，"社会消费力既不是取决于绝对的生产力，也不是取决于绝对的消费力，而是取决于以对抗性的分配关系为基础的消费力；这种分配关系，使社会上大多数人的消费缩小到只能在相当狭小的界限以内变动的最低限度。其次，这个消费力还受到追求积累的欲望，扩大资本和扩大剩余价值生产规模的欲望的限制。"① 所以，生产力越发展，它就越和消费关系的狭隘基础发生冲突。而根据上述马克思影响消费力因素的提示，现阶段畅通国民经济循环，在分配环节就有两个方面的调整。一是调整收入分配关系，坚持按劳分配为主体多种分配方式并存，努力增加居民收入，尤其要关注低收入者收入水平的提高，最终消费水平必然会随着劳动生产率的提高而提高；二是调整积累和消费的关系，在国民收入分配中改变过去高积累低消费政策，提高消费率。为此不仅要增加居民收入，还要较大幅度增加公共消费支出。尤其是公共卫生支出。

流通环节的作用。商品是在市场上流通的。马克思说流通领域是商品生产者关系的总和。国民经济的循环实质上是社会总产品的市场实现问题。社会再生产的实现涉及的是在市场上实现价值补偿和物质替换。这需要完善的市场体系和规范的市场秩序。畅通国民经济循环很大程度上是指畅通市场流通。就消费来说，消费只有同流通结合才能形成消费需求。消费需求实际上指的是市场需求。市场到哪里，哪里就会产生新的消费需求。市场的创新和扩大会创造和扩大消费需求。这意味着在讲到消费需求时都包括市场作用，畅通国民经济循环所需要的最终需求的增长，离不开市场有效作用。

生产环节的作用。生产环节涉及的是供给问题。当前畅通国民经济循环不仅涉及最终消费需求带动的循环，还包括产业链循环。产业链循环的畅通既涉及需求又涉及供给。一方面产业链的每一个环节都会提出前向和后向的需求，另一方面产业链的每一个环节都有供给问题，尤其是技术供给。正是在这个意义上产业链又称为供应链。产业链的内循环所需要疏通

---

① 马克思：《资本论》第 3 卷，人民出版社 2004 年版，第 273 页。

的产业上下游关系，最为重要的是保持产业链供应链的稳定性和竞争力，提升供给体系对国内需求的适配性。目前产业链循环不畅通可以归结为存在技术供给的短板，产业链循环的需求得不到满足。因此，需要进一步推动供给侧的结构性改革，在技术供给上有明显突破。

二、准确认识国民经济由外循环为主体转向内循环为主体的内涵

在开放型经济背景下，国民经济循环既在国内又可能进入国外，由此形成内循环和外循环。内循环指的是从生产到消费各个环节都在国内，外循环除了生产和消费"一个在外头一个在里头"，即进口和出口外，还有产业链的部分环节在国外，形成产业链的外循环。当年发展外向型经济特点是，大进大出参与国际大循环，以利用国际资源和国际市场。

目前对国内循环为主体的认识存在着偏差，好像原来我国是以外循环为主。实际情况是，如果按货物进出口总额占国内生产总值（GDP）比重计算，2019 年我国的外向度为 32%，连同服务进出口总额外向度也才37%。这表明我国整体上还是国内循环为主体。但不意味着不存在外循环为主体的经济。外循环为主体的经济有两类。一是沿海部分地区是外循环为主体，如 2019 年按货物进出口总额计算的外向度，上海达 89%，广东达 66%，浙江达 49%，江苏达 44%。① 二是产业链的外循环。经济全球化的重要特征是国际分工（贸易）转向产品内分工（贸易）：某种产品的生产在全球布局供应链，形成产业链和全球价值链。这样外循环的重要方面参与全球产业链的循环。我国产业和企业通过嵌入全球产业链（价值链）融入全球化经济。其目标或者是获取市场或者是获取技术。产业的科技水平越高，参与国外产业链的环节越深。国外供给部分都是拥有核心技术的高科技零部件。进入新时代，面对全球化的新变局，外循环为主体转向内循环为主体，主要涉及以下两个方面。

一是部分外向度高的地区转向国内循环为主体。我国沿海地区推进的外向型经济，资源和市场都在国外，虽然沿海地区在外向中得到了繁荣，但由于没有带动西部地区发展，地区差距进一步扩大。诺贝尔经济学奖获得者斯蒂格利茨前几年针对沿海地区两头在外的外向型经济模式告诫中

---

① 根据《中国统计年鉴 2020》和《中国贸易外径统计年鉴 2020》整理计算所得。

国：沿海外向型经济的发展没有能够带动西部地区的发展。随着经济增长和全球经济环境的变化，那种主要依靠出口和国外直接投资来推动经济增长的战略的重要性将降低。同时，中国面临着继续改善资源配置和生产力挑战的问题。应对这个挑战的对策，就是使国内经济成为增长和平等的发动机。近年来，外部环境和我国发展所具有的要素禀赋发生了重大变化，市场和资源两头在外的国际大循环动能明显减弱，而我国内需潜力不断释放，国内大循环活力日益强劲。这意味着外向度高的沿海地区转向国内循环为主，将资源和市场的取得放在国内也有自身发展的要求。

二是产业链循环由外转内。产业链的国外循环实质是利用国外技术和市场。近年来某些发达国家推行保护主义的反全球化政策，特别是美国特朗普政府挑起中美贸易战，在科技、产业等领域与中国脱钩。再加上 2020 年在全球肆虐的新冠肺炎疫情导致世界经济衰退，使一系列全球产业链断裂。尤其是在高科技环节受到打压和断供。在此背景下，不少产业链的外循环难以为继。产业链循环的国外环节转向国内不可避免。

基于以上国际国内客观情况变化，我国需要根据自身发展的需要，推动形成以国内大循环为主体、国内国际双循环相互促进的新发展格局。就如习近平 2020 年 8 月 24 日在经济社会领域专家座谈会上所指出的："这个新发展格局是根据我国发展阶段、环境、条件变化提出来的，是重塑我国国际合作和竞争新优势的战略抉择。"[①] 构建新发展格局，是与时俱进提升我国经济发展水平的战略抉择，也是塑造我国国际经济合作和竞争新优势的战略抉择。

三、供给侧结构性改革与扩大内需战略相配合

供给和需求相辅相成。转向内循环为主体的国民经济循环需要供给和需求两侧共同发力。

内循环为主体实际上是把发展经济的立足点放在国内，更多依靠国内市场实现经济发展。我国有 14 亿人口，人均国内生产总值已经突破 1 万美元，是全球最大和最有潜力的消费市场，具有巨大增长空间。这意味着

---

①　习近平：《在经济社会领域专家座谈会上的讲话》，载于《人民日报》2020 年 8 月 25 日第 2 版。

中国的国内市场规模处于世界前列。尽管如此，转向内循环为主体还是有条件的，增长潜力成为现实的发展动力需要供给侧和需求侧共同发力。党的十九届五中全会要求扩大内需战略同深化供给侧结构性改革有机结合。

需求侧发力就是要求内需充分。服从于内循环的需要，扩大内需就不是权宜之计，而是战略基点。内需市场需要培育。不能以为内需自然存在，需要通过一系列行为去扩大内需。扩大内需需要明确内需的范围。党的十九届五中全会提出加快培育完整内需体系的要求。内需体系包含多方面内容，扩大内需需要多管齐下。何为完整的内需体系？可以从不同角度概括。首先，内需的内容包括消费需求 + 投资需求，扩大内需就需要扩大消费和投资需求。其次，国民经济循环中的内需不仅涉及消费还涉及流通，流通 + 消费 = 市场需求。最后，是产业链循环中的内需。

根据内需体系，扩大内需的措施包括：首先是消费升级。消费升级不仅创造需求，还能引领内需扩大。党的十九大把中高端消费称作发展的新动能。中高端消费是中高端层次消费，更为重视品牌、质量、档次、环保、安全、品位。满足中高端消费需求的产品和服务，智能制造、柔性化生产、定制式生产和服务就成为供给侧的新动能。其次是鼓励投资，尤其是鼓励民间投资。最后是市场建设，畅通市场流通。从而形成需求牵引供给、供给创造需求的更高水平动态平衡。

在已经进行 4 年多的供给侧结构性改革基础上，供给侧发力是要推进产业链现代化。产业链循环由外转内，最根本的是产业链环节的技术需求及相应的技术供给由外转内。其基本路径是围绕产业链部署创新链，产业链与创新链深度融合，产生具有自主知识产权的核心技术和关键技术。把科技创新真正落到产业发展上，面对我国多个产业的全球产业链中断，不仅需要疏通产业的上下游关系，保持产业链供应链的稳定性和竞争力，还要建立自主可控的现代化产业体系。我国的产业现状如习近平总书记所说："我国关键核心技术受制于人的局面尚未根本改变，创造新产业、引领未来发展的科技储备远远不够，产业还处于全球价值链中低端。"[①] 因此习近平总书记提出："围绕产业链部署创新链，把科技创新真正落到产

---

① 《习近平在省部级主要领导干部学习贯彻党的十八届五中全会精神专题研讨班上的讲话》，载于《人民日报》2016 年 5 月 10 日第 2 版。

业发展上。"①

建立自主可控的产业链，就可能实现产业链环节的国内替代，形成产业链的国内循环。所谓自主，就是在中国设计和研发、自身的系统集成能力和中国营销等方面体现的自主性。所谓可控，即防备受制于人。建立达到世界先进水平的产业链的供应链导向是竞争优势，更为关注供应环节的科技水平。某些发达国家在产业链上封杀、断供的环节成为部署创新链的重点。尤其要在"一剑封喉"的产业链环节部署创新链。

我国参与的全球产业链循环有两个方面。一是依托拥有的高端技术在全球布局的以我为主的全球价值链（产业链），二是以资源禀赋的比较优势（劳动力和土地）进入全球价值链的中低端环节。与此相应，在产业链上部署创新链就有两个方向。首先，依托所拥有的高端技术布局以我为主导全球价值链。高端技术有较高的潜在价值，但只有在全球价值链中才能获得实在的高附加值。拥有自主知识产权的核心技术的优势产业建立以我为主的全球价值链进行国际布局，建立达到世界先进水平的产业链，要求加入价值链的零部件供应商也必须是世界先进水平的。进入以我为主的产业链的供应链导向是竞争优势（不是资源禀赋的比较优势）。现在转向内循环同样关注供应环节的科技水平，进入产业链的零部件的国内供应商也应该达到世界级的高科技水平，否则所形成的全球价值链没有国际竞争力。其次，处于全球价值链中低端环节向中高端攀升也要布局创新链。我国大部分产业和企业靠资源禀赋的比较优势（劳动力和土地资源）嵌入全球价值链，所处的环节主要是加工装配之类的低端环节；所需要的零部件和元器件一般都需要进口处于国外的价值链上的中间产品。拥有核心技术和关键技术的中高端环节不在我国。在低端环节上，第一，附加值低，第二，受制于人，第三随着劳动成本和土地价格上涨，越来越没有竞争力。这就提出了产业迈向全球价值链中高端的目标。其路径就是对处于高端环节的技术消化吸收再创新，边干边学，掌握中高端环节的核心技术。主要涉及关键零部件，如汽车、飞机的发动机，半导体的芯片，手机的智能系统等。

---

① 习近平：《当好全国改革开放排头兵　不断提高城市核心竞争力》，载于《人民日报》2014年5月25日第1版。

四、开放的相互促进的国内国际双循环

开放带来进步。在经济全球化背景下，开放发展是中国发展的动力。转向国内循环为主不意味着放弃对外开放。国际市场国际资源都不能放弃。新发展格局绝不是封闭的国内循环，而是开放的国内国际双循环。特别是由于内需的扩大，宏大顺畅的国内经济循环，能更好地吸引全球资源要素，既满足国内需求，又提升我国产业技术发展水平，形成参与国际经济合作和竞争新优势。

新发展格局是开放的国内国际双循环。适应开放发展的需要及新发展格局，国际国内双循环相互促进的新发展格局涉及我国的开放型经济的战略性变化。新时代的经济全球化同时也是基于资源禀赋的劳动和资源的比较优势终结过程。习近平总书记在 2016 年第十六次全面深化改革领导小组会议上明确提出加快形成有利于培育新的比较优势和竞争优势的制度安排的要求。所谓新的比较优势，也就是竞争优势。它不是建立在原来的资源禀赋的比较优势基础上的，而是在创新驱动基础上所产生的核心技术基础上的竞争优势。这就是习近平总书记所讲的："国际经济竞争甚至综合国力竞争，说到底就是创新能力的竞争。谁能在创新上下先手棋，谁就能掌握主动。"① 竞争优势理论是"把技术进步和创新列为思考的重点"，着力培育以技术、品牌、质量、服务为核心竞争力的新优势。其中尤其重视两个方面的优势，一个是核心技术的优势；另一个是产业优势。就如波特所说竞争优势理论则是依据："一国产业是否拥有可与世界级竞争对手较劲的竞争优势。"② 这样，谋求竞争优势的基本途径是依靠科技和产业创新推动国内产业结构的升级，特别是发展与其他发达国家相同水平的新兴产业，形成能与世界级竞争对手较劲的具有竞争优势的产业结构。这体现增长的内生性和创新驱动性。这就要求传统的出口导向的开放模式转向内需型开放模式。

所谓内需型开放，就是以自身发展需要利用国际市场、配置国际资源。目标是增强自身的国际竞争力。着力点是发展创新导向的开放型经

---

① 《习近平关于社会主义经济建设论述摘编》，中央文献出版社 2017 年版，第 125 页。
② 迈克尔·波特：《国家竞争优势》上，中信出版社 2012 年版，第 45 页。

济。内需型开放的实质是创新导向，注重产业结构的升级，特别是发展战略性新兴产业，占领科技和产业的世界制高点。推动产业创新的核心技术是买不来讨不来的。因此需要以创新为导向发展开放型经济。创新具有自主知识产权引领产业创新的核心技术和关键技术，体现增长的内生性。

创新导向的开放型经济具有四个特征。第一，出口替代，即以出口高科技的绿色产品替代资源密集型产品，特别是要替代高能源消耗高污染产品出口。第二，进口替代，以进口核心技术的中间产品替代进口一般的最终产品。第三，升级外商直接投资。在有序放宽市场准入同时，注重外资质量。与过去一般以"三来一补"等方式利用国内劳动力和环境资源的制造环节的外商投资不同，引进的外资以创新为导向进行选择：进入的环节是高新技术研发环节，鼓励外资在中国本土创新研发新技术；进入的产业是国际先进的新兴产业。第四，着力引进创新资源。过去各种要素如技术和管理跟着资本走，通过引进外资来利用国际资源。现在高端创新要素，特别是高端人才相当多的聚集在发达国家，各种创新要素跟着人才走。开放型经济就要着力引进高端科技和管理人才，进行开放式创新。

新发展格局不排斥产业链的国际布局，更为关注提升全球配置资源的能力。全球价值链思想同时可应用到"走出去"。尤其是以全球价值链进入"一带一路"建设，形成面向全球的贸易、投融资、生产、服务的价值链，培育国际经济合作和竞争新优势。走出去的价值链既有以我为主的全球价值链，也包括我国所处的处于全球价值链低端环节向劳动成本更低的国家和地区。显然，全球价值链是我国在"一带一路"上推进的国际产能合作重要平台。全球价值链在一带一路国家布局，相关国家在全球价值链中可以共享中国发展成果，与中国企业互利共赢。着力引进创新资源。过去通过引进外资来利用国际资源。

参考文献

1. 习近平：《关于〈中共中央关于制定国民经济和社会发展第十四个五年规划和二〇三五年远景目标的建议〉的说明》，载于《人民日报》2020 年 11 月 4 日第 2 版。

2. 《马克思恩格斯全集》第 46 卷（下），人民出版社 1980 年版。

3. 马克思：《资本论》第 3 卷，人民出版社 2004 年版。

4. 习近平：《在经济社会领域专家座谈会上的讲话》，载于《人民日报》2020 年 8 月 25 日第 2 版。

5. 《习近平在省部级主要领导干部学习贯彻党的十八届五中全会精神专题研讨班

上的讲话》，载于《人民日报》2016 年 5 月 10 日第 2 版。

6. 习近平：《当好全国改革开放排头兵 不断提高城市核心竞争力》，载于《人民日报》2014 年 5 月 25 日第 1 版。

7.《习近平关于社会主义经济建设论述摘编》，中央文献出版社 2017 年版，第 125 页。

8. 迈克尔·波特：《国家竞争优势》上，中信出版社 2012 年版，第 45 页。

经济金融共生共荣：理论与中国经验

范从来　彭明生　张前程[*]

改革开放以后，在多样化金融需求的基础上，中国将金融从财政中剥离出来，通过金融改革促进金融发展来满足经济日益发展的需求。而经济发展反过来又激发了更多的金融需求，如此便形成了金融与经济相互助推式的金融改革路径。从改革的成效来看，中国通过金融改革与发展冲破了发展中国家普遍面临的资金短缺瓶颈实现了中国经济起飞，与此同时，中国金融业也有了长足的发展，可谓实现了经济金融的共生发展、共同繁荣。2019 年 2 月 22 日，习近平总书记在中共中央政治局举行第十三次集体学习时就经济与金融的关系作出了科学阐释。习近平总书记指出，"经济是肌体，金融是血脉，两者共生共荣"。[①] 这不仅揭示了经济与金融关系的本质，也为我们研究新时代经济与金融关系开拓了新的视野。

一、理 论 假 说

金融内生于经济发展的需要并以经济为生存基础。金融因其特有的资源配置功能而成为推动现代经济发展不可或缺的重要力量，但是金融本身并不创造实体财富，金融只是在推动实体经济发展的同时分享实体经济创造财富的一部分。并且，金融在推动社会生产规模扩大以后，社会闲置财

---

* 范从来，南京大学特聘教授；彭明生，南京大学经济学院博士生；张前程，安徽大学经济学院副教授。

① 习近平：《深化金融供给侧结构性改革　增强金融服务实体经济能力》，载于《人民日报》2019 年 2 月 24 日第 1 版。

富的总量也会增加，这样金融业集中社会资金的规模也会增大，金融自身的发展规模也会不断扩大。可见，金融服务和推动经济发展是其自身进一步发展的基础。

（一） 现有研究就金融发展能否促进经济增长尚未给出定论

在 2008 年全球金融危机以前，金融发展对经济增长具有正面促进作用的观点占据主导地位，但是世界金融危机的爆发对经济发展的负面冲击使人们深刻认识到金融发展对经济增长的影响不一定完全有利，还可能是有害的，甚至是弊大于利（Krugman，2009）。从金融发展对经济增长的促进作用来看，现有研究主要关注金融发展的功能。例如，筛选优质投资项目、促进企业创新、降低信息获取成本、分散和管理风险等功能（Stiglitz，1985；Levine，1991；Greenwood and Smith，1997；Blackburn and Hung，1998），而从金融发展对经济增长的负面影响来看，现有研究主要认为金融部门的发展和高利润可能会吸引人才进入金融部门，而实体经济部门特别是科技企业部门的人才相对流失会导致整个社会的产出效率乃至福利水平的下降（Cecchetti and Kharroubi，2015）。金融业的过度扩张可能会引致金融不稳定，潜在的金融风险一旦爆发将会对经济产生衰退性影响（Gourinchas and Obstfeld，2012；Arcand et al.，2015）。另外，金融发展对经济增长的影响可能是非线形的，即存在阈值效应（Law and Singh，2014）。还有研究认为，金融部门与实体经济部门保持均衡发展是金融发展促进经济增长的重要前提条件（Perotti and Thadden，2006；Roe and Siegel，2011）。国内也不乏类似研究。大多数国内学者基本上肯定了中国金融发展在经济增长中所起到的推动作用（谈儒勇，1999；周立和王子明，2002；赵勇和雷达，2010；邵宜航等，2015）。这些研究主要认为中国金融发展能够从降低信息成本、提高资本配置效率、促进企业创新和技术进步等角度促进经济增长。另外，也有研究认为金融发展对经济增长的影响可能是中性的（王晋斌，2007）。当然，金融发展也可能不利于经济增长（赵志君，2000）。因为金融发展对经济增长的影响可能是非线性的（赵振全等，2007；杨友才，2014），当金融发展超过实体经济发展的时候，即金融存在"超发展"的时候，金融对经济影响可能是负向的（黄宪和黄彤彤，2017）。

实际上，现有研究侧重于从金融的功能和作用视角来研究金融发展问题，这导致了人们过度关注金融的正面作用，而对金融发展在实践中可以形成的不利影响重视不够。在实践中，人们鼓励金融创新发展的初衷在于让金融推动经济发展，但是金融并非总是服务实体经济发展。

（二）金融有脱离经济运行的可能

事实上，金融在现代经济中的作用不再仅仅局限于便利交易和资源配置，财富管理等作用日益凸显，金融业也日益成为独立的运行部门。根据马克思的分析，"随着投机和信用事业的发展，它还开辟了千百个突然致富的源泉"[1]。换言之，现代金融业的发展已经不再局限于聚集资金促进企业扩大生产，金融业正在通过不断创新金融工具和业务来满足人们多样化的金融需求。

从马克思对虚拟经济和实体经济关系的阐述来看，实体经济与虚拟经济既相互关联，又可能在一定条件下出现背离。一方面以信用为基础的有价证券的发行与投资能够帮助企业筹集资金用于生产，投资者随之分享企业发展成果。另一方面，有价证券在二级市场的买卖，会在社会生产领域之外，创造财富增殖的幻想，"这种突然致富的基础就是利用信用这种人为制度的种种投机行为"（洪银兴，2009），这会导致大量的资金陷入图1中的第2条路径中，形成金融的自我发展、自我循环。这不仅会挤占实体经济发展所需的资金，而且这种有价证券的买卖可能会因过度投机，造成有价证券的价格偏离其实际价值形成泡沫经济，进一步割裂金融与实体经济的联系（李扬，2017）。一旦泡沫经济超过了实体经济的承载力，便会引发信用危机（洪银兴，2009）。所以，适度发挥金融在经济发展中的润滑作用，以此促进实体经济发展是必要的，但同时要掌握好金融创新发

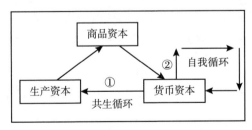

图1　金融与经济共生关系示意

资料来源：作者借鉴张敏（2016）的思路，根据马克思产业资本循环理论绘制。

---

[1] 马克思：《资本论》第1卷，人民出版社1975年版，第667页。

展的"度"的问题（洪银兴，2009），防止过度金融化或泡沫化而产生适得其反的结果。

（三）信贷繁荣乃至爆发危机是经济与金融偏离共生关系的表现形式

现代金融业自我发展、自我循环往往会导致短期内信贷大幅扩张，金融杠杆持续攀升。经济中充斥着金融化、虚拟化以及投机性现象，这给经济的持续稳定发展埋下危机的隐患。大量研究表明，信贷繁荣（信贷快速增长）往往会预示着危机的发生（Drehmann et al.，2011；Schularick and Taylor，2012）。因为强劲的信贷增长实际上是债务的累积，这是宏观金融脆弱性的总根源，在实体部门体现为过度负债，在金融领域体现为信用过快扩张（周小川，2017）。而过度的杠杆率往往容易引发危机（Gourinchas and Obstfeld，2012），不利于实体经济的发展（Cecchetti et al.，2011）。D. 艾利卡（2013）研究发现，大约1/3的信贷繁荣都引发了危机，有些国家即便没有爆发危机，但是信贷繁荣也导致了其实际GDP增长速低于潜在增速。

从图2可以看到，亚洲金融危机爆发前，泰国的信贷率缺口不断扩大[①]，到了1997年底已经超过30%，远远高出国际警戒线（10%），最终泰铢贬值、亚洲金融危机爆发。美国在2008年以前，信贷率缺口也是持续放大，信贷处于不断扩张阶段，最终爆发了次贷危机。信贷扩张之所以不具有可持续性，是因为这些信贷扩张并非完全是为社会生产服务，很大比例的信贷扩张是由于金融衍生工具的创新导致的金融自我循环，而这终究会因过度偏离实体经济的承载能力而引发危机。美国次贷危机爆发前，美国房屋抵押贷款的债务抵押债券（collateralized debt obligation，CDO）的投机性需求高达85%（张晓朴和朱太辉，2014），可见金融自我循环的比例之大。

（四）金融危机是经济金融共生关系的自我修正

根据马克思经济周期理论，资本主义经济危机是因为生产过剩。而经济危机的爆发也是资本主义经济体周期性地缓和消费与生产过剩矛盾的过

---

① 信贷率缺口是国际清算银行（BIS）计算并统计的非金融部门信贷占GDP的比值与其长期趋势的偏离值，用于衡量一国的信贷扩张程度。

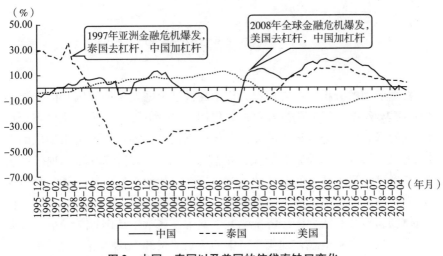

图2　中国、泰国以及美国的信贷率缺口变化

资料来源：根据 Wind 相关数据整理所得。

程。现今社会，金融危机成为资本主义国家爆发危机的常见形式。从图2可以看到，泰国在亚洲金融危机爆发以后，信贷率缺口大幅度下降并趋于负值，这说明亚洲金融危机的爆发使泰国有一个金融自我去杠杆的过程。类似地，美国次贷危机爆发以后，信贷率缺口也在不断下降，美国也有一个自我去杠杆的过程。实际上，金融危机的爆发使金融自我循环导致的信贷扩张不可持续的部分显著下降，这可以说是金融对偏离经济金融共生关系的自我修复过程。但是，这种爆发金融危机从而降低金融自我循环的比例来促进金融回到服务实体经济的轨道上，并不是我们所乐见的。因为金融危机的爆发，通常面临着股市崩盘、金融机构倒闭乃至经济增长的衰退，不利于经济的可持续发展。

金融危机的爆发虽然可以修正经济金融的共生关系，但是经济社会发展却要为此付出惨痛代价，人们不禁谈"危机"而色变。2008 年全球金融危机爆发以后，金融应该服务实体经济发展日益成为金融研究和金融工作中的箴言，防范金融风险和保障金融稳定受到了人们的高度重视。从金融危机爆发对经济金融共生关系的偏离和修正来看，金融的自我循环以及过度偏离与经济的共生轨道是不可持续的，经济与金融可持续发展的关键是二者共生发展。

二、经济金融共生模型

根据前面的分析，一方面，人们不断鼓励金融发展的原因是因为金融发展在推动经济发展方面发挥着重要作用；另一方面，根据马克思理论可知金融发展有脱离经济运行的可能。作为现代经济的核心，货币金融活动实际上已经渗透到了经济社会生活的各个方面（李扬，2013），现代经济的发展也已经离不开金融服务的支持。那么，如何正确对待经济与金融的关系呢？经济与金融的关系是肌体与血脉的关系，只有金融血脉通畅，经济肌体的运行才有活力，经济金融共生共荣。这既生动阐释了经济与金融的关系，也强调了金融在现代经济中的核心地位和作用。鉴于此，用共生关系来刻画经济与金融的关系应当来说是恰当的。

现实经济生活中，经济与金融是相互依存并不断发展着的，这类似于生物种群之间的共生演化过程。共生关系最初是生物学领域刻画不同物种在演化过程中所表现出来的相互作用关系（Frank，1877），后来共生关系思想也被广泛应用于研究社会科学问题。通常，共生演化系统由三要素组成，包括共生单元、共生环境和共生模式。类似地，经济系统与金融系统则构成了经济金融共生系统的两个共生单元，二者在共同受影响的外部环境（包括自然环境、社会人文环境、法律制度环境、技术创新环境以及对外交往环境等）中共生，可能表现出寄生、偏利共生、非对称互利共生以及对称互利共生四种共生模式。为了判定经济部门与金融部门的相互依存关系（共生模式），需要计算二者的共生度。通常计算共生度的模型如下：

$$\theta_{ij} = \frac{dG_i(t)}{G_i(t)} \Big/ \frac{dG_j(t)}{G_j(t)} \tag{1}$$

假设 $G_e(t)$ 表示经济部门的质参量；$G_f(t)$ 表示金融部门的质参量；那么，θ_{ef} 表示经济对金融的共生度，反映金融部门对经济部门的影响；θ_{fe} 表示金融对经济的共生度，反映经济部门对金融部门的影响。

从式（1）来看，共生度实际上是弹性的概念（洪功翔等，2018）。所以，通过对经济部门和金融部门的质参量取对数然后进行回归分析便可以得到经济部门和金融部门相互影响的共生度。在质参量的选择方面，本文借鉴吴勇民等（2014）的做法，选取增加值作为经济部门与金融部门的质参量[①]。根据 θ_{ef} 与 θ_{fe} 的取值不同，经济与金融共生模式可以分为四种，如表 1 所示。

表 1   经济金融共生模式

θ_{ef} 与 θ_{fe} 的取值组合	经济金融共生的模式	解释说明
$\theta_{ef}\theta_{fe}<0$	寄生	对一方有利，对另一方有害
$\theta_{ef}>0$，$\theta_{fe}=0$ 或 $\theta_{ef}=0$，$\theta_{fe}>0$	偏利共生	对一方有利，对另一方无害
$\theta_{ef}>0$，$\theta_{fe}>0$ 且 $\theta_{ef}=\theta_{fe}$	对称互利共生	对双方平等有利
$\theta_{ef}>0$，$\theta_{fe}>0$ 且 $\theta_{ef}\neq\theta_{fe}$	非对称互利共生	对双方有利但不对等

根据表 1 可知：（1）当 $\theta_{ef}\theta_{fe}<0$ 时，表示经济部门与金融部门的其中一方对另一方的发展是不利。例如，$\theta_{fe}>0$，$\theta_{fe}<0$ 则表示金融对经济发展有利，但是经济对金融发展不利。反之亦然。此时，金融与经济之间是寄生关系。（2）当 $\theta_{ef}>0$，$\theta_{fe}=0$ 时，表示金融部门对经济部门的发展有利，但是金融部门不受经济部门的影响。当 $\theta_{ef}=0$，$\theta_{fe}>0$ 时，表示经济部门对金融部门的发展有利，但是经济部门不受金融部门的影响。此时，金融与经济之间是偏利共生关系。（3）当 $\theta_{ef}>0$，$\theta_{fe}>0$ 且 $\theta_{ef}=\theta_{fe}$ 时，表示金融部门与经济部门的发展对彼此都是有利的并且相互促进程度大体相当，即金融与经济之间是对称的互利共生关系。（4）当 $\theta_{ef}>0$，$\theta_{fe}>0$ 且 $\theta_{ef}\neq\theta_{fe}$ 时，表示金融部门与经济部门的发展对彼此都是有利的但是相互促进程度是不对等的，即经济与金融之间是非对称互利共生关系。

三、经济金融共生共荣：中国实践

改革开放以后，特别是 1979 年邓小平同志提出"要把银行办成真正的银行"[②] 以后，我国以银行业为主的金融机构的恢复和建设使得金融的基本功能得以发挥，开启了中国经济与金融共生发展的新征程。根据共生

---

① 根据黄群慧（2017）对实体经济的层次界定，本文将国内生产总值减去金融业和房地产增加值作为经济部门增加值的数据。

② 《邓小平理论基本问题》，人民出版社 2002 年版，第 196 页。

度的计算式（1），我们计算了 1980 年以来中国经济与金融相互作用的共生度（见表 2）。

表 2	中国经济金融共生关系的演化		
时间区间	经济对金融的共生度	金融对经济的共生度	共生模式
1980～2019 年	0.8280	1.1923	非对称互利共生
1980～1993 年	0.5989	1.6276	非对称互利共生
1994～2012 年	0.9795	0.9781	近似对称互利共生
2013～2019 年	0.7926	1.1864	非对称互利共生

从表 2 来看，1980～2019 年中国经济对金融的共生度为 0.8280，金融对经济的共生度为 1.1923。根据表 1 的界定可知，1980 年至今中国经济与金融之间是非对称的互利共生关系，并且这一时期中国还成功经受住了历次金融危机的冲击，保持了经济和金融的持续稳定发展，中国经济金融表现出了"共生共荣"的中国特征。那么，中国是如何实现经济金融的"共生共荣"的呢？下面本文对此进行具体分析。

（一）经济金融共生共荣之中国探索

改革开放以来，金融改革作为经济改革的重要组成部分，在推动金融服务经济社会发展方面发挥着重要作用。基于此，我们认为可以从中国金融改革发展的过程中探索中国实现经济金融共生共荣的原因。

1978 年党的十一届三中全会明确了以经济建设为中心的基本路线，开始把发展经济作为第一要务。随之为服务经济建设的需要，经济金融各个领域的改革纷至沓来。其中就包括通过金融改革来破除金融发展促进经济增长的体制和机制障碍，旨在让金融更好服务实体经济发展。在以发展经济为第一要务的背景下，国家倾向于采取扩张性的货币信贷政策来支持经济增长（国家发展改革委宏观经济研究院经济研究所，2018）。在货币信贷宽松的背景下，金融机构的发展意愿强烈，除了国有金融机构的恢复和建立以外，信托公司等非银行金融机构大量开展信托业务加上金融市场的发展使得大规模的信贷助长投资扩张（洪正和胡勇锋，2017）。1984 年中国经济开始出现投资过热。为此，1984 年 11 月国务院下发《关于严格控制财政支出和大力组织货币回笼的紧急通知》，及时收紧银根控制投资过热（张晓慧，2012）。但是从 1985 年开始，中国物价指数开始大幅上涨。到了 1988 年，中国物价指数高达 8.8%。面对日益严峻的宏观经济形势，国务院开始采取紧缩性的货币信贷政策。1988 年 8 月，中国人民银行下发《关于进一步控制 1988 年货币投放、信贷规模的具体规定》，同年 9 月国务院下发《关于进一步控制货币稳定金融的决定》。在系列紧缩性政策的作用下，物价高涨的局面得以控制。

1992 年以后，我国出现了明显的泡沫经济现象，中央开始整顿金融秩序，并着手建立宏观调控体系来维持经济稳定（洪正和胡勇锋，2017）。到了 1993 年，"股票热、开发区热、房地产热、集资热"这"四热"现象足以说明当时的经济过热。这轮经济过热的背后仍然是货币信用的大幅扩张。据统计 1993 年第一季度末，银行拆出的资金比 1992 年上涨了135%，大部分违章拆出的资金挤占了经济正常发展所需要的资金（吴晓灵，2008）。针对经济的非理性过热，1993 年 6 月中共中央、国务院下发了《关于当前经济情况和加强宏观调控的意见》来整顿金融秩序，严格控制货币发行和信贷规模、纠正违规拆借资金、并要求投资体制改革与金融体制改革相配套。

实际上，1993 年之前这一段时期，我国信贷和投资时而大幅扩张的原因与当时我国货币金融调控方式以直接信贷控制为主有很大关系。政府通过财政赤字推动经济增长缺乏预算硬约束，在经济建设、国有企业发展需要资金时，中国人民银行则通过再贴现和再贷款的方式不断为四大专有银行提供信贷支持，这导致了经济周期性的过热，货币贬值，通货膨胀频现，经济运行很不稳定。这一时期，虽然金融改革使得金融的功能得以恢复，金融对经济也产生了较大的推动作用，但是由于经济时有过热、很不稳定，并且国有企业大幅亏损也导致了银行坏账增多，这也削弱了金融对经济的促进作用。好在政府及时出台相关政策，整顿金融秩序。虽然金融秩序的整顿会放缓金融发展的速度，金融机构数量不再大幅扩张，但是我国基本保持了经济金融的稳定。从表 2 可以看到，1980～1993 年中国经济金融总体上是互利共生的关系，但是经济对金融的共生系数仅为 0.5989，低于 1980～2019 年的总体水平，金融对经济的促进作用还比较低。

于是，1993 年以后，我国继续深化金融体制改革，并改进和完善金融宏观调控，旨在进一步提高金融对经济增长的促进作用。1994 年我国相继成立了 3 家政策性银行（国家开发银行、中国进出口银行和中国农业发展银行），用于分离国有银行的政策性金融业务，旨在推动国有银行朝商业化运作方向改革。1995 年通过的《中华人民共和国中国人民银行法》，确立了中国人民银行的独立地位，中国人民银行开始独立执行货币政策，中国人民银行与财政部之间也形成了实际的分割。并且 1998 年中国人民银行取消了对商业银行的直接信贷控制，开始以货币供应量为中间目标，货币政策的调控方式由直接信贷控制转向了以货币供应量为中间目标的间接调控方式，市场化的现代金融调控体系开始不断建立和完善。1996 年以后，中国经济没有再出现大幅过热的现象，但是宏观经济中出现的新问题更加考验中国金融宏观调控的能力。1997 年亚洲金融危机的爆发使中国对外经济贸易受挫，经济出现下滑势头，1998 年左右开始出现通货紧缩迹象。亚洲金融危机爆发使政府更加深刻认识到金融稳定的重要性，并开始采取各项措施化解和应对银行不良资产问题。为了应对亚洲金融危机的冲击，中国采取积极的财政政策和稳健的货币政策，成功抵御了亚洲金融危机的冲击（张晓慧，2012）。

从 2000 年开始，中国经济摆脱通货紧缩，开启了新一轮的经济增长。此后直到 2008 年全球金融危机期间，中国经济增长率和物价水平总体上呈现不断上升的趋势。为了防止经济扩张走向经济过热，中国人民银行综合利用多种货币政策工具，采取适度从紧的稳健货币政策防止了经济走向过热。2008 年金融危机的冲击使中国经济的稳定增长再度受困，为此我国适时采取积极的财政政策和适度宽松的货币政策再次成功抵御了全球金融危机的外部冲击，保障了经济和金融的稳定。从表 2 可以看到，1993 ~ 2012 年中国经济金融仍然保持是互利共生的关系，并且经济对金融的共生系数为 0.9795，相较于前一阶段中国经济金融共生关系得到了进一步优化，金融对经济的促进作用显著提高。

2012 年以后，中国经济进入新常态，经济下行压力有所增大，金融对经济的促进作用有所下降。这是因为受金融危机的冲击，我国宏观经济政策相对宽松，金融监管有所放松，金融创新步伐加快。信托业务、银行表外业务开始大力发展以及地方融资平台的设立成为新一轮信贷扩张的助推力量（张平，2017）。在传统金融之外，互联网金融等金融创新模式不断兴起。这些金融创新模式极大地促进了中国的信贷扩张。但是在信贷扩张的同时，我国企业融资难问题依然突出，这说明大量的资金实际上在金融体系空转。2016 年，国际清算银行（BIS）在《国际银行业和金融市场评估》中指出，中国信贷率缺口已经大幅超过国际警戒线（10%），这暗示中国未来三年可能大概率会爆发银行业危机。因为历史经验表明，巨大的信贷率缺口可能反映出一种不可持续的"信贷繁荣",而这种信贷繁荣往往发生在金融危机之前。为了化解潜在的金融风险、保障金融稳定,促进金融回归本源。中国在经济面临下行压力的情况下,坚定启动了去杠杆。其间,中国人民银行多措并举实施稳健的货币政策,保持了流动性的合理和充裕,也为经济的平稳运行做出了重要贡献。正是在政府坚定去杠杆以及实施稳健货币政策调控的背景下,中国信贷缺口从27.10% 已经下降到0~5% 之间(见图2),降到国际警戒线以内。虽然当前中国潜在金融风险的警报还称不上完全解除,但到目前为止,中国经济仍处于稳定运行的区域,并且中国也没有爆发危机,守住了不发生系统性金融风险的底线,这实际上再次击溃了"中国崩溃"论。从表2可以看到,2013 至今中国经济金融仍然保持着互利共生关系。

总之,改革开放以来,中国不断深化金融改革,提高金融服务和推动经济发展的能力,并且在金融改革的过程中注重防范金融风险和保障金融稳定,让经济金融始终保持在共生协同的发展轨道上。这其中的中国经验无疑值得总结。

(二) 经济金融共生共荣之中国经验

1. 坚持金融改革服务经济改革的目标

改革开放40 多年以来,中国通过金融改革推动金融资源配置从计划向市场转型,契合了经济体制从计划向社会主义市场体制转型的需要。中国每一次深化经济改革,都有金融改革的支撑。这种以服务经济改革的目标为导向的金融改革,确保了金融发展以服务经济发展为要,这是实现中国经济金融共生共荣的内在基础。

改革开放之前,中国人民银行隶属财政部,金融发展几乎处于停滞状态。而改革开放以后,我国开始以经济建设为中心,进行经济体制改革。为了服务于经济体制改革的需要,邓小平提出"把银行真正办成银行"[1],让"银行作为发展经济、革新技术的杠杆"[2]。所以,从1980 年开始我国逐步建立起中央银行和国有商业银行二级银行体制,突破了依靠计划和行政手段配置金融资源的计划模式,让市场开始在金融资源配置中发挥作用。于是,金融在资源配置中的作用有了显著的边际改善,金融在经济发

---

[1] 《邓小平文选》第3 卷,人民出版社1993 年版,第193 页。

[2] 《邓小平思想年编:1975~1997》,中央文献出版社2011 年版,第266 页。

展中的作用越发突出。

1993 年党的十四届三中全会通过了《中共中央关于建立社会主义市场经济体制若干问题的决定》，明确了建立社会主义市场经济体制的总体规划和基本目标，提出了要让"市场在国家宏观调控下对资源配置起基础性作用"。"为了适应建立社会主义市场经济体制的需要，更好地发挥金融在国民经济中宏观调控和优化资源配置作用"，1993 年 12 月 25 日发布的《国务院关于金融体制改革的决定》明确提出"改革现行金融体制"，"建立政策性金融与商业性金融分离，以国有商业银行为主体、多种金融机构并存的金融组织体系"。

2013 年党的十八届三中全会通过了《中共中央关于全面深化改革若干重大问题的决定》（以下简称《决定》），对中国经济体制改革做了顶层设计和战略部署。《决定》指出，"使市场在资源配置中起决定性作用和更好发挥政府作用"。相应地，为了促进市场在金融资源配置中的作用由基础性转变为决定性，《决定》对完善我国金融市场体系建设也做了重要部署。其中包括：允许民间资本发起设立银行等金融机构；健全多层次资本市场，提高直接融资比例；深入推进利率市场化改革；落实建立存款保险制度等金融监管措施；大力发展普惠金融，鼓励金融创新等等。

2. 坚持稳健推进金融改革和实施金融宏观调控

改革开放以来，中国并非按照新自由主义倡导的"休克疗法"，而是采取渐进式金融改革方式，通过对金融实施"在线修复"，保持了金融体系的稳健运行（陈雨露，2019），有效避免了因金融改革的力度过大或金融过度自由化所带来的金融不稳定性。与中国改革开放差不多同时期进行金融改革的国家有很多，但是大多数国家遵循金融深化理论，实施金融自由化改革并非一帆风顺。这些国家遵循"华盛顿共识"，以发达国家（如美国）现代化金融体系为样板，试图尽快建立起现代化金融体系从而发挥金融对经济发展的巨大推动作用。但是过快的金融改革逾越了经济发展阶段同时也超越了现实经济的承载能力，大多数国家在改革的伊始便遭遇了严重的通货膨胀乃至爆发危机。而美国次贷危机的爆发，则表明哪怕是建立了发达的现代金融体系也无法保障金融的持续稳健运行（张敏，2016）。相比之下，中国并未效仿美国金融体系，而是通过渐进式金融改革，恢复和建立起银行主导型金融体系，不仅实现了经济的起飞和快速发展，而且保障了金融稳定。这是因为中国始终保持稳健的改革基调，通过试点—推广、试错—修复的渐进式方式，实现金融改革发展的螺旋式上升，避免因改革力度过大或者改革举措不当而付出更大的成本和代价。坚持稳健的金融改革发展，是保障中国金融业持续健康发展的关键。

另外，中国不断创新和完善金融宏观调控，实施稳健的货币政策也是保障经济稳定的关键。改革开放以来，我国货币政策调控方式在适时动态变化，经历了从直接信贷管理到以货币供给量作为中介目标的间接调控方式，再到向以利率为主要调控方式的价格型货币政策调控方式转变（徐忠等，2018）。从金融调控的成效来看，中国自实施稳健的货币政策以来，有效应对了 1998 年的通货紧缩、21 世纪初出现的温和通货膨胀势头、2008 年全球金融危机的影响（张晓慧，2012），并且在中国经济进入新常态以后正在积极发挥着逆周期调节作用，这对于保持中国经济持续稳定发展发挥了重要作用。从图 3 可以看到，自 1998 年中国实施稳健的货币政策进行间接调控以来，中国经济保持平稳快速增长，同时物价水平也处在低位稳定运行。这与 2007 年之前世界各国的中央银行在稳定产出和物价方面所取得成功相比（出现了全球"大稳健"时期），中国同期的经济增长率更高并且物价水平更低，中国经济表现得更加稳健（彭明生和范从来，2019）。这实际上再次表明了中国坚持稳健开展金融工作的实践有效性和重要性。

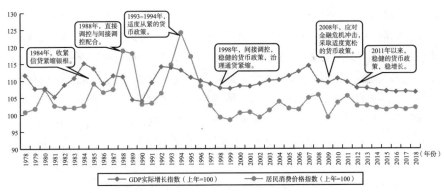

图 3　改革开放以来中国货币政策调控变化

资料来源：根据中经网统计数据库、张晓慧（2012）相关数据整理所得。

（三）坚持党对金融工作的领导

习近平总书记多次强调要坚持党对一切工作的领导，改革开放 40 多年来中国经济取得重大成就离不开党对经济工作的坚强领导。

坚持党对金融工作的领导是中国金融发展走在正确道路的关键。改革开放以来，在中国共产党的领导下，我国不仅建立起适应社会主义市场经济需要的现代金融体系，成功推动了中国经济的快速发展，而且一直重视维持金融的稳定，审时度势，整顿金融秩序在保障金融安全和稳定方面发挥着党和政府的积极作用，走出了一条中国特色社会主义金融发展道路。

坚持党对金融工作的领导，也是中国成功应对历次金融危机保障金融稳定的关键。从亚洲金融危机和全球金融危机来看，中国金融在危机应对中表现出了独特的中国特征。从图2来看，两次危机爆发以后，中国的信贷率缺口在扩大，而泰国和美国的信贷率缺口却不断下降。这表明在遭遇金融危机冲击以后，中国金融在加杠杆，而泰国和美国金融在去杠杆。按照一般的逻辑，金融危机是因为信贷繁荣所致，因此应该去杠杆，但是中国在危机应对中显然是通过金融加杠杆的方式来换取经济稳定。这是因为根据马克思主义理论，危机期间，增加信用能够缓和恐慌、收缩信用会加剧恐慌。中国共产党正是以马克思主义理论为指导，在危机期间向银行体系及时注入流动性，从而保障了金融稳定。

坚持党对金融工作的领导，离不开政府作用的发挥。一直以来，中国在经济和金融体制改革中，始终把处理好政府与市场的关系当作经济和金融改革的核心问题。例如，党的十四大提出，在国家的宏观调控之下，发挥市场调节资源配置的基础性作用。党的十八届三中全会提出，要让市场决定资源配置，同时也强调要更好地发挥政府的作用。落实到金融领域，就是政府因素和市场因素都不可或缺，这是在金融改革发展中处理好金融效率提升和金融稳定的关键。因为金融虽然本质上是为经济发展服务，但同时金融也有脱离经济运行的可能。金融市场化改革虽然有利于金融创新发展，但是这不能保证金融创新发展一定是为实体经济服务。放松金融管制，过度的金融自由化可能会助长金融自我服务和发展，进而可能脱离经济基础的支撑，导致金融不稳定。所以，促进金融服务实体经济应该注重市场调节和政府调控并重，推动金融创新应该注重市场导向和金融监管并重，必须结合政府和市场之手，坚持党对金融工作的领导是确保中国金融发展始终走在正确道路上的关键。

四、新时代中国经济金融共生发展的推进

习近平总书记在党的十九大报告中指出："经过长期努力，中国特色

社会主义进入了新时代，这是我国发展新的历史方位。"① 新时代背景下，中国经济从高速增长转向高质量发展，但是"我国金融业的市场结构、经营理念、创新能力、服务水平还不适应经济高质量发展的要求，诸多矛盾和问题仍然突出"②。为此，新时代背景下，在以习近平同志为核心的党中央坚强领导下，我国继续深化金融改革，增强金融服务实体经济能力，同时注重防范金融风险保障金融安全，促进经济金融良性循环、健康发展。

（一）以深化金融供给侧结构性改革为重点、增强金融服务经济高质量发展的能力

习近平总书记指出，"深化金融供给侧结构性改革必须贯彻落实新发展理念，强化金融服务功能，找准金融服务重点"。③

第一，党的十九届四中全会提出，加快现代化经济体系，推动经济高质量发展，必须坚持和完善社会主义基本经济制度。既要毫不动摇巩固和发展公有制经济，也要毫不动摇鼓励、支持、引导非公有制经济发展。长期以来，中国银行主导的金融体系为预算软约束的国有企业部门提供了资金便利，而中小民营企业由于内源性资金不足，长期面临融资难、融资贵等问题的困扰。如今，民营企业对中国经济的贡献度已经超过了60%。而民营企业的贷款大约只占到银行贷款余额的25%。可见，中国银行业对民营企业的支持力度与民营企业对经济发展所做出的贡献还不匹配。另外，新时代，实施乡村振兴、加快脱贫攻坚、促进"三农"发展也需要配套的金融服务。为此，习近平总书记指出，"要构建多层次、广覆盖、有差异的银行体系，端正发展理念，坚持以市场需求为导向，积极开发个性化、差异化、定制化金融产品，增加中小金融机构数量和业务比重，改进小微企业和'三农'金融服务"。④

第二，创新是经济高质量发展的第一动力，其中科技创新是核心（洪银兴，2019），高质量发展阶段增强金融服务能力，形成驱动创新的融资体系是关键（范从来，2016）。虽然从金融发展的总量来看，中国货币化

①　《中国共产党第十九次全国代表大会在京开幕》，载于《人民日报》2017 年 10 月 19 日第 1 版。

②③④　习近平：《深化金融供给侧结构性改革 增强金融服务实体经济能力》，载于《人民日报》2019 年 2 月 24 日第 1 版。

率和信贷占经济总量的比率都已经接近甚至超出世界发达国家水平，并且中国股票市场的总市值也已经位列世界第二位，但是中国直接金融的占比还比较低，银行业仍然占据着金融体系的主导地位。由于银行体系具有较强的风险规避倾向，而现阶段驱动创新的权益类融资比重又不高，中国的金融体系显然还不能完全适应经济增长方式向创新驱动的转变。大力发展资本市场，推动银行主导的间接融资体系向市场主导的直接融资体系转变十分必要。为此，习近平总书记指出，"要建设一个规范、透明、开放、有活力、有韧性的资本市场"[1]"适应发展更多依靠创新、创造、创意的大趋势，推动金融服务结构和质量来一个转变"。[2]

第三，推动绿色经济发展，改善生态环境是经济高质量发展的应有之义，而发展绿色金融是实现经济绿色发展的重要措施。随着经济的不断发展，自然资源和生态环境的承载压力不断增大，制约着经济的可持续发展。并且，良好的生态环境是人民美好生活的基础。构建绿色发展体系成为现代化经济体系建设的必然要求（国家发展改革委宏观经济研究院经济研究所，2018）。推动绿色发展离不开绿色金融服务，因此绿色金融发展也就成为中国金融发展的必然要求。2016年，习近平总书记主持中央全面深化改革领导小组会议指出，发展绿色金融，是实现绿色发展的重要措施，也是供给侧结构性改革的重要内容。[3] 要通过创新性金融制度安排，引导和激励更多社会资本投入绿色产业，同时有效抑制污染性投资。2017年国务院批准试点绿色金融。2018年发布的《"十三五"现代金融体系规划》把发展绿色金融列入重点内容。可以看到，中国正在着力推动绿色金融体系建设，践行"绿水青山就是金山银山"的发展理念。通过创新绿色金融工具，支持资源节约型和环境友好型经济发展，增强经济社会发展的可持续。

（二）完善货币政策与宏观审慎政策"双支柱"的调控框架，保障经济金融双稳定

自2017年以来，习近平总书记多次强调要维护金融安全。习近平总

---

[1][2] 习近平：《深化金融供给侧结构性改革 增强金融服务实体经济能力》，载于《人民日报》2019年2月24日第1版。

[3] 习近平：《强化基础注重集成完善机制严格督察 按照时间表格线图推进改革》，载于《人民日报》2016年8月31日第1版。

书记指出："金融安全是国家安全的重要组成部分，是经济平稳健康发展的重要基础。"① "维护金融安全，是关系我国经济社会发展全局的一件带有战略性、根本性的大事。金融活，经济活；金融稳，经济稳。"② "必须加强党对金融工作的领导，坚持稳中求进工作总基调，遵循金融发展规律，紧紧围绕服务实体经济、防控金融风险、深化金融改革三项任务，创新和完善金融调控。"③

2017 年，党的十九大报告提出，"健全货币政策和宏观审慎政策双支柱调控框架"，这是党和国家对中国金融改革发展做出的新的重大部署，也是维持中国经济与金融双稳定的关键。我们知道，在美国次贷危机爆发之前，全球经济处于"大稳健"时代，人们深信货币政策能够在维持价格和产出稳定基础上促进金融稳定。但是，2008 年金融危机的爆发却表明，经济的稳定并不能实现金融稳定，相反经济稳定可能会助长金融的过度投机行为，最终引发了金融危机，破坏了金融市场与宏观经济的稳定（黄益平等，2019）。正因如此，人们开始在货币政策之外，探索专司维持金融稳定的宏观审慎管理政策。

实际上，从中国货币政策调控实践来看，我国多目标制的货币政策调控框架基本上维持了经济的稳定。但是随着中国经济周期与金融周期的不断分化，货币政策也越来越难以同时兼顾经济稳定与金融稳定（范从来和高洁超，2019）。从金融危机的冲击来看，维护金融稳定实际上也是维持经济稳定的前提之一。党的十九大报告提出，"健全货币政策和宏观审慎政策双支柱调控框架"，在我国货币政策已经取得良好调控基础上，增加了宏观审慎政策专司维持金融稳定，这将有效保障中国经济金融的双稳定，推动中国经济金融持续稳定发展。

（三）强化货币政策逆周期调节与金融严监管的配合，平衡好稳增长与防风险的关系

2008 年金融危机爆发以后，我国经济面临较大的下行压力，这迫使宏

---

① 习近平：《金融活 经济活 金融稳 经济稳 做好金融工作 维护金融安全》，载于《人民日报》2017 年 4 月 27 日第 1 版。

② 《习近平主持中共中央政治局第四十次集体学习》，中国政府网，http：//www.gov.cn/xinwen/2017 – 04/26/content_5189103.htm。

③ 习近平：《深化金融改革 促进经济和金融良性循环健康发展》，载于《人民日报》，2017 年 7 月 16 日第 1 版。

观政策适度宽松以维持经济增长稳定。在这样的背景下，中国信贷大幅扩张，宏观杠杆率不断攀升，潜在的金融风险不容忽视。2019 年 2 月 22 日，习近平总书记再次强调指出，"防范化解金融风险特别是防止发生系统性金融风险，是金融工作的根本性任务"①。为此，中国正在通过稳健的货币政策发挥逆经济周期调节和严格的金融监管逆金融周期调节的协调配合，努力平衡好稳增长与防风险的关系。

一方面，中国通过实施稳健的货币政策，加强逆经济周期调节，强化经济稳定增长的韧性。中国经济进入新常态以后，经济下行压力，在国务院的领导下中国人民银行实施稳健的货币政策，根据经济形势变化进行预调微调，不搞大水漫灌始终保持流动性合理充裕，较好地维持了经济的稳定发展。从中国人民银行和中央经济工作会议对货币政策的提法来看，保持货币政策的稳健是总基调，这不同于宽松的货币政策抑或是紧缩的货币政策，稳健的货币政策重视维持经济增长的稳定，避免了政策可能出现过松或者过紧而对经济产生不利影响。

另一方面，中国通过金融严监管促进金融回归本源，推动金融去杠杆防范和化解金融风险。我国经济中已经出现了金融的自我循环现象，这导致了资金无法有效支持实体经济发展（刘志彪，2018）。如果金融长期空转，必定沦为无源之水、无本之木，以危机告终。国家层面已经高度重视资金"脱实向虚"问题，习近平总书记也强调"经济发展任何时候都不能脱实向虚"。② 为了促进金融回归本源并化解金融风险，必须加强金融监管，筑牢金融风险的防火墙。"要坚持市场化改革方向，加快建立符合现代金融特点、统筹协调监管、有力有效的现代金融监管框架，坚守住不发生系统性风险的底线"③。为了改进和加强金融监管，2017 年我国设立金融稳定委员会。2018 年，两会通过国务院机构改革方案成立银保监，进行交叉监管，我国形成了"一委一行两会"的金融监管架构。

---

① 习近平：《深化金融供给侧结构性改革 增强金融服务实体经济能力》，载于《人民日报》2019 年 2 月 24 日第 1 版。

② 《习近平在广东考察时强调：高举新时代改革开放旗帜 把改革开放不断推向深入》，载于《人民日报》2018 年 10 月 26 日第 1 版。

③ 习近平：《关于〈中共中央关于制定国民经济和社会发展第十三个五年规划的建议〉的说明》，载于《人民日报》2015 年 11 月 4 日第 2 版。

习近平总书记曾指出，"实体经济健康发展是防范化解风险的基础"。[①] 中国潜在的金融风险本质上要靠经济自身的发展来消化，要靠强大的经济基础作为高额债务的偿还保障。所以，短期内要平衡好稳增长与防风险的关系。为此，稳健的货币政策和金融严监管的协同配合十分关键。因为在通过金融严监管来防范金融风险的背景下，金融去杠杆会导致信用收缩。按照马克思理论，这个时候增加货币信用能够避免发生金融恐慌。正因如此，2018 年中央经济工作会议提出，"稳健的货币政策要松紧适度，保持流动性合理充裕"，一改之前的货币政策"稳健中性"的基调。2019 年中央经济工作会议继续强调，要保持流动性合理充裕。通过实施稳健货币政策保持流动性充裕，从而为金融严监管的实施提供了可操作的货币金融环境，在金融去杠杆同时不至于引发金融恐慌，这将有利于在保障经济金融稳定的同时促进金融回归本源，继续推动中国经济金融共生发展。

五、结　语

理论和实践都表明，金融的本质应该是为实体经济发展服务，但是金融自身却有脱离经济运行的可能。一旦金融过度偏离服务实体经济的轨道，往往会以危机告终。历史上，历次金融危机的爆发正是经济金融偏离共生发展轨道的表现，也是对这种偏离的修正。但是危机的爆发会影响经济的可持续发展，经济社会因此付出了巨大的经济代价。

改革开放以来，中国通过金融改革建立起适应经济发展需要的现代金融体系，成功推动了中国经济的持续快速发展，实现了金融与经济的共生、共荣，走出了一条中国特色社会主义金融发展道路。中国的实践实际上意味着，在深化金融改革增强金融服务实体经济发展的同时，必须防范和化解金融风险保障金融稳定，这是促进经济金融共生发展、共同繁荣的关键。经济金融共生共荣正是在中国金融改革发展伟大实践基础上产生的科学理论，这也为我们研究经济金融的关系开阔了新视野。从中国的经验来看，中国经济金融实现共生共荣的关键，除了坚持金融服务实体经济的

---

① 习近平：《深化金融供给侧结构性改革 增强金融服务实体经济能力》，载于《人民日报》2019 年 2 月 24 日第 1 版。

本质以及坚持稳健推动金融改革和实施金融宏观调控以外，最根本、最关键的是坚持党对金融工作的领导，这是最具中国特色的经验，也是其他国家难以效仿的地方。

中国经济进入新时代，为了提高金融服务经济高质量发展的能力同时保障金融安全，加强党对金融工作的领导，坚持稳健深化金融供给侧结构性改革，促进经济金融共生发展、良性循环，进而推动实现中国经济金融从经济兴、金融兴迈向经济强、金融强的新局面。

参考文献

1. 陈雨露：《四十年来中央银行的研究进展及中国的实践》，载于《金融研究》2019 年第 2 期。

2. 国家发展改革委宏观经济研究院经济研究所：《改革：如何推动中国经济腾飞》，人民出版社 2018 年版。

3. 范从来：《建立驱动创新的融资体系》，载于《光明日报》2016 年 11 月 2 日第 15 版。

4. 范从来、高洁超：《经济金融周期分化与中国货币政策改革的逻辑》，载于《社会科学战线》2019 年第 5 期。

5. 洪功翔、顾青青、董梅生：国有经济与民营经济共生发展的理论与实证研究——基于中国 2000—2015 年省级面板数据》，载于《政治经济学评论》2018 年第 5 期。

6. 洪银兴：《改革开放以来发展理念和相应的经济发展理论的演进——兼论高质量发展的理论渊源》，载于《经济学动态》2019 年第 8 期。

7. 洪银兴：《虚拟经济及其引发金融危机的政治经济学分析》，载于《经济学家》2009 年第 11 期。

8. 洪正、胡勇锋：《中国式金融分权》，载于《经济学》（季刊）2017 年第 2 期。

9. 黄群慧：《论新时期中国实体经济的发展》，载于《中国工业经济》2017 年第 9 期。

10. 黄宪、黄彤彤：《论中国的"金融超发展"》，载于《金融研究》2017 年第 2 期。

11. 黄益平、曹裕静、陶坤玉、余昌华：《货币政策与宏观审慎政策共同支持宏观经济稳定》，载于《金融研究》2019 年第 12 期。

12. 李扬：《"金融服务实体经济"辨》，载于《经济研究》2017 年第 6 期。

13. 李扬：《中国经济发展新阶段的金融改革》，载于《经济学动态》2013 年第 6 期。

14. 刘志彪：《理解高质量发展：基本特征、支撑要素与当前重点问题》，载于

《学术月刊》2018 年第 7 期。

15. 彭明生、范从来：《论高质量发展阶段中国货币政策的新框架》，载于《人文杂志》2019 年第 7 期。

16. 乔瓦尼·D. 艾利卡、丹尼斯·伊甘、拉克·莱文、佟辉、姜智强：《如何应对信贷繁荣?》，载于《金融市场研究》2013 年第 3 期。

17. 邵宜航、刘仕保、张朝阳：《创新差异下的金融发展模式与经济增长：理论与实证》，载于《管理世界》2015 年第 11 期。

18. 谈儒勇：《中国金融发展和经济增长关系的实证研究》，载于《经济研究》1999 年第 10 期。

19. 王晋斌：《金融控制政策下的金融发展与经济增长》，载于《经济研究》2007 年第 10 期。

20. 吴晓灵：《中国金融改革开放大事记》，中国金融出版社 2008 年版。

21. 吴勇民、纪玉山、吕永刚：《金融产业与高新技术产业的共生演化研究——来自中国的经验证据》，载于《经济学家》2014 年第 7 期。

22. 徐忠、纪敏、牛慕鸿、李宏瑾：《中国货币政策转型——转轨路径与危机反思》，经济管理出版社 2018 年版。

23. 杨友才：《金融发展与经济增长——基于我国金融发展门槛变量的分析》，载于《金融研究》2014 年第 2 期。

24. 张敏：《马克思主义金融理论及其当代启示——共生与分利的视角》，载于《改革与战略》2016 年第 6 期。

25. 张平：《货币供给机制变化与经济稳定化政策的选择》，载于《经济学动态》2017 年第 7 期。

26. 张晓慧：《中国货币政策》，中国金融出版社 2012 年版。

27. 张晓朴、朱太辉：《金融体系与实体经济关系的反思》，载于《国际金融研究》2014 年第 3 期。

28. 赵勇、雷达：《金融发展与经济增长：生产率促进抑或资本形成》，载于《世界经济》2010 年第 2 期。

29. 赵振全、于震、杨东亮：《金融发展与经济增长的非线性关联研究——基于门限模型的实证检验》，载于《数量经济技术经济研究》2007 年第 7 期。

30. 赵志君：《金融资产总量、结构与经济增长》，载于《管理世界》2000 年第 3 期。

31. 周立、王子明：《中国各地区金融发展与经济增长实证分析：1978～2000》，载于《金融研究》2002 年第 10 期。

32. 周小川：《守住不发生系统性金融风险的底线》，载于《中国金融家》2017 年第 12 期。

33. Arcand, J. L., Berkes, E. and Panizza, U., 2015, "Too Much Finance?", *Jour-

nal of Economic Growth, 20 (2), pp. 105 – 148.

34. Blackburn, K. and Hung, V. T. Y. , 1998, "A Theory of Growth, Financial Development and Trade", *Economica*, 65 (257), pp. 107 – 124.

35. Cecchetti, S. G. , Mohanty, M. S. and Zampolli, F. , 2011, "The Real Effects of Debt", *BIS Working Papers*, 68 (3), pp. 145 – 196.

36. Cecchetti, S. G. and Kharroubi, E. , 2015, "Why Does Financial Sector Growth Crowd Out Real Economic Growth?", *BIS Working Papers*, No. 490.

37. Drehmann, M. , Borio, C. and Tsatsaronis, K. , 2011, "Anchoring Counter-cyclical Capital Buffers: The Role of Credit Aggregates", *International Journal on Central Banking*, 7 (4): 189 – 240.

38. Gourinchas, P. O. and Obstfeld, M. , 2012, "Stories of the Twentieth Century for the Twenty – First", *American Economic Journal: Macroeconomics*, 4 (1), pp. 226 – 265.

39. Greenwood, J. and Smith, B. D. , 1997, "Financial Markets in Development, and the Development of Financial Markets", *Journal of Economic Dynamics and Control*, 21 (1), pp. 145 – 181.

40. Krugman, P. , 2009, The Market Mystique, New Times, 26 March.

41. Law, S. H. and Singh, N. , 2014, "Does too much Finance Harm Economic Growth?", *Journal of banking & finance*, 41, pp. 36 – 44.

42. Levine, R. , 1991, "Stock Markets, Growth, and Tax Policy", *Journal of Finance*, 46 (4), pp. 1445 – 1465.

43. Perotti, E. C. and Thadden, E – L. , 2006, "The Political Economy of Corporate Control and Labor Rents", *Journal of Political Economy*, 114 (1), pp. 145 – 175.

44. Roe, M. J. and Siegel, J. I. , 2011, "Political Instability: Effects on Financial Development, Roots in the Severity of Economic Inequality", *Journal of Comparative Economics*, 39 (3), pp. 279 – 309.

45. Schularick, M. and Taylor, A. M. , 2012, "Credit Booms Gone Bust: Monetary-Policy, Leverage Cycles, and Financial Crises, 1870 – 2008", *American Economic Review*, 102 (2), pp. 1029 – 1061.

46. Stiglitz, J. , 1985, "Credit Markets and the Control of Capital", *Journal of Money, Credit and Banking*, 17 (2), pp. 133 – 152.

逆全球化的政治经济学解释

谢 地 张 巩[*]

一、引 言

马克思和恩格斯曾在《共产党宣言》中指出，"资产阶级，由于开拓了世界市场，使一切国家的生产和消费都成为世界性的了"。[①] 世界市场的形成，使各个国家密切联系在一起，然而，世界市场的扩展、经济"全球化"的趋势并不是国际贸易领域中的唯一旋律，逆全球化始终如幽灵般充斥在全球化道路的进程中。

自 2008 年国际金融危机以来，各国经济陷入衰退的泥潭难以自拔，如今，危机虽已过去十余年，但经济增速依然持续低迷，发展动力严重不足。由金融危机引发的经济衰退和复苏乏力使发达国家内部阶级矛盾凸显，中下阶层群体开始质疑全球化发展成果，对全球化持厌恶态度，政府则希望通过贸易保护主义来颠覆自由贸易秩序中不利于其发展的因素，重新构建国际贸易秩序。一时间，逆全球化呈泉涌之势。

从数据指标来看，根据世界银行（WB）发布的统计报告，衡量经济全球化程度的重要指标，世界进出口贸易额占全球 GDP 的比重从 2008 年

* 谢地，辽宁大学经济学院教授；张巩，辽宁大学经济学院博士研究生。本文是国家社会科学基金重大项目"中国特色标准经济学学科体系建构与推动我国经济高质量发展研究"（项目编号：18ZDA036）的阶段性成果。

① 《马克思恩格斯选集》第 1 卷，人民出版社 1995 年版，第 276 页。

的 51.86% 下降到 2015 年的 44.9%。① 同时，世界贸易组织（WTO）数据显示，2019 年全球贸易量增速由 2018 年的 3.9% 跌落至 1.4%，下降 2.5 个百分点，连续两年下滑。国际货币基金组织（IMF）的一项测算表明，20 世纪 90 年代全球经济每增长 1 个百分点会使贸易增长 2.5 个百分点，而如今同样的经济增长却只能带来 0.7 个百分点的贸易增长。② 这说明国际贸易增速显著放缓，逆全球化趋势明显。

再从当今世界主要经济体的贸易行为来看，2008 年 11 月至 2017 年 6 月，除欧盟之外 20 国集团的 19 个成员国共出台了 6 616 项贸易和投资限制措施，贸易保护倾向严重。③ 英国脱欧、乌克兰危机、意大利修宪公投失败等一系列逆全球化行为风起云涌。上一轮全球化的主导者美国更是把逆全球化推向高潮，自特朗普就任美国总统以来，提出"美国优先"战略，先后退出跨太平洋伙伴关系协定（TPP）、巴黎气候变化协定、世界卫生组织等多个全球合作组织，保护主义势头强劲，不断向世界"开火"，对盟友及近邻挑起贸易摩擦，对中国发动了旷日持久的贸易战，贸易保护主义愈演愈烈。

种种数据和迹象表明，逆全球化已经成为不争的事实。对此，学界业已从不同的角度对逆全球化产生的原因和机理进行分析和研究，我们拟在已有研究的基础上，从马克思主义政治经济学的视域，着力于从经济利益关系研究入手构建逆全球化的分析框架，试图能够解释逆全球化的本质和根源，以及从全球化中获利颇丰的发达国家为何转而奉行贸易保护主义，中国为何成为其主要针对的对象等重大问题，从而使得我国能够有理、有力有节地采取相应的战略和策略以应对挑战。

二、文献综述

目前，学界逆全球化问题的研究大致包括逆全球化现象的研究视角、

---

① 胡鞍钢、王蔚：《从"逆全球化"到"新全球化"：中国角色与世界作用》，载于《学术界》2017 年第 3 期，第 5～17 页。

② 张茉楠：《"特朗普主义"下的逆全球化冲击与新的全球化机遇》，载于《中国经济时报》2017 年 2 月 16 日。

③ 渠慎宁、杨丹辉：《美国对华关税制裁及对美国在华投资企业的影响》，载于《国际贸易》2018 年第 11 期，第 37～44 页。

逆全球化产生的原因、逆全球化的发展和应对三个方面。

（一）逆全球化现象的研究视角

陈伟光和蔡宏伟（2017）基于波兰尼"双向运动"理论的视角，指出全球化还是逆全球化取决于全球化主导国家内部同时存在并发挥作用的"双向运动"。一种是受益群体的自由主义运动，其源于市场力量的释放，另一种是利益受损群体的社会保护主义运动，是社会冲突积累的结果。[①] 高柏（2016）从组织生态学与组织制度学派的视角揭示出制度因素是全球化逆转的因果机制，指出由于组织内部存在强大的惯性使得组织在迅速变化的环境中无法做出及时调整，导致政府政策在从释放市场力量向保护社会转变时，不能采取有效措施而激起民粹主义，以致全球化发生逆转。[②] 唐解云（2017）从人性论出发，认为逆全球化现象的出现是全球化进程中的"失语"，是人性发展的阶段性特征在多维度上的体现。[③] 钱俊君和苏杨（2009）从经济生态系统演化的研究角度出发，认为经济生态系统中存在着一对矛盾，即发展—整合力与危机—分化力，当发展—整合力在系统中占主导地位时，全球经济生态表现为全球化；当危机—分化力占主导地位时则表现为逆全球化。[④] 谢长安和丁晓钦（2017）从资本积累的社会结构理论出发研究逆全球化现象，指出是金融资本的积累激化了社会结构矛盾从而导致逆全球化现象的产生。[⑤] 陈伟光和郭靖（2017）认为逆全球化是"国家主义"思想的回归，因此应该从主权国家和全球化关系的角度出发研究逆全球化现象。[⑥]

[①] 陈伟光、蔡伟宏：《逆全球化现象的政治经济学分析——基于"双向运动"理论的视角》，载于《国际观察》2017年第3期，第1～19页。

[②] 高柏：《为什么全球化会发生逆转——逆全球化现象的因果机制分析》，载于《文化纵横》2016年第6期，第22～35页。

[③] 唐解云：《"逆全球化"：人性展现的钟摆效应——回到〈德意志意识形态〉"费尔巴哈"章》，载于《齐齐哈尔大学学报》（哲学社会科学版）2017年第9期，第27～31页。

[④] 钱俊君、苏杨：《经济生态演化过程中的全球化及其可逆性》，载于《改革》2009年第4期，第115～120页。

[⑤] 谢长安、丁晓钦：《逆全球化还是新全球化？——基于资本积累的社会结构理论》，载于《毛泽东邓小平理论研究》2017年第10期，第95～101页。

[⑥] 陈伟光、郭靖：《逆全球化机理分析与新型全球化及其治理重塑》，载于《南开学报》2017年第5期，第58～70页。

（二）逆全球化产生的原因

甘子成和王丽荣（2019）认为逆全球化是发达资本主义国家企图垄断国际市场和攫取超额剩余价值，从而实现自身利益最大化的手段。[1] 佟家栋和刘程（2017）提出"逆全球化"现象本质上是全球化的主导者唯恐失去利益分配主导权的反戈一击。[2] 孙伊然（2017）认为当今逆全球化是全球化的收益在各群体之间分配不均所致，中下层群体利益受损且损失没有得到补偿从而成为推动逆全球化的主要力量。[3] 戴翔和张二霖（2018）提出逆全球化的兴起是全球化红利在国家间和国家内分配失衡、全球治理失力及经济周期耦合所致。[4] 杨圣明和王茜从马克思世界市场理论出发得出了一个结论：由技术进步和经济增长引发的繁荣会推动全球化进程，而每一轮经济衰退引发的危机都会使全球化发生逆转，即逆全球化常常与经济危机相伴。[5] 任晓聪、和军（2019）认为逆全球化是世界经济发展到一定阶段的产物，是资本主义弊端长期积累导致周期性危机出现之后的必然结果。[6] 邱卫东和高海波（2019）认为逆全球化浪潮的本质是全球资本积累结构"内在否定性"的必然结果，是新兴国家克服资本扩张悖论、追求经济正义进而实现国富民强的历史实践与资本主义守成大国主导、国际垄断资本支配的资本全球积累结构之间的矛盾。[7] 发达资本主义国家只想从国际垄断资本积累中获得好处，却不愿承担资本扩张悖论造成的恶果。

---

① 甘子成、王丽荣：《逆经济全球化现象研究：理论基础、本质透视及应对策略》，载于《经济问题探索》2019 年第 2 期，第 183～190 页。

② 佟家栋、刘程：《"逆全球化"浪潮的源起及其走向：基于历史比较的视角》，载于《中国工业经济》2017 年第 6 期，第 5～13 页。

③ 孙伊然：《逆全球化的根源与中国的应对选择》，载于《浙江学刊》2017 年第 5 期，第 5～15 页。

④ 戴翔、张二霖：《逆全球化与中国开放发展道路再思考》，载于《经济学家》2018 年第 1 期，第 70～78 页。

⑤ 杨圣明、王茜：《马克思世界市场理论及其现实意义——兼论"逆全球化"思潮的谬误》，载于《经济研究》2018 年第 6 期，第 52～66 页。

⑥ 任晓聪、和军：《当代逆全球化现象探析——基于马克思恩格斯经济全球化理论》，载于《上海经济研究》2019 年第 4 期，第 110～118 页。

⑦ 邱卫东、高海波：《从中美贸易摩擦透析逆全球化的本质及其未来趋势》，载于《新疆社会科学》2019 年第 3 期，第 33～40 页。

（三）逆全球化的趋势及应对

全球化真的会逆转吗？对于此，学者们纷纷给出否定答案。谢长安和丁晓钦（2017）指出逆全球化只是短期现象，是发达资本主义国家为扭转经济颓势、转移国内阶级矛盾的短期策略，其根本目的是重新构建符合其利益最大化的国际贸易秩序，垄断资本全球扩张的本质不会改变，逆全球化之后将是新一轮的全球化。佟家栋（2018）认为当前的全球化并不是逆转，而是调整和重构，是全球化的主导者试图构建一个更加符合自身利益的经济合作关系。庄宗明（2018）从经济全球化的含义出发做出了全球化不会逆转也不可能逆转的判断。当前虽然出现了一些反全球化现象，但其本质上是各国以及国内各阶级群体在经济全球化进程中的利益博弈，并没有改变全球化的发展趋势。虽然学者们一致认为全球化依然是未来国际经济贸易发展的主要趋势，不会根本逆转，但是当前逆全球化现象必然会对经济全球化进程产生一定的消极影响和阻碍，对全球价值链的运转及各国经济发展带来不利因素。据此，学者们从不同角度提出了相关对策。陈伟光和蔡伟宏（2017）认为逆全球化现象要通过进一步全球化得以解决。未来需要做到一方面继续推动全球化经济向一体化迈进，另一方面要避免全球化利益分配失衡，实现这两方面目标只有回到"内嵌的自由主义"状态，以抵制市场"脱嵌"行为。葛浩阳（2018）认为应该转变全球治理观念和指导理念，推动新一轮全球化的发展。如果继续奉行追求资本利益最大化的全球化理念必然会使各国以及国内各阶级群体获利失衡，继续陷入负和博弈中。在逆全球化趋势加剧，全球化发展陷入困境的今天，要以马克思主义政治经济学理论为基础，以新的全球化治理理念即"共商共建共享"指导新的实践，通过"构建人类命运共同体"建立国际经贸新秩序，顺应时代发展趋势。

三、逆全球化问题的政治经济学分析框架

（一）逆全球化的根源：资本主义基本矛盾的演化

资本主义基本矛盾是生产高度社会化同生产资料私人占有之间的矛盾。由于资本的本质是不断实现资本增殖，其自我生存和发展需要通过不

断地占有更多的剩余价值来维持，资本主义生产的高度社会化在资本本质的作用下会导致生产的无限扩大。在资本主义生产无限扩大的另一端是消费的有限性，由于生产资料的私人占有导致商品无法被完全有序地消费，加之国内消费市场的有限性，即消费能力在生理约束、时间约束和预算（收入）约束下的有限性，使得生产过剩危机在资本主义国家内部无法避免。于是，一国国内的生产过剩就必然会使得产品急于冲出国门寻求国外市场。由于世界市场同时具有无限性和相对有限性，当世界市场的无限性发挥作用时，过剩产品就能够在世界市场上找到出路，此时生产过剩危机就会得到缓解。但这仅仅是一时的，正如马克思在《剩余价值理论》中指出："只要承认市场必须同生产一起扩大，在另一方面也就是承认有生产过剩的可能性，因为市场有一个外部的地理界限，……世界市场在每一个一定的时刻也是有限的……。"① 由于资本主义基本矛盾没有解决，危机最终仍然会爆发，而且可能会以更激烈的方式爆发出来。经济危机的爆发往往伴随着衰退和国力下降，在这种情况下，一方面本可以在世界市场上找到出路的产品由于危机造成的需求萎缩无法实现商品资本向货币资本的转化，而国内市场又因为经济全球化需要向世界开放，因此各国为了争夺有限的市场，必然会采取保护主义，逆全球化应势而生。另一方面，在经济危机时期，被经济全球化和自由贸易繁荣所掩盖的一系列经济问题和社会矛盾也会集中爆发出来，特别是当长期奉行的社会福利和保障政策难以为继时，转嫁国家内部问题的措施——贸易保护主义就成为一种"正当防卫"的手段开始大行其道。由此可见，逆全球化的根源在于资本主义社会的基本矛盾，这一矛盾直接导致了生产过剩以及经济危机在全球范围内的周期性爆发，与危机相伴的便是各国频繁采取保护主义手段，逆全球化趋势加剧。长期以来，经济全球化本来一直是先行发达资本主义国家化解自身基本矛盾的重要手段。逆全球化现象至少说明，发达国家通过全球化化解自身基本矛盾的手段逐渐失灵、失效。

（二）逆全球化的"资本逻辑"

资本的本质是对剩余价值和利润的无止境追逐，以实现资本增殖。这推动了生产规模的不断扩大，资本家为获得更多剩余价值一方面继续扩大再生产，另一方面进一步加深对工人的剥削，改进技术、提高劳动生产

---

① 《马克思恩格斯全集》第26卷（第2册），人民出版社1973年版，第599页。

率……在如此的循环反复中，资本逐渐冲出国门的界限，资本关系扩展到世界各地，直到世界市场形成。正如马克思所说："资本的本质决定了资本是天生的国际派，不仅在物理意义上摧毁了交往和交换的一切限制，甚至造成用时间消灭空间的时空压缩，在制度意义上构建资本关系的世界性。"① 由此可见资本的内在运动逻辑是推动经济全球化的动力。那么，问题产生了，既然是资本逻辑推动了经济全球化，那么逆全球化的产生难道是因为资本的本质发生了改变？答案当然是否定的。这是由于"资本的二重性矛盾"在全球化体系中产生了逆向冲击，即自我否定的反体系运动。

在资本推动全球化的进程中，按照资本形态可以把这一过程划分为三个阶段：一是 1500～1800 年的商业资本主义时代；二是 1800～1990 年的产业资本主义时代；三是 1990 年至今的金融垄断资本主义时代。在产业资本主义时代，为实现生产要素的最优配置、最大限度地获得国际超额利润，发达资本主义国家把本国的劳动密集产业转移至发展中国家，自己则主要从事资本和技术密集型产业。随着国际分工的深入，发达国家又逐渐把资本技术密集型产业中的劳动密集型生产环节转移出去。产业和生产环节的转移使发达国家一举三得：一是充分利用发展中国家劳动力、资源等丰富且廉价的生产要素，降低了生产成本；二是为本国提供了大量的廉价产品；三是有利于自身集中优势资源发展高科技产业。这"三得"使发达国家获利颇丰，经济得到了快速发展。到了金融资本主义时代，资本开始真正的冲破时空壁垒，利用股票、期货、信贷消费等金融创新手段开展跨界金融并购，通过控制全球的生产、流通、分配等环节参与分割全球剩余价值。此时，金融资本试图打破一切国家主权的限制和监管，以完全自由的方式在全球范围内运行。在金融资本的强力推动下，新自由主义意识形态在 20 世纪 70 年代后逐渐登上西方国家政治舞台的中心，其奉行的主要思想包括国家放弃对经济活动的一切干预、国有企业私有化、弱化工会力量、削减社会福利、废除资本管制等。依托 20 世纪 90 年代信息技术的发展，金融资本在全球范围内攫取了巨额利润，但同时金融资本的虚拟性、泡沫性、投机性一方面造成了消费的借贷化、国家的债务化以及中下层民众的贫困化；另一方面使产业资本主义以来的"产业空心化"程度加剧，呈现出典型的"倒金字塔"型经济结构。这一结构的特点使得作为经济发展基础的实体经济比重逐渐缩小，而股票、债券、期货及金融衍生品的虚

---

① 《马克思恩格斯文集》第 1 卷，人民出版社 2009 年版，第 564 页。

拟经济比重越来越大，"头重脚轻"必然会破坏资本主义经济结构的稳定性。由金融资本推动的虚拟经济的过度发展导致市场信号扭曲，人们快速求富的心理使资源过度集中于纯粹虚拟资本的买卖，实体经济遭到严重削弱，国民经济比例失调。由于缺乏物质生产支撑，虚拟资本的过度膨胀会促使经济泡沫越来越大，最终破裂引发金融危机。因此，由资本逻辑所导致的"倒金字塔"结构促使发达资本主义国家发动了以"控制资本流向"为目的的逆全球化运动，包括：采取优惠政策等各种软硬手段促进制造业回流以重建产业资本和工业资本；采取贸易和投资限制措施，限制他国在本国的企业并购、金融投资等；以技术垄断优势打压新兴发展中国家，迫使其进一步开放市场，为本国企业提供发展机遇。

由此可见，由于资本的"二重性矛盾"，由资本推动的经济全球化产生了自我否定的、促进资本单向流动的"反体系运动"，即逆全球化。

（三）逆全球化与不同利益群体的矛盾运动

由于经济发展水平不同，发达国家和发展中国家在全球化进程中的地位是不平等的，所获得的收益也存在巨大反差。据测算，自由贸易约2/3的福利被发达国家所享受，发展中国家仅得到1/3，因此，就国家整体而言，自由贸易对发达国家更有利。虽然，近几年来包括中国在内的一些新兴发展中国家在全球化进程中实现了经济的快速发展，但广大发展中国家尤其是非洲，经济依然十分落后，且与发达国家的差距越来越大。因此，从国家整体利益的角度看，发达国家应该成为自由贸易的坚定拥护者。但此次逆全球化却是由发达国家主导的，这主要是由于全球化利益在国内并未得到平等分配，两个不同利益群体对全球化的认知产生了互为相反矛盾运动：一方面是经济自由主义运动，是由资本家、跨国公司财团、金融资本阶层和高技能劳动者等在全球化中的受益群体所推动的；另一方面是反向保护主义运动，是由全球化利益受损群体如中下阶层、非熟练工人和低技能劳动者所推动。两类群体收益的巨大反差，形成了发达国家内部作用于全球化发展的两股力量，而逆全球化就是不断扩张的受害群体共同进行反抗的结果。

随着全球化进程的加速，资源在全球范围内得到重新配置，资本所有者可以充分利用各国优势资源提高生产效率，获得超额利润。其中就包括发达国家为降低生产成本将本国的劳动密集型产业和生产环节转移至发展中国家以充分利用其丰富且廉价的劳动力资源，这样一来，来自发展中家的劳动力供给对发达国家的工人，尤其是低技能工人造成了剧烈冲击，失业人数上升。据美国的一项调查统计数据显示："一个跨国公司的海外分部在实际资本上每增加 10%，其在美国所提供的就业就会减少 0.1% ~ 1.8%。如果跨国公司在其海外分部的实际注资额增长超过 100%，它在美国国内制造业的就业机会可以减少多达 18%。"① 进入金融资本主义时代，股票、债券等金融衍生品的快速吸金及致富效应使劳动报酬占 GDP 的比重持续下跌，发达国家的工资中位数长期陷入停滞状态。克鲁格曼指出，"美国的生产效率实际上远高于一代人之前，但普通民众却未能从中受益；总体经济增长与普通民众的生活境遇之间存在严重脱节。"② 2010 年，德国中产阶层收入所占比重已由 2000 年的 62% 下降至 54%。与中下阶层形成对比的是，大资本家和金融财阀等群体从经济全球化中获得了巨额财富。③

失业的上升和收入水平的相对下降使得发达国家的中下阶层群体日益认识到经济全球化所带来的经济增长成果并未得到均衡分配，而更为严重的是政府并未对利益受损群体做出应有的补偿。美国彼得森国际经济研究所所长弗雷德·伯格斯坦研究指出：仅美国每年从经济全球化当中获得收益就超过 1 万亿美元，而付出的成本只有 500 亿美元。④ 理想与现实的反差使得全球化赢家与输家的矛盾越发难以调和，尤其在危机之后，经济的衰退使中下层民众的境况更加糟糕，而此时，反向保护主义运动相较于经济自由主义运动更容易得到政府的支持，于是，逆全球化在不满群体的推动下顺势而上。

（四）逆全球化与国际分工演变

当代国际分工有两个特点：一是产品价值链被细分；二是生产要素的跨国流动性增强。其结果是一种产品甚至是产品的一个生产环节都是由多

---

① Ann E. Harrison and Margaret McMillan, "Dispelling Some Myths About Offshoring", *Academy of Management Perspectives*, November（2016）.

② 保罗·克鲁格曼：《美国怎么了？一个自由主义者的良知》，中信出版社 2008 版，第 95、155 页。

③ 张茉楠：《促进中产阶级崛起方能释放中国经济增长新动力》，载于《中国经贸》2012年第 2 期，第 38 ~ 41 页。

④ 杨多贵、周志田：《霸权红利：美国不劳而获的源泉》，载于《红旗文稿》2015 年第 3期，第 33 ~ 35 页。

国要素共同生产而成。各国可以凭借本国的优势生产要素参与国际分工，从而大大降低了发展中国家融入国际分工体系的门槛。首先，从产品价值链被细分的角度看，比较优势的定义被大幅度缩小，一个国家已经无须在生产一个完整的产品上具有比较优势，只需在产品的某个生产环节上具有比较优势就可以参与全球化生产，如发展中国家利用劳动力资源优势从事产品的加工、组装制造等环节。这使得发展中国家可以通过融入全球分工体系获得产业发展的机会，产业的国际梯度转移及产品生命周期的变化会促使发展中国家改变要素禀赋结构，为产业转型升级提供了可能性。其次，从生产要素的跨国流动角度看，发达国家在向发展中国家进行产业和生产环节转移的同时也伴随着资本、技术等优势生产要素的流动，资本、技术的外溢效应能够增加发展中国家高端生产要素的存量。更重要的是，要素的流入对发展中国家来说会使闲置资源得到充分利用，促进比较优势由潜在向现实转化。以要素分工为主的分工体系使得发达国家认为当今的全球化对发展中国家更为有利。随着中国等新兴经济体的崛起，发达资本主义国家的霸权地位日渐削弱，"金砖五国"占全球 GDP 的份额由 1991年的 7%，上升到 2016 的 23.8%，而美国、加拿大、德国、意大利、英国、法国、日本七国占全球 GDP 份额由 1990 年的 67%，下降到 2011 年的不到 50%。[①] 为了遏制新兴经济体的崛起，控制优质要素资源流动，维护在全球价值链的高端地位，重新构建更加有利于发达资本主义国家的国际经贸体系，是现阶段发达国家采取贸易保护主义、推动逆全球化的动因所在。

四、逆全球化的中国因素

在这轮由发达国家主导的逆全球化浪潮中，中国成为其主要攻击目标。自美国 2018 年对中国发动旷日持久的贸易战之后，又先后在 2019 年10 月、2020 年 6 月和 2020 年 7 月 20 日以人权为借口，将 48 家中国企业及机构列入"实体清单"，这意味着美国政府可根据《出口管理条例》限

---

① 甘子成、王丽荣：《逆经济全球化现象研究：理论基础、本质透视及应对策略》，载于《经济问题探索》2019 年第 2 期，第 183 ~ 190 页。

制对这些机构的出口、进口或转口。① 在美国对中国频频采取保护主义手段之际，欧洲的一些发达国家也蠢蠢欲动，如法国已经明确表示将更换5G设备供应商，不会再使用华为5G设备；意大利以"威胁国家安全"为由将华为排除在5G核心设备的招标之外；英国政府宣布要求本国电信供应商从2021年起停止从华为公司购买5G设备，并在2027年之前拆除所有华为公司设备。一时间，中国成为资本主义发达国家运用保护主义手段群起而攻之的对象，原因何在？中国与逆全球化的形成存在怎样的关联？归根结底，还是经济利益关系矛盾运动使然。

（一） 发达国家国内经济利益关系的矛盾与冲突

如前文所述，发达国家的逆全球化是由国内在全球化中利益受损的群体推动的，而中国被认为与发达国家中低阶层的利益受损存在一定的相关性，这主要包括进口和投资两个方面。进口方面，克鲁格曼指出，"随着南北国家间的贸易往来频繁，尤其是中国加入WTO后出口规模的显著扩张，使得美国数以百万计的制造业工作岗位被中国取代，美国等发达国家进口竞争行业的就业和工资水平受到严重冲击。"② 从投资方面看，在发达国家向中国进行产业和生产环节转移的过程中，必然要加大对中国的投资，雇佣更多的中国劳动力，这同样会减少发达国家本土对劳动力的需求。由于中国在近几十年间成为全世界吸引外资最多的国家，这使得中国越来越多地成为西方发达资本主义国家内部中低阶层抱怨的对象，加之政府为转嫁国内阶级矛盾的故意误导，全球化中的利益受损者开始将自身境况的恶化归咎于中国。

事实上，中国等发展中国家融入全球化的确增加了国际上的劳动力供给，与发达国家劳动者的失业、收入相对下降具有一定程度的相关性。但是相关并不等于因果。这是因为西方发达资本主义国家仍是国际超额利润的主要获得者，全球化的主要获利者，即使将所获利润的一部分用于补偿利益受损群体，收益规模仍然十分庞大。但事实却是资本家和跨国公司财团等主要利益获得者并没有拿出部分收益实现全球化利润的均衡分配，而

---

① 根据臧晓松、李曼宁、严翠、叶玲珍：《美国"实体清单"再扩容，受波及公司回应影响》，证券时报，http://wap.stcn.com/dzb/2020-07-22/1497636.htm 媒体报道整理。

② Paul Krugman，"Leave Zombies Be"，*Finance & Development*，Vol. 53，No. 4 （2016），pp. 11.

是将这部分收益用于游说、压制反对者的意见以实现自身的政治意图。对此，政府往往对利益受损者持敷衍态度，很少有实质性的纾困措施。所以，逆全球化的起因并不在中国，而在于发达国家政府政策的失败导致国内经济利益关系出现矛盾与冲突，阶级矛盾难以调和。

（二）国家间经济利益关系矛盾与冲突

2008 年全球金融危机后，欧美等西方发达资本主义国家陷入经济衰退的泥潭无法自拔，国内产业结构调整面临严重问题，以美国为代表的"核心区经济体"地位日渐衰落；而中国随着改革开放的深入，实现了经济的快速发展，成为世界第二大经济体，希望与发达国家共商共建共享世界经济发展成果。与此同时，印度、巴西等新兴经济体的崛起成为推动建立国际经济新秩序的重要力量，世界格局开始朝着多极化的方向发展。传统的西方国际关系理论认为，"一个大国的崛起，必将损害现有大国的既得利益，使既定的国际格局和国际秩序发生剧烈的变动，甚至引发战争。"[1]这种国际利益的再分配从博弈论的观点来看，是一种零和博弈，即一方受益、另一方受损。纵观历史上的大国崛起，多数是通过战争方式得以实现，在当今"和平与发展"的时代主题下，发动战争的可能性相对较小，但出于对新兴大国崛起的忌惮心理，守成大国必然会千方百计运用各种制裁措施对其加以遏制。[2] 正如罗伯特·吉尔平指出："新兴的工业化国家步发达国家后尘，采用最新的技术，最终在世界市场上向原来的领袖国进行挑战；老的发达国家竭力维护自己的地位以及受到威胁的工业，结果，衰落中的工业部门对调整的抵制引起强烈的贸易保护，在新兴工业部门，各个技术上潜在的领袖争夺主宰地位，贸易摩擦愈演愈烈。"[3] 随着中国改革创新步伐的加快推进，中国经济发展正经历着三个重大转变：高速度发展向高质量发展的转变；"制造大国"向"创造大国"的转变；全球价值链及出口结构布局由低端向中高端的转变。这三重转变势必会与在全球贸易布局中掌控高端环节和高附加值领域的资本主义发达国家发生竞争和碰撞，挤占其在全球市场上的获利空间，贸易中的互利关系开始转变为竞

---

[1] 詹宏伟：《中国的崛起方式与中美关系——一种博弈论的分析》，载于《云南社会科学》2007 年第 5 期，第 13～17 页。

[2] 谢地、张巩：《中美贸易摩擦的政治经济学分析》，载于《政治经济学评论》2018 年第 5 期，第 121～143 页。

[3] 罗伯特·吉尔平：《国际关系政治经济学》，上海人民出版社 1989 版，第 102 页。

争关系。① 因此，发达经济体对中国采取的保护主义措施就是国家间经济利益关系矛盾与冲突的体现，目的在于维护其既有优势，遏制中国崛起。

五、结论与对策

在波谲云诡的百年未有之大变局中，发达国家贸易保护主义升级，逆全球化现象引人瞩目。从政治经济学的视阈来看，曾几何时把全球化作为化解基本矛盾手段的发达国家正面临巨大挑战，基本矛盾不仅没有缓解反而被在全球放大；而按照资本逻辑推动的全球化在发展到一定程度时必然会产生一种"反体系运动"，即逆全球化；发达国家内部的"双向运动"和国际分工形态演变则是逆全球化产生的基本动因。可见，逆全球化从本质上说是发达国家内部以及不同国家之间经济利益关系矛盾运动的产物，这也可以很好地解释中国成为发达国家推行逆全球化首当其冲攻击对象的深层原因。

其实，经济全球化本身并不是导致发达国家内部中低阶层失业率上升、收入相对下降的原因，关键在于以什么样的理念指导经济全球化。如果以资本利益最大化为原则，那么首先满足的就是资本的利润诉求；如果奉行"本国优先"的贸易理念，就会使贸易政策陷入以邻为壑的负和博弈当中。因此，扭转逆全球化局势，引导全球化朝正确方向发展，就必须从根本上改变以资本为主导的全球化理念，以"共商、共建、共享""互利共赢""平衡普惠"为原则指导全球化实践，加快构建"人类命运共同体"，实现包容性增长，让人民群众共享全球化发展成果。对此，李克强总理在 2019 年夏季达沃斯论坛的讲话中指出："应坚持经济全球化发展大方向，促进贸易和投资自由化便利化，同时健全权利公平、机会公平、规则公平的制度安排，改善收入分配体制，实现互利共赢、平衡普惠发展。"②

直面逆全球化和风险、挑战不断加剧的国际局势，我国应当采取积极

---

① 谢地、张巩：《国际贸易和国家利益冲突：中美贸易战的多重博弈与中国的出路》，载于《政治经济学评论》2019 年第 4 期，第 129～149 页。

② 李克强：《在第十三届夏季达沃斯论坛开幕式上的致辞》，载于《人民日报》2019 年 7 月 2 日。

稳健而有效的策略：一是坚定不移地把发展作为第一要务，加大改革开放力度，深化供给侧结构性改革，推动经济实现高质量发展；二是加快对外开放步伐，继续降低关税水平，全面实行准入前国民待遇加负面清单管理制度，逐渐放开服务业、金融业的准入限制，健全知识产权保护法律体系；三是着力打造市场化、法治化、国际化的营商环境，实现更大规模的减税降费和"放管服"改革，进一步激发市场主体活力；四是实施创新驱动发展战略，培育壮大发展新动能。发挥科技对创新的引领支撑作用，增加研发投入，加快创新成果转化。加快推动新兴产业发展，支持"互联网＋"升级，拓展"智能＋"，为传统产业改造升级持续赋能。加快发展现代职业教育，培养各类高素质的技术技能人才；五是持续改善民生，释放内需潜力，使经济发展和民生改善形成良性互动；六是打通国际、国内两个市场，逐步形成以国内大循环为主体、国际国内双循环相互促进的新发展格局。

参考文献

1. 《马克思恩格斯选集》第1卷，人民出版社1995年版。

2. 胡鞍钢、王蔚：《从"逆全球化"到"新全球化"：中国角色与世界作用》，载于《学术界》2017年第3期。

3. 张茉楠：《"特朗普主义"下的逆全球化冲击与新的全球化机遇》，载于《中国经济时报》2017年2月16日。

4. 渠慎宁、杨丹辉：《美国对华关税制裁及对美国在华投资企业的影响》，载于《国际贸易》2018年第11期。

5. 陈伟光、蔡伟宏：《逆全球化现象的政治经济学分析——基于"双向运动"理论的视角》，载于《国际观察》2017年第3期。

6. 高柏：《为什么全球化会发生逆转——逆全球化现象的因果机制分析》，载于《文化纵横》2016年第6期。

7. 唐解云：《"逆全球化"：人性展现的钟摆效应——回到〈德意志意识形态〉"费尔巴哈"章》，载于《齐齐哈尔大学学报（哲学社会科学版）》2017年第9期。

8. 钱俊君、苏杨：《经济生态演化过程中的全球化及其可逆性》，载于《改革》2009年第4期。

9. 谢长安、丁晓钦：《逆全球化还是新全球化？——基于资本积累的社会结构理论》，载于《毛泽东邓小平理论研究》2017年第10期。

10. 陈伟光、郭靖：《逆全球化机理分析与新型全球化及其治理重塑》，载于《南开学报》2017年第5期。

11. 甘子成、王丽荣：《逆经济全球化现象研究：理论基础、本质透视及应对策略》，载于《经济问题探索》2019年第2期。

12. 佟家栋：《"逆全球化"浪潮的源起及其走向：基于历史比较的视角》，载于《国际贸易研究》2017年第10期。

13. 孙伊然：《逆全球化的根源与中国的应对选择》，载于《浙江学刊》2017年第5期。

14. 戴翔、张二霖：《逆全球化与中国开放发展道路再思考》，载于《经济学家》2018年第1期。

15. 杨圣明、王茜：《马克思世界市场理论及其现实意义——兼论"逆全球化"思潮的谬误》，载于《经济研究》2018年第6期。

16. 任晓聪、和军：《当代逆全球化现象探析——基于马克思恩格斯经济全球化理论》，载于《上海经济研究》2019年第4期。

17. 邱卫东、高海波：《从中美贸易摩擦透析逆全球化的本质及其未来趋势》，载于《新疆社会科学》2019年第3期。

18. 佟家栋：《当前态势不是逆转，是重构》，载于《世界经济研究》2018年第3期。

19. 庄宗明：《经济全球化没有逆转，也不可能逆转》，载于《世界经济研究》2018年第3期。

20. 陈伟光、蔡伟宏：《逆全球化现象的政治经济学分析——基于"双向运动"理论的视角》，载于《国际观察》2017年第3期。

21. 葛浩阳：《经济全球化真的逆转了吗——基于马克思主义经济全球化理论的探析》，载于《经济学家》2018年第4期。

22. 《马克思恩格斯全集》第26卷（第2册），人民出版社1973年版。

23. 《马克思恩格斯文集》（第1卷），人民出版社2009年版。

24. Ann E. Harrison and Margaret McMillan, "Dispelling Some Myths About Offshoring", *Academy of Management Perspectives*, November (2016).

25. 保罗·克鲁格曼：《美国怎么了？一个自由主义者的良知》，中信出版社2008年版。

26. 张茉楠：《促进中产阶级崛起方能释放中国经济增长新动力》，载于《中国经贸》2012年第2期。

27. 杨多贵、周志田：《霸权红利：美国不劳而获的源泉》，载于《红旗文稿》2015年第3期。

28. 甘子成、王丽荣：《逆经济全球化现象研究：理论基础、本质透视及应对》，载于《经济问题探索》2019年第2期。

29. Paul Krugman, "Leave Zombies Be", *Finance & Development*, Vol. 53, No. 4 (2016).

30. 詹宏伟：《中国的崛起方式与中美关系——种博弈论的分析》，载于《云南社会科学》2007 年第 5 期。

31. 谢地、张巩：《中美贸易摩擦的政治经济学分析》，载于《政治经济学评论》2018 年第 5 期。

32. 罗伯特·吉尔平：《国际关系政治经济学》，上海人民出版社 1989 年版。

33. 李克强：《在第十三届夏季达沃斯论坛开幕式上的致辞》，《人民日报》2019 年 7 月 2 日。

美国减税之中国应对研究：基于人才流失的视角

潘士远　　朱丹丹　　何怡瑶[*]

一、前　　言

2017 年 12 月，时任美国总统唐纳德·特朗普签署发布了《减税与就业法案》(*Tax Cuts and Jobs Act*)。该法案指出，美国的企业所得税税率自 2018 年起从 35% 永久下调至 21%；个人所得税税率的不同档级也在 2018～2025 年期间下调 1 至 4 个百分点，标准扣除额提高 1 倍。[①] 作为当今世界最大的经济体，美国减税将在一定程度上影响着包括中国在内的世界各国的税制决策。纵观全球各经济体的税制计划，一场世界级规模的减税行动已经展开。[②] 在此背景下，中国的税制改革成为当下学界的研究热点。在党的十九大报告中，习近平总书记部署了"加快建立现代财政制度"和

---

* 潘士远，浙江大学经济学院教授；朱丹丹，浙江大学经济学院博士研究生；何怡瑶（通讯作者），浙江大学经济学院博士研究生。

① 2018 年 1 月，美国总统唐纳德·特朗普在执政以来的首次国情咨文演讲中表示，这是美国历史上最大力度的减税措施及税制改革，此次改革在极大程度上减轻了中产阶级和中小企业的负担，已有大约 300 万美国劳动者获得了减税红利。

② 2017 年 1 月，德国财政部部长宣布将彻底改革税收体制并实施减税政策，通过降低个人工资收入税和企业所得税等，每年为国家经济和企业发展减负约 150 亿欧元。2017 年 9 月，法国政府公布了 2018 年财政法草案，提出 5 年内企业所得税税率将从 33.3% 下调至 25%。2017 年 12 月，日本执政党正式批准了 2018 年度税制修订大纲，降低了部分涨薪企业和科技企业的企业所得税。虽然全世界不少国家实施减税政策，但本文研究的核心是美国减税对中国的影响。主要原因有两点：第一，无论考虑到美国是当前世界第一大经济体，还是考虑到此次美国税改的减税力度，美国减税政策的经济影响力应该是最为突出的；第二，本文的两国开放经济模型具有一定的代表性，即美国的角色适用于其他进行减税改革的发达国家，中国的角色适用于其他发展中国家。

"深化税收制度改革，健全地方税体系"的税制新要求。[1] 一方面，中国经济已逐渐由高速增长阶段转向高质量发展阶段。在"贯彻新发展理念，建设现代化经济体系"的转型过程中，税收这一重要宏观政策工具发挥着调节生产和消费的引导性作用。另一方面，为适应经济全球化并积极响应"一带一路"倡议，中国有必要高度关注国际（尤其是美国）税制改革的动态。中国的税制改革需立足于国际视野，致力于促进全球经济的开放共赢。

本文基于布雷斯彻和瓦伦特（Bretschger and Valente，2010）和詹姆威兹和雷贝洛（Jaimovich and Rebelo，2017）的研究，构建了一个两国开放经济的内生增长模型，探讨了美国减税如何影响中国人才流失和经济增长，进而分析中国的应对之策。在理论模型中，研发能力服从帕累托（Pareto）分布的异质性劳动者选择成为普通工人或创新企业家，且可选择在支付一笔固定效用成本后移民。研究发现：第一，美国和中国高研发能力的劳动者将成为创新企业家，低研发能力的劳动者将成为普通工人。部分中国高研发能力的创新企业家有动机且有能力移民至美国。第二，当美国减税而中国保持税率不变时，一些中国高研发能力的创新企业家将移民至美国，这可能加剧中国人才流失并扩大中美两国技术差距。第三，中国有必要降低企业所得税税率，以缓解人才流失问题。数值模拟表明，为了提高人均社会福利水平，中国企业所得税税率需从现行法定的25%降至约18.5%。[2]

税率对经济的影响一直是经济学家们关注的重要论题。自从戈洛索夫等（Golosov et al.，2003）开创了动态最优非线性税收理论后，已有文献分别从资本税、代际税收、公共支出结构、企业技术创新等角度论证了税率对国家经济增长的非线性效应（Albanesi and Sleet，2006；Farhi and Werning，2010；Aghion et al.，2016；金戈，2010；林洲钰等，2013）。詹姆威兹和雷贝洛（Jaimovich and Rebelo，2017）在一个异质劳动者的内生经济增长模型中论证了企业所得税税率对国家经济增长的非线性效应。但严成樑和龚六堂（2009）指出所得税税率与经济增长率之间的倒 U 形关

---

[1]《习近平在中国共产党第十九次全国代表大会上的报告》，人民网 – 习近平系列重要讲话数据库，http://jhsjk.people.cn/article/29613660。

[2] 中国现行企业所得税的基本税率是25%。另外，《中华人民共和国企业所得税法》第二十八条规定：符合条件的小型微利企业，减按20%的税率征收企业所得税；国家需要重点扶持的高新技术企业，减按15%的税率征收企业所得税。实际上，国信证券《2018—2019 中国税负水平分析报告》指出，在 2018 年大规模的减税降费政策下，小口径统计的中国平均宏观税负仍高达34.19%，高于25%的法定企业所得税税率。

系并不总是成立。洛克伍德等（Lockwood et al.，2017）研究了税收通过人才配置影响社会福利的机理。兹维克和马洪（Zwick and Mahon，2017）考察了税率政策对不同规模企业投资决策的异质性影响。此外，征税对象和税种选择的不同（尤其是环境税的征收）也会对经济增长产生差异化影响（Acemoglu et al.，2012；刘溶沧和马拴友，2002；李绍荣和耿莹，2005；范庆泉等，2016；陈素梅和何凌云，2017）。

本文的研究还与跨国劳动力流动的文献相关。已有文献基于跨国流动决策的成本与收益，分析了地理上的预期收入差异、教育和经济因素对移民决策的影响机理（Sjaastad，1962；Kennan and Walker，2011；魏浩等，2012）。一方面，高技能人才进行跨国移民将不利于流出国的经济增长（Grossman and Helpman，1991），但有助于提高流入国的教育水平、人力资本积累和生产力长期增长（Miyagiwa，1991）；另一方面，暂时性外流人才的海外积累或者潜在移民可能性对教育投资的激励，有助于流出国人力资本的积累和生产力的提高（Mountford，1997；Beine et al.，2001，2008）。此外，已有文献证实了海外移民网络对中国外向型直接投资的显著促进作用，它有助于提高中国企业的出口概率与强度，且能显著降低出口目的地市场的不确定性，提高出口企业的存活率（范兆斌和杨俊，2015；蒙英华等，2015；杨汝岱和李艳，2016）。

与詹姆威兹和雷贝洛（2017）等一系列研究税收和经济增长的封闭经济模型不同，本文在开放经济模型中研究了美国减税政策对中美跨国人才流动的影响机理，并量化分析了其对中国经济增长的影响。由中国与全球化智库（Center for China and Globalization）编撰的《中国国际移民报告》（2016）显示，作为世界上最大的移民群体，中国海外移民的首选地是美国，且构成了美国居留移民的第二大来源国。由于经济、科技、教育等与发达国家仍存在一定差距，包括中国在内的发展中国家都面临着较为突出的人才流失问题，且其海外技术移民的比重逐步增大。因此，开放经济框架下的研究更符合资源配置日趋国际化的特性，也更具普适性。此外，在本文理论模型中人才流失会伴随着物质资本外流，故本文可同时将人力资本和物质资本两大要素配置纳入研究框架，以更好地厘清美国减税影响中国经济的机理。[①] 人才资源是经济社会发展的第一资源，创新驱动的实质

---

　　① 在长期中，人才配置是经济增长的决定性因素。已有不少研究着眼于中国物质资本外流问题，故本文仅重点分析美国减税对中国人力资本外流的影响。

是人才驱动，综合国力竞争说到底是人才竞争。2016 年 4 月习近平总书记在网络安全和信息化工作座谈会上表示："我国是科技人才资源最多的国家之一，但也是人才流失比较严重的国家，其中不乏顶尖人才。"① 所以，本文关注中国人才流失的问题，具有重要的现实意义和政策含义。

本文余下部分的结构安排如下：一是基于历史经验数据考察了美国减税和中国人才流失的相关关系，为理论模型提供现实支持。二是构建了一个两国开放经济的内生增长模型，研究美国减税对两国劳动力配置和经济增长的影响。三是数值模拟，将理论模型的结果数值化，具体探究中国的应对之策。四是回顾了本文的基本结论，并据此提出相应的政策建议。

二、历史经验数据

本节收集整理了中国移民总人数（1982 ~ 2017 年）和中国移民细分类型人数（1992 ~ 2017 年）的数据，考察了美国三次税改前后中国移民人数的变化，进而阐述美国减税和中国人才流失的相关关系。上述数据来源于美国国土安全部公布的《移民统计年鉴》，每年中国移民数是指出生地是中国但取得美国合法永久居民身份的每年新增人数。美国移民局将移民细分为家庭型移民（family based）、雇佣型移民（employment based）、直接型移民（citizenship and nationality）、人道主义型移民（humanitarian）和其他。需要指出的是，雇佣型移民决定是否迁往美国主要基于移民的成本收益分析，这是本文重点关注的由经济因素引致的一类移民。根据美国移民局统计，2008 ~ 2017 年中国雇佣型移民占比为 26.8%，是仅次于家庭型移民（53.3%）的重要组成部分。

图 1 描绘了自 1982 年以来，美国现行税制形成后的三次税改和中国移民美国人数关系图。美国现行税制体系于 20 世纪 80 年代初成型，自 1982 年起经历了三次重要的税改：里根政府税改、乔治·布什（以下简称小布什）政府税改和奥巴马政府税改。三次税改的根本目标均是减轻税负、刺激美国经济复苏和稳定增长。里根政府通过《经济复苏和税收法案》和《税制改革法案》调低了当时的企业所得税税率，并改革了企业

---

① 习近平：《在网络安全和信息化工作座谈会上的讲话》，载于《人民日报》2016 年 4 月 26 日第 2 版。

所得税的累进税率制度。里根政府税改期间美国经济年均增速超过 3%。小布什政府于 2001～2003 年颁布了《经济增长与减税协调法案》《增加就业和援助雇工法案》《就业与增长税收减免协调法案》。在减税政策的作用下，2002～2005 年美国经济增长率稳定在 2.9% 左右。奥巴马政府通过出台的《美国纳税人减税法案》降低企业所得税并鼓励小型企业投资，税改期间美国经济增长率约为 2.07%。

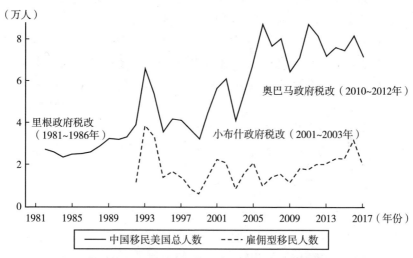

图 1　美国现行税制形成后的三次税改与中国移民美国人数

　　进一步地，本文对比这三次税改和中国移民人数后发现：第一，每次税改之后都出现了一波移民的小高峰，即美国企业所得税税率的降低会促使中国移民至美国的人数增加，二者存在较显著的负向相关关系。如图 1 所示，里根政府税改后，1987～1989 年中国移民美国总人数出现了快速上升，年均增长率达到 11.8%；① 小布什政府税改后的 2003～2007 年以及奥巴马政府税改后的 2013～2016 年也都出现了中国移民的小高峰，年均增长率分别为 17.18% 和 4.43%。② 在紧随三次税改后的年份里，中国移民总人数年均增长率均超过三位总统任期内的平均值（分别为 2.21%、

------

　　①　1993 年出现的移民高峰源自申请政治避难移民人数的快速上升（该类移民数比 1992 年上升了 30.43%）。

　　②　因为美国移民局审核移民资料的平均时长约为 10～26 个月，所以减税与移民的相关关系具有一定程度的滞后性。

0.63% 和 0.12%）。其中，雇佣型移民在小布什政府税改后的 2003～2005 年从 7 511 人迅速上升至 20 626 人，年均增长率高达 65.84%；在奥巴马政府税改后的 2013～2016 年从 20 245 人上升至 31 658 人，年均增长率达到 15.98%。第二，在小布什政府税改后至奥巴马总统卸任期间内，中国移民美国总人数和雇佣型移民人数始终保持在较高水平，二者在 2003～2017 年的年均增长率分别为 4.12% 和 6.94%。因为两次税改时间接近，所以在这期间美国稳定的低税率持续不断地吸引着中国移民的净流入；同时，美国持续的低税率对中国雇佣型移民的吸引作用（6.94%）要显著高于整体平均值（4.12%），即美国减税对基于经济因素引致的雇佣型移民会产生更显著的影响。第三，在 2017 年奥巴马总统卸任之时，中国移民美国总人数和雇佣型移民人数都快速下降，二者相较于 2016 年分别下降了 12.48% 和 39.29%。这表明，在总统换届时期，当美国被预期可能不再保持持续稳定的税改政策时，中国移民数量可能会出现较大幅度下降。因此，一个稳定的低税率环境和经济政策对美国源源不断地吸引中国移民流入有非常重要的作用。[①]

综上可基本得出：中国移民美国人数和美国企业所得税税率之间存在较显著的负向相关关系，美国减税在刺激本国经济增长的同时会吸引更多中国移民流入，其中减税对雇佣型移民的影响非常显著。目前中国雇佣型移民的主体是富裕阶层与知识精英（《中国国际移民报告（2016）》），其移民行为会加剧中国人才流失问题。本节的历史事实为下一节理论模型的构建奠定了数据基础。

三、理 论 模 型

通过借鉴布雷斯彻和瓦伦特（2010）关于开放经济的相关假设以及詹姆威兹和雷贝洛（2017）关于异质劳动力的相关假设，本文基于罗默（Romer，1990）构建了一个两国开放经济的内生增长模型。[②] 这一模型通

---

① 为了检验相关变量的时间趋势，我们对图 1 中的中国移民总人数和雇佣型移民人数的时间序列做了 Dickey – Fuller 检验，其 P 值在 0.0070 左右，故本节所使用的时间序列数据是平稳的。

② 布雷斯彻和瓦伦特（2010）在一个两国开放经济模型中探究了石油资源税如何影响石油出口国和进口国的社会福利。

过探讨企业所得税税率与两国劳动力配置、技术进步和经济增长的关系，以阐明美国减税政策加剧中国的人才流失并进一步拉大中美技术差距的经济机理。

为简化模型，本文设置如下基本假设：第一，每一期劳动力都无弹性地提供一单位的劳动，他们可以选择在最终产品生产部门成为普通工人或在技术研发部门成为创新企业家。[①] 第二，劳动者的研发能力存在异质性，对于同一出生国的劳动者，其研发能力服从 Pareto 分布。[②] 第三，劳动力从出生国流动到另一个国家，也即进行移民时，需要支付一笔固定的效用成本。第四，美国和中国政府的征收税种均为企业所得税。[③] 为了建模方便且与美国税种相对应，本文选取"企业所得税"作为理论模型对现实复杂税制的简化和抽象，可以将其理解为现实里各项影响企业利润的税种。第五，美国的生产技术水平领先于中国，美国生产技术的进步只依靠自主创新，而中国生产技术的进步可同时依赖自主创新和模仿创新。第六，两国消费者追求消费品的多样化，均需从另一国家进口最终产品并用于消费。两国间贸易满足贸易平衡的条件。为便于区分，经济变量的下标 m 表示美国，下标 n 表示中国。初始时国家 $i(i \in \{m, n\})$ 的出生总人口数为 N_i，而 t 时刻选择定居在国家 i 的工作总人口数为 $L_{i,t}$。最后，为简化公

---

① 本文的创新企业家是指具有较高创新能力、攫取实际利润的企业家。埃文斯（Evans，1949）将企业家这一经济学术语划分为三种功能类型，分别为管理型企业家（managing entrepreneur）、创新型企业家（innovating entrepreneur）和控制型企业家（controlling entrepreneur）。由于本文研究的内容是技术进步和经济增长，所以文中的企业家可定义为创新型企业家。

② 詹姆威兹和雷贝洛（2017）认为美国劳动者的收入分布符合 Pareto 分布，且劳动者收入与其研发能力直接相关，故假设劳动者的研发能力也服从 Pareto 分布。Pareto 分布的特征可形象地描述为，前 20% 的个体拥有 80% 的资源。

③ 本文聚焦于企业所得税税率，暂不涉及个人所得税税率在经济中的作用。主要原因有两点：第一，特朗普政府的减税法案中美国个人所得税税率的降低是暂时性的，有效期仅为 2018~2025 年；第二，若考虑美国个人所得税税率的降低，则本文结论中美国减税所导致的中国人才流失问题更为严重。此外，为充分考虑现实里美国和中国税收体制的显著客观差异，我们尝试重新构建一个两国异质税种的理论模型：美国征收企业所得税，而中国征收企业增值税，其余假设与正文的同质税种模型完全一致。论证可得，异质税种模型和同质税种模型的推导结果大体一致，关键公式中仅中国税率项的指数有所差异。异质税种模型下命题一至命题三的定性结论依然成立，仅命题三中的中国减税改革时最优税率的具体数值有所差异。实际上，无论是两国税种同质还是税种异质，无论是中国实施企业所得税还是实施企业增值税，本文的核心机制不变：美国减税将可能吸引一些中国高能力人才移民至美国，进而加剧中国人力资本流失问题。由于异质税种模型在增加建模篇幅和难度的同时，并未能论证出更有价值的结论，故本文在正文部分保留了同质税种模型。若读者对两国异质税种的理论模型感兴趣，可联系作者。

式，本文将经济变量的变化量表示为 $\dot{Z}_t \equiv Z_{t+1} - Z_t$，将经济变量的增长率表示为 $\hat{Z}_t \equiv \dot{Z}_t / Z_t = (Z_{t+1} - Z_t) / Z_t$。

（一）生产者

1. 最终产品生产部门

在每个国家，最终产品生产部门的代表性企业需购买若干种中间产品、雇佣一些普通工人，以开展生产活动。其生产函数为：

$$Y_{i,t} = \int_0^{A_{i,t}} (x_{i,t}(k_i))^\alpha dk_i \cdot L_{Yi,t}^{1-\alpha}, \ 0 < \alpha < 1 \tag{1}$$

其中，$A_{i,t}$ 表示 t 时刻国家 i 的中间产品种类数，也代表 t 时刻国家 i 的生产技术水平。$x_{i,t}(k_i)$ 表示第 k_i 种（$k_i \in [0, A_{i,t}]$）中间产品的投入数量，$L_{Yi,t}$ 表示选择在最终产品生产部门工作的普通工人数量。该生产函数呈现规模报酬不变，参数 α 和（$1-\alpha$）分别表示中间产品和劳动的产出弹性系数。

在完全竞争市场中，最终产品生产企业的利润函数为：

$$\pi_{Yi,t} = \left[P_{Yi,t} \cdot \int_0^{A_{i,t}} (x_{i,t}(k_i))^\alpha dk_i \cdot L_{Yi,t}^{1-\alpha} - \int_0^{A_{i,t}} P_{xi,t}(k_i) \cdot x_{i,t}(k_i) dk_i \right. $$
$$\left. - W_{Yi,t} L_{Yi,t} \right] (1 - \tau_i) \tag{2}$$

其中，$P_{Yi,t}$ 表示最终产品的销售价格，$P_{xi,t}(k_i)$ 表示第 k_i 种中间产品的使用价格，$W_{Yi,t}$ 表示普通工人的劳动工资，τ_i 表示政府征收的企业所得税税率。[①] 由式（2）式企业利润最大化时的一阶条件可得第 k_i 种中间产品的需求数量为：

$$x_{i,t}(k_i) = \left[\alpha P_{Yi,t} / P_{xi,t}(k_i) \right]^{1/(1-\alpha)} \cdot L_{Yi,t} \tag{3}$$

2. 中间产品生产部门

令每种中间产品的边际生产成本为 η 个单位的最终产品，则第 k_i 种中间产品的代表性生产企业的利润函数为：

$$\pi_{xi,t}(k_i) = \left[P_{xi,t}(k_i) - \eta P_{Yi,t} \right] \cdot x_{i,t}(k_i) \cdot (1 - \tau_i) \tag{4}$$

由于所有中间产品生产企业的最优化决策完全相同，所以可省略式（4）中 k_i 的标记。结合式（3）中间产品的价格需求函数和式（4）企业利润最大化的一阶条件，可得每种中间产品的均衡数量和均衡价格、每种中间产品生产企业的利润依次为：

---

① 显然，计价物的选择不会影响本文的结论。故在数值模拟中，本文选择中国生产的最终产品为计价物。

$$x_{i,t} = (\alpha^2/\eta)^{\frac{1}{1-\alpha}} \cdot L_{Yi,t} \tag{5}$$

$$P_{xi,t} = \eta P_{Yi,t}/\alpha \tag{6}$$

$$\pi_{xi,t} = (1-\tau_i)(1-\alpha)\alpha^{\frac{1+\alpha}{1-\alpha}}\eta^{-\frac{\alpha}{1-\alpha}} \cdot P_{Yi,t}L_{Yi,t} \tag{7}$$

再结合式（2）企业利润最大化的一阶条件，易得最终产品产量和普通工人工资分别为：

$$Y_{i,t} = (\alpha^2/\eta)^{\frac{\alpha}{1-\alpha}} \cdot A_{i,t}L_{Yi,t} \tag{8}$$

$$W_{Yi,t} = (1-\alpha)(\alpha^2/\eta)^{\frac{\alpha}{1-\alpha}} \cdot A_{i,t}P_{Yi,t} \tag{9}$$

式（8）和式（9）显示，当中间产品种类数越多（即该国的生产技术水平越高）、雇佣工人数量越多时，最终产品产量越大；当该国的生产技术水平和最终产品价格越高时，工人工资越高。

3. 技术研发部门

在每一个国家，技术研发部门仅需雇佣一些创新企业家来进行技术研发创新。一个国家内创新企业家的数量和研发能力水平，决定了该国技术研发部门创新企业和人力资本的规模。作为潜在的创新企业家，劳动者的技术研发能力存在异质性。具体而言，同一出生国的劳动者的研发能力 a 服从 Pareto 分布，累积分布函数为 $F(a) = 1-(a/a_{min})^{-\kappa}$，概率密度函数为 $f(a) = \kappa a_{min}^{\kappa} a^{-\kappa-1}$。其中，参数 $\kappa > 1$，a_{min} 表示分布中 a 的最低值。为简化分析，本文假设美国和中国出生人口的研发能力分布是一致的，也即两国 Pareto 分布函数中的参数 a_{min} 和 κ 相等。[①]

美国生产技术的进步只依靠自主创新，而中国生产技术的进步可同时依赖自主创新和模仿创新。自主创新是指在本国已有生产技术基础上的研发创新，而模仿创新是指在先进国家（美国）已有生产技术基础上的模仿和研发创新。当拥有研发能力 a 的劳动者选择定居在美国或中国，并选择成为创新企业家时，该企业家能实现的新增技术（或中间产品专利数量）分别为：

$$\dot{A}_{m,t}(a) = \phi\left(\frac{G_{m,t}}{A_{m,t}x_{m,t}}\right) \cdot \delta_m a A_{m,t},$$

$$\dot{A}_{n,t}(a) = \phi\left(\frac{G_{n,t}}{A_{n,t}x_{n,t}}\right) \cdot \delta_n a[\lambda A_{n,t} + (1-\lambda)A_{m,t}] \tag{10}$$

---

① 更进一步地，此处可以假设两国 Pareto 分布函数中的参数不相等，但这并不影响本文的理论机制和基本结论。

其中，系数 $\delta_i > 0$ 表示国家 i 的研发创新效率。[①] $G_{i,t}$ 是政府基础设施投入，$A_{i,t}x_{i,t}$ 是全社会物质资本总量，$G_{i,t}/(A_{i,t}x_{i,t})$ 表示单位物质资本的政府基础设施投入。函数 $\phi(\cdot)$ 需要满足条件 $\phi(0)=1$、$\phi'(\cdot)>0$ 且 $\theta''(\cdot)<0$。也即，政府基础设施投入对技术研发创新起到额外促进作用。单位物质资本的政府基础设施投入越多，对技术研发创新的促进作用越大，但该作用边际递减。此外，中国的创新人力资源在自主创新和模仿创新之间的分配比例为 $\lambda:(1-\lambda)$，满足 $\lambda \in [0,1]$。当参数 λ 越大时，中国创新企业家更重视自主创新；反之，则更重视模仿创新。本文较为简单地假设中国的该分配比例是外生的。[②] 式（10）表明，当国家的已有技术水平、研发创新效率和政府基础设施投入越高，且企业家的研发能力越高时，该企业家能够成功研发出的技术专利数量越多。一般认为，中国的已有生产技术水平和研发创新效率均低于美国，故有 $A_{n,t} < A_{m,t}$ 和 $\delta_n < \delta_m$。

假设定居在国家 i 的创新企业家的研发能力集合为 Ω_i。该集合中不仅包含在国家 i 出生并选择在国家 i 工作的企业家，还包含在国家 j 出生但移民至国家 i 的企业家，故美国和中国的技术进步方程分别为：

$$\dot{A}_{m,t} = \sum_{h=m,n} \int_{a_h \in \Omega_m} \dot{\tilde{A}}_{m,t}(a_h) N_h f(a_h) da_h, \quad \dot{A}_{n,t} = \sum_{h=m,n} \int_{a_h \in \Omega_n} \dot{\tilde{A}}_{n,t}(a_h) N_h f(a_h) da_h$$

（11）

令国家 i 内一项创新技术专利的价值为 $V_{i,t}$，技术研发部门的利润函数为：

$$\pi_{Ai,t} = \left[V_{i,t}\dot{A}_{i,t} - \sum_{h=m,n} \int_{a_h \in \Omega_i} W_{Ai,t}(a_h) \cdot N_h f(a_h) da_h \right] \cdot (1-\tau_i)$$ （12）

结合式（10）和式（11），由式（12）利润最大化的一阶条件的美国和中国的企业家工资为：

$$W_{Am,t}(a_h) = \delta_m a_h \phi\left(\frac{G_{m,t}}{A_{m,t}x_{m,t}}\right) \cdot A_{m,t}V_{m,t},$$

---

① 研发创新效率指的是，除了国家已有技术水平、政府基础设施投入和创新企业家自身研发能力外，其他能影响研发创新增量的因素。例如社会整体的教育外部性、区域性的创新理念与氛围、地理资源等。

② 本文研究重点为税率如何影响人才流失，故暂不内生化中国创新人力资源在自主创新和模仿创新之间的分配比例。若能内生化该比例，将更具现实意义和研究价值。近年来类似中兴芯片事件的发生，令社会大众越发关注中国的自主创新。实际上，随着中国经济发展，更多人才会配置到自主创新领域。由于人才对自主创新的重要性大于模仿创新，故人才在二者间的内生配置会加强本文的结论。

$$W_{An,t}(a_h) = \delta_n a_h \phi\left(\frac{G_{n,t}}{A_{n,t} x_{n,t}}\right) \cdot \left[\lambda A_{n,t} + (1-\lambda) A_{m,t}\right] V_{n,t} \tag{13}$$

式（13）显示，当企业家成功研发出的技术专利数量越多、每项创新技术专利的价值越高时，企业家的工资越高。

（二）政府

在模型中，政府的主要功能包括：第一，确定需征收的企业所得税税率，实施征税。第二，将所征得的税收作为基础设施投入，平均地惠利于每一个消费者，例如建设公共交通运输、公办教育、邮电通信、医疗保障、消防环卫等。本文将政府的此功能简化为平均转移给每一个消费者的一次性公共补贴。第三，政府的基础设施投入依照式（10）来促进企业家技术创新。

易得，国家 i 内所有企业的毛利润为 $(\pi_{Yi,t} + A_{i,t}\pi_{xi,t} + \pi_{Ai,t})/(1-\tau_i)$。最终产品生产部门为完全竞争市场，其生产函数呈现规模报酬不变，销售收入完全分配给各生产要素，利润 $\pi_{Yi,t} = 0$。技术研发部门为自由进入的垄断竞争市场，利润 $\pi_{Ai,t} = 0$。故而，政府所征得的税收总额为 $T_{i,t} = (\tau_i A_{i,t}\pi_{xi,t})/(1-\tau_i)$，人均公共补贴和单位物质资本的政府基础设施投入分别为：

$$\frac{T_{i,t}}{L_{i,t}} = \frac{\tau_i}{1-\tau_i} \cdot \frac{A_{i,t}\pi_{xi,t}}{L_{i,t}} \tag{14}$$

$$\frac{G_{i,t}}{A_{i,t}x_{i,t}} = \frac{T_{i,t}/P_{Yi,t}}{A_{i,t}x_{i,t}} = \frac{(1-\alpha)\eta}{\alpha}\tau_i \tag{15}$$

式（14）和式（15）说明，国家的企业所得税税率越高，则人均公共补贴和单位物质资本的政府基础设施投入越高。因此，国家征税对消费者效用和经济发展的负向作用是对生产者产出的攫取，而积极作用是对消费者的公共补贴和对技术创新的支持。

（三）消费者

对于选择定居在国家 i 且拥有研发能力 a 的消费者而言，其个人终生效用函数为：

$$U_i(a) = \int_0^\infty e^{-\rho t}\ln\left[(c_{i,t}^i(a))^{1-\varepsilon} \cdot (c_{i,t}^j(a))^\varepsilon\right]dt \tag{16}$$

其中，参数 $\rho > 0$ 是消费者的时间偏好率，$c_{i,t}^i$ 表示 t 时刻国家 i 本地自产自销的最终产品的人均消费数量，$c_{i,t}^j$ 表示 t 时刻国家 i 从国家 j（$j \in \{m, n\} \& j \neq i$）进口的最终产品的人均消费数量。式（16）反映了消费者对消费品的多样化需求，参数（$1 - \varepsilon$）和 ε 分别表示消费者对本国和异国最终产品的偏好度。结合即时效用最大化的条件，国家 i 居民的个人消费支出为：

$$E_{ci,t}(a) = P_{Yi,t} c_{i,t}^i(a) + P_{Yj,t} c_{i,t}^j(a) = P_{Yi,t} c_{i,t}^i(a)/(1 - \varepsilon) \qquad (17)$$

消费者的个人财富增值来源于利息、工资以及政府的公共补贴。令消费者的财富为 $b_{i,t}$，则其个人预算约束为：

$$\dot{b}_{i,t}(a) = r_{i,t} b_{i,t}(a) W_{Y(orA)i,t}(a) + T_{i,t}/L_{i,t} - \left[P_{Yi,t} c_{i,t}^i(a) + P_{Yj,t} c_{i,t}^j(a) \right]$$
$$(18)$$

其中，$r_{i,t}$ 表示国家 i 的利率，$W_{Y(orA)i,t}$ 表示工人或者企业家的工资，$T_{i,t}/L_{i,t}$ 表示个人得到的政府公共补贴。由式（16）消费者终身效用最大化的条件，可得国家 i 居民个人消费支出的增长率为：

$$\hat{E}_{ci,t}(a) = \hat{E}_{ci,t} = r_{i,t} - \rho \qquad (19)$$

（四）稳态均衡

接下来，本文求解模型的稳态均衡以及各经济变量的稳态值。令国家 i 居民消费支出总额为 $E_{Ci,t} = \sum_{h=m,n} \int_{a_h \in \Omega_i + \Psi_i} E_{ci,t}(a_h) N_h f(a_h) da_h$，中间产品的生产成本总额为 $E_{Xi,t} = P_{Yi,t} \eta A_{i,t} x_{i,t}$。其中，国家 i 内普通工人的研发能力集合为 Ψ_i。则国家经济的加总约束条件为：

$$E_{Ci,t} + E_{Xi,t} = P_{Yi,t} Y_{i,t} \qquad (20)$$

结合式（5）、式（8）和式（20），可得 $E_{Ci,t} \propto E_{Xi,t} \propto P_{Yi,t} Y_{i,t} \propto P_{Yi,t} A_{i,t}$。稳态均衡时最终产品的实际价格增长率 $\hat{P}_{Yi} = 0$，故各经济变量的增长率满足：

$$\hat{E}_{Ci} = \hat{E}_{ci} = \hat{Y}_i = \hat{A}_i \equiv g_i \qquad (21)$$

式（21）说明，均衡时国家消费支出总额的增长率等于个人消费支出总额的增长率，等于最终产品产量的增长率，也等于生产技术的增长率。结合式（21）和式（19）可得 $r_i = g_i + \rho$。当经济达到稳态均衡时，两国的利率相等 $r_m = r_n = r^*$，故两国经济增长率相等 $g_m = g_n = g^*$。由此可得：

$$r^* = g^* + \rho \qquad (22)$$

技术专利的价值满足无套利条件 $r_i V_i = \pi_{xi} + \dot{V}_i$，故稳态均衡时一项创新技术专利的价值为：

$$V_i = \pi_{xi}/r_i = (1 - \tau_i)(1 - \alpha)\alpha^{\frac{1+\alpha}{1-\alpha}}\eta^{-\frac{\alpha}{1-\alpha}} \cdot P_{Yi}L_{Yi}/r_i \qquad (23)$$

由式（13）和式（23）可得，同一国家内企业家的工资差异仅取决于其异质性的研发能力，研发能力更高的企业家工资更高。假设各参数值能保证，相同研发能力的企业家选择在美国工作比在中国能得到更高的工资，故出生在中国的企业家有动机移民至美国。[①] 此外，劳动力从出生地国家移民到另一个国家，需支付一笔不低的固定效用成本 FC。故只有较高研发能力的中国企业家有能力支付移民成本，从而成功移民到美国。综上，易证得命题一。

命题一：对于出生在美国的劳动者而言，存在研发能力 a_m^*，使得拥有能力 $a_m \in [a_{min}, a_m^*]$ 的劳动者在美国成为普通工人，而拥有能力 $a_m \in [a_m^*, \infty]$ 的劳动者在美国成为创新企业家。对于出生在中国的劳动者而言，存在研发能力 a_n^* 和 a_n^{**}（$a_n^* < a_n^{**}$），使得拥有能力 $a_n \in [a_{min}, a_n^*]$ 的劳动者在中国成为普通工人，拥有能力 $a_n \in [a_n^*, a_n^{**}]$ 的劳动者在中国成为创新企业家，而拥有能力 $a_n \in [a_n^{**}, \infty]$ 的劳动者移民至美国并成为创新企业家。

命题 1 表明，美国和中国企业家的研发能力集合分别为 $\Omega_m = [a_m^*, \infty) + [a_n^{**}, \infty)$ 和 $\Omega_n = [a_n^*, a_n^{**}]$，而美国和中国普通工人的研发能力集合分别为 $\Psi_m = [a_{min}, a_m^*]$ 和 $\Psi_n = [a_{min}, a_n^*]$。拥有能力 a_i^* 的劳动者选择成为工人或企业家的工资是无差异的。若该临界点的两类劳动者工资收入不相等，那么低工资部门的劳动者有动力流动到高工资部门。于是低工资部门因劳动者数量减少而工资上升，高工资部门则因劳动者数量增加而工资下降，直至临界点处两类劳动者工资相等。故结合 $W_{Yi} = W_{Ai}(a_i^*)$、$r_m = r_n = r^*$、式（9）、式（13）和式（23），可推导得稳态的利率水平为：

$$r^* = \phi\left(\frac{G_m}{A_m x_m}\right) \cdot (1 - \tau_m)a\delta_m N_m F(a_m^*)a_m^*$$

$$= \phi\left(\frac{G_n}{A_n x_n}\right) \cdot (1 - \tau_n)a\delta_n N_n F(a_n^*)a_n^* \cdot [\lambda + (1 - \lambda)\gamma^*] \qquad (24)$$

其中，$\gamma = A_m/A_n$，γ^* 可表示稳态时中美两国的技术差距。当 γ^* 越大时，美国技术水平领先中国越多；当 γ^* 越小时，中国技术水平越接近美国。

---

① 这一设定使得模型中不存在反向移民的情况。本文仅单方面地讨论中国劳动者移民至美国的情况，而不考虑中美双向移民的复杂问题。根据对现实生活的观察，中国人移民至美国的情况远多于美国人移民至中国的情况。

此外，拥有能力 a_n^{**} 的企业家选择留在中国或移民至美国的终身效用是无差异的。若该临界点企业家在中国的终身效用大于美国，那么该企业家的移民行为是不符合效用最大化原则的；反之，那么必定仍存在企业家有动机且有能力从中国移民至美国，直至临界点处企业家在两国的终身效用相等。故结合式（16）、式（17）和式（21）可得：

$$U_i(a) = \int_0^\infty e^{-\rho t} \ln\big[\, (c_{i,0}^i(a) \cdot e^{gt})^{1-\varepsilon} \cdot (c_{i,0}^j(a) \cdot e^{gt})^{\varepsilon} \,\big] dt$$

$$= \frac{1}{\rho}\ln\left[\left(\frac{\varepsilon}{1-\varepsilon}\frac{P_{Yi,0}}{P_{Yj,0}}\right)^{\varepsilon} \cdot c_{i,0}^i(a)\right] + \frac{g}{\rho^2} \tag{25}$$

$$U_n(a_n^{**}) = U_m(a_n^{**}) - FC \tag{26}$$

其中，本地最终产品的个人初期消费量为 $c_{i,0}^i(a) = (1-\varepsilon)\big[W_{Y(orA)i,0}(a) + T_{i,0}/L_{i,0}\big]/P_{Yi,0}$。由两国的贸易平衡条件 $\varepsilon E_{Cm,t} = \varepsilon E_{Cn,t}$，易知稳态均衡时两国最终产品价格的比值为 $P_{Ym}/P_{Yn} = A_n L_{Yn}/(A_m L_{Ym})$。式（24）和式（26）可以确定两国劳动力的配置情况，也即可用于解出三个临界点 a_m^*、a_n^*、a_n^{**}。由此，美国和中国的工作总人口、工人和企业家数量分别为 $L_m = N_m + N_n[1 - F(a_n^{**})]$、$L_n = N_n F(a_n^{**})$、$L_{Ym} = N_m F(a_m^*)$、$L_{Yn} = N_n F(a_n^*)$、$L_{Am} = N_m[1 - F(a_m^*)] + N_n[1 - F(a_n^{**})]$ 和 $L_{An} = N_n[F(a_n^{**}) - F(a_n^*)]$。需要注意的是，临界点 a_n^{**} 可以刻画中国人才流失的程度。当 a_n^{**} 越低时，中国移民数量越多，人才流失问题越严峻。

结合式（11）、式（21）和 $g_m = g_n = g^*$，稳态均衡时美国和中国的经济增长率可以表示为：

$$g^* = g_m = \frac{\dot{A}_m}{A_m} = \phi\left(\frac{G_m}{A_m x_m}\right) \cdot \frac{\kappa}{\kappa-1}\delta_m a_{min}^{\kappa}\big[N_m a_m^{*1-\kappa} + N_n a_n^{**1-\kappa}\big]$$

$$g^* = g_n = \frac{\dot{A}_n}{A_n}\phi\left(\frac{G_n}{A_n x_n}\right) \cdot \frac{\kappa}{\kappa-1}\big[\lambda + (1-\lambda)\gamma^*\big]\delta_n a_{min}^{\kappa}\big[N_n a_n^{*1-\kappa} - N_n a_n^{**1-\kappa}\big]$$

$$\tag{27}$$

若将劳动者的研发能力加总值定义为人力资本，则式（27）显示，三个劳动配置临界点衡量了两国的企业家人力资本总量，进而影响两国经济增长率。同时，式（27）还刻画了两国经济从初始状态收敛至稳态均衡的过程。在非稳态均衡的初始经济中，若中美两国的技术差距 γ 大于稳态值 γ^*，也即美国比稳态时期相对更发达且其技术溢出效应更强，则结合 $\partial g_n/\partial \gamma > 0$ 易得中国的经济增长率和技术进步率高于稳态值 g^*。同时，结合式（25）中消费者终身效用与经济增长率的正相关关系可知，一部分中国企业家会选择暂时性留在国内，进一步推动中国技术进步。中国进入高速追赶的动态转型阶段（$\dot{A}_n/A_n > \dot{A}_m/A_m$）。然而随着中美两国技术差距逐渐缩小，美国的技术溢出效应逐渐减弱，随之中国人力资本也逐渐流失至美国。最终，中美技术差距从初始较大值 γ 收敛至稳态值 γ^*，两国经济增长率也收敛至 g^*。[①] 反之，在非稳态均衡的初始经济中，若中美两国的技术差距 γ 小于稳态值 γ^*，亦会通过中国的低速转型阶段，逐渐收敛至稳态均衡。

综上所述，式（22）、式（24）、式（26）和式（27）中的 6 个方程，正好可求解 6 个内生变量：稳态时 3 个劳动配置临界点 a_m^*、a_n^*、a_n^{**}、经济增长率 g^*、利率 r^*、中美技术差距值 γ^*。由于 6 个方程联立相对复杂，故本文将在第四节中采用数值化求解，并进行相应的比较静态分析。

四、数 值 模 拟

本节将对两国政策选择和稳态均衡下各经济变量的变化进行数值模拟，以更直观地拟合现实。首先，给定中国税率保持不变，通过比较美国减税前后的各经济变量变化，探究美国减税如何影响中国人才流失、两国经济增长和中美技术差距等。其次，给定美国已减税的前提下，研究中国税率改革如何影响两国各宏观经济变量，并讨论基于人均社会福利分析的最优改革之策。

数值模拟中主要参数的来源依据包括现实数据、已有文献和合理设定。第一组参数来源于现实数据。依据国家政策，设定美国企业所得税税率在减税前为 35%，在减税后为 21%；中国企业所得税税率在改革前为 25%。由于本文假设中美两国出生人口的研发能力分布函数一致，故赋值参数 N_m 和 N_n 时需综合考虑两国名义人口数量之比和受教育水平之比。根据世界银行数据和联合国开发计划署发布的《2018 年人类发展指数和指标报告》，2017 年美国和中国的总人口分别为 3.25 亿和 13.86 亿，25 岁及以上人口中，美国和中国的平均受教育年限分别为 13.4 年和 7.8 年。故将中

---

① 当前中国正处于中高速追赶的动态转型阶段，尚未进入与美国经济增长率相当的稳态时期。基于中国高增长、高潜力的发展环境，美国减税对中国人才的吸引力会低于稳态时期，中国人力资本流失问题也会轻于稳态时期。因此，一方面，我们估计短期内美国减税对中国经济的冲击主要体现在物质资本外流上，而本文更关注长期上的中国人才外流问题；另一方面，无论是转型动态时期还是稳态时期，美国减税加剧中国人才流失问题的核心机制不变。故本文暂不重点分析两国在转型动态时期的宏观经济表现。

国实际人口数量标准化为 $N_n = 1$，美国实际人口数量则约为 $N_m = 0.403$。[①]第二组参数来源于已有文献。为简化处理，本文沿用了詹姆威兹和雷贝洛（2017）的设定。令两国出生人口的研发能力分布函数中最低值 $a_{min} = 1$，指数参数 $\kappa = 1.5$；令两国的劳动报酬份额相等，均为 $1 - \alpha = 0.6$；[②] 令两国的时间偏好率相等，均为 $\rho = 0.01$；令美国减税前两国的稳态长期经济增长率相等，均为 $g = 0.02$。第三组参数源自本文的合理设定。中国自主创新占比的取值范围为 $\lambda \in [0, 1]$，故取中值 $\lambda = 0.5$。一般认为消费者更偏好本国产品，故本国偏好度的取值范围为 $(1 - \varepsilon) \in [0.5, 1]$，取值 $1 - \varepsilon = 0.7$。为符合函数 $\phi(\cdot)$ 的条件 $\phi(0) = 1$、$\phi'(\cdot) > 0$ 且 $\phi''(\cdot) < 0$，简单假设函数形式为 $\phi(G_{i,t}/(A_{i,t}x_{i,t})) = \phi\left(\dfrac{(1-\alpha)\eta}{\alpha}\tau_i\right) = 1 + \tau_i^\beta$，其中 $\beta \in (0, 1)$，故取中值 $\beta = 0.5$。令中国的研发创新效率标准化为 $\delta_n = 0.01$。在给定其他参数时，满足美国减税前中国移民的人力资本占比为 3% 且两国稳态长期经济增长率为 2% 的条件，可计算得美国研发创新效率为 $\delta_m = 0.024$（符合条件 $\delta_n < \delta_m$），移民的固定效用成本为 $FC = 39.79$。[③]

表 1 列示了给定中国保持税率不变的条件下，美国减税前后两国各经济变量稳态值的数值模拟结果，符号"＋"和"－"分别表示该稳态值

---

① 将中国实际人口数量标准化为 1 后，此处的计算公式为：美国的实际人口数量 = 美国的名义人口数量 × 美国的平均受教育年限 ÷（中国的名义人口数量 × 中国的平均受教育年限）。需要注意的是，一方面，随着中国教育事业的发展，中国的平均受教育年限将可预期地相对上升。《2018 年人类发展指数和指标报告》显示，2017 年美国和中国的民众预期受教育年限分别为 16.5 年和 13.8 年。故此公式计算下的美国实际人口数量可能将更低。但另一方面，1992～2017 年美国的人口增长率持续高于中国，期间美国和中国的人口增长率平均值分别约为 0.97% 和 0.72%。中国的名义人口数量将可预期地相对下降，故此公式计算下的美国实际人口数量可能将更高。综合来看，以上两方面效应可相应抵消，在一定程度上本文美国实际人口数量的取值较为稳定。

② 实际上，在相关量化宏观分析中，一般令美国的劳动报酬份额约为 2/3（Acemoglu et al.，2012；Hsieh and Moretti，2018），令中国的劳动报酬份额约为 0.5（Bai et al.，2006；Song et al.，2011）。本文数值模拟中两国劳动报酬份额取值相对居中。

③ 本文需要对第二组和第三组部分参数进行敏感性分析，具体分析过程主要包括 6 组共 12 项：（1）参考中国和美国的实际劳动报酬份额，令两国劳动报酬份额 $(1 - \alpha)$ 从正文取值 0.6 变更为 0.5 或 2/3；（2）研发能力分布函数的参数 κ 从正文取值 1.5 变更为 1.4 或 1.6；（3）中国自主创新占比 λ 的取值范围为 $[0, 1]$，故令其从正文取值 0.5 变更为 0.3 或 0.7；（4）消费者对本国最终产品偏好度 $(1 - \varepsilon)$ 的取值范围为 $[0.5, 1]$，故令其从正文取值 0.7 变更为 0.6 或 0.8；（5）函数 $\phi(\cdot)$ 中的指数 β 的取值范围为 $(0, 1)$，故令其从正文取值 0.5 变更为 0.3 或 0.7；（6）令美国减税前中国移民的人力资本占比从正文的 3% 变更为 1% 或 5%。研究显示，敏感性分析中 6 组 12 项模拟结果与正文模拟结果较为接近，符合命题二和命题三中定性结论的论证逻辑，其中命题三中最优税率的数值范围为 $[13\%, 25\%]$，均值为 19%，标准差为 3.57%。综上，本文中数值模拟部分的参数设定较为合理，命题二和命题三的结论较为可信和稳健。

相较于美国减税前有所增加或减少。可以看出，相较于美国减税前，美国两类劳动者临界点 a_m^* 增加，中国两类劳动者临界点 a_n^* 和移民临界点 a_n^{**} 均减少。也即，美国的劳动力总量、普通工人数量和人力资本总量均有所提高；相反地，中国的劳动力总量、普通工人数量和人力资本总量均有所下降，中国人才流失问题加剧。同时，相较于美国减税前，两国稳态时经济增长率有所提高，中美技术差距进一步拉大。

表1　　　　　　中国税率不变时美国减税对两国稳态均衡的影响

项目	美国减税前		美国减税后	
	美国	中国	美国	中国（税率不变）
企业所得税税率 τ	35%	25%	21%	25%
工人和企业家临界点 a_i^*	7.83	6.05	8.16（+）	5.23（-）
中国移民临界点 a_n^{**}		1 111		109.65（-）
（中国移民的人力资本占比）		(3%)		(9.55%)
经济增长率稳态值 g^*	2%		2.49%（+）	
中美技术差距稳态值 γ^*	1.36		2.24（+）	

首先，本文分析表1中两国间的人才配置问题，其核心变量是中国移民临界点 a_n^{**}。第一，由式（13）、式（23）和式（15）可得，美国税率下降对美国企业家的工资收入有正向和负向两大效应。正向效应是指，美国税率的降低将直接提高美国中间产品生产部门的净利润，进而提高美国技术专利的单位价值和企业家的研发工资。负向效应是指，美国税率的降低将直接减少单位政府基础设施投入，减弱基础设施对美国技术创新的额外促进作用，进而减少美国技术专利数量和企业家的研发工资。第二，由式（10）、式（13）可得，美国技术进步的溢出效应会促进中国模仿创新，从而提高中国企业家的研发工资。故美国税率下降对美国创新产生的正向和负向效应，也同时作用于中国企业家的工资收入。第三，由式（14）可得，美国税率下降对美国企业家的公共补贴收入有负向效应。总结可得，一方面，美国税率下降对美国企业家工资收入的正向效应、对中国企业家工资收入的负向效应，均会扩大相同研发能力的企业家在美国和中国工作的收入差距。给定固定移民成本的前提下，这会吸引更多中国高研发能力的劳动者移民至美国，从而导致临界点 a_n^{**} 下降。另一方面，美

国税率下降对美国企业家工资收入和公共补贴收入的负向效应、对中国企业家工资收入的正向效应，则会导致临界点 a_n^{**} 上升。表 1 显示，随着美国税率从 35% 降至 21%，前一方面的影响占优，中国移民临界点 a_n^{**} 从 1 111 下降到 109.65。故综合来看，美国减税会更大幅度地增加企业家在美国进行研发的收入水平，并提高中国企业家的预期移民收入和移民意愿。根据研发能力分布函数计算可得：美国减税前（减税后），中国出生人口中约 0.0027%（约 0.087%）的高能力劳动者移民，由此导致约 3%（约 9.55%）的中国人力资本流失至美国。也即，美国企业所得税税率 14 个百分点的下降，将引致中国人力资本总量约 6.55 个百分点的流失。①

其次，随着美国税率从 35% 下降至 21%，两国经济增长率稳态值从 2% 提高到 2.49%，中美技术差距稳态值则从 1.36 扩大到 2.24。② 由于新增一部分创新企业家从中国流入美国技术研发部门，故美国人力资本总量的扩大促进了其技术创新和经济增长。此时中国的模仿创新和经济增长因美国技术溢出效应的加强而提高，但经济增长率的提高幅度因自主创新较弱而低于美国。结合式（27）的分析，中国进入相对低速的动态转型时期。最终稳态时，两国经济增长率相等（高于美国减税前），但中美两国的技术差距被进一步拉大。

---

① 进一步地，对中美两国内部劳动力配置问题的分析如下：对美国而言，美国税率下降对美国国内劳动力配置有两方面效应。第一，美国税率下降对技术研发部门的激励效应将增加企业家数量，导致临界点 a_m^* 下降。第二，来源于中国的企业家移民会对美国出生的企业家产生挤出效应，导致临界点 a_m^* 上升。表 1 显示，美国税率从 35% 下降至 21% 时，美国两类劳动者临界点 a_m^* 从 7.83 上升到 8.16。故第二方面的效应占优于第一方面，即美国本土出生的劳动者中成为企业家的比例变低。需要注意的是，此时美国技术研发部门的人力资本总量是有所增加的。相应地，美国税率下降对中国国内劳动力配置也有两方面效应。第一，当美国税率下降时，中国人才流失问题加剧。故中国可配置的劳动力总量下降，导致中国工人数量减少、临界点 a_n^* 下降。第二，美国技术溢出效应的加强进一步推动中国技术研发部门的发展，导致中国企业家增加、临界点 a_n^* 进一步下降。表 1 显示，美国税率从 35% 下降至 21% 时，中国两类劳动者临界点 a_n^* 从 6.05 下降到 5.23。这时，中国的工人数量和创新企业家数量均减少。

② 根据美国商务部的公布数据，自美国实施减税法案以来，2018 年四个季度、2019 年前两个季度的实际 GDP 增长率（年化）依次为 2.3%、4.2%、3.5%、2.6%、3.1% 和 2.1%。故数值模拟中经济增长率从 2% 至 2.49% 的可观提高，是有可能实现的。需要注意的是，一方面，本文经济增长率 0.49 个百分点的提高是较为保守的估计。若将两国开放经济模型扩大至世界各国，则美国减税所吸引的人力资本将可预期地大幅提高。这一经济增长率的提升幅度可能会更高。另一方面，目前现实中美国经济增长率的数值可能仍偏低，尚未完全发挥美国减税对其他国家人才的吸纳作用。例如，中国经济高增长、高潜力的特性在一定程度上仍阻止着中国人才的流失。

综合表1的分析，可证得命题二。

命题二：当美国减税而中国保持税率不变时，两国人才配置的关键变量即中国移民临界点 a_n^{**} 下降。更多中国高研发能力的创新企业家将移民至美国，中国人力资本流失问题加剧。相较于美国减税前的稳态均衡，两国的经济增长率将提高，但中美技术差距将进一步扩大。[①]

给定美国税率已降低至21%的前提下，本文进一步模拟了中国税率变动对两国各经济变量稳态值的影响。图2描绘了稳态均衡时两国劳动力配置情况随中国税率变化而改变的走向图。同样地，由式（13）、式（23）和式（15）可得，中国税率下降对中国企业家的工资收入有正向效应和负向效应。由式（14）可得，中国税率下降对中国企业家的公共补贴收入有负向效应。因此，中国税率下降对中国企业家总收入（工资收入＋公共补贴收入）的正向效应（负向效应），会缩小（扩大）相同研发能力的企业家在美国和中国工作的收入差距，从而导致临界点 a_n^{**} 上升（下降）。由图2（a）至图2（c）的模拟结果可得，随着中国税率从25%开始下降，中国移民临界点 a_n^{**} 先持续上升后持续下降，拐点税率约为7.2%。需要注意的是，拐点出现的原因在于本文函数 $\phi'(x-\Delta x) > \phi'(x)$ 的性质。当中国税率逐渐下降时，基础设施对中国技术创新的额外促进作用逐渐减弱，且边际减弱幅度逐渐增大。故中国税率下降越多，对中国企业家工资收入的负向效应越强。如图2所示，在中国税率从25%下降至7.2%（从7.2%继续下降）的过程中，税率下降对中国企业家总收入的正向效应（负向效应）占主导地位，中国移民的人数占比和人力资本占比均下降（上升）。当中国税率为7.2%时，中国移民临界点 a_n^{**} 达到最高值330.86，移民的人数占比和人力资本占比分别达到最低值0.0166%和5.50%。

进一步地，图3描绘了稳态时两国各宏观经济变量随中国税率变化而改变的走向图。根据图3（a）易知，随着中国税率从25%开始下降，稳态时两国的经济增长率先持续下降后持续上升。拐点税率同样约为7.2%，两国的经济增长率最低值为2.14%。其原因与中国移民数量紧密相关：当中国创新企业家的移民数量减少（增多）时，一方面能提高（降低）中国

---

① 需要注意的是，在本文的模型中，中国是一个后发国家，可通过模仿美国技术而提高经济增长率。但若中国发展成为一个技术领先国，那么人才流失将会降低中国的经济增长速度。

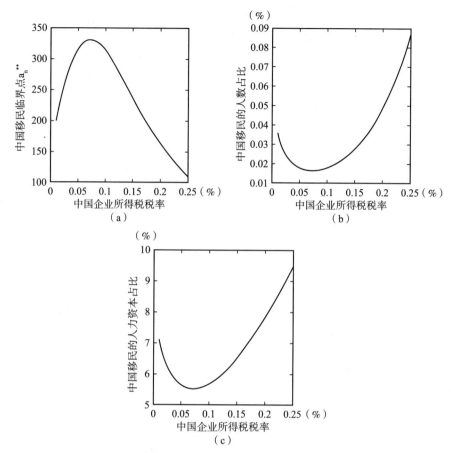

图2 中国税率变化对两国劳动力配置的影响

的人力资本水平、技术创新能力和经济增长率，但另一方面也削弱（增强）了美国的人力资本水平和技术创新能力及其技术溢出效应对中国经济增长率的促进作用。综合来看，后者的影响占优。根据图3（b）可得，随着中国税率从25%开始下降，稳态时中美技术差距先持续下降后持续上升。拐点税率约为11.2%，中美技术差距最低值为1.83。其原因在于，当中国企业家的移民数量减少（增多）时，将推动（阻碍）中国研发创新和技术增长。故中国进入相对高速（低速）的动态转型阶段，中美两国的技术差距缩小（扩大），直至达到新的稳态。需要注意的是，图3（b）中拐点税率11.2%比图3（a）中拐点税率7.2%的数值更高。这是因为在中国税率从11.2%下降至7.2%的过程中，虽然中国企业家的移民数量仍逐渐减少，但美国的技术溢出效应已大幅减弱，故中美技术差距提前逐渐扩大。另外，图3（c）和图3（d）还表明，缩小中美技术差距，在一定程度上有助于缓解美国减税引发的中国人民币贬值和物质资本外流问题。

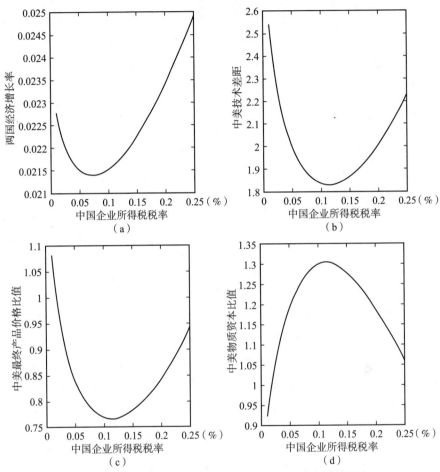

图3　中国税率变化对稳态时两国各宏观经济变量的影响

基于上述分析，中国政府进行的税率改革将对全社会的人均福利水平产生两方面影响效应。其中负向效应体现在，随着中国税率下降适量幅度，中国稳态经济增长率下降，进而直接导致中国消费者的终身社会福利水平下降［式（25）和图3（a）］；正向效应表现为，随着中国税率下降适量幅度，中国与美国的技术差距缩小，这使得两国人均社会福利水平的差距缩小［式（25）和图 3（b）］。假设中国政府决策最优税率时，主要基于两个目标：一是尽可能减小负向效应导致的损失，即尽量提高中国消费者的人均社会福利水平；二是尽可能增大正向效应带来的增益，即尽量缩小中美两国的人均社会福利差距。已知国家 i 内消费者的人均社会福利水平的计算公式为：

$$WF_i = \frac{1}{L_i} \sum_{h=m,n} \int_{a_h \in \Omega_i + \Psi_i} U(a_h) N_h f(a_h) da_h \tag{28}$$

由此本文将不同中国税率下中国人均社会福利的增益幅度和损失幅度依次定义为：

$$Gain_n(\tau_m = 21\%, \ \tau_n) = 1 - \frac{\Delta WF_{m-n}(\tau_m = 21\%, \ \tau_n)}{\Delta WF_{m-n}(\tau_m = 21\%, \ \tau_n = 25\%)} \tag{29}$$

$$Loss_n(\tau_m = 21\%, \ \tau_n) = 1 - \frac{WF_n(\tau_m = 21\%, \ \tau_n)}{WF_n(\tau_m = 21\%, \ \tau_n = 25\%)} \tag{30}$$

其中，在美国税率为 τ_m 和中国税率为 τ_n 时，$WF_i(\tau_m, \tau_n)$ 表示国家 i 内消费者的人均社会福利，$\Delta WF_{m-n}(\tau_m, \tau_n) = WF_m(\tau_m, \tau_n) - WF_n(\tau_m, \tau_n)$ 表示美国和中国消费者人均社会福利的差距。故相较于中国税率不变（即 $\tau_n = 25\%$）时，增益 $Gain_n$ 和损失 $Loss_n$ 分别表示不同中国税率改革情况下两国人均社会福利差距缩小的幅度（单位：%）和中国人均社会福利减少的幅度（单位：%）。

图 4 展示了中国税率变化对中国人均社会福利的影响。与前文分析相同，随着中国税率从 25% 开始下降，人均社会福利增益幅度先持续上升后持续下降，这与中美技术差距的变动趋势大体相反。而人均社会福利损失幅度则持续上升，这与中国稳态经济增长率的变化趋势大体相反。在图 4（c）中简单计算"增益幅度—损失幅度"后易得，福利增益幅度与损失幅度差值最大化时的最优税率为 18.5%。此时中国移民临界点 a_n^{**} 为 181.86，即中国移民的人数占比和人力资本占比分别为 0.0408% 和 7.42%；两国稳态经济增长率为 2.31%，中美技术差距值为 1.96。故结合表 1 的数值模拟结果，与美国减税后但中国税率保持不变的情况相比，为了应对美国减税，中国的最优政策是牺牲一部分的经济增长与人均社会福利水平，以留住更多高研发能力人才和人力资本，并实现更低的中美技术差距和中美人均社会福利差距。但与美国减税前的情况相比，中国仍流失了一部分高研发能力人才和人力资本，中美两国的技术差距也被拉大了。

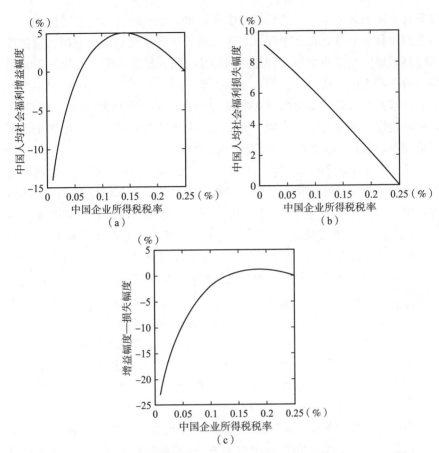

图4　中国税率变化对中国人均社会福利的影响

综合图2至图4的相关分析，可证得命题三。

命题三（中国应对之策）：为了提升人均社会福利水平，中国企业所得税税率需从现行法定的25%降至约18.5%。在此减税政策下，中国能留住更多高研发能力的人才，缓解美国减税引发的中国人才流失加剧问题，实现更低的中美技术差距和中美人均社会福利差距。

五、结　　论

本文在一个两国开放经济的内生增长模型中研究了特朗普政府的减税

法案对中国人才流失、经济增长和中美技术差距的影响。为了建模方便且与美国税种相对应，正文中仅以"企业所得税"为代表进行分析，这是理论模型对现实复杂税制的一种简化和抽象。研究结论表明：美国减税将可能吸引一些中国高研发能力的人才移民至美国，从而在长期中扩大中美两国的技术差距。因此，中国有必要实施减税改革，以缓解人才流失问题。基于理论模型的数值模拟表明，为了提升人均社会福利水平，中国企业所得税税率需从现行法定的 25% 降至约 18.5%。

基于本文结论和美国减税的事实，本文认为：第一，在政府财政许可范围内，中国宜继续深化减税降费工作，特别是减少高新技术类企业的税收负担。当前减税降费工作已经初见成效（2018 年全社会减税规模达 3 150 亿元），要继续深化企业所得税改革、推进"营改增"进程并加强对高新企业的税收优惠。正如习近平总书记反复强调的"减税降费政策措施要落地生根，让企业轻装上阵"①，推进更大规模的减税降费是优化营商环境、激发企业活力的重点，更是促进产业结构优化和经济高质量发展的关键。第二，政府要高度重视高知识高技能人才的培育工作。要在抓好义务教育基础上努力发展高等教育，健全多层次人才培养体系，提升本国人均受教育水平和人力资本总量基数。第三，要继续扩大外资的市场准入，完善利用外资保障机制。在美国减税背景下，宜尽力留住和吸引外资，以促进创新和经济高质量发展。

实际上，中国仍存在大量的减税降费空间。2017 年 12 月 14 日，国家统计局新闻发言人毛盛勇在新闻发布会上表示，现在企业普遍感觉到税收、费用的成本负担还比较重，中国也还有进一步推进减税降费的必要。在 2018 年的夏季达沃斯论坛上，李克强总理指出："下一步，我们将实施更大规模的减税、更加明显的降费。"②结合中国目前正在开展的减税行动，如何更深层次地挖掘减税空间，是值得进一步探究的话题。

参考文献

1. 陈素梅、何凌云：《环境、健康与经济增长：最优能源税收入分配研究》，载于《经济研究》2017 年第 4 期。

---

① 《国家主席习近平发表二〇一九年新年贺词》，载于《人民日报》2019 年 1 月 1 日第 1 版。
② 《李克强同出席 2018 年夏季达沃斯论坛的各界代表举行对话会》，中国政府网，2018 年 9 月 20 日，http://www.gov.cn/premier/2018-09/20content-5324029.htm。

2. 范兆斌、杨俊：《海外移民网络、交易成本与外向型直接投资》，载于《财贸经济》2015 年第 4 期。

3. 范庆泉、周县华、张同斌：《动态环境税外部性、污染累积路径与长期经济增长——兼论环境税的开征时点选择问题》，载于《经济研究》2016 年第 8 期。

4. 金戈：《经济增长中的最优税收与公共支出结构》，载于《经济研究》2010 年第 11 期。

5. 刘溶沧、马拴友：《论税收与经济增长——对中国劳动、资本和消费征税的效应分析》，载于《中国社会科学》2002 年第 1 期。

6. 李绍荣、耿莹：《中国的税收结构、经济增长与收入分配》，载于《经济研究》2005 年第 5 期。

7. 林洲钰、林汉川、邓兴华：《所得税改革与中国企业技术创新》，载于《中国工业经济》2013 年第 3 期。

8. 蒙英华、蔡宏波、黄建忠：《移民网络对中国企业出口绩效的影响研究》，载于《管理世界》2015 年第 10 期。

9. 魏浩、王宸、毛日昇：《国际间人才流动及其影响因素的实证分析》，载于《管理世界》2012 年第 1 期。

10. 严成樑、龚六堂：《财政支出、税收与长期经济增长》，载于《经济研究》2009 年第 6 期。

11. 杨汝岱、李艳：《移民网络与企业出口边界动态演变》，载于《经济研究》2016 年第 3 期。

12. Acemoglu, D., P. Aghion, L. Bursztyn, and D. Hemous, 2012, "The Environment and Directed Technical Change", *American Economic Review*, 102 (1), 131 – 166.

13. Aghion, P., U. Akcigit, Julia Cagé, and W. R. Kerr, 2016, "Taxation, Corruption, and Growth", *European Economic Review*, 86, 24 – 51.

14. Albanesi, S., and C. Sleet, 2006, "Dynamic Optimal Taxation with Private Information", *Review of Economic Studies*, 73 (1), 1 – 30.

15. Bai, C. E., C. T. Hsieh, and Y. Qian, 2006, "The Return to Capital in China", *Brookings Papers on Economic Activity*, 2006 (2), 61 – 88.

16. Beine, M., F. Docquier, and H. Rapoport, 2008, "Brain Drain and Human Capital Formation in Developing Countries: Winners and Losers", *Economic Journal*, 118 (528), 631 – 652.

17. Beine, M., F. Docquier, and H. Rapoport, 2001, "Brain Drain and Economic Growth: Theory and Evidence", *Journal of Development Economics*, 64 (1), 275 – 289.

18. Bretschger, L., and S. Valente, 2010, "Endogenous Growth, Asymmetric Trade and Resource Dependence", *Journal of Environmental Economics & Management*, 64 (3), 301 – 311.

19. Evans, G. H. , 1949, "The Entrepreneur and Economic Theory: A Historical and Analytical Approach", *American Economic Review*, 39 (3), 336 – 348.

20. Farhi, E. , and I. Werning, 2010, "Progressive Estate Taxation", *Quarterly Journal of Economics*, 125 (2), 635 – 673.

21. Golosov, M. , N. Kocherlakota, and A. Tsyvinski, 2003, "Optimal Indirect and Capital Taxation", *Review of Economic Studies*, 70 (3), 569 – 587.

22. Grossman, G. M. , and E. Helpman, 1991, "Innovation and Growth in the Global Economy", MIT Press, 323 – 324.

23. Hsieh, C. T. , and E. Moretti, 2018, "Housing Constraints and Spatial Misallocation", *American Economic Journal: Macroeconomics*, 11 (2), 1 – 39.

24. Jaimovich, N. , and S. Rebelo, 2017, "Nonlinear Effects of Taxation on Growth", *Journal of Political Economy*, 125 (1), 265 – 291.

25. Kennan, J. , and J. R. Walker, 2011, "The Effect of Expected Income on Individual Migration Decisions", *Econometrica*, 79 (1), 211 – 251.

26. Lockwood, B. , C. Nathanson, and G. Weyl, 2017, "Taxation and the Allocation of Talent", *Journal of Political Economy*, 125 (5), 1635 – 1682.

27. Mountford, A. , 1997, "Can A Brain Drain Be Good for Growth in the Source Economy", *Journal of Development Economics*, 53 (2), 287.

28. Miyagiwa, K. , 1991, "Scale Economies in Education and the Brain Drain Problem", *International Economic Review*, 32 (3), 743 – 759.

29. Romer, P. M. , 1990, "Endogenous Technological Change", *Journal of Political Economy*, 98 (5), 71 – 102.

30. Sjaastad, L. A. , 1962, "The Costs and Returns of Human Migration", *Journal of Political Economy*, 70 (5), 80 – 93.

31. Song, Z. , K. Storesletten, and F. Zilibotti, 2011, "Growing like China", *American Economic Review*, 101 (2), 202 – 241.

32. Zwick, E. , and J. Mahon, 2017, "Tax Policy and Heterogeneous Investment Behavior", *American Economic Review*, 107 (1), 217 – 248.

第二篇

中国经济发展的新征程

党的全面建成小康社会战略研究

丁任重　　徐志向[*]

马克思和恩格斯设想的社会主义社会，是生产资料公有制社会，发展生产力是首要任务。社会主义生产目的，是不断满足人民群众物质和精神生活需求，不断提高人民群众生活水平。新中国成立以后，我们党一直着力发展社会生产力。改革开放 40 年来，我们党不仅提出了全面建成小康社会的战略构想，还在不断充实全面建成小康社会战略的内容、目标和实现路径等。今年既是实现第一个百年奋斗目标的收官之年，也为建设社会主义现代化强国奠定了坚实基础。

一、小康社会是马克思主义中国化的实践

自资本主义生产方式登上历史舞台后，资产阶级与无产阶级之间的阶级斗争便成为社会主要矛盾。在资本主义社会中，资产阶级残酷剥削和压迫无产阶级，发生在英国的"羊吃人"运动就是最为典型的、最为真实的写照。在无产阶级斗争过程中，出现了一批理论家和革命家，他们在参加社会实验和革命斗争中进行理论研究，一方面抨击资本主义制度，另一方面又在探索、描绘未来的理想、美好社会蓝图，这就是社会主义社会。"社会主义"一词最早出现在 1827 年英国欧文主义刊物杂志《合作杂志》和 1832 年法国圣西门主义者勒鲁主编的《地球》杂志上。社会主义学说主要包括圣西门主义、傅立叶主义和欧文主义等几大流派。但是，这些社会主义学说由于不能正确揭示资本主义社会的发展规律，看不清资本主义

---

* 丁任重，西南财经大学经济学院教授；徐志向，西南财经大学经济学院讲师。

生产关系的本质和无产阶级的历史使命，因而他们对未来美好社会的描绘都是流于空谈，没有实现的可能性，所以这些学说只能是"空想社会主义"。

空想社会主义是马克思主义的三大理论来源之一。马克思和恩格斯借鉴了空想社会主义的合理观点，并联系无产阶级革命斗争的实践，创立了科学社会主义。首先，马克思完成了两个伟大的发现：一是创立了历史唯物主义，揭示了人类社会运动的客观规律；二是创立了剩余价值学说，揭示了资本主义社会发展的客观规律。恩格斯指出："这两个伟大的发现——唯物主义历史观和通过剩余价值揭破资本主义生产的秘密，都应当归功于马克思。由于这些发现，社会主义已经变成了科学。"[1] "现代科学社会主义就是建立在这两个重要根据之上的。"[2] 其次，马克思和恩格斯根据历史唯物主义和剩余价值学说，科学阐明了无产阶级的历史使命。恩格斯指出："完成这一解放世界的事业，是现代无产阶级的历史使命。考察这一事业的历史条件以及这一事业的性质本身，从而使负有使命完成这一事业的今天受压迫的阶级认识到自己行动的条件和性质，这就是无产阶级运动的理论表现即科学社会主义的任务。"[3]

马克思和恩格斯设想的社会主义社会，是生产资料公有制社会，能够适应和促进社会生产力的发展。社会主义生产目的，是不断满足人民群众物质和精神生活需求，不断提高人民群众生活水平。"通过社会生产，不仅可能保证一切社会成员有富足的和一天比一天充裕的物质生活，而且还可能保证他们的体力和智力获得充分的自由的发展和运用。"[4] 但是，不断提高人民群众生活水平的现实途径，只能是不断发展社会生产力。因此，马克思和恩格斯在《共产党宣言》中指出，无产阶级革命斗争胜利后，首要任务就是发展生产力："无产阶级将利用自己的政治统治，一步一步地夺取资产阶级的全部资本，把一切生产工具集中在国家即组织成为统治阶级的无产阶级手里，并且尽可能快地增加生产力的总量。"[5] 通过扩大再生产，达到不断提高人民群众生活水平的目的。"在共产主义社会里，已经

---

① 《马克思恩格斯选集》第3卷，人民出版社1972年版，第424页。
② 《马克思恩格斯选集》第3卷，人民出版社1972年版，第44页。
③ 《马克思恩格斯选集》第3卷，人民出版社1972年版，第443页。
④ 《马克思恩格斯选集》第3卷，人民出版社1972年版，第322页。
⑤ 《马克思恩格斯选集》第1卷，人民出版社1972年版，第272页。

积累起来的劳动只是扩大、丰富和提高工人的生活的一种手段。"①

1949 年新中国成立后，我们党开始着手推动经济建设。由于新中国成立前我国还是半殖民地和半封建社会，生产力水平低下，经济十分落后。因此，新中国成立后加快社会主义现代化进程，加快经济建设步伐，成为十分迫切的重大任务。1978 年改革开放以后，以经济建设为中心成为全党的共识；建设小康社会，提高人民群众生活水平成为全社会的心愿。在此之后的历届党代会的主题中，我们可以清晰地发现这一发展脉络。1982 年 9 月召开了党的十二大，十二大报告题目是《全面开创社会主义现代化建设的新局面》，这宣示了我们党加快社会主义现代化建设的决心。1987 年 10 月，党的十三大报告题目是《沿着有中国特色社会主义道路前进》；1992 年 10 月，党的十四大报告题目是《加快改革开放和现代化建设步伐，夺取有中国特色社会主义事业的更大胜利》；1997 年 9 月，党的十五大报告的题目是《高举邓小平理论伟大旗帜，把建设有中国特色社会主义事业全面推向二十一世纪》。可见，党的十三大、十四大、十五大突出的是中国特色社会主义事业。2002 年 11 月，党的十六大报告题目是《全面建设小康社会，开创中国特色社会主义事业新局面》；2007 年 10 月，党的十七大报告题目是《高举中国特色社会主义伟大旗帜，为夺取全面建设小康社会新胜利而奋斗》；2012 年 11 月，党的十八大报告题目是《坚定不移沿着中国特色社会主义道路前进，为全面建成小康社会而奋斗》；2017 年 11 月，党的十九大报告的题目是《决胜全面建成小康社会，夺取新时代中国特色社会主义伟大胜利》。以上表明，党的十六大、十七大、十八大、十九大一再突出建设小康社会的主题，并且把建设小康社会作为中国特色社会主义的重要内容，这既是马克思主义与中国实践相结合的重要成果，也是中国共产党和中国特色社会主义的重要标志。

二、小康社会是中国特色社会主义的重要内容

1949 年 10 月 1 日，毛泽东庄严宣告中华人民共和国成立的同时也指明了中国共产党的历史使命，即 "逐步地改善人民的物质生活和提高人民

① 《马克思恩格斯选集》第 3 卷，人民出版社 1972 年版，第 266 页。

的文化生活"①。改革开放之初，邓小平又提出了实现小康社会的伟大战略构想。从中国共产党全面建成小康社会奋斗目标的历史演进视角来看，充分体现了基于中国现实国情的渐进式特征，以及"目标的提出→战略步骤→内容演进→目标实现"的逻辑遵循。

1. 小康社会奋斗目标的提出

1921 年，中共一大通过的中国共产党的第一个纲领和第一个决议充分表明，党自诞生之日起就将实现共产主义作为奋斗目标，而共产主义实现的前提则是共同富裕。1979 年，邓小平在会见日本首相大平正芳时指出："我们的四个现代化的概念，不是像你们那样的现代化的概念，而是'小康之家'。到本世纪末，中国的四个现代化即使达到了某种目标，我们的国民生产总值人均水平也还是很低的。要达到第三世界中比较富裕一点的国家的水平，比如国民生产总值人均一千美元，也还得付出很大的努力。就算达到那样的水平，同西方来比，也还是落后的。所以，我只能说，中国到那时也还是一个小康的状态。"② 1982 年 9 月，党的十二大报告正式把实现小康确定为 20 世纪后 20 年中国经济发展的目标，报告中指出："从一九八一年到本世纪末的二十年，我国经济建设总的奋斗目标是，在不断提高经济效益的前提下，力争使全国工农业的年总产值翻两番，即由一九八〇年的七千一百亿元增加到二〇〇〇年的二万八千亿元左右。"③同时，做出了分两步走的战略部署。其中，到 1990 年为第一步打基础阶段，实现工农业年总产值翻一番，解决人民的温饱问题；剩下 10 年为经济起飞阶段，在新的基础上使工农业年总产值再翻一番，人民生活达到小康水平。1984 年，邓小平在会见日本首相中曾根康弘时再次阐述了"小康社会"的奋斗目标，即："翻两番，国民生产总值人均达到八百美元，就是到本世纪末在中国建立一个小康社会。"④ 1984 年，邓小平同志进一步讲道："所谓小康，从国民生产总值来说，就是年人均达到八百美元。"⑤ 1985 年，邓小平在全国科技工作会议上的讲话中再一次指出："达到小康水平，就是不穷不富，日子比较好过的水平。"⑥ 据统计，《邓小平

① 《毛泽东文集》第 5 卷，人民出版社 1996 年版，第 348 页。
② 《邓小平文选》第 2 卷，人民出版社 1994 年版，第 237 页。
③ 《中国共产党第十二次全国代表大会文件汇编》，人民出版社 1982 年版，第 17～18 页。
④ 《邓小平文选》第 3 卷，人民出版社 1993 年版，第 54 页。
⑤ 《邓小平文选》第 3 卷，人民出版社 1993 年版，第 64 页。
⑥ 《邓小平文选》第 3 卷，人民出版社 1993 年版，第 109 页。

文选》中多次使用"小康之家""小康水平""小康的社会""小康的国家"等概念。由此，"小康"就成为邓小平理论中一个非常重要的范畴。

2. 小康社会建设的战略步骤

1984 年，邓小平在会见英国外交大臣杰弗里·豪时对小康社会的发展目标提出了基本构想，即："我们的第一个目标就是到本世纪末达到小康水平，第二个目标就是要在三十年至五十年内达到或接近发达国家的水平。"[①] 1987 年 10 月，党的十三次全国代表大会将"三步走"确定为我国经济发展战略，即"第一步，实现国民生产总值比一九八〇年翻一番，解决人民的温饱问题。这个任务已经基本实现。第二步，到本世纪末，使国民生产总值再增长一倍，人民生活达到小康水平。第三步，到下个世纪中叶，人均国民生产总值达到中等发达国家水平，人民生活比较富裕，基本实现现代化。"[②] 1990 年，在全国绝大多数地区解决温饱问题的基础上，党的十三届七中全会确定把奔小康作为 20 世纪 90 年代经济建设的主题，并通过了《中共中央关于制定国民经济和社会发展十年规划和"八五"计划的建议》，提出把"人民生活从温饱达到小康，生活资料更加丰裕，消费结构趋于合理，居住条件明显改善，文化生活进一步丰富，健康水平继续提高，社会服务设施不断完善"[③]，作为从 1991 年到 2000 年实现第二步战略目标的基本要求。同时指出，"到 2000 年，目前已经实现小康的少数地区，将进一步提高生活水平；温饱问题基本解决的多数地区，将普遍实现小康；现在尚未摆脱贫困的少数地区，将在温饱的基础上向小康前进。"[④]

1995 年，在原定 2000 年国民生产总值比 1980 年翻两番的目标提前 5 年实现的基础上，党的十四届五中全会通过的《中共中央关于制定国民经济和社会发展"九五"计划和 2010 年远景目标的建议》中明确指出："全国绝大多数人的温饱问题得到解决，正在向小康目标前进。"[⑤] 同时，

---

① 中共中央文献研究室：《邓小平年谱（1975～1997）》（下卷），中央文献出版社，第970 页。

② 《中国共产党第十三次全国代表大会文件汇编》，人民出版社 1987 年版，第 17 页。

③ 《中共中央关于制定国民经济和社会发展十年规划和"八五"计划的建议》，人民出版社1991 年版，第 3 页。

④ 《中共中央关于制定国民经济和社会发展十年规划和"八五"计划的建议》，人民出版社1991 年版，第 34 页。

⑤ 《中国共产党第十四届中央委员会第五次全体会议文件》，人民出版社 1995 年版，第31 页。

会议中还特别强调，一方面要将"基本消除贫困现象，人民生活达到小康水平"作为"九五"时期国民经济和社会发展的主要奋斗目标。另一方面，"2010年的主要奋斗目标是：实现国民生产总值比2000年翻一番，使人民的小康生活更加宽裕，形成比较完善的社会主义市场经济体制。"①1997年，江泽民在党的十五大报告中对我国社会主义现代化建设的第三步发展战略做出部署："展望下世纪，我们的目标是，第一个十年实现国民生产总值比二〇〇〇年翻一番，使人民的小康生活更加宽裕，形成比较完善的社会主义市场经济体制；再经过十年的努力，到建党一百年时，使国民经济更加发展，各项制度更加完善；到世纪中叶建国一百年时，基本实现现代化，建成富强民主文明的社会主义国家。"②

3. 小康社会建设内容的演进

2002年，江泽民在党的第十六次全国代表大会上作了题为《全面建设小康社会，开创中国特色社会主义事业新局面》的报告，首次提出了"全面建设小康社会"的战略决策。报告中指出："经过全党和全国各族人民的共同努力，我们胜利实现了现代化建设'三步走'战略的第一步、第二步目标，人民生活总体上达到小康水平。""巩固和提高目前达到的小康水平，还需要进行长时期的艰苦奋斗。""我们要在本世纪头二十年，集中力量，全面建设惠及十几亿人口的更高水平的小康社会，使经济更加发展、民主更加健全、科教更加进步、文化更加繁荣、社会更加和谐、人民生活更加殷实。"③ 同时，会议还提出了全面建设小康社会的具体目标：在优化结构和提高效益的基础上，国内生产总值到二〇二〇年力争比二〇〇〇年翻两番，综合国力和国际竞争力明显增强；社会主义民主更加完善，社会主义法制更加完备；全民族的思想道德素质、科学文化素质和健康素质明显提高，形成比较完善的现代国民教育体系、科技和文化创新体系、全民健身和医疗卫生体系；可持续发展能力不断增强，生态环境得到改善，资源利用效率显著提高，促进人与自然的和谐，推动整个社会走上生产发展、生活富裕、生态良好的文明发展道路。④

2007年，胡锦涛在党的十七大报告《高举中国特色社会主义伟大旗

① 《中国共产党第十四届中央委员会第五次全体会议文件》，人民出版社1995年版，第3页。
② 《中国共产党第十五次全国代表大会文件汇编》，人民出版社1997年版，第4页。
③ 《中国共产党第十六次全国代表大会文件汇编》，人民出版社2002年版，第17、18页。
④ 《中国共产党第十六次全国代表大会文件汇编》，人民出版社2002年版，第19、20页。

帜，为夺取全面建设小康社会新胜利而奋斗》中指出："我们已经朝着十六大确立的全面建设小康社会的目标迈出了坚实步伐，今后要继续努力奋斗，确保到二〇二〇年实现全面建成小康社会的奋斗目标。"同时，在党的十六大确立的全面建设小康社会目标的基础上对我国发展提出了新的更高要求："增强发展协调性，努力实现经济又好又快发展。""扩大社会主义民主，更好保障人民权益和社会公平正义。""加强文化建设，明显提高全民族文明素质。""加快发展社会事业，全面改善人民生活。""建设生态文明，基本形成节约能源资源和保护生态环境的产业结构、增长方式、消费模式。"并进一步强调："今后五年是全面建设小康社会的关键时期。我们要坚定信心，埋头苦干，为全面建成惠及十几亿人口的更高水平的小康社会打下更加牢固的基础。"①

4. 小康社会建设目标的实现

2012 年，党的十八大报告《坚定不移沿着中国特色社会主义道路前进，为全面建成小康社会而奋斗》已然将小康社会奋斗目标由"全面建设"提升到"全面建成"的战略高度。报告中指出："纵观国际国内大势，我国发展仍处于可以大有作为的重要战略机遇期。我们要准确判断重要战略机遇期内涵和条件的变化，全面把握机遇，沉着应对挑战，赢得主动，赢得优势，赢得未来，确保到二〇二〇年实现全面建成小康社会宏伟目标。"② 同时，根据我国经济社会发展实际，强调要在党的十六大、十七大确立的全面建设小康社会目标的基础上努力实现新的要求：经济持续健康发展；人民民主不断扩大；文化软实力显著增强；人民生活水平全面提高；资源节约型、环境友好型社会建设取得重大进展。

2017 年 10 月 18 日，习近平总书记在党的第十九次全国代表大会上作了题为《决胜全面建成小康社会 夺取新时代中国特色社会主义伟大胜利》的报告，重温了中国共产党为中国人民谋幸福、为中华民族谋复兴的初心和使命，指出："解决人民温饱问题、人民生活总体上达到小康水平这两个目标已提前实现。"③"要按照十六大、十七大、十八大提出的全面建成小康社会各项要求，紧扣我国社会主要矛盾变化，统筹推进经济建设、政

---

① 《中国共产党第十七次全国代表大会文件汇编》，人民出版社 2007 年版，第 18、19、20、21 页。

② 《中国共产党第十八次全国代表大会文件汇编》，人民出版社 2012 年版，第 15～16 页。

③ 《中国共产党第十九次全国代表大会在京开幕》，载于《人民日报》2017 年 10 月 19 日第 1 版。

治建设、文化建设、社会建设、生态文明建设，坚定实施科教兴国战略、人才强国战略、创新驱动发展战略、乡村振兴战略、区域协调发展战略、可持续发展战略、军民融合发展战略，突出抓重点、补短板、强弱项，特别是要坚决打好防范化解重大风险、精准脱贫、污染防治的攻坚战，使全面建成小康社会得到人民认可、经得起历史检验。"① 同年，10月25日，习近平总书记在中共十九届一中全会及同中外记者见面时讲道："决胜全面建成小康社会，为全面建成小康社会圆满收官，是当前和今后一个时期党和国家的首要任务。""我们将举全党全国之力，坚决完成脱贫攻坚任务，确保兑现我们的承诺。"②

三、小康社会是中国式的现代化

"小康"是一个充满中国特色、中国文化色彩的概念。事实上，中华民族对于"小康"的企盼早在2500年前就已经开始了。此后，炎黄子孙向往"小康"，孜孜以求。小康，是一个中国式的概念，产生于中国。《诗经·大雅·民劳》中讲道："民亦劳止，汔可小康。"大意是指，老百姓终日劳作不止，最大的愿望就是过上小康的生活。作为一种小康社会模式，"小康"最早在西汉的《礼记·礼运》中第一次得到了完整的表述："以著其义，以考其信，著有过，刑仁讲让，示民有常。如有不由此者，在埶者去，众以为殃，是谓小康。"由此可见，在我国古代的历史发展中，"小康"及"小康社会"的传统内涵主要涵盖了安定的生活状态、社会理想模式、经济宽裕程度三个方面的内容。"小康"思想在民间影响深远，盛行不衰，成为中华民族梦寐以求的生活目标，世代普遍的文化心理，寻常百姓的日常用语。

1979年，邓小平同志在会见日本首相大平正芳时特别指出："我们要实现的四个现代化，是中国式的四个现代化。我们的四个现代化的概念，不是像你们那样的现代化的概念，而是'小康之家'。"③ 此后，在会见日本首相中曾根康弘时再一次强调："这个小康社会，叫做中国式的现代化。

---

① 《中国共产党第十九次全国代表大会文件汇编》，人民出版社2017年版，第22页。
② 《习近平谈治国理政》第3卷，外文出版社2020年版，第147、66页。
③ 《邓小平文选》第2卷，人民出版社1994年版，第237页。

翻两番、小康社会、中国式的现代化，这些都是我们的新概念。"① 对于
"小康社会"这一"新概念"，邓小平在谈及人均接近 1 000 美元后的社会
状况问题时做了进一步阐释，即人民的吃穿用问题解决了，基本生活有了
保障；住房问题解决了，人均达到二十平方米；就业问题解决了，城镇基
本上没有待业劳动者了；人不再外流了，农村的人总想往大城市跑的情况
已经改变；中小学教育普及了，教育、文化、体育和其他公共福利事业有
能力自己安排了；人们的精神面貌变化了，犯罪行为大大减少。② 由此可
见，邓小平所构想的现代意义上的小康社会，是一个吃穿不愁、人民安居
乐业的社会，是一个经济、政治、文化全面发展的社会，是一个中国特色
社会主义的社会。

实际上，相较于传统意义上的"小康"概念，现代的、中国式的
"小康"及"小康社会"的标准更高、内涵更丰富、要求更全面，具体体
现为以下几点：

其一，现代"小康"及"小康社会"始终坚持社会主义发展方向。
邓小平所讲的"小康社会"建立在以公有制为主体、多种所有制经济共同
发展的基本经济制度和以按劳分配为主体、多种分配方式并存的分配制度
基础之上，以人民共同富裕为目标的中国特色社会主义的小康社会。邓小
平在阐释什么是社会主义问题时特别强调："不坚持社会主义，中国的小
康社会形成不了。"③ "我们社会主义制度是以公有制为基础的，是共同富
裕，那时候我们叫小康社会，是人民生活普遍提高的小康社会。"④

其二，现代"小康"及"小康社会"是中国式现代化的发展阶段。
邓小平多次把"中国式的现代化"界定为"小康社会"，1987 年 4 月在会
见西班牙工人社会党副总书记、政府副首相格拉时，邓小平全面、系统地
阐述了"三步走"的战略构想，指出："我们原定的目标是，第一步在八
十年代翻一番。以一九八○年为基数，当时国民生产总值人均只有二百五
十美元，翻一番，达到五百美元。第二步是到本世纪末，再翻一番，人均
达到一千美元。实现这个目标意味着我们进入小康社会，把贫困的中国变
成小康的中国。那时国民生产总值超过一万亿美元，虽然人均数还很低，

---

① 《邓小平文选》第 3 卷，人民出版社 1993 年版，第 54 页。
② 《邓小平文选》第 3 卷，人民出版社 1993 年版，第 24、25 页。
③ 《邓小平文选》第 3 卷，人民出版社 1993 年版，第 64 页。
④ 《邓小平文选》第 3 卷，人民出版社 1993 年版，第 216 页。

但是国家的力量有很大增加。我们制定的目标更重要的还是第三步，在下世纪用三十年到五十年再翻两番，大体上达到人均四千美元。做到这一步，中国就达到中等发达的水平。这是我们的雄心壮志。"①

其三，现代"小康"及"小康社会"以人民生活普遍提高为发展目标。邓小平说："我们社会主义制度是以公有制为基础的，是共同富裕，那时候我们叫小康社会，是人民生活普遍提高的小康社会。"② 1991 年在党中央、国务院制定的《关于国民经济和社会发展十年规划和第八个五年计划纲要的报告》中，对小康的内涵又做了如下描述："我们所说的小康生活，是适应我国生产力发展水平，体现社会主义基本原则的。人民生活的提高，既包括物质生活的改善，也包括精神生活的充实；既包括居民个人消费水平的提高，也包括社会福利和劳动环境的改善。"③

其四，现代"小康"及"小康社会"以对内深化改革、对外扩大开放为发展路径。靠什么来建设现代"小康"，建设现代化，邓小平曾多次提出诸如"改革是中国发展生产力的必由之路"，"改革开放使中国真正活起来"，"思想更解放一些，改革的步子更快一些"，"改革开放政策稳定，中国大有希望"等重要论断。正如邓小平所说："改革的意义，是为下一个十年和下世纪的前五十年奠定良好的持续发展的基础。没有改革就没有今后的持续发展。所以，改革不只是看三年五年，而是要看二十年，要看下世纪的前五十年。这件事必须坚持干下去。"④

全面建成小康社会作为中国式现代化建设的伟大创举，还在于中国共产党正确认识和把握了以下三个方面之间的关系。

1. 中国式现代化与西方现代化的关系

1981 年 11 月 17 日，邓小平在会见美国财政部部长唐纳德·里甘时明确表示："中国式的现代化，不能同西方比。"⑤ 事实上，早在 1980 年邓小平在分析当时的形势和任务时就已经鲜明地剖析了"中国式现代化"的特殊性和优越性。其中，一方面，特殊性体现为当时我国基本国情的阶段

① 《邓小平文选》第 3 卷，人民出版社 1993 年版，第 226 页。
② 《邓小平文选》第 3 卷，人民出版社 1993 年版，第 216 页。
③ 《关于国民经济和社会发展十年规划和第八个五年计划纲要的报告》，人民出版社 1991 年版，第 39 页。
④ 《邓小平文选》第 3 卷，人民出版社 1993 年版，第 131 页。
⑤ 中共中央文献研究室：《邓小平年谱（1975～1997）》下卷，中央文献出版社 2020 年版，第 785 页。

性特征，即"中国这样的底子，人口这样多，耕地这样少，劳动生产率、财政收支、外贸进出口都不可能一下子大幅度提高，国民收入的增长速度不可能很快。"① 另一方面，优越性则根源于中国特色社会主义制度的本质性特征，邓小平深刻指出："如果我们的国民生产总值真正达到每人平均一千美元，那我们的日子比他们要好过得多，比他们两千美元的还要好过。因为我们这里没有剥削阶级，没有剥削制度，国民总收入完全用之于整个社会，相当大一部分直接分配给人民。他们那里贫富悬殊很大，大多数财富是在资本家手上。"②

2. 建设小康与建成小康的关系

1982 年，党的十二大提出了从 1981 年到 20 世纪末的 20 年，我国人民物质生活要达到小康水平的奋斗目标，这是党的全国代表大会首次使用小康概念。2002 年，党的十六大提出要全面建设小康社会。2012 年，党的十八大又根据新的实际，为全体人民描绘了一幅全面建成小康社会的清晰图景。2013 年，党的十八届三中全会再次号召："全党同志要紧密团结在以习近平同志为总书记的党中央周围，锐意进取，攻坚克难，谱写改革开放伟大事业历史新篇章，为全面建成小康社会、不断夺取中国特色社会主义新胜利、实现中华民族伟大复兴的中国梦而奋斗！"③ 显然，从"全面建设小康社会"到"全面建成小康社会"，这一字之改的"含金量"很高。"建设"体现的是过程、描述、愿景，更多的是目标。而"建成"则更加注重结果。"建成"意味着 2020 年小康社会将成为现实，意味着东部和西部、城市和农村，到 2020 年要同步跨入小康，一个都不能少。同时还意味着不仅是经济指标，民主、民生、科技创新、文化软实力、资源环境等等都要同步推进，一样也不能缺。因此，一字之变隐含了多重意蕴。

3. 总体小康与全面小康的关系

总体小康与全面小康，前者是基础，后者是在前者的基础上的继续推进，二者都是中国实现现代化建设第三步战略目标必经的承上启下的发展阶段。具体关系体现为：（1）总体小康是一个低标准的小康，全面小康是一个标准较高的小康。2000 年底，我国人均 GDP 仅 800 多美元，尚属于中下收入水平的国家。而到 2020 年，我国人均 GDP 将超过 1 万美元，达

---

①② 《邓小平文选》第 2 卷，人民出版社 1994 年版，第 259 页。

③ 《中国共产党第十八届中央委员会第三次全体会议公报》，人民出版社 2013 年版，第 17 页。

到中等收入国家水平。可见，小康水平有一个从低到高的发展过程，总体小康只能说是刚刚跨越小康的门槛，全面小康则将使人民生活更加殷实、富裕。（2）总体小康是一个偏重于物质消费领域的小康，而全面小康除了包括物质生活的提高外，还特别注重人们的精神生活、所享受的民主权利，以及生活环境的改善等方面。全面小康追求的是物质、政治、社会、精神和生态文明的共同发展，目标在于实现社会全面进步。（3）总体小康是一个发展不均衡的小康，全面小康则旨在缩小地区、城乡以及各阶层的差距。从生活水平总体小康到全面建设小康社会，是一项艰巨的任务，它是继续消除局部贫困的阶段，是逐步提高小康水平和富裕程度的阶段，是由片面发展逐步转向全面发展的阶段，它所指向的目标是基本实现现代化，实现中华民族的伟大复兴。

四、小康社会是实现中国梦的关键阶段

2012 年 11 月 29 日，习近平总书记在参观《复兴之路》展览时深情的指出："实现中华民族伟大复兴，就是中华民族近代以来最伟大的梦想。"[1] 并坚信，"到中国共产党成立 100 年时全面建成小康社会的目标一定能实现，到新中国成立 100 年时建成富强民主文明和谐的社会主义现代化国家的目标一定能实现，中华民族伟大复兴的梦想一定能实现。"[2] 2014 年 6 月 5 日，习近平总书记进一步指出："中国已经进入全面建成小康社会的决定性阶段。实现这个目标是实现中华民族伟大复兴中国梦的关键一步。"[3] 因此，全面建成小康社会作为实现中华民族伟大复兴中国梦的必经之路和关键阶段，具有重大意义。

1. 全面建成小康社会标志着中国人民千百年梦想的实现

2018 年 3 月 20 日，习近平总书记在十三届全国人大一次会议上的讲话中指出："中国人民是具有伟大梦想精神的人民。在几千年历史长河中，中国人民始终心怀梦想、不懈追求，我们不仅形成了小康生活的理念，而且秉持天下为公的情怀，盘古开天、女娲补天、伏羲画卦、神农尝草、夸

---

① 《习近平总书记系列重要讲话读本》，人民出版社、学习出版社 2014 年版，第 25 页。

② 《习近平谈治国理政》第 1 卷，外文出版社 2018 年版，第 36 页。

③ 习近平：《弘扬丝路精神 深化中阿合作》，载于《人民日报》2014 年 6 月 6 日。

父追日、精卫填海、愚公移山等我国古代神话深刻反映了中国人民用于追求和实现梦想的执着精神。"① 全面建成小康社会，意味着人民生活将更加幸福、社会主义事业将更上一层楼。党的十八大报告首次提出到2020年要"实现国内生产总值和城乡居民人均收入比二〇一〇年翻一番"的宏伟目标。党的十九大报告则进一步明确："让贫困人口和贫困地区同全国一道进入全面小康社会是我们党的庄严承诺。"② 这必将使我们对未来生活充满期待，进一步激发全国各族人民创造美好生活的勇气和热情，鼓舞人心。全面建成小康社会，也就意味着2020年我们中国人千百年的小康梦想的实现。这是中国世代为之流血、为之奋斗的人间大同盛景，就将在我们这代共产党人手中成为现实，我们中国共产党人对中华民族的贡献必将彪炳史册。

2. 全面建成小康社会预示着我们能够跨越"中等收入陷阱"

所谓"中等收入陷阱"主要是指中等收入阶段的经济体由于不能进一步转型发展，导致经济增长回落或停滞。③ 按照世界银行的划分标准，人均国民总收入在995美元以下为低收入国家，996～3 895美元之间的为中下收入国家，3 896～12 055美元之间的为中上收入国家，12 055美元以上为高收入国家。④ 2019年，我国人均国民总收入为70 606.69元，根据2019年全年人民币平均汇率为1美元兑6.8985元人民币计算可得，我国人均国民总收入已达10 235.1美元，已经进入中上等收入国家并接近高收入国家的行列。⑤ 2014年11月10日，习近平总书记在亚太经合组织领导人同工商咨询理事会代表对话会上就曾对中国能否跨越"中等收入陷阱"问题进行了解答，指出："'中等收入陷阱'过是肯定要过去的，关键是什么时候迈过去、迈过去以后如何更好向前发展。我们有信心在改革发展稳定之间，以及稳增长、调结构、惠民生、促改革之间找到平衡点，使中国经济行稳致远。"⑥ 党的十九大报告中也明确指出："我们要激发全社会

---

① 《习近平谈治国理政》第3卷，外文出版社2020年版，第141页。

② 《中国共产党第十九次全国代表大会文件汇编》，人民出版社2017年版，第38页。

③ 卫兴华、聂大海：《2015年理论经济学若干热点问题的研究观点和争鸣综述》，载于《经济纵横》2016年第2期，第112～122页。

④ 刘伟、范欣：《中国发展仍处于重要战略机遇期——中国潜在经济增长率与增长跨越》，载于《管理世界》2019年第1期，第13～23页。

⑤ 根据国家统计局网站相关数据计算所得。

⑥ 《习近平出席亚太经合组织领导人同工商咨询理事会代表对话会》，载于《人民日报》2014年11月11日。

创造力和发展活力，努力实现更高质量、更有效率、更加公平、更可持续的发展！"① 据此，有学者研究表明，中国成功进入高收入国家行列的时间节点可能是在 2022 年，也可能是 2035 年或者 2045 年之前。② 总之，中国共产党在带领全国人民实现全面建成小康社会目标的同时，也为成功跨越"中等收入陷阱"增强了信心，奠定了坚实基础。

3. 全面建成小康社会意味着向共同富裕的奋斗目标迈出了实质步伐

全面小康社会不是少数人的小康社会，而是要惠及十几亿中国人的小康社会。1992 年，邓小平在南方谈话中提出："社会主义的本质，是解放生产力，发展生产力，消灭剥削，消除两极分化，最终达到共同富裕。"③ 共同富裕是社会主义的本质特征，作为社会主义的中国，全面小康社会理应更充分体现共同富裕这一本质特征。党的十九大报告中也指出："必须坚持走共同富裕道路。共同富裕是中国特色社会主义的根本原则。"④ 2017 年习近平总书记在中央政治局常委同中外记者见面时的讲话中讲道："全面建成小康社会，一个也不能少；共同富裕道路上，一个也不能掉队。"⑤ 2018 年 2 月 12 日，在打好精准脱贫攻坚战座谈会上，习近平总书记再一次特别强调："脱贫攻坚的目标就是要做到'两个确保'：确保现行标准下的农村贫困人口全部脱贫，消除绝对贫困；确保贫困县全部摘帽，解决区域性整体贫困。"⑥ "两个确保""两个全部"充分体现了实现共同富裕奋斗目标的题中应有之意。因此，随着全面小康社会的建成，我们离共同富裕的伟大目标也将越来越近。

参考文献

1. 《邓小平文选》第 2 卷，人民出版社 1994 年版。

2. 《邓小平文选》第 3 卷，人民出版社 1993 年版。

---

① 《中国共产党第十九次全国代表大会文件汇编》，人民出版社 2017 年版，第 28 页。
② 刘伟、范欣：《中国发展仍处于重要战略机遇期——中国潜在经济增长率与增长跨越》，载于《管理世界》2019 年第 1 期，第 13～23 页；裴长洪、刘斌：《中国经济应对当前全球两大挑战的韧性、潜力与长期趋势》，载于《经济纵横》2020 年第 5 期，第 1～19 页；李标、齐子豪、丁任重：《改革进程中的中国潜在 GDP 增长率：估计及预测》，载于《当代经济科学》2018 年第 6 期，第 1～13、126 页。
③ 《邓小平文选》第 3 卷，人民出版社 1993 年版，第 373 页。
④ 《中国共产党第十九次全国代表大会文件汇编》，人民出版社 2017 年版，第 14 页。
⑤ 《习近平谈治国理政》第 3 卷，外文出版社 2020 年版，第 66 页。
⑥ 《习近平谈治国理政》第 3 卷，外文出版社 2020 年版，第 155 页。

3. 《关于国民经济和社会发展十年规划和第八个五年计划纲要的报告》，人民出版社1991年版。

4. 《马克思恩格斯选集》第1卷，人民出版社1972年版。

5. 《马克思恩格斯选集》第3卷，人民出版社1972年版。

6. 《毛泽东文集》第5卷，人民出版社1996年版。

7. 《习近平出席亚太经合组织领导人同工商咨询理事会代表对话会》，载于《人民日报》2014年11月11日。

8. 《习近平谈治国理政》第1卷，外文出版社2018年版。

9. 《习近平谈治国理政》第3卷，外文出版社2020年版。

10. 《中共中央关于制定国民经济和社会发展十年规划和"八五"计划的建议》，人民出版社1991年版。

11. 《中国共产党第十八次全国代表大会文件汇编》，人民出版社2012年版。

12. 《中国共产党第十八届中央委员会第三次全体会议公报》，人民出版社2013年版。

13. 《中国共产党第十二次全国代表大会文件汇编》，人民出版社1982年版。

14. 《中国共产党第十九次全国代表大会文件汇编》，人民出版社2017年版。

15. 《中国共产党第十六次全国代表大会文件汇编》，人民出版社2002年版。

16. 《中国共产党第十七次全国代表大会文件汇编》，人民出版社2007年版。

17. 《中国共产党第十三次全国代表大会文件汇编》，人民出版社1987年版。

18. 《中国共产党第十四届中央委员会第五次全体会议文件》，人民出版社1995年版。

19. 《中国共产党第十五次全国代表大会文件汇编》，人民出版社1997年版。

20. 李标、齐子豪、丁任重：《改革进程中的中国潜在GDP增长率：估计及预测》，载于《当代经济科学》2018年第6期。

21. 刘伟、范欣：《中国发展仍处于重要战略机遇期——中国潜在经济增长率与增长跨越》，载于《管理世界》2019年第1期。

22. 裴长洪、刘斌：《中国经济应对当前全球两大挑战的韧性、潜力与长期趋势》，载于《经济纵横》2020年第5期。

23. 卫兴华、聂大海：《2015年理论经济学若干热点问题的研究观点和争鸣综述》，载于《经济纵横》2016年第2期。

24. 习近平：《弘扬丝路精神 深化中阿合作》，载于《人民日报》2014年6月6日。

25. 中共中央文献研究室：《邓小平年谱（1975～1997）》下卷，中央文献出版社2020年版。

高水平小康社会建设的江阴样本

张二震*

在江苏建设高水平小康社会的进程中，各地纷纷根据自身的实际情况和发展条件，大胆实践、勇于探路，产生了很多独特的经验。"昆山之路""张家港精神""园区经验"是典型的代表。江阴市作为全国县域经济和综合发展"十六连冠"、中国全面小康十大示范县市"十一连冠"，蝉联中国工业百强县（市）之首，高水平小康之路也有其鲜明的特色。江阴给人们的印象是：实体经济强，制造业发达，民营经济"挑大梁"，上市公司多。干部勤勉实干，社会事业发达，百姓富裕殷实，生态环境优美，人民生活幸福。江阴，给我们展示了中国高水平小康社会的现实模样的独特样本，是我们党领导的中国特色社会主义在江阴的生动实践。

一、高水平小康社会建设的成功典型

江阴地处苏锡常几何中心，具有发展实体经济的"基因"。制造业的发展可以追溯到人民公社时期的"社队企业"。改革开放以来，江阴人民奋力拼搏，艰苦创业，敢闯敢干，率先实行市场化改革，大力发展被小平同志称赞为"异军突起"的乡镇企业，很快越过了温饱阶段，率先走上了小康之路。

2003年7月，江苏省率先在全国制定了小康社会的指标体系，设立"经济发展、生活水平、社会发展、生态环境"四大方面，共18项25个衡量指标。江阴于2005年末，成为全省首批全面建成小康社会达标县

---

* 张二震，南京大学长三角经济社会发展研究中心教授。

（市）。达标以后，江阴提出了建设高水平全面小康社会的奋斗目标，先后叫响了"建设幸福江阴""全面建设经济强、百姓富、环境美、社会文明程度高的新江阴"等奋斗口号，经济社会发展进入快车道。近年来，江阴市按照中央和省委省政府的决策部署，紧紧围绕建成一个不含水分、群众广泛认可、百姓得到实惠的高水平全面小康，着力加快产业强市，提升城乡品质，改善生态环境，增进民生福祉，坚持在高起点上谋求新跨越，在高平台上实现新提升，经济社会发展取得了巨大成就，成为"苏南板块"亮眼的明星。

一是综合实力全国领先。2019 年，全市实现地区生产总值超过 4 000 亿元，人均 GDP 人均 GDP 近 25 万元（折合约 3.5 万美元），大大超过 5.8 万元人民币的目标值。2020 年，中国企业 500 强、制造业企业 500 强、服务业企业 500 强、民营企业 500 强分别达到 11 家、15 家、10 家、14 家，"江阴板块"阵容壮大至 53 家，是名副其实的制造业大市。[①]

二是工业经济名列前茅。2018 年，全市实现规模以上工业产值增速创 2012 年以来峰值，21 个行业大类中，20 个行业正增长，行业增长面达 95.2%，创 6 年来历史最高点。实现规模以上工业产值 6 059.13 亿元，增长 15.5%，增速创 8 年新高。被国家工信部评为中国工业百强县第一名，被新华社、《人民日报》、《瞭望周刊》誉为"中国制造业第一县"。[②]

三是集成改革纵深推进。2018 年，全市扎实开展全市社会治理综合标准化试点工作。政务服务体系上，承接江苏省赋权 14 项、无锡市赋权 282 项，赋予镇街经济社会管理权限 861 项，开放园区承接设区市经济管理权限 187 项；基层治理体系上，把全市域划分为 17 个一级网格、271 个二级网格、1 558 个三级网格，将所有"人、地、物、事、组织"等要素全部纳入网格；社会救助体系上，互助式深度救助"福村宝"模式在全国 7 个省 1 380 个村复制推广，覆盖江阴 212 个村、95 万人，受益村民达 10 万人次，年度补助资金总规模近 1.5 亿元；生活服务体系上，集成 30 个部门 13 大类 1 841 个细分政务服务、30 项公共服务、95 项便民服务、7 项公益服务以及 5 类资讯服务。[③]

---

① 根据相关数据整理。

② 根据《江阴统计年鉴 2020》相关数据整理。

③ 《陈金虎：打造集成改革的亮丽"风景"》，中国改革网，http：//www.chinareform.net/index.php？m = content&c = index&a = show&catid = 360&id = 29003。

四是城镇建设日新月异。2019 年城镇化率达 71.63%，全市加快推进基础设施建设，建成开放韭菜港公园和黄田港公园，加快跨锡澄运河 3 座桥梁建设，打通临江路西延伸段等道路；靓山亲山工程上，加快推进花山景区规划设计，持续强化规划管控，有序开展环境整治，为后续建设腾出空间。①

五是对外开放全面深入。全市突出招大引强、集群承接、沿链引进，稳步提升外资质态，2019 年，实现到位注册外资 8.3 亿美元。开拓"一带一路"、自贸协定伙伴等海外市场，大力培育以技术、品牌、质量、服务为核心竞争力的外贸新优势，鼓励有条件的企业走出江阴，到发展空间大、要素成本低的地区扩大产能，江阴港货物吞吐量增长 10.0%，外贸吞吐量增长 28.4%。②

六是民生福祉不断改善。2019 年，全市居民人均可支配收入为 4.7 万元，在全省县（市）级城市名列前茅，农民人均收入连续 19 年位居全省县（市）级榜首；城镇登记失业率为 1.78%；2019 年人均预期寿命达82.32 岁。③

按照江苏高水平全面小康社会的检测指标体系，共经济发展、人民生活、"三大攻坚"、民主法治、文化建设、资源环境六大类 53 项指标。2018 年，江阴市高水平全面建成小康社会监测情况看，江阴市整体实现度为 96.2%，其中经济发展实现度 95.2%，人民生活实现度 100%，三大攻坚实现度 100%，民主法治实现度 95.5%，文化建设实现度 84.3%，资源环境实现度 96.3%。江阴已经建成了高水平小康社会，2019 年被江苏省确定为社会主义现代化建设试点单位。据最新统计监测，对照 2020 年目标，江阴市阶段性现代化实现程度已达 97.454%。④

二、江阴小康社会建设的实践与特色

中国幅员辽阔，地区之间经济社会发展差异很大。这就决定了全面小

---

①② 根据《江阴统计年鉴 2020》相关数据整理。

③ 江阴市统计局、国家统计局江阴调查队：《2019 年江阴市国民经济和社会发展统计公报》，江阴市人民政府网站，http://www.jiangyin.gov.cn/doc/2020/04/02/843493.shtml。

④ 根据《2019 年江阴市国民经济和社会发展统计公报》整理计算。

康社会建设之路，既有普遍规律，又有地域特点，即便在苏南地区，发展的模式也有区域差异。昆山以开放型经济见长、张家港"两个文明"协调发展、"园区经验"经济运行接轨国际规则，都是根据本地区基础和条件创造出来的经验。江阴全面小康社会建设，也有其鲜明的特色，可以称之为"江阴样本"，这就是：以民营经济为主体发展实体经济，以推进"民富村强"实现共同富裕，以长江生态修复保护推进产业升级绿色发展，以集成改革推进社会治理体系和治理能力的现代化。

（一）以民营经济为主体发展实体经济

江苏以实体见长，江阴更是"中国制造业第一县"，在传统产业与新兴产业方面都具有特色和比较优势。在传统产业方面，优势主要集中在高档面料的纺织和服装、特色冶金、精密机械、精细化工、塑料制品等细分子行业。在新兴产业方面，新材料和高端装备产业为其优势产业。以兴澄特钢特钢制品为龙头，以法尔胜高端线材制品、贝卡尔特钢帘线制品为核心，以南方管件、龙山管件等管件制品为特色的产业集群，形成了完整的特钢材料—高端制品—延伸制造的产业链条。以双良集团、中联重科、斗山液压机械等重点骨干企业为龙头，涵盖专用设备、通用设备、铁路、船舶、航空航天和其他运输设备制造，汽车及零部件制造等装备制造企业，装备产业体系逐步完善，已形成了从整机到零部件、涵盖多个行业门类的机械装备产业体系。新一代信息技术领域部分环节有突破。依托长电科技、中芯长电等企业，目前已初步建成全球第三的半导体封装及测试产业基地。新能源领域具有特色。已形成风电和光伏两大新能源产业群。光伏产业以中建材浚鑫为龙头，包括核新太阳能、复睿新能源、智照太阳能等企业，产品从太阳能电池延伸到太阳能电池组件和太阳能电站；风电装备产业以远景能源为龙头，包括艾尔姆风能、振江新能源、中船澄西等企业，已形成叶片、转子、塔架、机舱罩等零部件—风电整机—智慧风场管理的产业链。生物医药快速起步发展。目前形成了以天江药业、普莱医药等骨干企业为代表的产业集群，其中天江药业是全国最大的中药配方颗粒生产企业，贝瑞森、普莱医药、力博医药等企业通过依托核心技术，整合资源，拉长产业链条，提升核心竞争力，产业发展加快扩张。

江阴民营企业实力雄厚。江阴市民营经济发达，是经济发展的主力军。2020年1~9月各类市场主体超20万家（全市企业总数72 970户），平均每8个人就有一个市场主体。江阴拥有国有及集体控股企业3 625户，外商投资企业1 173户，私营企业68 172户。民营企业占比高达93.4%，14家企业入围"2020中国民营企业500强"。江阴拥有全国最大的精毛纺企业阳光集团、海澜集团，全国最大的磷化工生产企业澄星集团，全国最大的模具塑料生产企业江南模塑集团，全国最大的金属制品企业法尔胜集团。2020年1~9月，全市工业百强企业全年完成产品销售收入2 466.8亿元，实现利润176.4亿元，分别占全市规模以上工业企业的67.3%和81.4%。①

江阴企业高度重视产业创新，成果显著。全市入库国家科技型中小企业991家，比上年增长32.5%；共申报高新技术企业339家，通过认定241家，预计净增150家，均创历史新高。高新技术企业由2016年的318家增加到2020年的650家。同时，江阴积极开展"雏鹰"企业、"瞪羚"企业、"准独角兽"企业培育工作，目前，"三类企业"入库企业数分别达151家、95家、12家。2020年，江阴企业获批新建省级企业重点实验室1家、省院士企业研究院1家，累计建成省级工程技术研究中心173家、国家工程技术研究中心2家。②

江阴市已经建成高新技术创业园，形成了由"众创苗圃—科技企业孵化器—产业加速器—科技特色产业园"构成的产业孵化链条，搭建起了企业研究孵化、科技加速、产业化的完整成长平台。江阴市逐步构建了以民营经济为主导、以自主可控的现代化产业体系为支撑、以苏南国家自主创新示范区建设为驱动、以现代化国际化营商环境为保障、以强大资本市场为依托的现代化经济发展体系。培育更多先进制造业、战略性新兴产业百亿、千亿级集群，打造一批站在全球产业链高端的创新型领军企业，推动涌现出更多拥有标准制定权、行业话语权、市场主导权的企业标杆、行业高地，持续打响"制造业第一县"品牌、"江阴板块"品牌，建成具有一定国际竞争力的先进制造业基地和特色产业科技创新城市。

（二）以推进"民富村强"实现共同富裕

江阴高水平小康社会建设的一大亮点是，通过推进"民富村强"深入实施乡村振兴战略，实现"产业兴旺、生态宜居、乡风文明、治理有效、

---

① 根据江阴统计局网站（http：//www. jiangyin. gov. cn/tjj/）相关信息综合整理。
② 《江阴"创新基因"融入发展血脉 打造高质量发展"最强引擎"》，无锡新传媒，http：//www. wxrb. com/doc/2021/01/03/57488. shtml。

生活富裕"，让富足始终成为江阴百姓的日常生活、让富裕始终成为江阴村庄的生动写照，不断创造美好生活、逐步实现共同富裕。2019年农村居民人均可支配收入36 095元，增长8.9%，连续二十年名列全省县（市）级第一；实现村级收入35.6亿元，比去年增长1.1%，村均收入达1 413万元，新增3个村收入超5 000万元，累计达9个。①

一是推进就业创业致富。持续加大加强就业帮扶政策。完善就业援助动态管理机制，依托基层人社平台提供制度化、常态化的就业援助服务，推动公共就业服务城乡全覆盖。加大创业载体建设，成立中科院集成电路研究院江阴设计创新中心、江阴智能制造创新研究院。实施创业环境提优、项目提速、载体提质和能力提升计划，加大富民创业的金融支持。

二是推进社会保障共富。丰富社会保障层次和覆盖面，持续完善社会保障，按照兜底线、织密网、建机制的要求，全面建成覆盖全民、城乡统筹、权责清晰、保障适度、可持续的多层次社会保障体系。以深入开展全民参保登记常态化管理为抓手，精准定位社会保险扩面工作方向。不断提高保障水平。始终坚持以人为本，更好地满足人民日益增长的美好生活需要，稳步提升城乡居民基本医疗保障水平，深入推进村级医疗互助。

三是推进公共服务添富。加强优质教育供给。深化集团化办学，加强文体服务供给，深化"书香江阴"建设，参与组织第24届"书香江阴"读书节系列活动等。加强基础设施建设。坚持把公共基础设施建设的重点放在农村，促进城镇基础设施向农村延伸，实现城乡互联互通、共建共享。

四是壮大村级集体经济助富。村级集体经济继续保持高位稳健发展。村级资产大幅增加。2019年全市252个行政村总资产379.93亿元，净资产251亿元，2019年村均净资产达9 957.5万元。村级收入稳中向好。2019年全市共实现村级收入35.6亿元，村均收入达1 413万元。支出结构调整趋优。2019年全市村级支出13.64亿元（不含村民福利），村均支出541.3万元。其中村民福利6.76亿元。股份经济合作社分红支出3.2亿元，村级股份经济合作社累计分红达30.2亿元。农民收入较快增长，2019年，全市农民人均可支配收入达到36 095元，连续20年保持全省县

---

① 江阴市统计局、国家统计局江阴调查队：《2019年江阴市国民经济和社会发展统计公报》，江阴市人民政府网站，http://www.jiangyin.gov.cn/doc/2020/04/02/843493.shtml。

级第一。①

五是深入推进基层组织带富。选优配强带头人，将村书记专职化管理试点工作纳入年度党建创新重点项目和书记项目，坚持将夯实农村基层党组织基础作为促进集成改革的有力支撑，认真研究、创新机制、精准施策，确保深化改革的根基更加牢固。推行"党建＋治理"双网融合，将党的组织体系建设在网格上，直接联系服务群众、团结凝聚群众、引导带领群众致富奔小康。

六是推进实事工程增富。有序推进农村住房建设，优化调整全市域村庄分类和空间布局，科学引导农村住房建设和发展方向。深入开展美丽乡村建设。学习华西村、长江村、山泉村等美丽乡村建设经验，统筹特色田园乡村、美丽乡村、休闲旅游示范村等各类建设活动。至2020年9月，全市累计建成美丽宜居乡村240个，美丽宜居乡村达标率100%。②

七是深入推进生态建设护富。加强农业生态资源保护。严格保护农村自然生态系统、山水林田湖草、重要水源涵养区、自然湿地和野生动植物资源，推动农业生态资源保护，严守耕地红线，进一步提高高标准农田建设比重。加强生态文明建设。全面改善环境质量，推进省国土绿化"三化"示范县创建。

（三）以长江生态修复保护推进产业升级绿色发展

江阴市坚决贯彻习近平总书记"共抓大保护、不搞大开发"③的指示要求，积极谋划沿江"三进三退"发展路径，推进长江"黄金水道"的可持续发展；聚力产业转型，实现高端进、低端退，聚力源头控污，实现治理进、污染退，聚力生态修复，实现生态进、生产退；以智能化、绿色化、服务化、高端化为引领，积极推动传统产业转型，实现与生态协同发展；以建设现代化有特色的美丽宜居城市为引领，全域推进城乡融合发展，全面推进城乡建设质量提升工程，使城市品质整体提升，城市功能更

---

① 根据江阴市统计局、国家统计局江阴调查队：《2019年江阴市国民经济和社会发展统计公报》，江阴市人民政府网站，http://www.jiangyin.gov.cn/doc/2020/04/02/843493.shtml 和江阴市统计局网站信息相关信息整理所得。

② 中共江苏省江阴市委组织部：《江苏江阴：高质量基层党建引领乡村振兴》，人民网，http://dangjian.people.com.cn/n1/2019/1015/c429005-31401543.html。

③ 习近平：《走生态优失绿色发展之路 让中华民族母亲河永葆生机活动》，载于《人民日报》2016年1月8日第1版。

加完善，城市治理更加精细，城市服务更加精准，持续打响"人文宜居"品牌，走出一条经济高质量发展、城乡高品质建设、生态高水平保护互促并进、协调共生的发展路径。

江阴传统产业比重较大，为了实现绿色发展，江阴市一方面推动冶金、纺织服装、机械制造等传统制造业全面提升设计、工艺、装备、能效水平，促进产业加快迈向中高端。另一方面推进产业要素集约化，突出集聚集约发展，不断优化国家级、省级开发园区和各镇（街）工业园区的功能定位，加快形成布局合理、特色鲜明、功能完善、管理高效、资源共享的产业空间布局体系

（四）以集成改革推进社会治理体系和治理能力的现代化

自 2017 年 7 月被江苏省委、省政府确定为县级集成改革试点以来，江阴坚持以县域治理体系和治理能力现代化为目标，聚焦重点领域和关键环节，加强顶层设计和统筹谋划，以系统思维和集成理念全面构建起集党建引领、政务服务、基层治理、社会救助、生活服务、公共安全于一体的县域治理体系，总结了一批可复制可推广的改革经验，形成了一批县域治理的江阴标准，为全国县域高质量发展提供江阴经验、江阴样板，受到社会各界的高度肯定。中央改革办、中央党校《学习时报》、社科文献出版社、中国经济体制改革杂志社、新华智库、人民日报、光明日报等先后多次调研集成改革工作，均给予了较高评价和认可。徐霞客镇"1+4"基层治理新模式（政务服务一中心、综合执法一队伍、社会治理一网格、管理服务一平台）入选中组部《贯彻落实习近平新时代中国特色社会主义思想在改革发展稳定中攻坚克难案例》，并在全省 1 260 个乡镇（街道）复制推广；江阴集成改革首批 8 项行政管理体制改革经验，在江苏省 49 个经济发达镇和无锡市各县区复制推广；江阴以集成改革为县域治理现代化建设探索新路径，作为重要典型成功入选"改革开放 40 年地方改革创新 40案例"，江阴被誉为"集成改革第一县"，获评"2019 社会治理创新典范"荣誉称号。

江阴的主要做法是：一是以党的领导为保障，确保党的建设引领县域治理现代化。全面落实党领导一切的制度设计和工作机制，确保把党的领导贯穿全面深化改革全过程各方面、落实到江阴县域治理各领域各环节，为县域治理现代化沿着正确轨道前进保驾护航。二是以群众满意为标准，持续提升便捷高效的政务服务体系。江阴始终把百姓认可作为根本标准，

进一步下放权限、重构体制、整合资源、精兵简政，全力营造简约便民、阳光高效的政务环境。三是以精准智慧为导向，持续深化沉底到边的基层治理体系。坚持和完善"大数据＋网格化＋铁脚板"治理机制，加快现代科技与社会治理深度融合，助力社会治理更精准、更智慧，全力打造"管理在网格、执法在中队、指挥在中心"的运行体系。四是以一体联动为核心，持续完善精准有力的社会救助体系。从群众需求最迫切的兜底保障问题入手，全面实施"互联网＋"社会救助，全力打造以城乡低保为基础、专项救助为辅助、深度救助为兜底、慈善救助为补充、村级互助为拓展的社会救助体系，江阴智慧救助做法荣获 2019 年全国社会救助创新实践案例，社会联动救助获批国家基本公共服务标准化试点。五是以服务集成为重点，持续健全温馨周到的生活服务体系。针对城乡生活服务主体多元化、平台分散化、标准随意化等问题，坚持政府主导，鼓励市场参与，突出指尖屏前，在全国县级市率先探索打造智慧生活服务平台"最江阴"App，全力推动公共服务更加集中规范、更加精准优质、更加智能便捷。六是以筑牢基础为底线，持续构建全域覆盖的公共安全体系。以建成省内乃至全国最安全的城市为目标，加快构建全方位、多领域、常态化的公共安全管理体系，全力推动江阴安全生产形势持续平稳向好。江阴对标欧美、日本等先进发达国家公共安全水平，率先破题探索构建总体安全、系统安全、长效安全，全域全民、防救集成"三位一体"公共安全体系"江阴模式"。

三、江阴建设高水平小康社会的经验和启示

第一，坚持经济建设为中心。从小康到全面小康，从高水平小康到基本现代化建设试点，江阴市委市政府始终坚持"发展是硬道理"，扭住经济建设这个中心，紧紧依靠人民，依靠企业家，鼓励创新创业，聚焦实体经济，积累起雄厚的"家底"。进入新时代，江阴人民坚持以习近平新时代中国特色社会主义思想武装头脑、指导实践，全面贯彻落实新发展理念，真抓实干，"强富美高"新江阴建设不断取得新进展。

第二，坚持以人民为中心的发展理念。发展依靠人民，发展成果人民共享。江阴把以人民为中心的思想切实融入经济建设和社会发展的实践中，坚持将保障和改善民生作为一切工作的出发点和落脚点，把人民利益

摆在至高无上的地位，从就业、教育、医疗、养老等与人民息息相关的事情入手，坚持以需求为牵引、以问题为导向、以人民满意为目标，着力提升人民群众幸福感和获得感，真正维护人民群众根本利益，真正实现高质量发展。

第三，坚持实事求是、从实际出发，走符合经济发展规律和本地实际的发展之路。江阴在建设高水平小康社会的实践中，创造了富有鲜明特色的发展之路，形成了高水平小康社会建设的"江阴样本"。江阴市委市政府不满足已有的成绩，科学梳理短板，坚持问题导向，凝心聚力攻坚克难，坚持把发现问题、解决问题作为出发点和落脚点，始终保持正视问题的清醒，以对人民负责、对发展负责的担当精神，对发展的问题和现实利益矛盾不回避、体制机制短板不遮掩，尤其注重在走访基层、部门座谈、征求社会意见建议中找到问题、找准问题；始终保持解决问题的自觉，本着补短板、强弱项、固根基的原则，在分门别类解决个性问题、特定矛盾的基础上，更加注重破解共性问题、化解普遍矛盾，使补齐短板、化解制约的过程建设高水平小康社会，取得了社会主义现代化建设试点的可喜成就。

第四，坚持党建引领，坚持小康社会建设的社会主义方向。在建设高水平小康社会的进程中，江阴全面落实新时代党的建设总要求，坚持以党建水平提升引领高水平小康社会建设，以党的组织保障高水平小康建设。从发展民营经济为主体的实体经济，到村强民富的集体经济发展模式；从县域治理江阴经验的创造，到绿色发展促进产业升级的推进，各级党组织、共产党员发挥了关键作用。高水平小康社会建设，关键在党，在江阴得到了充分的体现。切实加强党的领导，增强"四个意识"、坚定"四个自信"、做到"两个维护"，坚持以习近平新时代中国特色社会主义思想武装头脑、指导实践，是江阴建设高水平小康社会的最重要的经验。

实现 2035 年发展目标的潜在增长率

黄泰岩　张　仲*

党的十九届五中全会提出，我国到 2035 年人均 GDP 达到中等发达国家的水平，为我国确立了催人奋进的发展目标。我国如期实现这一目标，对于实现第二个百年奋斗目标和坚持"四个自信"都具有重大意义，因而有必要对我国未来 15 年潜在增长率的变化进行测算。

一、潜在增长率测算的国际经验视角

学界对我国潜在增长率进行了众多富有成效的研究，他们大多采用生产函数法估计各要素的投入变化，进而测算潜在增长率。从对 2021～2035 年潜在增长率的测算结果来看，差异相当大。有的认为可以达到年均 6% 以上的增长，甚至认为有些年份可以达到 8%；有的认为只有 4% 左右的增长。已有文献的测算之所以会出现如此大的差异，主要是对各投入要素及其变化的估计不同。

如何更好地估计未来 15 年我国各主要投入要素的变化，我们认为，可以用跨越和陷入"中等收入陷阱"经济体的发展经验作为参照，这是因为：

一是跨越"中等收入陷阱"是所有发展中国家面临的共同任务。根据世界银行的数据，从 1960 年到 2008 年近半个世纪的时间内，有 103 个经济体进入中等收入经济体，但只有 13 个经济体成功跨越，特别是像我国

　　* 黄泰岩，中央民族大学资深教授、中国人民大学经济学院教授；张仲，中国人民大学经济学院博士生。

这样的发展中人口大国目前尚没有成功的先例。因此，我国未来15年经济发展面临的最大问题就是如何跨越"中等收入陷阱"，创造新的发展奇迹。跨越和陷入"中等收入陷阱"经济体在与我国处于同样的发展阶段时，由于都面临着赶超先发达国家的共同任务，发展条件和环境具有相似性，他们与我国相同发展阶段的发展经验就可以为我国未来的发展提供经验参考。因此，以成功跨越"中等收入陷阱"的日本、韩国和以陷入"中等收入陷阱"的巴西、墨西哥等经济体的要素投入变动经验为参照，估算不同情境下我国的潜在增长率，就可以使我国潜在增长率的测算建立在坚实的国际经验基础上，从而更具有科学性和说服力。基于此，我们在发展阶段的选择上，就选取了日本、韩国、新加坡以及我国香港和台湾地区等经济体在跨越"中等收入陷阱"前后的要素变化数据作为参照，测算我国的潜在增长率；选取巴西、墨西哥、阿根廷等经济体陷入"中等收入陷阱"前后的要素变化数据作为参照，测算我国的潜在增长率。

二是成功跨越"中等收入陷阱"经济体在跨越阶段的发展水平应成为我国实现跨越的基本水准。日本、韩国等经济体之所以能够成功跨越"中等收入陷阱"，就是因为他们在发展中投入的各主要要素呈现出积极有利的变化，支撑了潜在增长率的增长。由于成功跨越"中等收入陷阱"各个经济体的要素变化表现不同，我们将这种变化归为两种不同的类型：基本水平和较好水平。基本水平是指支撑跨越"中等收入陷阱"的最低水平；较好水平是指支撑跨越"中等收入陷阱"的较好水平。我国在未来的15年发展中，如何将各主要要素的变化趋势稳定在日本、韩国、新加坡以及我国香港和台湾地区等经济体的最基本水平上，就成为跨越"中等收入陷阱"不可跌破的底线。基于此，我们将日本、韩国等经济体各要素变化的基本水平作为基准情形，测算我国的潜在增长率；将他们各要素变化的较好水平作为乐观情形，测算我国的潜在增长率，作为我国努力超越的目标。这样，无论是在基准情形下还是在乐观情形下，我国都将成功跨越"中等收入陷阱"，如期实现2035年发展目标，只是实现的程度不同。

三是陷入"中等收入陷阱"经济体的陷入困境是我国发展中必须规避的情形。巴西、墨西哥等经济体之所以陷入"中等收入陷阱"，就是因为他们在发展中投入的各主要要素呈现出不利于经济增长的变化。我国在未来的15年发展中，就需要汲取巴西、墨西哥等经济体的深刻教训，防止出现类似的要素变化情形。基于此，我们就将巴西、墨西哥、阿根廷等经济体各要素的变化作为悲观情形，测算我国的潜在增长率，作为我国发展中的警示。当然，巴西、墨西哥等经济体在人口就业方面表现出比较乐观的情形，我们在人口就业要素变化估计时，就将巴西、墨西哥的数据作为乐观情形测算我国的潜在增长率，因为随着我国人口政策的调整，以及人工智能技术的迅速发展，人口就业对潜在增长率的影响不会像日本、韩国当年那样悲观。

二、模型设定和数据来源

1. 模型设定

本文沿用经典的附带人力资本的 C－D 函数作为核算模型。即

$$Y_t = A_t K_t^\alpha H_t^\beta \tag{1}$$

$$H_t = E_t \cdot L_t \tag{2}$$

其中 Y_t 代表 t 期总产出，K_t 代表 t 期资本存量，H_t 代表 t 期附加人力资本的劳动力存量，E_t 代表 t 期人力资本存量，L_t 反映的是 t 期就业人口数量，A_t 是 t 期全要素生产率（TFP），α、β 分别是资本产出弹性和附加人力资本的劳动产出弹性，假定生产函数的规模报酬不变，即 $\alpha + \beta = 1$。将资本存量、劳动力、全要素生产率的时间序列数据进行 HP 滤波处理，求得这些变量的平均增长率，并以此计算未来潜在经济增长率。

$$\frac{d\tilde{Y}_t}{Y_t} = \alpha \frac{d\tilde{K}_t}{K_t} + \beta \frac{d\tilde{H}_t}{H_t} + \frac{d\tilde{A}_t}{A_t} \tag{3}$$

2. 数据来源和处理

对未来潜在增长率进行估计的过程中，生产要素增长率的设定尤为重要。为了保证数据的准确性和一致性，各国资本形成总额、就业规模、总和生育率、各层级入学率等多类数据均引自世界银行数据库，全要素生产率数据为经过生产函数模型测算得出，由于部分年份数据缺失，均参照各地区当地统计数据进行补充。为了更好地反映变化趋势，减少周期性因素的干扰，我们对数据进行了 HP 滤波处理。未来人均 GDP 的预测值，均用2018 年美元不变价格表示。

三、主要生产要素变化设定

（一）资本存量增速

1. 基准情景

20 世纪 60 年代中期到 70 年代初期，日本工业化进程接近完成，资本存量保持近 10% 的快速增长，GDP 平均增速接近 7%。1973 年完成工业化进入高收入经济体后，日本经济虽然受石油危机、汇率波动的强烈冲击，资本存量 70 年代平均增速下降到 5.4%，但仍然保持了较快的增长，推动日本成为世界经济强国。韩国在重化工业主导时期，资本存量增速达到8% ~ 10%，到了工业化后期，GDP 增速降至 5% ~ 6%，资本存量增速也降至 7%，1991 年完成工业化进入高收入经济体后，资本存量增速开始下滑至 5% ~ 6% 的区间内，直到 2008 年全球金融危机后，又逐步滑落至4% 的水平。因此，我们选取日本 1967 年后和韩国 1986 年后进入高收入经济体前后的数据对 2021 ~ 2035 年我国资本存量增速进行基准模拟。①

2. 悲观情景

20 世纪 70 年代，巴西、阿根廷、墨西哥三国的资本存量和 GDP 保持较高速度增长，到 1980 年三国的人均 GDP 仍大幅度高于韩国。但从 20 世纪 80 年代开始到 90 年代，三国的产业升级缓慢，融资结构脆弱，贫富差距扩大，居民负债率居高不下，对大宗商品价格、国际信贷依赖加强。随着美联储实行紧缩货币政策，缩减资产负债表，三国应对不足，诱发债务危机，国内市场失序，经济出现衰退，陷入"中等收入陷阱"。之后，三国资本存量增速迅速下降，阿根廷甚至常年新增投资几乎为零。因此，我们选取 1996 年后巴西、1990 年后阿根廷、1993 年后墨西哥陷入"中等收入陷阱"前后的资本存量增速变化趋势，对 2021 ~ 2035 年我国资本存量增速进行悲观模拟。

3. 乐观情景

20 世纪 80 年代中期，新加坡实现工业化，经济发展步入成熟阶段。

---

① 文中数据除特殊标注外，其余均由笔者根据世界银行数据库和国家统计局数据计算整理所得。

面对来自资源短缺和劳动力成本上升带来的挑战，新加坡积极实施产业集群发展计划，重点培育技术密集型产业，并在原有服务业的基础上发展具有更高附加值的高端服务业，推动新加坡发展成为全球重要的集成电路、芯片生产基地，全球石油化工、金融、贸易中心。因此，新加坡在工业化后期和后工业化时代，产业不断更新迭代，新增投资始终保持活跃，资本存量长期保持6%~7%的平均增长速度。20世纪六七十年代，我国香港的主导产业从转口贸易转向工业，除加工工业外，建筑、房地产、通信和运输业也迅速发展。70年代中后期，我国香港开始把附加值较低的产业向内地转移，重点发展电信、商贸、房地产和金融产业，最终发展为全球航运、贸易、金融中心之一。在产业不断转型过程中，我国香港资本存量持续保持较高的增长速度，直到21世纪初，年均增速保持在4%左右。因此，我们选取新加坡1977年后和我国香港1976年后进入高收入经济体前后的数据对2021~2035年我国资本存量增速进行乐观模拟。

（二）就业人口增速

1. 基准情景

新加坡和韩国的总和生育率TFR在完成工业化前就已低于世代更替标准，随后不断下滑，1977年新加坡的TFR下滑至1.82，1988年韩国的TFR下滑至1.55；2017年两国的TFR分别只有1.16和1.052。由于计划生育政策和城市化发展，我国的TFR也长期低于世代更替线，尽管二胎政策放开，生育率也很难实现大幅度触底反弹，2017年我国TFR仅有1.68。因此，我们选取1977年后新加坡和1988年后韩国进入高收入经济体前后的就业人口变化趋势，对2021~2035年我国就业人口增速进行基准模拟。

2. 悲观情景

日本是全球老龄化程度最高的国家之一，早在1985年日本的老年人占比就超过10%，2017年甚至达到27.58%。我国香港1995年老年人占比超过10%。这两个经济体的TFR也分别于1975年和1981年开始跌至2以下，并长期保持全球最低水平。当前我国总和生育率水平较低，人口老龄化严重，人口规模也会在不久的将来迎来拐点，很可能面临和过去日本、我国香港较为类似的情况。因此，我们选取1990年后日本、1995年后我国香港的就业人口变化趋势，对2021~2035年我国就业人口增速进行悲观模拟。

3. 乐观情景

拉美地区的生育率一直维持较好水平，人口结构也比东亚经济体更为年轻。未来我国将通过进一步改革，完善社保体系，放开计划生育，延长退休年龄等，有望使潜在就业人口数量在长时间内维持增长。因此，我们选取 1990 年后巴西、阿根廷、墨西哥的就业人口变化趋势，对 2021 ~ 2035 年我国就业人口增速进行乐观模拟。

（三）人力资本增速

1. 基准情景

日本、我国香港历来重视对教育的投入，并不断根据发展的需要对现有教育模式进行改革。从 1965 年到 1975 年，日本高校的净入学率从 17% 上升到 38.9%。日本完成工业化后，由于旧有的教育培养模式更多强调知识普及而轻视科学研究，难以有效满足自主创新的需要，因而日本开始实施科研创新教育政策，强调科学研究尤其是基础科学研究的质量。1975 ~ 1990 年，日本研究生在校人数从 4.9 万人增长到 9 万人，年均增长 4.14%，到 90 年代中，高校净入学率超过 50%。1976 年到 2006 年间，我国香港地区的中学净入学率增长 1 倍，高校净入学率增长 343.41%，数所高校跻身全球知名大学。当前我国教育改革需求与当时的日本、我国香港地区较为相似，因此，我们选取 1967 年后日本、1976 年后我国香港进入高收入经济体前后的人力资本变化趋势，对 2021 ~ 2035 年我国人力资本增速进行基准模拟。

2. 悲观情景

巴西、阿根廷、墨西哥曾经有较好的技术工人队伍，但由于长期忽视普及高等教育和提升科研质量，忽视人力资本对自主创新的重要性，在进入中等收入国家行列后，全要素生产率提升乏力，错失了经济驱动模式转变的机会。1980 年墨西哥的高校净入学率仍高于韩国，但到 2010 年却仅为韩国的 1/4；1980 年阿根廷的高校净入学率为韩国的 2 倍，20 年后仅为韩国的 2/3；直至 2017 年，巴西的高校净入学率仅为 51%，增长速度远远低于同期东亚经济体。因此，我们选取 1996 年后巴西、1990 年后阿根廷、1993 年后墨西哥陷入 "中等收入陷阱" 前后的人力资本变化趋势，对 2021 ~ 2035 年我国人力资本增速进行悲观模拟。

3. 乐观情景

韩国、新加坡长期重视教育，是迅速积累人力资本的典型国家。20

世纪90年代后，韩国人均受教育年限超国英国、法国、日本等教育发达国家，人力资本水平也由早期较低水平一举跃居全球前列。韩国高校净入学率在1986年仅有33.43%，但到90年代末已超过70%，2006年后稳定在94%以上，部分年份达到100%。1990～2010年，韩国高校在校生数量年均增长率达到3.91%，其中专科生、本科生和研究生在校生数量年均增长率分别达到6.66%、3.51%和4.44%。新加坡在20世纪70年代初，高校入学率与韩国接近，远低于阿根廷，但经过30多年的发展，高校入学率已经超过80%，跻身全球前列，数所高校位居亚洲地区前列。我国大力实施科教兴国战略，"双一流"高校建设成效显著，因此，我们选取1977年后新加坡、1988年后韩国进入高收入经济体前后的人力资本变化趋势，对2021～2035年我国人力资本增速进行乐观模拟。

（四）全要素生产率增速

1. 基准情景

20世纪60年代，日本实行了"对国外先进技术重点引进消化再创新"战略，迅速推进了产业优化，培育了一大批具有高附加值产品的企业。20世纪70年代，日本开始转向发展技术密集型产业，并将自主创新、产业集约式发展作为提升国际竞争力的核心战略。1980年日本提出"技术立国"长期战略，重点改善技术创新环境，加大研发投入，加强创新人才培养，积极引进国外技术人才，加强知识产权保护，完善"产学官合作研究体制"，推动日本成为全球少数原创技术发达的国家之一，1984年日本的专利申请量每万人达到21个；1997年日本研发投入占GDP的2.77%，每百万人中的研发人员突破5 000人，科技论文发表量每百万人超过700篇。我国香港2006年研发人员每百万人中达到2 671人，加上我国香港拥有高水平的市场配置效率，因而我国香港的全要素生产率迅速提升。因此，我们选取1967年后日本、1976年后我国香港进入高收入经济体前后的全要素生产率变化趋势，对2021～2035年我国全要素生产率增速进行基准模拟。

2. 悲观情景

巴西、墨西哥、阿根廷等国在经历了较高速度增长后，由于缺乏自主创新，技术研能能力薄弱，关键核心技术对外依赖度高，长期陷入"中等收入陷阱"不能自拔。2016年阿根廷、墨西哥的研发支出占GDP的比重仅为0.5%左右，而且研发支出占比的提升幅度也非常有限，2000～2016

年，巴西、阿根廷、墨西哥三国研发支出占比分别增长 26.37%、21.39% 和 58.91%。截至 2014 年，巴西、阿根廷、墨西哥的研发人员在每百万人中分别仅有 881 人、1 202 人和 244 人；科技论文发表量在每百万人中分别仅有 264 篇、209 篇和 121 篇。我国 2014 年的研发人员仅是巴西的 1.2 倍，2004~2014 年这 10 年的增长率也仅为 55.56%，而同期巴西的增长率尚能达到 62.44%，若我国不切实加大研发投入力度，着手培养科研人才，很有可能重蹈拉美国家的覆辙。因此，我们选取 1996 年后巴西、1990 年后阿根廷和 1993 年后墨西哥陷入"中等收入陷阱"的全要素生产率变化趋势，对 2021~2035 年我国全要素生产率增速进行悲观模拟。

3. 乐观情景

高度重视自主创新和研发投入是韩国、新加坡长期维持全要素生产率高速增长的重要原因。20 世纪 80 年代中后期开始，韩国强调自主创新对国家发展的重要性，并不断加大科技研发投入、创新人才培养的力度，显著提高了科研实力。1996 年韩国 R&D 经费占 GDP 的比重为 2.26，2014 年上升到 4.29，位居世界第一；1996 年韩国研发人员在每百万人中为 2 173 人，不足同年日本的一半，而到了 2017 年，则达到了 7 514 人，是同期日本的 1.5 倍，增幅超过 345%；1993 年韩国专利申请量每万人仅为日本同年的 1/20，2018 年却是同期日本专利申请量的 1.55 倍；2003 年韩国科技论文发表量每百万人为 484 篇，不足同期日本的 2/3，2016 年达到 1 231 篇，是同期日本的 1.62 倍。1997 年新加坡 R&D 经费占 GDP 的比重为 1.42%，位列全球第 17，到 2007 年提高到 2.34%，排名上升至全球第 10；1997 年研发人员在每百万人中为 2 659 人，接近同年日本的一半，到 2007 年超过日本增长到 5 769 人；2007 年新加坡科技论文发表量每百万人达到 1 789 篇，为同年日本的 2 倍。因此，我们选取 1977 年后新加坡、1986 年后韩国进入高收入经济体前后的全要素生产率变化趋势，对 2021~2035 年我国全要素生产率增速进行模拟。

根据以上选取的国际经验数据模拟，可以对我国 2021~2035 年资本存量、就业人口数量、人力资本和全要素生产率增速三种情形下的设定如表 1 所示。

表1　　　　　　三种情景下各生产要素的增长速度设定　　　　单位：%

年份	资本存量增速			就业人口增速			人力资本增速			全要素生产率增速		
	基准	悲观	乐观	基准	悲观	乐观	基准	悲观	乐观	基准	悲观	乐观
2021~2025	7.17	3.11	8.52	1.41	0.44	2.14	1.13	0.87	1.24	1.19	-0.55	1.24
2026~2030	6.30	2.97	7.58	1.20	-0.27	2.07	1.28	0.59	1.68	1.36	0.38	1.83
2031~2035	5.74	2.99	6.14	1.09	-0.05	1.78	0.91	0.59	1.60	1.30	0.44	2.13

四、2021~2035年潜在经济增长率测算

根据对我国2021~2035年资本存量、就业人口数量、人力资本和全要素生产率增速三种情形下的设定，我们最终求得三种情景下2021~2035年我国潜在经济增长率的变化情形。

1. 基准情景下的潜在增长率

2020年后我国经济潜在增长率开始进入"5"时代，2021~2025年、2026~2030年年均增长率分别为5.67%和5.44%；2031~2035年为4.87%，跌破5%。按此推算，到2035年，我国人均GDP将达到2.04万美元左右。

2. 悲观情景下的潜在增长率

根据经济合作与发展组织（OECD）国家的历史经验，随着人均GDP和人均可支配收入不断上升，人们的生育意愿会逐步降低，这将导致TFR的进一步下降。TFR下降加剧了人口结构的老龄化，并将从四个方面影响经济发展：一是青壮年人口比例降低，而相比青壮年，老年人口劳动参与率更低，使得整体上全社会劳动参与率降低，从而减少就业人口；二是根据生命周期假说，中青年人比例减少而老年人比例增多，社会储蓄率下降，进而影响资本形成率，最终削弱资本积累速度；三是随着高等教育的不断普及，年轻人平均受教育年限高于中老年人，受人口结构的影响，人力资本的积累也极有可能达不到预期水平；四是人口结构老龄化对人力资本和物质资本积累的影响最终也会影响科技创新和生产效率，最终抑制全要素生产率的提升。

改革开放以来，我国经济高速增长主要依靠投资拉动，但随着人均收

入不断提升、资本存量规模不断扩大、人口城镇化速度不断降低，劳动者份额和资本—产出比不断上升，将导致资本回报率下降，最终影响资本形成。虽然资本形成自身存在一定的"惯性"，但长期来看，这种惯性很难一直延续。因此，受劳动者报酬、资本—产出比、惯性和人口结构等因素的影响，未来我国资本积累的速度很有可能达不到预期。

随着我国与发达国家发展差距的不断缩小，作为发展中国家的"后发优势"不断减弱，生产效率的提升空间不断压缩，而就业参与率下滑、投资率下降、第三产业比重上升等长期趋势也对 TFP 产生负向作用。如果新旧动能转换达不到预期效果，TFP 很难实现基准情景的增速。

因此，在悲观情景下，我国 2021～2025 年、2026～2030 年和 2031～2035 年的潜在增长率分别为 1.52%、1.82% 和 2.00%。按此推算，到 2035 年我国人均 GDP 仅能达到 1.41 万美元左右。

3. 乐观情景下的潜在增长率

我国正处在转变发展方式、优化经济结构和新旧动能转换的攻关期，跨越三大关口的强大动力是深化改革与科技创新。我国深化改革的"四梁八柱"制度体系已经确立，并强力加以落实，从而进入新一轮制度创新的"红利"收获期；我国大力实施创新驱动战略，坚持创新在我国现代化建设全局中的核心地位，把科技自立自强作为国家发展的战略支撑，因而科技创新能力不断增强，研发投入不断加大，2019 年全球创新指数排在第 14 位，连续第 4 年保持上升势头，较 2018 年上升 3 个位次。因此，在乐观情景下，2021～2025 年、2026～2030 年和 2031～2035 年潜在增长率分别为 6.78%、7.19% 和，6.67%。按此推算，到 2035 年我国人均 GDP 将达到 2.23 万美元左右。

根据以上三种情形的测算，我国到 2035 年人均 GDP 达到中等发达国家水平的目标值大约在 2 万～2.5 万美元之间，这就意味着到 2035 年我国人均 GDP 将比 2020 年至少翻一番。只要我们坚决贯彻落实党的十九届五中全会确定的各项发展战略和发展举措，充分发挥改革创新的强大动力，就一定能够规避悲观情形下的潜在增长率，如期实现规划的发展目标，甚至创造新的增长奇迹。

从我国治理体系和治理能力现代化来看，我国对发展目标的管理已经从点调控转向区间调控，因而将 2035 年人均 GDP 达到中等发达国家水平的目标值设定在 2 万～2.5 万美元之间也是科学的，有利于提高国家治理能力。

从我国经济发展的历史经验来看，将 2035 年人均 GDP 达到中等发达国家水平的目标值设定在 2 万~2.5 万美元之间也是积极可行的，因为我国人均 GDP 自 2011 年的 5 432 美元到 2019 年达到 10 276 美元，8 年时间增加了约 5 000 美元。未来 15 年我国的经济增速虽然会有所下行，但由于经济规模的扩大，人均 GDP 再增加 1 万美元以上完全是可能的，因为人均 GDP 的增长有一个加速过程，如我国人均 GDP 从 2000 年的 959 美元达到 2011 年的 5 432 美元，11 年时间才增加了不足 5 000 美元。

五、要素对潜在增长率的贡献度

通过研究资本存量、就业人口、人力资本和全要素生产率对潜在增长率的贡献度发现：

1. 投资对经济增长仍具有关键作用

基准情景下，资本存量提升对经济增长的贡献度在 2021~2025 年间为 53.07%，2026~2035 年间有所下降，但仍然接近 50%；悲观情景下，经济增长更加依赖投资，资本存量提升对经济增长的贡献度在未来 15 年间都维持在 60% 以上，甚至在 2021~2025 年间达到 85.96%；乐观情景下，经济增长对投资的依赖有所下降，资本存量对潜在增长率的贡献度在 2021~2025 年间为 52.79%，2026~2035 年间下降至 40% 左右。

投资对经济增长之所以仍然具有关键作用，主要是因为，一是我国的工业化还没有完成，特别是中西部地区大约仅达到工业化的 50% 左右，工业化发展的空间仍然巨大；二是我国虽然已经成为世界第一制造业大国，但制造业就整体而言仍处在中低端，如 2019 年高技术制造业增加值占规模以上工业增加值的比重仅有 14.4%，因而对传统制造业的改造和升级将引致大规模的投资；三是我国第三产业，特别是现代服务业的发展相对滞后，加快发展也会带来大规模的投资；四是新一轮科技革命将引发对新基建、新产业、新技术的大规模投资，如 5G 技术带来的产业规模在未来 10 年将达到 13 万亿美元；五是目前我国基础设施人均资本存量只有发达国家的 20%~30%，基础设施建设仍然是经济社会发展的短板，需要加大建设力度，推进公共服务的均等化。

2. 人力资本对经济增长具有重要作用

未来就业人口数量对潜在增长率的贡献度大致在 12%~14% 之间，因而提高人口素质成为推动经济高质量发展的必然选择。基准情景下，人力资本贡献度都超过 10%，最高达到 13.64%；悲观情景下，人力资本的贡献度更高，甚至超过 30%；乐观情景下，人力资本的贡献度最高也达到 13.94%。

人力资本之所以对经济增长发挥着重要作用，主要是因为，一是我国已经从高速发展转向高质量发展，经济发展方式转变、经济结构优化升级和加快新旧动能转换，都需要人才的支撑；二是把创新摆在我国现代化建设全局中的核心地位，就需要把人才置于第一资源的重要地位；三是应对世界百年未有之大变局，人才是关键，而我国与发达国家相比，人才短板仍然相当明显，如我国每百万人口中研发技术人员 2015 年为 1 177 人，美国则为 4 232 人，大学生在人口中的比重也远远落后于美国等发达国家，甚至落后于新兴经济体国家。

3. 全要素生产率对经济增长具有决定性的作用

从未来 15 年来看，全要素生产率对经济增长的作用不断提高，成为经济增长的主要驱动力。基准情景下，从 2021～2025 年的 20.97% 上升到 2031～2035 年的 26.69%；悲观情景下，2021～2025 年对经济增长的贡献度为 -36.18%，将严重制约经济增长；乐观情景下，全要素生产率的贡献度提升速度更为明显，到 2031～2035 年间达到了 31.94%。

全要素生产率对经济增长的贡献度之所以会不断提高，主要是因为，一是把创新作为经济发展的第一动力，而且在创新体系中把技术创新置于核心地位，加快建设科技强国；二把科技自立自强作为国家发展的战略支撑，打好关键核心技术攻坚战，把关键核心技术牢牢掌握在自己手中；三是强调基础研究、注重原始创新，要求我国必须尽快实现从技术跟随到并肩再到领跑的技术跃升。

三种情景下各生产要素对潜在经济增长率的贡献率，如表 2 所示。

表 2　　　　　三种情景下各生产要素对潜在经济增长率的贡献度　　　单位：%

年份	基准情景				悲观情景				乐观情景			
	资本存量	就业人口	人力资本	全要素生产率	资本存量	就业人口	人力资本	全要素生产率	资本存量	就业人口	人力资本	全要素生产率
2021～2025	53.07	14.41	11.55	20.97	85.96	16.98	33.24	-36.18	52.79	18.33	10.64	18.25
2026～2030	48.60	12.78	13.64	24.98	68.72	-8.49	18.85	20.92	44.31	16.67	13.59	25.42
2031～2035	49.49	12.98	10.84	26.69	62.60	-1.42	17.09	21.74	38.63	15.50	13.94	31.94

六、政策建议

为了全面提升我国潜在增长率，确保到 2035 年基本实现社会主义现代化的发展目标，我国必须以改革创新为强大动力，提高资本存量、人力资本和全要素生产率的增速。

1. 深化经济体制改革促进资本形成

一是坚持和完善以公有制经济为主体、多种所有制经济共同发展的基本经济制度，并将制度优势更好转化为治理能力，为扩大企业投资特别是民营企业的投资提供长期合理预期；二是深化产权制度改革，提升产权保护力度，特别是加大知识产权的保护，优化产权激励机制，为扩大企业投资特别是民营企业的投资提供产权制度保障和激励企业家精神；三是深化要素市场改革，强化市场在配置资源中的决定作用，形成协调、统一的市场化价格机制，为扩大企业投资特别是民营企业的投资提供合理的利润预期；四是深化金融市场改革，推进利率市场化，大力发展多层次的资本市场，构建有效支持实体经济发展的金融体系，为扩大企业投资特别是民营企业的投资提供有效的金融支持；五是深化"放管服"改革，实施统一的市场准入负面清单制度，放宽市场准入，增强生产要素的流动性，为扩大企业投资特别是民营企业的投资提供市场空间和条件。

2. 深化教育科技体制改革释放人才红利

一是深化教育体制改革，进一步加大教育投入力度，优化教育资源，推进教育公平，为高质量发展提供更多更高质量的德智体美劳全面发展的合格人才；二是深化高等职业教育体制改革，提升高等职业教育专业化水平，为高质量发展提供更多更高质量的技术技能人才；三是深化高等教育体制改革，推进"双一流"大学建设，在继续扩量的基础上不断提高教育质量，为高质量发展提供更多更高质量的高层次人才；四是深化科技体制改革，健全社会主义市场经济条件下新型举国体制，强化企业创新主体地位，为高质量发展提供完善的科技体制机制保障；五是深化创新人才的收入分配制度改革，构建充分体现知识、技术等创新要素价值的收益分配机制，完善科研人员职务发明成果权益分享机制，激发人才创新活力，为高质量发展提供完善的科技人员激励机制；六是深化人才管理体制改革，健全以创新能力、质量、实效、贡献为导向的科技人才评价体系，实行更加开放灵活的人才政策，集聚国内外优秀人才，为高质量发展提供人才集聚机制保障。

3. 加快科技创新提升全要素生产率

一是强化科技的基础理论创新。只有实现科技重大理论的突破，才能站到世界科技前沿。按照世界科技创新的基本经验，从重大理论突破到实现科技的产业化，大约需要 20 年的时间，因而提前布局基础理论研究，是我国到 2035 年成为世界科技强国的先决条件，这就需要优化研发投入结构，加大基础研究的投入力度，为提升全要素生产率提供强大的科学理论支撑。二是突出科技创新在创新体系中的核心地位。理论创新、制度创新、文化创新、实践创新等一系列创新的成败得失都要以有利于科技创新为评判标准，集聚国内外的一切创新资源，加快掌握关键核心技术，为提升全要素生产率提供强大的技术支撑；三是深化科技的制度创新，通过构建有利于科技创新的体制机制，激发科技人员创新的积极性、主动性和创造性，激励大众创业、万众创新，为提升全要素生产率提供强大的制度支撑；四是加大科技的文化创新。通过形成有利于科技创新的思想和文化，使创新真正成为民族进步的灵魂，为提升全要素生产率提供强大的软实力支撑；五是推进科技的实践创新，通过构建有利于科技创新的鼓励创新、宽容失败的体制机制，鼓励人们敢于尝试、勇于行动，为提升全要素生产率提供强大的实践支撑。

参考文献

1. Barro R. J. Economic Growth and Convergence. Applied to China ［J］. China & World Economy，2016，24（5）：5 – 19.

2. OECD，Looking to 2060：Long-term Global Growth Prospects ［R］. OECD Economic Policy Papers，No. 3，2012.

3. Okun，Arthur M. Potential GNP：Its Measurement and Significance ［M］. Proceedings of the Business and Economics Section of the American Statistical Association，Washington，DC：American Statistical Association，1962：98 – 104.

4. Phelps，Edmund S Phillips Curves. Expectantions of Inflation，and Optimal Inflation over Time ［J］. Economica，1967. Vol. （34）：254 – 281.

5. 白重恩、张琼：《中国的资本回报率及其影响因素分析》，载于《世界经济》2014 年第 10 期。

6. 白重恩、张琼：《中国经济增长潜力研究》，载于《新金融评论》2016 年第 5 期。

7. 蔡昉：《中国经济增长如何转向全要素生产率驱动型》，载于《中国社会科学》2013 年第 1 期。

8. 郭庆旺、贾俊雪：《中国潜在产出与产出缺口的估算》，载于《经济研究》2004 年第 5 期。

9. 郭学能、卢盛荣：《供给侧结构性改革背景下中国潜在经济增长率分析》，载于《经济学家》2018 年第 1 期。

10. 郭豫媚、陈彦斌：《中国潜在经济增长率的估算及其政策含义：1979～2020》，载于《经济学动态》2015 年第 2 期。

11. 国家发展改革委经济研究所课题组：《重点领域改革释放红利的历史经验和未来趋势》，载于《宏观经济研究》2016 年第 7 期。

12. 黄泰岩：《我国改革的周期性变化规律及新时代价值》，载于《经济理论与经济管理》2018 年第 11 期。

13. 逄锦聚、林岗、杨瑞龙、黄泰岩：《促进经济高质量发展笔谈》，载于《经济学动态》2019 年第 7 期。

14. 黄志钢、刘霞辉：《中国经济中长期增长的趋势与前景》，载于《经济学动态》2014 年第 8 期。

15. 李建伟：《中国经济增长四十年回顾与展望》，载于《管理世界》2018 年第 10 期。

16. 陆旸、蔡昉：《从人口红利到改革红利：基于中国潜在增长率的模拟》，载于《世界经济》2016 年第 1 期。

17. 世界银行、国务院发展研究中心：《2030 年的中国：建设现代化和谐有创造力的社会》，中国财政经济出版社 2013 年版。

18. 孙文凯、肖耿、杨秀科：《资本回报率对投资率的影响：中美日对比研究》，载于《世界经济》2010 年第 6 期。

19. 谭海鸣、姚余栋、郭树强、宁辰：《老龄化、人口迁移、金融杠杆与经济长周期》，载于《经济研究》2016 年第 2 期。

20. 王小鲁、樊纲、刘鹏：《中国经济增长方式转换和增长可持续性》，载于《经济研究》2009 年第 1 期。

21. 易信、郭春丽：《未来 30 年我国潜在增长率变化趋势及 2049 年发展水平预测》，载于《经济学家》2018 年第 2 期。

22. 张屹山、陈超、张丽媛：《基于产业结构模型的中国未来经济潜在增长率测算》，载于《社会科学战线》2016 年第 10 期。

23. 中国社会科学院经济研究所课题组：《中国经济长期增长路径、效率与潜在增长水平》，载于《经济研究》2012 年第 11 期。

24. "中国 2007 年投入产出表分析应用"课题组：《"十二五"至 2030 年我国经济增长前景展望》，载于《统计研究》2011 年第 1 期。

"十四五"时期我国高质量发展加速落实阶段的重大现实问题

任保平[*]

党的十九届五中全会指出"以推动高质量发展为主题,以深化供给侧结构性改革为主线,以改革创新为根本动力,以满足人民日益增长的美好生活需要为根本目的,统筹发展和安全,加快建设现代化经济体系,加快构建以国内大循环为主体、国内国际双循环相互促进的新发展格局"。高质量发展是"十四五"规划的第一关键词,也是"十四五"时期经济社会运行发展的中心任务。可以说"十四五"时期是高质量发展的加速落实期,这一时期要实现更高层次的高质量发展,决策系统面临着一系列急需处理和解决的重大现实问题。这些问题包括:一是高质量发展观的确立,以解决高质量发展的思想理念导向;二是高质量发展新动能的转换,以解决高质量发展的动力问题;三是我国高水准市场体系建设,以解决高质量发展的制度保障问题;四是我国高水平的对外开放,以解决高质量发展的活力问题;五是与时俱进的改革,以解决高质量发展的有效落实问题;六是在做好高质量发展加速落实的基础上,开启现代化建设新征程,以解决高质量发展的现代化方向问题。"十四五"时期通过这些重大现实问题的解决,以高质量发展为主题,推动高质量发展加速落实。

---

* 任保平,西安财经大学、西北大学中国西部经济发展研究院教授。本文是国家社会科学基金重大研究专项"新时代中国特色经济学基本理论问题研究"(项目编号:18VXK002)的研究成果。

一、"十四五"时期高质量发展加速落实阶段的发展观确立

高质量首先要进行思想大解放，破除规模经济和速度追赶的思维定式，形成新的发展观，以解决高质量发展的思想理念问题。"解放思想首先要跳出规模速度型发展思维定式，转向质量效益型发展思维"。"十四五"时期的高质量发展的加速落实要通过思想解放形成与高质量发展相适应的发展观。

发展观是一定时期经济社会发展需求在思想观念层面上的体现，发展观是发展经济学的基本问题。新中国成立 70 多年以来，我国经济在不断发展的过程中，呈现出了不同的阶段性特征。在不同的阶段背景下，发展观也在不断变化，从 20 世纪 50 年代的"社会主义工业化"的发展观，20 世纪 80 年代的"以经济建设为中心"的发展观，到 20 世纪末的"发展是硬道理"的发展观，到 21 世纪初的"科学发展观"，再到新时代与高质量发展相适应的新发展理念的新发展观，体现了发展观的演变。

改革开放以来，我国在长期的经济发展中形成的科学发展观主要包括以下内容：发展是科学发展观的第一要义，以人为本是核心立场。全面协调可持续是基本要求，统筹兼顾是根本方法。进入时代后，习近平对发展观进行了新的概括，这就是："发展必须是遵循经济规律的科学发展，必须是遵循自然规律的可持续发展，必须是遵循社会规律的包容性发展。"[①]在此基础上形成新发展理念。党的十九届五中全会提出要坚定不移贯彻创新、协调、绿色、开放、共享的新发展理念，其中创新发展理念体现了发展动力理论的创新，创新是引领发展的第一动力，"十四五"时期是高质量发展的加速落实期，发展动力决定了发展速度以及发展的可持续性。协调发展理念体现了发展结构理论的创新，强调转变当前经济发展中的失衡现象，"十四五"时期在发展中更加注重经济发展的整体性和平衡性，促进经济结构的优化提升，为新时代的中国经济发展拓展空间并开发增长潜力。绿色发展意味着生态财富和物质财富共同构成中国经济发展的财富观，突出强调了生态财富的价值。意味着我国在"十四五"时期经济发展

[①] 《习近平主持中共中央政治局会议 决定召开十八届四中全会》，载于《人民日报》2014年 7 月 30 日第 1 版。

中不仅需要获取一定的物质财富，更要追求并维护生态财富的价值，致力于物质财富和生态财富共同的积累和进步。共享发展是中国发展经济学分配理论的创新，生产出更多更好的产品满足人民日益增长的物质文化生活需要。"十四五"时期全面调动人的积极性、主动性和创造性，为劳动者创造发挥作用的环境。在坚持社会主义基本经济制度的基础上，"十四五"时期解决好收入差距问题，使人民共享经济发展的成果，使发展成果更多惠及全体人民。开放发展是全球化理论的创新，"十四五"时期发展更高层次、更高水平、更高质量的开放型经济，以高质量开放提高我国在全球经济治理中的制度性话语权。

新发展理念是高质量发展的发展观，这一发展观适应高质量发展的新要求，体现了经济发展理论的时代化、现代化和中国化。"十四五"时期我国在高质量发展加速落实阶段发展必须明确，新发展理念就是高质量发展的新发展观，高质量发展加速就是加快落实新发展理念。"十四五"时期高质量发展加速落实阶段发展观的含义体现在：一是"十四五"时期我国经济发展由追求 GDP 转向人民收入水平的提高，反映由"强国"向"富民"的提升；二是"十四五"时期人民公平合理地分享经济发展成果，保障和改善民生，促进社会公平正义；三是"十四五"时期构建资源节约、环境友好的生产方式和消费方式，实现人与自然的和谐；四是"十四五"时期对我国的高质量经济发展方向进行重新定位，做好在全球经济分工中的新定位。

二、"十四五"时期高质量发展加速落实阶段新动能的培育

"十四五"时期高质量发展加速落实阶段要把新旧动能转换作为关键抓手，更要加速培育创新型领军型企业，培育高质量的新兴产业，培育创新型企业，以解决新阶段高质量发展的动力问题。正如党的十九届五中全会所指出的，要坚持创新在我国现代化建设全局中的核心地位，通过技术创新、产业创新、产品创新、商业模式创新等，培育高质量发展新动能，加快经济发展的新旧动能转换，加速经济高质量发展的落实。过去我国数量型的经济增长潜力在要素层面，表现为要素驱动经济发展和规模扩张型经济发展。"十四五"时期由于资源禀赋结构的变化，我国过去长期支持经济高速发展的旧动能已经消退，要实现高质量发展的加速落实，就必须

积极培育新动能。"十四五"时期高质量发展动力在创新层面，经济发展通过创新实现效率变革，最终通过效率变革实现质量变革和动力变革，进而培育出新的动能。当前国际范围内兴起了新技术革命和新产业革命，"十四五"时期高质量发展加速落实阶段新动能的培育要适应新技术革命和新产业革命的发展新趋势，积极推进自主技术创新，培育和壮大战略性新兴产业，这是我国"十四五"时期高质量发展加速落实阶段新动能的基础。"十四五"时期高质量加速发展阶段培育经济发展新动能的动力在于创新，创新也是"十四五"时期培育高质量发展新动能的动力。

据此"十四五"时期高质量加速发展阶段培育新动能的要求我们做到：

（1）大力发展创新型经济。以创新为驱动力，以知识和人才为核心要素，以发展新技术和新产品为抓手，以产业创新为标志发展创新型经济。"十四五"时期只有创新型经济的发展，才能激发科技的潜能，开发经济增长潜力，推动经济高质量发展的加速落实。"十四五"时期必须构建协同创新体系，通过科技和教育的协同为创新型经济提供技术支撑，通过服务发展推进科技创新，通过满足国家重大需求为推进产业创新，通过重大项目推进管理创新，通过成果转化推进产品创新，推进创新型经济的发展。同时建立创新创业风险共担机制和利益共享机制，形成有效的双创激励，整合各类人才资源，加强人才资源的合理配置和利用，实现人才资源的合理利用。

（2）实施创新驱动的发展战略。我国传统的经济发展是要素驱动，经过改革开放40多年的发展，要素禀赋结构相应地发生了巨大变化，"十四五"时期传统的要素驱动型经济增长已经不适应高质量发展的要求，需要引入高级要素作为高质量发展的驱动力，以解决当前经济高质量发展面临的结构性矛盾，通过协同创新促进"十四五"时期高质量发展新动能的培育，释放经济高质量发展的活力。围绕重大发展战略和产业布局，加强创新链、产业链、人才链的协同和衔接，以创新型经济的发展为"十四五"时期高质量发展和创新驱动战略提供智力保障。

（3）培育高质量发展的战略性新兴产业。目前世界各国都将新兴产业作为带动经济发展的新增长点，我国"十四五"时期高质量加速发展阶段要积极培育战略性新兴产业，加快现代化产业体系建设，从"从工业主导转向服务业主导，从低端结构转向中高端结构"。战略性新兴产业是构建现代化产业体系，包括高端装备、新材料、新能源、新一代信息技术、节能环保、等新产业领域。在"十四五"时期高质量发展加速落实阶段，我们在推进传统优势产业转型升级的基础上，顺应新技术和新产业发展的新趋势，积极培育战略性新兴产业带动新的经济发展。在"十四五"时期高质量发展阶段新动能的培育要依托新兴技术产业链条，带动上下游产业的发展，形成各类产业的技术创新联盟，形成现代产业创新体系。同时"十四五"时期要推进工业化与信息化的融合，促进产业链升级，使产业链向高端的方向发展，提高产业基础能力和产业链现代化水平，实现产业结构的高级化和现代化。

（4）培育高质量发展的名牌产品。"十四五"时期在高质量发展加速落实阶段要加快名牌产品的培育，高度重视品牌建设，积极构建城市品牌、产业品牌、企业品牌等多层次的品牌，培育特色名牌产品，坚持树立"中国制造""中国创造"新形象，使中国品牌走向世界。鼓励企业培育名牌产品，从而满足经济结构升级需求。并紧抓产品质量，建立产品质量的监督体系和后续监管惩罚机制，完善提高产品质量监督和检查机制，引导企业树立品牌意识，加强企业品牌管理，提升中国产品的质量形象和信誉。

（5）构建高质量发展的创新激励机制。一方面"十四五"时期宏观层面新动能培育要在发挥市场机制作用的基础上加强政府的激励引导，完善政策激励措施，优化营商环境，为"十四五"时期企业加快新动能培育提供良环境。激发各类主体的创新活力和创造能力，为"十四五"时期企业的创新发展营造环境，激发企业的自主创新潜能，提高企业的创新产出。另一方面"十四五"时期要激励企业的产品升级，做好产品营销模式创新，推动供应链采购模式的创新，激励管理模式创新，这也是企业新动能培育的立足点。

三、"十四五"时期高质量发展加速落实阶段
我国高水准市场体系的建设

依据党的十九届五中全会精神建设高水准市场体系既是高质量发展的运行载体，也是高质量发展的制度保障，高质量市场体系建设解决的是高质量加速发展的制度保障问题。"十四五"时期高水准市场体系建设就是建设高质量加速经济运行的载体，高水准市场体系实质是要处理好政府和市场的关系，发挥市场在资源配置中的决定作用，为"十四五"时期高质

量发展的加速落实提供制度保障。

"十四五"时期我国高水准市场体系建设的要求有：

（1）高水准商品市场体系。市场体系是市场体系发展的基础，经过近30年社会主义市场经济的发展，我国市场体系的基本框架已经基本建立，"十四五"时期我国高质量发展加速发展阶段高水准市场体系建设的重点在于：一是提高商品市场的现代化水平。在"十四五"时期推进商品市场的数字化进程，支持商品市场的信息基础设施建设，完善数字化交易配套设施。在"十四五"时期加强商品市场领域信息技术的开发和应用，采用新型营销方式和营销手段，刺激商品消费、扩大商品消费。二是扩大商品市场开放。"十四五"时期借鉴国际先进的商品市场体系发展的理念，推进商品市场的交易规则、交易方式和交易手段的现代化，提高我国商品市场的开放水平和开放层次。三是完善商品市场的法律体系。"十四五"时期建立内外贸统一的商品市场法律体系，重点推进规范市场主体、市场交易行为和市场监管的法制化进程。

（2）高水准生产要素市场体系。要素市场化配置改革是"十四五"时期我国建设高水准市场体系的新要求，在"十四五"时期高水准市场体系建设的全局中处于战略核心地位。"十四五"时期要通过市场价格、市场竞争、市场准入退出等规则形成"十四五"时期我国完善的要素市场体系，畅通要素流动。一是完善以银行融资为主的金融市场，"十四五"时期要加快金融体制改革的步伐，建立债券信用评级制度，实现我国债券市场健康发展。二是完善技术市场、信息市场。"十四五"时期要在完善技术市场、信息市场和保护知识产权的基础上，实现技术产品和信息商品化、产业化，推动技术市场和信息市场的健康发展。三是积极推动数据要素市场。"十四五"时期要将数据纳入生产要素范围，加快培育发展数据要素市场。数据要素是现代要素市场体系新的生产要素，"十四五"时期数据要素市场建设的核心是数据市场制度体系建设，包括数据权利制度、数据流通制度、数据利用制度、数据保护制度、数据安全制度等。同时"十四五"时期鼓励市场主体、行业协会乃至政府机构共同搭建数据交易平台。

（3）完善高水准的价格体系。高水准的价格体系是高水准市场体系的关键，其核心是建立由市场形成价格的机制，把有限的资源优化配置到有效益的领域，达到合理配置资源的效果。"十四五"时期建立以市场形成价格为主的价格机制，是自觉运用市场经济规律的客观要求。因此，"十四五"时期高水准的价格体系以市场配置资源为基础，建立主要由市场形成价格的机制，完善要素价格体系，发挥市场机制在资源配置方面的作用。建立市场秩序规则，积极融通国内市场与国际市场，加快形成统一开放、竞争有序的高质量现代要素市场体系。

（4）高水准的市场制度体系。高水准的市场制度体系是指完善公平竞争的市场制度体系。一是健全的产权制度。"十四五"时期高质量的市场体系就是党的十九届四中全会提出的"高水准的市场体系"，"十四五"时期高水准市场体系的要求是健全的产权制度和产权保护制度。二是有竞争力的企业制度。"十四五"时期主要通过公司治理能力和治理体系的现代化提高企业竞争力，建立有竞争力的企业主体。三是完善的要素市场制。完善要素价格决定机制、要素流动机制和配置机制，使得各类市场主体平等使用生产要素，实现流动自主有序、配置高效公平，保障市场体系各类主体平等准入。

"十四五"时期建设高水准市场体系的路径在于：

（1）健全统一开放的全国大市场。"十四五"时期在全国范围内，在社会分工基础上形成的相互依存、优势互补、整体协调、开放高效、通达顺畅的要素市场体系，使得商品和要素资源能够依据经济规律和统一市场规则顺畅流动和优化配置。一是"十四五"时期建立全国统一大市场。在建设统一开放、竞争有序的市场体系的基础上，使市场在资源配置中起决定性作用，"十四五"时期要着力解决市场分割和市场垄断，形成统一、开放、竞争、有序的大市场，使市场机制充分发挥作用，使资源得到有效配置。二是"十四五"时期着力消除各类市场封锁和地方保护。"十四五"时期要将统一开放、竞争有序的市场体系作为建设现代化经济体系的重要内容，"十四五"时期需要形成全国统一的商品和要素流通政策和贸易体制，扫清统一大市场建设中的障碍，推动"十四五"时期全国统一大市场的形成。

（2）推进要素价格市场化改革。"十四五"时期推进要素市场制度建设、提高资源配置效率对我国经济高质量加速落实具有重要的意义。一是"十四五"时期要加快要扩大要素市场化配置范围、促进要素自主有序流动、健全要素市场运行机制。二是最"十四五"时期要激发各类市场主体活力，提高资源配置效率。三是"十四五"时期清除要素流动的体制机制障碍，建立要素价格决定、自主有序流动、高效公平配置的体制机制。正确处理政府与市场的关系，通过市场竞争形成价格，优化资源配置，调节供求关系。四是"十四五"时期要完善要素市场交易规则，制定要素市场交易制度，健全要素市场交易平台，提升要素交易监管能力。

（3）"十四五"时期创新高端要素市场化配置方式。"建设高水准的市场体系培育经济发展新动力必须高度重视高端要素的市场化配置，通过提升高端要素的配置水平和效率，实现高质量发展。在"十四五"时期大力发展发展以技术、品牌、质量为核心的新产品、新产业和新市场。因此，在"十四五"时期高水准市场体系建设中，推动要素市场化配置的关键是高端生产要素的市场化配置方式的创新，"十四五"时期推动高质量发展加速必须加快高端要素集聚并使之实现优化合理配置。一是加强高端要素培育。"十四五"时期加大科技创新要素培育，抢占新一轮科技革命和产业变革制高点，开展关键共性技术攻关，力争在制约经济社会发展的重大技术、关键核心技术上突破。二是加大现代金融要素培育。"十四五"时期要积极促进金融机构和实体企业的对接。实施人力资本优先发展战略，着重解决高技能人才等短缺问题。

（4）完善高水准市场体系的制度基础。"十四五"时期建设高水准市场体系需要更加成熟和更加定型的市场制度作为支撑。一是完善产权制度。产权制度是激发市场活力、促进市场竞争、规范市场秩序的重要保障。"十四五"时期健全以公平为原则的产权保护制度，实现产权有效激励，夯实市场经济的产权制度基石。二是完善公平竞争的制度。公平竞争是资源高效配置的前提，"十四五"时期要强化竞争政策基础地位，全面实施市场准入负面清单制度，把竞争政策放到市场经济重要的位置，在市场准入、市场竞争以及产权保护等方面保证市场主体的平等地位。

四、"十四五"时期我国高质量发展加速落实阶段高水平对外开放的实施

党的十九届五中全会指出实行高水平对外开放，开拓合作共赢新局面。高质量发展的加速落实要求高水平开放，通过高水平开放释放开放红利，重塑对外开放新优势，形成"十四五"时期对外开放新格局，以解决高质量发展的活力问题。"十四五"时期以高水平开放推动经济高质量发展的加速，为构建互利共赢的国际经济格局贡献力量。以开放促改革是我国改革开放的基本经验，"十四五"时期坚持扩大开放与深化改革相结合，

以开放促改革促发展是在"十四五"时期进一步扩大对外开放的重要原则。改革开放是强国之路，以开放促改革促发展，是"十四五"时期经济发展的必然要求，以扩大开放推动改革深化，以大开放促进大发展。因此，"十四五"时期加快形成全面开放新格局，做好以全面开放促进全面改革、促进高质量发展加速落实的大文章：一是加快构建开放型经济新体制。"十四五"时期要推动由商品和要素流动型开放向制度型开放转变，推进产业政策向普惠方向发展，营造公平、透明的营商环境。二是以高水平的开放促进高质量发展。以更高水平、更深层次地利用境内外优质的资本、技术和人才资源，增强"十四五"时期我国经济发展的创新驱动能力，提升资源配置效率，推动产业结构快速升级，进一步提升对外开放层次和水平。三是提高开放型经济发展质量。"十四五"时期以高水平对外开放促进经济向更高质量、更有效率、更加公平、更可持续方向发展。形成"十四五"时期面向全球的贸易、投融资、生产、服务网络。推动经济全球化朝着更加开放、平衡、共赢的方向发展，扩大中国同世界各国的利益汇合。

"十四五"时期我国高质量开放的路径在于：

（1）确立先进的开放新理念。以新发展理念为指导，我国高水平的开放理念要进一步转变。"十四五"时期要更加注重创新投入，更加注重不同区域的协调开放与成果共享，更加注重开放成本的降低的制约。

（2）"十四五"时期实施更加全面开放布局。随着改革不断深入，经济问题不断凸显。"十四五"时期我国对外开放领域要逐步扩大，投资环境要逐步优化，对外开放水平应不断提高。逐步形成全方位对外开放格局，在国内循环的基础上，推动"十四五"时期外向型经济的发展。随着科学发展观的提出，"十四五"时期我国经济转型的步伐要不断加快，对外开放要朝着更有活力的方向迈进，加快宽领域的开放格局形成，逐步打造东西双向互济的新格局。在竞争环境更加公平的基础上，实现营商环境与法治建设深度融合，推动"十四五"我国的开放布局更加全面。

（3）采取更加合理开放方式。"十四五"时期实现"高质量引进来"和"高质量走出去"的相互促进，实现高质量的国内循环和国际循环的结合。"十四五"时期开放不再是商品、要素、服务的简单国际流动，而是高质量多层次国际产业布局合作下的价值链分工和聚合，是具备高质量、创新性的全新对外开放方式。"十四五"时期我国的开放应该由点到面、由浅入深，从单一的器物层面到制度、规则层面，促进对外开放规则的变革，优化对外开放的制度新供给。

"十四五"时期高水平开放的政策取向在于：

（1）以深度技术创新驱动高质量开放。"十四五"时期要强化实施以科技创新为核心的创新驱动发展战略，坚持企业在创新中的主体地位，发挥市场在资源配置中的决定性作用，推动创新深入发展渗透到各个层面。同时推动高科技人才培养体系的优质化，缩短与其他国家的科技差距和思维差距。"十四五"时期要加大对科技的资金支持，加强科技创新的研发力度，强化科技导向，优化经济结构，强化科技对经济引领作用，发挥创新要素活力对技术的贡献。"十四五"时期要向科技要创新，优化创新生态，形成全方位推进的创新局面，为对外开放打开技术市场，培育创新动力。

（2）推动制度型开放格局形成。"十四五"时期推动制度型开放，不仅要优化营商环境，激发国内主体动力，还要扩大国外优质外资准入，使得营商环境的优化为企业投资、创新和产业升级提供制度优势。"十四五"时期要紧跟经济高质量发展时代需求，深度参与多边化贸易体制，抓住"一带一路"黄金机遇，推动我国的资本、技术、贸易制度深层次地与国际接轨，实现生产技术全球化。制度是经济高质量发展的保障，通过制度刺激各部门的外溢效应更好地与国际合作接轨。

（3）促进对外开放和对内开放的结合。"十四五"时期高水平开放不是简单的对外开放，而是对外开放和对内开放的结合，重塑对内开放的环境体制，深层次挖掘内陆开放高地优势，实现经济发展的新旧动能转换，以制度创新为对内开放蓄力，推动高质量对外开放；"十四五"时期高水平开放要调整贸易结构，提高服务贸易开放水平，着重推进高技术人才引进机制，推动我国和不同国家地区的信息要素交流和产业聚合，为"十四五"时期国内产业结构转型升级创造条件；"十四五"时期更要主动适应国际开放规则，在主动深度融入国际开放的同时，呈现"十四五"时期深层次、多维度、立体化的高水平开放格局。

五、"十四五"时期我国高质量发展加速落实阶段与时俱进的改革推动

"十四五"时期我国改革进入"攻坚期"和"深水区"，这表明我国经济发展正处于高质量发展的加速落实期和经济发展新旧动能转换的关键

时期。这一时期结构性矛盾凸显，经济发展的外部挑战严峻，需要实现与时俱进的改革，以解决高质量发展的有效落实问题。"十四五"时期改革进入"攻坚期"和"深水区"主要表现在：一是从改革进程看，"十四五"时期改革已进入深水区和攻坚期。容易改的都改了，留下来的都是难改的。难改的必然会触动原有的利益格局，触动利益往往会有很大的阻力。"十四五"时期的改革已经涉及的是无法绕过去的问题，过去累积的矛盾和问题无法回避，"十四五"时期改革的艰巨性、复杂性和纵深性在不断加强。二是从改革的领域看，"十四五"时期一些方面的改革已取得了突破性进展，但很多地方还不到位。一些领域的改革还处于起步阶段，有一些领域的改革与预期的改革目标还有较远的距离，需要与时俱进深化改革。三是从改革动力看，"十四五"时期改革已进入"深水区"和"攻坚期"。"十四五"时期随着改革的推进，各种利益矛盾凸显，改革的阻力和成本都加大了。在改革过程中必须大幅度放弃自身的权力和利益，改革需要与时俱进，否则很难进一步推进。四是从改革主体看，"十四五"时期改革已进入"深水区"和"攻坚期"。利益主体矛盾交织，社会利益分化、社会多元化主体正在形成。"十四五"时期改革不仅要促进效率，还要促进社会公平公正。五是从改革涉及面来讲，"十四五"时期改革涉及面越来越广，涉及经济发展等诸多领域。

党的十九届五中全会提出要全面深化改革，构建高水平社会主义市场经济体制。"十四五"时期深化改革，要着眼于解决高质量发展中遇到的实际问题深化改革，针对"十四五"时期的现代化发展要求积极推进与时俱进的改革：

（1）推动战略战役性改革。战略战役性改革就是对"十四五"时期具有战略影响的改革，"十四五"时期战略战役性改革包括：一是"十四五"时期大力推动实施综合授权改革试点改革、围绕制约国家改革发展的重大障碍，梳理综合授权改革事项，努力在"十四五"时期攻坚一批战役战略性改革和创造型引领型改革，探索全面深化改革可复制、可推广的经验。加快推进"十四五"时期国际一流营商环境改革，聚焦审批服务、创新创业、投资贸易、企业经营、市场公平、法治保障、社会服务、政商关系等领域，营造"十四五"时期开放便利的投资贸易环境、公平竞争的市场环境。二是坚持以供给侧结构性改革为主线，深入实施创新驱动战略。"十四五"时期的供给侧结构性改革涉及新动能培育，新产业的发展，是战略战役性改革。在"十四五"时期供给侧结构性改革中坚持把发展经济着力点放在实体经济上，激发市场主体活力，加速高质量发展的落实。

（2）推动创造型、引领型改革。创造型、引领型改革是对"十四五"时期发展方向起到引领性作用的改革，这种改革具有方向导向性，所以"十四五"时期需要推进与时俱进多推动创造型、引领型改革：一是"十四五"时期经济领域通过深化市场化改革，降低企业成本，优化企业营商环境，激发微观主体活力。深化科技供给侧结构性改革、探索促进新经济发展的体制机制改革、深化科技创新合作区体制机制改革、深化"数字政府"建设改革。二是"十四五"时期社会领域推进教育先行示范改革、推进医疗供给侧结构性改革、持续推进住房制度改革。完善公共卫生法治保障机制、改革完善疾病预防控制体系、改革完善重大疫情防控体制机制、健全统一的应急物资保障体系、健全公共应急体制机制改革。三是"十四五"时期生态领域，推动绿色生产生活体制机制改革，坚持生态保护和环境质量底线，建立健全对规划环评、项目环评的指导和约束机制，开展区域空间生态环境评价。

（3）推动重点领域的改革。重点领域的改革涉及"十四五"时期改革向纵深推进问题，所以"十四五"时期需要与时俱进推动重点领域的改革：一是"十四五"时期要在完善人才链、创新链、产业链协同发展的体制机制，优化营商环境，完善高水平开放型经济体制、生态环境和城市空间治理体制等领域先行先试，推进体制机制创新。二是"十四五"时期在改革的关键环节上，强调处理好政府和市场的关系"，推动有效市场和有为政府更好结合，构建更加系统完备、科学规范、运行有效的制度体系，在"十四五"时期不断提升治理体系和治理能力现代化水平。三是"十四五"时期围绕简政放权、优化服务、降低成本、促进投资和贸易自由化便利化等企业和社会关注的重点领域，对接企业和社会实际需求，推动改革取得新突破。

（4）"十四五"时期推动放管服改革。放管服改革主要是围绕优化企业营商环境进行改革：一是"十四五"时期要优化政府管理和服务，加快构建亲清政商关系，解决好民营企业发展中面临的困难和问题，为民企发展创造良好的市场条件，着力打造法治化、国际化、便利化的营商环境。二是"十四五"时期要进一步弘扬企业家精神，保护企业家合法权益，为企业家创业创造营造公开公平公正的营商环境，在全社会形成尊敬并激励企业家的社会氛围。发挥企业家才智，引领和激励全社会创新创业创造的活力和动力。三是"十四五"时期深化商事制度改革。进一步破除制约企业发展的体制机制障碍；加快建设智慧监管平台，推进商改后续监管和智网工程深度融合。探索构建企业为主体、商协会参与、政社协同共治的模式，最大限度地释放创新创业创造动能。

六、"十四五"时期我国高质量发展加速落实阶段现代化的开局

党的十九届五中全会提出了到二〇三五年基本实现社会主义现代化远景目标，这意味着"十四五"时期既是我国高质量加速落实阶段，也是我国现代化的开局阶段。党的十九大对我国现代化战略已经作了"两个阶段"的部署。即"第一个阶段，从 2020 年到 2035 年，在全面建成小康社会的基础上，再奋斗十五年，基本实现社会主义现代化；第二个阶段，从 2035 年到本世纪中叶，在基本实现现代化的基础上，再奋斗十五年，把我国建成富强民主文明和谐美丽的社会主义现代化强国。""十四五"时期开始我们结束了小康社会建设的任务，开启了现代化建设的新征程因此，十四五"时期在做好高质量发展加速落实的同时，又要做好现代化的开局，以解决高质量发展的现代化方向，为建设社会主义现代化强国目标打下坚实的基础。

"十四五"时期是我国高质量加速落实阶段，要从以下方面做好现代化的开局：一是经济现代化开局。经济现代化是从经济发展、经济增长和物质层面考察的现代化，这是现代化的核心内容，包括生产力的现代化和生产方式的现代化。"十四五"时期经济现代化开局的核心内容是建设现代化的经济体系，只有建成现代化经济体系，才能加速我国经济的高质量发展，才能为其他领域现代化提供有力支撑。二是社会现代化的开局。社会现代化是传统社会变为现代社会的过程，是指用现代科学技术全面改造人们生存的物质条件和精神条件，以经济发展为中心，推动整体社会变迁的过程，实现社会价值和生活理念的现代化。"十四五"时期社会现代化开局的核心内容是传统社会变为现代社会。三是人的现代化开局。人的现代化是社会现代化根本标志，人的现代化是指人的思想观念、思维方式、行为方式、生活方式向现代化的转变。"十四五"时期社会现代化开局的核心是实现以人民为核心的发展，使人的素质全面提高。四是生态现代化开局。生态现代化是通过发挥生态优势推进现代化，实现经济发展和环境保护的有机结合，不以牺牲环境为代价来换经济发展。"十四五"时期社

会现代化开局的核心是把经济增长与环境保护综合起来，把生态建设看成是发展核心的要义，加快推进发展模式由先污染后治理型向生态友好型和环境友好型转变。五是治理能力和治理体系现代化开局。建立起与现代化建设相适应的治理能力和治理体系。也就是建立健全一套完整、合法、有效的国家治理体系，在此基础上孕育高水平的治理能力。"十四五"时期国家治理体系和治理能力现代化开局的核心是构建新的体制机制、法律法规，使各方面制度更加科学、更加完善，实现国家治理的制度化、规范化、程序化，以此作为全面深化改革的核心目标进行推进。

"十四五"时期现代化的开局，围绕高质量发展的现代化方向需要做好：

（1）从外向经济到双向驱动的开放现代化之路。"十四五"时期坚持走开放型现代化发展道路，在现代化进程中主动对接国际市场，加入产品内分工，基于国际产业分工、产品工序细分进而参与全球化资源配置，促进要素资源完成内引外连，从而加速本国经济融入世界大循环。构建以内循环为主，外向型经济和内源性经济"双轮驱动"的开放发展格局。通过自主创新，逐渐打破产业结构的低端锁定，积极参与世界价值链重构来促进双向驱动发展。以共商、共建、共享的核心理念为构建公正合理的全球治理环境发挥积极作用，引领国际经济合作新发展方向。

（2）兼顾经济增长和环境保护的绿色现代化之路。"十四五"时期推进现代化发展，必须以绿色发展理念为指导，以实现"生态现代化"为核心目标推进整体现代化。新时代下要推进以生态现代化为核心的现代化，有效实现"生态经济化"和"经济生态化"的结合，发展模式的绿色转型来建设资源节约型和环境友好型社会。兼顾生态利益和经济利益，生态现代化的推进必须以有效的生态制度建设为前提，政府在主导、落实和完善生态制度建设中必须兼具长远规划和科学管理，实施有效监管，从监管层次实现有力的制度保障。建立有效的国有自然资源资产监管体系，建立主体功能区实施分类管理，进而实现自然资源的有效利用、监管及保护。

（3）着眼短期发展和长期趋势的创新现代化之路。中国迈入中等收入国家后面临的现代化目标不再是由过去追求经济大国而是逐步走向经济强国，"十四五"时期现代化开局应当把握短期发展态势，厚植长期发展优势，实现经济发展方式从要素、投资驱动转向创新驱动的时代性转变。把创新战略上升为国家战略，加快以创新驱动为主导的经济发展方式转变，着力建设创新型国家，提升经济内生增长水平。把科技创新作为全面创新的整体先导，培育经济内生发展新动能、释放经济潜在新需求、创造高质量有效新供给，促进新技术、新产业以及新业态的快速发展，实现经济长期趋势下新旧动能的稳步转换。

（4）坚持以人民为中心的共享现代化之路。"十四五"时期现代化开局应该秉持人民是推动发展的理念，坚持共享发展，实现社会共享以及个人和国家自由全面的共同发展。根据人人参与、人人尽力、人人享有的核心要求，重视民计民生，维护机会公平，从而提升新时代现代化发展的内在激励。

（5）以消除不平衡为目标的协调现代化之路。发展不平衡是各国在现代化建设历史进程中所必然遇到的重要问题之一，"十四五"时期实现协调发展对于推进社会主义现代化，建立社会主义现代化强国具有重大意义。一是促进区域协调发展。促进区域与区域之间的整体联动，带动区域间要素的自由流动，着力构建主体功能约束有效、要素有序自由流动、基本公共服务均等的区域协调发展新格局。二是促进城乡协调发展。通过促进城乡协调发展来加速实现城乡一体化以及工业城镇化建设，塑造以乡村经济振兴为潜在增长点的中国经济增长新动力。三是促进经济社会协调发展。着力提升发展的协调性和整体性，兼顾国家软硬实力的双提升。

参考文献

1. 洪银兴：《以思想大解放引领高质量发展》，载于《群众》2018 年第 9 期。

2. 习近平：《在经济形势专家座谈会上的讲话》，载于《人民日报》2014 年 7 月 9 日。

3. 高培勇、刘霞辉等：《高质量发展背景下的现代化经济体系建设：一个逻辑框架》，载于《经济研究》2020 年第 4 期。

4. 任保平：《新时代建设高标准市场体系的要求与路径》，载于《长安大学学报》2020 年第 3 期。

5. 张军扩、侯永志等：《高质量发展的目标要求和战略路径》，载于《管理世界》2019 年第 7 期。

6. 任保平、朱晓萌：《新时代中国高质量开放的测度及其路径研究》，载于《统计与信息论坛》2020 年第 9 期。

7. 《十九大以来重要文献选编》，中央文献出版社 2019 年版。

8. 洪银兴：《区域现代化理论与实践》，江苏人民出版社 2014 年版。

9. 任保平、付雅梅：《新时代中国特色社会主义现代化理论与实践的创新》，载于《经济问题》2018 年第 9 期。

"十四五"时期坚持绿色发展与生态文明建设的思考和建议

荆克迪[*]

绿色发展是我国五大发展理念之一，生态文明建设事关中华民族永续发展。在即将开始的"十四五"期间，处理好经济发展与环境保护的关系，把生态文明建设融入经济、政治、文化、社会建设各方面和全过程，坚持绿色发展、循环发展、低碳发展，利用环境保护推进经济高质量发展，是经济社会发展的重要任务。本为对此从理论与实践结合上提出一些意见和建议。

一、坚持绿色发展与建设生态文明是"十四五"时期经济高质量发展的重要任务

"十四五"时期是我国全面建成小康社会、实现第一个百年奋斗目标之后，乘势而上开启全面建设社会主义现代化国家新征程、向第二个百年奋斗目标进军的第一个五年，我国将进入新发展阶段。[①]

新发展阶段，国民经济要实现高质量发展，提出的要求内容很多，其中绿色发展和建设生态文明是重要内容之一。所谓绿色发展，即建立在生态环境和资源承载力的约束条件下，将环境保护作为实现可持续发展重要支柱的一种新型发展模式和生活方式。其基本要求：一是要将环境资源作

* 荆克迪，南开大学经济学院讲师。
① 《习近平在经济社会领域专家座谈会上的讲话》，载于《人民日报》2020 年 8 月 25 日第 2 版。

为社会经济发展的内在要素；二是要把实现经济、社会和环境的可持续发展作为绿色发展的目标；三是要把经济活动过程和结果的"绿色化""生态化"作为绿色发展的主要内容和途径；四是努力实现经济社会发展和生态环境保护协同共进，为人民群众创造良好生产生活环境。生态文明是人类为保护和建设美好生态环境而取得的物质成果、精神成果和制度成果的总和，是贯穿于经济建设、政治建设、文化建设、社会建设全过程和各方面的系统工程，反映了一个社会的文明进步状态。"十四五"时期之所以要将坚持绿色发展和建设生态文明作为主要任务，是因为：

第一，绿色发展和生态文明是人类永续发展的必要条件。人类发展活动必须尊重自然、顺应自然、保护自然，否则就会遭到大自然的报复。人因自然而生，人与自然是一种共生关系，人类对自然的伤害最终会伤及人类自身，这是无法抗拒的规律。自工业革命以来，人类经济社会飞速发展。人类通过工业技术革命提高了生产力，使得自身物质财富得到空前的满足。与此同时，工业革命在推进人类社会的发展过程中，也导致人与自然之间的关系出现了不和谐，生态环境不断恶化，最终演变成足以威胁人类生存和发展的全球性问题。如何处理好经济发展和环境保护的问题，走绿色发展道路，成为全球关注的重要话题。持续发展是指"既能满足当代人的需要，又不对后代人满足其需要的能力构成危害的发展"[①]。可持续发展的提出是对现代化进程中追求经济无限增长的反思和批判，强调的是环境与经济的协调发展，其目标是追求代内公平和代际公平，既要满足人类当代的需要，使经济充分发展，同时又要有效地保护资源和生态环境，避免威胁到人类后代的生存和发展。改革开放以来，我国经济社会发展取得历史性成就。同时，在快速发展中也积累了大量生态环境问题，成为明显的短板和人民群众反映强烈的突出问题。这样的状况，必须下大气力扭转。2017 年，党的十九大报告中指出，要到 21 世纪中叶，实现物质文明、政治文明、精神文明、社会文明、生态文明的全面提升。因此，必须坚持节约优先、保护优先、自然恢复为主的方针，形成节约资源和保护环境的空间格局、产业结构、生产方式、生活方式，还自然以宁静、和谐、美丽。

第二，绿色发展和建设生态文明是满足人民日益增长的对美好生活需要的要求。人民对美好生活需要的重要内容之一即幸福感或幸福指数。幸

---

① 1987 年联合国世界环境与发展委员会发表的《我们共同的未来》专题报告中的定义。

福感是人们所体验到的一种积极的存在与发展状态，而幸福指数反映的则是一种社会事实，是一般人或特定的社会群体在特定时期内主观生活质量的变化程度①。绿色发展和生态环境与人类幸福感密不可分。首先，自然资源与生态环境状态影响着人类幸福感。海洋、大气、森林、河流、湿地等良好的生态环境对人的幸福感有积极作用，而雾霾天气、水体等环境污染以及极端恶劣气候等环境因素对人的幸福感存在负面影响。生态环境的改变策略可以实现人们的幸福指数提升，如到风景优美的地区旅游或定期居住、享受宜人的气候等。自然资源通过开采与利用实现其经济价值，进而促进经济增长影响着人类幸福。良好的生态环境对人类的积极影响包括精神疲劳的短期恢复、从疾病中更快的身体康复以及人类健康和幸福感的长期全面提高。不良的生态环境会降低人们的幸福感。另一方面，人的幸福感状况也影响着生态可持续发展，具有高幸福感的人会做出更多有利于生态可持续发展的行为，如生态责任行为和亲环境行为等。我国要建设的现代化是人与自然和谐共生的现代化，既要创造更多物质财富和精神财富以满足人民日益增长的美好生活需要，也要提供更多优质生态产品以满足人民日益增长的优美生态环境需要。

第三，绿色发展和建设生态文明是建设美丽中国的必然要求。在党的十八大报告中论述"生态文明建设"时，首次提出"美丽中国"。党的十九大报告进一步指出，从二〇二〇年到二〇三五年，要实现生态环境根本好转，美丽中国目标基本实现；在21世纪中叶，建成富强民主文明和谐美丽的社会主义现代化强国。"美丽中国"重要的要求的是自然之美，是人与自然的和谐之美。这种美丽是建立在节约资源、保护环境基础上之上的。建设美丽中国，需要科学的生态文明理念和生态文明实践。建设生态文明是中华民族永续发展的千年大计，绿色是永续发展的必要条件，是人民对美好生活追求的重要体现。必须坚持人与自然和谐共生，树立和践行绿水青山就是金山银山的理念，坚持节约资源和保护环境的基本国策，统筹山水林田湖草系统治理，实行最严格的生态环境保护制度。加快建设资源节约型、环境友好型社会，推动绿色发展、循环经济和低碳发展，形成节约资源、保护环境的空间格局、产业结构、生产方式、生活方式，建设美丽中国，为人民创造良好生产生活环境，为全球生态安全做出贡献。

---

① 陈新颖、彭杰伟：《生态幸福研究述评》，载于《世界林业研究》2014年第4期，第6～10页。

二、坚持以马克思主义生态文明理论为指导推进绿色发展与建设生态文明

马克思主义创始人有丰富的关于生态文明的理论，在长期的中国特色社会主义建设中，中国共产党领导中国人民，坚持把马克思主义的基本原理与中国实际相结合，形成了中国特色社会主义理论体系，习近平新时代中国特色社会主义思想是其最新成果，其中包括丰富的绿色发展和建设生态文明的思想。这些思想是"十四五"时期绿色发展和建设生态文明的根本指针。

早在马克思所处的时代，经济发展所带来的环境问题就已经引起马克思和恩格斯的高度重视。马克思、恩格斯的经典著作中蕴含着丰富的人与自然和谐发展的思想，从经济学的角度，这些思想可概括为：

第一，自然环境是生产要素。物质变换是通过劳动进行的，劳动是人类一切历史的起点。人类通过劳动这一活动，改变自然的物质形态，使其变成能够满足人类自身生产所需的物质产品，与此同时，人类又将这一过程中的废弃物排放到自然环境当中，这两个过程实现了人与自然之间的物质变换。关于劳动与物质变换的关系，马克思说："劳动首先是人和自然之间的过程，是人以自身的活动来中介、调整和控制人和自然之间的物质变换的过程。"① 同时，马克思也指出，劳动除了需要作为主体的人之外，还需要自然资源。

第二，工业化与生态环境问题。工业革命在给人类社会带来巨大财富的同时也带来了生态危机和环境灾难，进而导致阶级矛盾进一步激化。马克思从唯物史观的视角研究生态问题，创造性地提出，自然环境是生产力中非常重要的一部分，赞成人们可以有计划地利用自然，但并不赞成对自然的根本驾驭。马克思用事实说明了资本主义生产是如何污染环境并引致公共健康等问题，认为需要通过行动来解决自然的异化，以便创造一个可持续发展的社会。

第三，人与自然关系问题。马克思、恩格斯系统研究了人与自然之间

① 马克思：《资本论》第 1 卷，引自《马克思恩格斯文集》第 5 卷，人民出版社 2009 年版，第 207～208 页。

的辩证关系，认为人与自然的关系和人与人的关系是有机统一的，并提出了劳动与劳动过程理论，科学地揭示了人与自然的关系以及人类应如何正确认识和处理同自然界的关系。马克思认为，自然是在人类社会的生产过程中形成的自然，是人类生产实践改造的对象，人类社会通过生产活动，将自然逐渐转化为"人化自然"。他强调，不能把人游离于自然界之外，更不能认为人是自然界的主宰。要想真正理解人与自然之间的关系，就要走出人类中心主义的误区。马克思强调，要合理使用自然资源。

第四，环境外部性问题。马克思和恩格斯较早发现并提出了人类生产生活对生态环境造成的负外部性问题。如恩格斯在批判传统生产方式时指出的，"我们不要过分陶醉于我们对自然界的胜利，对于每一次这样的胜利，自然界都报复了我们。"① 他们还揭示了环境负外部性的隐蔽性与长期性，"到目前为止存在的一切生产方式，都只在于取得劳动的最近的、最直接的有益效果。那些只是以后才显现出来的、由于逐渐的重复和积累才发生作用的进一步的后果，是完全被忽视的"。②

第五，技术进步与可持续发展。马克思主义自然辩证法指出了处理人与自然关系的准则，通过人类自身发展与技术进步最终迈向人与自然的和谐。马克思和恩格斯提出利用科技进步来改善环境问题，这是绿色发展的理论源泉，可以说，绿色发展理念是对马克思主义生态观的继承与发展。

第六，生产关系将影响和改变人与自然的关系。在资本主义社会里，资本支配一切，生产者都以追求剩余价值最大化为目标进行社会生产活动，这样人与自然之间的平等关系被弱化，取而代之的是索取与被索取的关系。在这一思想的指引下，人类会不加节制地从自然界掠夺资源，不加节制地向自然界排泄废弃物，导致人与自然之间的物质变换出现断裂，制造人与自然直接的矛盾。可见，资本主义的生产方式破坏了人与自然的内在统一性，造成了人与自然之间物质变换的断裂。要真正实现人与自然的和谐相处，就必须变革资本主义制度，铲除资本主义私有制，实现生产资料社会所有，即实现社会主义和共产主义。在共产主义社会中，生产资料不再私有化，而是社会占有；人与自然之间的关系不再是索取与被索取关

---

① 恩格斯：《自然辩证法》，引自《马克思恩格斯文集》第9卷，人民出版社2009年版，第559～560页。

② 恩格斯：《自然辩证法》，引自《马克思恩格斯文集》第9卷，人民出版社2009年版，第562页。

系，而是平等关系。这样人们就会善待自然、保护自然，合理运用劳动来
调节人与自然之间的物质变换关系。社会主义和共产主义克服了劳动的异
化，使得人与自然之间的物质变换正常化，化解了人与自然之间的矛盾。
正如马克思指出的，这种共产主义，是人和自然界之间、人与人之间的矛
盾的真正解决。①

马克思、恩格斯的上述思想，是绿色发展的理论源泉。同时，马克思
经典著作中蕴含着大量指导可持续发展的经济学思想，如循环和节约经济
思想、适度人口思想、全面协调发展思想、适度和绿色消费思想等，这些
思想为可持续发展提供了理论基础和科学的方法论。

重视人与自然和谐相处，我国有悠久的历史传统。儒家有"天人合
一"的思想，其基本内涵是将自然与人类和谐统一有机融合；道家主张宁
静释然，把万物川流不息所遵循的"道"融入人类的生活方式、生产方式
当中去。中华文明数千年积淀的丰富的生态智慧至今仍给人以深刻启迪。

西方经济思想在研究和解决生态环境难题中的各种理论假说，比如外
部性理论、庇古税与排污权交易理论等，为我国生态文明建设和绿色发展
提供了一定的理论借鉴。但是，西方经济学理论对于生态与环境问题的讨
论与研究缺少对发展中国家特别是对中国现实国情的具体考量，只可借鉴
不可照搬。由于中国特色社会主义经济建设的特殊性与时代性等要求，我
们必须结合我国国情的阶段性特征，探索适合我国国情的解决发展面临的
生态环境难题的理论和措施。

中国共产党人在领导中国人民进行革命、改革、建设的过程中，坚持
将马克思主义关于生态文明的基本原理与中国实际相结合，积极探索认识
自然规律，利用大自然为人类谋福利，同时重视优良传统的弘扬，逐步形
成了毛泽东思想和中国特色社会主义理论体系中的生态文明思想。毛泽东
在认真总结社会主义建设初期经验教训的基础上，认为，人要掌握自然规
律，与自然和谐相处、平等对话，而不是统治自然、驾驭自然。他指出：
"天上的空气，地上的森林，地下的宝藏，都是建设社会主义所需要的重
要因素。"② 同时还强调，要实现废物利用，变废为宝。毛泽东从人与自
然关系的角度，以我国的当时国情为基础，统筹生态、工农业发展和人民

---

① 马克思：《1844 年经济学哲学手稿》，引自《马克思恩格斯全集》第 42 卷，人民出版社
1979 年版，第 120 页。

② 毛泽东：《论十大关系》，引自《毛泽东文集》第 7 卷，人民出版社 1999 年版。

生活的实际需要，从兴修水利如治理水患、围湖造田、保持水土，发展林业如因地制宜、开荒种地、植树造林，合理利用资源如增产节约、综合利用、减少消耗，实行人口政策如提倡生育、节制生育、控制人口，以及治理公共环境等多角度多领域，提出相应的计划，处理人与自然的关系，以求为人民群众谋取利益。周恩来意识到资本主义发达国家"先污染，后治理"工业化道路的弊端，提出从源头预防环境污染，避免重蹈资本主义国家的覆辙。[①] 在社会主义建设初期关于人与自然关系探索的过程中，虽然在有的方面走过弯路，但总体上为其后的社会主义经济建设积累了宝贵的经验。

1978 年改革开放开始，以邓小平为代表的中国共产党人准确把握时代趋势，提出"科学技术是第一生产力"，抓住科技中心，以科技为依托对生态环境进行改善，鼓励从国外引进生态治理技术，改善我国的生态环境。[②] 在实践中，对生态环境的保护从农业开始并取得成效。在此期间，我国的环境法律制度得到了长足的进步。1979 年，全国人大常委会颁布了第一部《中华人民共和国环境保护法（试行）》，这是我国关于生态文明建设的首要法律依据，意味着我国的生态文明建设与环境保护开始走上法治道路。中国共产党领导中国人民，从新的高度认识和发展生态文明理论体系，提出了可持续发展战略，强调要解决人口、资源与环境之间的不协调问题，同时继续加强有关生态文明建设的法律法规。[③] 不仅如此，还提出了要走新型工业化道路[④]、经济发展与环境保护并行的重要思想。进入21 世纪，党从新世纪新要求出发，强调一方面要积极应对全球气候变化，另一方面要抓住绿色经济变革契机，推动经济发展的转型升级。提出生态文明建设是涉及生产方式和生活方式根本性变革的战略任务，建设生态文明，要以资源环境承载力为基础，以自然规律为准则，以可持续发展为目标，建设资源节约型、环境友好型社会。[⑤] 党的十七大报告中提出"建设生态文明"，号召"节约能源资源和保护生态环境"，强调"使生态文明

---

① 李琦：《在周恩来身边的日子——西花厅工作人员的回忆》，中央文献出版社 1998 年版，第 333 页。

② 《邓小平年谱（1975～1997）》下卷，中央文献出版社 2004 年版，第 868 页。

③ 《江泽民文选》第 1 卷，人民出版社 2006 年版，第 463 页。

④ 新型工业化是指发展已有工业价值之外，还要兼顾高科技、低消耗和少污染的思想，实现环境与经济社会的协调发展。

⑤ 《胡锦涛文选》第 3 卷，人民出版社 2016 年版，第 610 页。

观念在全社会牢固树立"，将生态文明建设视为全面建设小康社会的五大新要求之一，这是"生态文明"概念在党的纲领性文件中的首次明确出现。报告还明确了生态文明建设的内涵与本质，利用"科学发展观"对可持续发展战略进行整体展开，并将和谐社会主义构建与社会主义生态文明建设相结合，明确提出生态文明建设的重要战略。报告中指出，"可持续发展，就是要促进人与自然的和谐，实现经济发展和人口、资源、环境相协调，保证一代接一代地永续发展。"这既是从生态文明方面对社会主义和谐社会的描述，也极大地体现了中国特色社会主义建设中尊重自然、顺应自然、保护自然的重要思想。在具体实践中，我们坚持了改造传统产业，大力发展环保等战略性新兴产业，同时加大绿色经济、循环经济和低碳经济在整体经济结构中的比重，推动经济绿色转型。

三、习近平生态文明思想是当代中国绿色发展与建设生态文明的重要遵循

党的十八大以来，以习近平同志为核心的党中央推动生态文明理论创新、实践创新、制度创新，坚持从马克思主义的立场观点方法出发，以深邃的历史视野和宽广的世界眼光对绿色发展建设生态文明做了一系列论述，提出一系列新理念新理论，开辟了生态文明建设理论和实践的新境界，为新时代推进生态文明建设提供了重要遵循。这些理论极其丰富，包括：

第一，坚持人与自然和谐共生。习近平指出："生态兴则文明兴，生态衰则文明衰。"[1] 人与自然是生命共同体，人与自然的关系是人类生存与发展的基本关系，一部人类社会的发展史，也是人与自然的关系史。人与自然共处在地球生物圈之中，人类的繁衍与社会的发展离不开大自然，必须以大自然为依托利用自然；同时又必须认识并尊重自然规律，让大自然造福于人类，服务于人类。"生态环境没有替代品，用之不觉，失之难存。人类发展活动必须尊重自然、顺应自然、保护自然。"[2] "人因自然而

---

[1] 《习近平新时代中国特色社会主义思想学习纲要》，学习出版社、人民出版社2019年版，第187页。

[2] 《习近平新时代中国特色社会主义思想学习纲要》，学习出版社、人民出版社2019年版，第169页。

生，人与自然是种共生关系，对自然的伤害最终会伤及人类自身。只有尊重自然规律，才能有效防止在开发利用自然上走弯路。"①

第二，坚持绿水金山就是金山银山。习近平指出："我们既要绿水青山，也要金山银山。宁要绿水青山，不要金山银山，而且绿水青山就是金山银山。我们绝不能以牺牲生态环境为代价换取经济的一时发展。"② 要正确处理好经济发展同生态环境保护的关系，切实把绿色发展理念融入经济社会发展各方面，推进形成绿色发展方式和生活方式，要坚持和贯彻新发展理念，让良好生态环境成为人民生活的增长点、成为经济社会持续健康发展的支撑点、成为展现我国良好形象的发力点。"绿水青山和金山银山决不是对立的，关键在人，关键在思路……绿水青山既是自然财富，又是社会财富、经济财富。"③

第三，坚持良好生态环境是最普惠的民生福祉。习近平指出："环境就是民生，青山就是美丽，蓝天也是幸福。要像保护眼睛一样保护生态环境，像对待生命一样对待生态环境，把不损害生态环境作为发展的底线。"④ 同时指出："我们在生态环境方面欠账太多了，如果不从现在起就把这项工作紧紧抓起来，将来会付出更大的代价。"⑤ 生态环境已成为实现全面建成小康社会的短板和瓶颈制约，人民群众对清新空气、清澈水质、清洁环境等生态产品的需求越来越迫切，必须加快解决突出环境问题，让人民群众切身感受到污染可以治理、环境能够改善、优质生态产品能够增加。党的十九大明确提出，建设生态文明是中华民族永续发展的千年大计。

第四，坚持山水林田湖草是生命共同体。习近平强调，"生态是统一的自然系统，是各种自然要素相互依存而实现循环的自然链条。"⑥ "环境治理是一个系统工程，必须作为重大民生实事紧紧抓在手上。"⑦ 由于环境污染具有空间外溢性和时间累积性的特征，典型污染物的产生有原地累

---

① 《习近平新时代中国特色社会主义思想学习纲要》，学习出版社、人民出版社2019年版，第188页。
② 《习近平在哈萨克斯坦纳扎尔巴耶夫大学的演讲》，载于《人民日报》2013年9月8日。
③ 《习近平关于社会主义生态文明建设论述摘编》，中央文献出版社2017年版，第23页。
④ 《习近平关于社会主义生态文明建设论述摘编》，中央文献出版社2017年版，第3页。
⑤ 《习近平关于社会主义生态文明建设论述摘编》，中央文献出版社2017年版，第8页。
⑥ 《习近平关于社会主义生态文明建设论述摘编》，中央文献出版社2017年版，第47页。
⑦ 《习近平关于社会主义生态文明建设论述摘编》，中央文献出版社2017年版，第51页。

积、区域传输、二次转化、多重叠加等形式。生态文明建设与环境治理中，要全面统筹协调解决好系统性、长期性、综合性的问题。"我们要认识到，山水林田湖是一个生命共同体……用途管制和生态修复必须遵循自然规律，如果种树的只管种树、治水的只管治水、护田的单纯护田，很容易顾此失彼，最终造成生态的系统性破坏。由一个部门行使所有国土空间用途管制职责，对山水林田湖进行统一保护、统一修复是十分必要的。"①

第五，坚持用最严格制度最严密法治保护生态环境。习近平指出，"在生态环境保护问题上，就是要不能越雷池一步，否则就应该受到惩罚。""只有实行最严格的制度、最严密的法治，才能为生态文明建设提供可靠保障。"② 党的十九大报告指出，"完善和发展中国特色社会主义制度，推进国家治理体系和治理能力现代化"是全面深化改革的总目标。建设生态文明必须建立系统完整的生态文明法治体系，实行最严格的生态资源的源头保护制度、损害赔偿制度、责任追究制度、生态治理与修复制度等，用法律制度保护生态环境。

第六，坚持共谋全球生态文明建设。习近平提出构建"人类命运共同体"的倡议，为实现全球的可持续发展提出了新的重要理论与实践指南，指出"我们要坚持同舟共济、权责共担，携手应对气候变化、能源资源安全、网络安全、重大自然灾害等日益增多的全球性问题，共同呵护人类赖以生存的地球家园。"③ 党的十九大报告进一步将"推动构建人类命运共同体"阐述为新时代中国特色社会主义的基本方略之一。

习近平生态文明思想和绿色发展理念，是中国特色社会主义生态文明思想的伟大创新，与马克思主义生态文明思想一脉相承，将可持续发展理论和科学发展观理论提升到了新的高度。

四、开创"十四五"绿色发展和生态文明建设新局面

"十四五"时期是我国经济与社会发展十分关键的五年。我国发展仍然处于战略机遇期，但机遇和挑战都有新的发展变化。当今世界正经历百

---

①　《习近平关于社会主义生态文明建设论述摘编》，中央文献出版社 2017 年版，第 55 页。
②　《习近平关于总体国家安全观论述摘编》，中央文献出版社 2018 年版，第 181 页。
③　《习近平关于社会主义生态文明建设论述摘编》，中央文献出版社 2017 年版，第 128 页。

年未有之大变局，和平与发展仍然是时代主题，同时国际环境日趋复杂，不稳定性不确定性明显增强。我国已进入高质量发展新阶段，发展具有多方面优势和条件，同时发展不平衡不充分问题仍然突出。在抓实经济建设、改革、发展一系列措施的同时，一定要对绿色发展和生态文明建设推出新举措，落到实处。[1]

第一，加快建设生态经济体系。着力解决发展不平衡不充分的问题，在国家和区域层面统筹实现经济发展的规模、速度、质量、结构、效益、安全相统一；用绿色发展理念指导经济发展规划的研究和制定，推动经济生态化和生态经济化，优化产业结构和空间布局，实现生产和生活方式的绿色转型；大力发展循环经济和低碳经济，壮大绿色产业和节能环保产业，提升资源节约和集约利用水平，在有条件的行业开展能效倍增和物效倍增行动计划；发挥科技创新在建设生态经济和绿色发展中的引领作用，调动企业的创新活力，加快关键环保技术的研发和转化应用。

第二，加强保护和修复生态环境。用好精准思维和系统思维，强化分区施策和分类施策，从指标准则、减排路径、科技支撑、治理体系、政策工具、资金保障等方面规划和落实好升级版污染防治攻坚战和持久战，着力提升重点地区、重点行业和重点领域生态环境治理的长效机制；推动完善主体功能区战略、国家公园体制和"三线一单"方案和制度保障体系，健全"多规合一"的空间规划体系和考核评价体系，出台高能耗物耗和污染产业负面清单，为环境管理和防污治污提供有力支撑，切实提高国土空间开发保护质量和效率水平；完善多元共治体系，构建源头治理、过程管控、末端追责、损害赔偿的生态环境保护体系，推动将基层生态环境保护行政执法事项纳入地方综合行政执法范畴，进一步加大生态环境违法犯罪行为的打击力度。

第三，继续推动全球环境治理与合作。以"构建人类命运共同体"思想为指导，引导推进国际社会提升全球生态环境治理能力和治理体系现代化，着力增强在国际环境合作中的话语权，在共同愿景、减缓、适应、资金和技术转让等合作框架内，贡献中国智慧，提供中国方案；实施积极应对气候变化国家战略，努力彰显负责任的发展中大国形象，在全球生态环境治理中勇于承担与我国基本国情、发展阶段和实际能力相符的国际义务，推动和引导建立公平合理、合作共赢的全球生态环境治理体系；破除

---

[1] 习近平：《在经济社会领域专家座谈会上的讲话》，人民出版社2020年版。

个别国家的极端封锁，利用现行国际环境合作体系中的有利机制，积极争取国际资金与先进技术的支持，有效引进、消化、吸收国外的环境友好技术与环保先进理念，反对以环保名义设置贸易和市场壁垒，反击"中国环境威胁论"和来自国外势力的过度施压或不合理要求；积极推动国际环境领域的"南南合作"，加强"一带一路"建设进程中的环保资金和技术合作。

第四，加快完善生态文明制度建设。进一步完善市场机制，构建更多运用经济杠杆进行环境治理和生态保护的市场体系，更好地发挥政府的主导和监管作用，健全企业激励约束机制，创造有利于社会组织和公众积极参与的制度环境；推进生态环境治理体系与治理能力现代化，加强统筹协调，提高生态环境规划体系和规划制度的系统性、长期性、连贯性；将各地区、各行业、各领域的生态环保和绿色发展融入宏观大格局，将重点流域、海域和城市群的规划编制工作与全域生态环保紧密结合起来，在标准体系、运行机制、资金技术、人才支撑等方面统筹协调城乡生态环境治理，保障绿色发展水平的整体提升；加强互联网信息与大数据的服务和管理，提高生态环境大数据的使用效率和水平，完善环境信息公开制度。

第五，建立健全生态环保的应急保障体系。加强应对突发自然灾害以及环境或公共卫生事件等紧急状态下的生态环保组织动员和保障能力；健全垃圾分类、污水处理、工业固废与工业废气的标准体系和治理制度，提升跨地区与全生命周期的统筹处理水平和应急处置能力；完善生态环保应急物资储备，优化生态环境应急监测布局。

参考文献

1. 《马克思恩格斯文集》第 5 卷，人民出版社 2009 年版。

2. 《马克思恩格斯文集》第 9 卷，人民出版社 2009 年版。

3. 《马克思恩格斯全集》第 42 卷，人民出版社 1979 年版。

4. 《毛泽东文集》第 7 卷，人民出版社 1999 年版。

5. 李琦：《在周恩来身边的日子——西花厅工作人员的回忆》，中央文献出版社 1998 年版。

6. 《邓小平年谱（1975～1997）（下卷）》，中央文献出版社 2004 年版。

7. 《江泽民文选》第 1 卷，人民出版社 2006 年版。

8. 《胡锦涛文选》第 3 卷，人民出版社 2016 年版。

9. 《习近平总书记系列重要讲话读本（2016 年版）》，学习出版社、人民出版社 2016 年版。

10. 《习近平关于社会主义生态文明建设论述摘编》，中央文献出版社 2017 年版。

11. 《习近平关于总体国家安全观论述摘编》，中央文献出版社 2018 年版。

12. 《习近平新时代中国特色社会主义思想学习纲要》，学习出版社、人民出版社 2019 年版。

13. 逄锦聚等：《中国特色社会主义政治经济学概论》，经济科学出版社 2019 年版。

14. 彼得·伯克：《环境经济学》，中国人民大学出版社 2013 年版。

15. 杰弗里·希尔：《自然与市场——捕获生态服务链的价值》，中信出版社 2006 年版。

16. 陈新颖、彭杰伟：《生态幸福研究述评》，《世界林业研究》2014 年第 4 期。

17. 《习近平在哈萨克斯坦纳扎尔巴耶夫大学的演讲》，人民日报 2013 年 9 月 8 日。

18. 常纪文：《"十四五"加强生态环境保护的七大要点》，光明日报 2020 年 8 月 17 日。

从生产方式看高质量发展阶段的历史必然性

刘　　刚　　高桂爱　　杜曙光[*]

2017 年 10 月，党的十九大报告提出"我国经济已由高速增长阶段转向高质量发展阶段"。2020 年 8 月，习近平在经济社会领域专家座谈会上的讲话中进一步指出"我国已进入高质量发展阶段"。[①] 准确理解上述战略判断，需参考政治经济学中涉及经济社会发展阶段的基本原理。马克思关于以生产方式区分社会结构不同经济时期的论断，为我们提供了有力的理论参考。在《资本论》谈及"劳动者与生产资料相结合"的生产方式时，他写道："不论生产的社会形式如何，劳动者和生产资料始终是生产的因素。但是，二者在彼此分离的情况下只在可能性上是生产因素。凡要进行生产，就必须使它们结合起来。实现这种结合的特殊方式和方法，使社会结构区分为各个不同的经济时期。"[②] 这里，劳动者和生产资料结合的特殊方式和方法就是生产方式，这种生产方式一方面构成物质资料生产的技术条件，另一方面规定了实现这些技术条件所需的社会结构，这些技术条件和社会结构的阶段性特征是划分马克思所谓"不同的经济时期"的关键依据，也就是划分经济社会发展阶段的依据所在。简言之，经济发展的阶段性特征体现为生产方式的阶段性变化。因此，考察新时代的经济发展阶段即高质量发展阶段，同样需要回归"生产决定发展"的基本命题，以"有什么样的生产就有什么样的发展"为立足点，通过对生产方式的考

　* 刘刚，曲阜师范大学经济学院教授；高桂爱，曲阜师范大学经济学院讲师；杜曙光，曲阜师范大学经济学院教授。本文为国家社会科学基金项目"新技术革命与中国经济跨越式发展的政治经济学研究"（立项编号：18BJL021）研究成果。

　① 《习近平在经济社会领域专家座谈会上的讲话》，载于《人民日报》2020 年 8 月 25 日第 2 版。

　② 马克思：《资本论》第 2 卷，人民出版社 1975 年版，第 44 页。

察准确把握高质量发展阶段的历史必然性。

一、理论基础：生产方式对应发展阶段

唯物主义历史观的基本观点是物质资料生产决定人类社会的发展，即"有什么样的生产就有什么样的发展"。从不同角度考察生产的"样式"形成三种不同视角下的生产方式：在抽象含义上，生产方式是人与自然之间的物质变换方式，涉及人与自然关系层面上的生产理念；具体的生产方式有狭义和广义之分，前者指生产的技术形式即劳动方式，后者指生产的社会形式，对应不同的经济社会形态。狭义和广义层面上两种具体的生产方式分别对应不同工业发展阶段的劳动方式和不同社会形态下的生产目的，它们与抽象含义上体现人与自然关系的生产理念，共同构成从生产方式视角解析高质量发展阶段历史必然性的三种理论进路。

1. 有什么样的生产就有什么样的发展

人类社会的存在和发展从来都是以物质资料的生产为基础和前提的，这是人类社会历史发展的规律，也是马克思主义理论中关于经济社会的发展最终取决于社会生产的基本命题。正如恩格斯对马克思历史贡献的第一个概括："人们首先必须吃、喝、住、穿，然后才能从事政治、科学、艺术、宗教等等；所以，直接的物质的生活资料的生产，从而，一个民族或一个时代的一定的经济发展阶段，便构成基础，人们的国家设施、法的观点、艺术以及宗教观念，就是从这个基础上发展起来的。"① 恩格斯的这一概括简单明了：有怎样的生产就有怎样的生活和观念，国家、法律、艺术、宗教这些在不同发展阶段表现迥异的社会要素都取决于由"物质的生活资料的生产"所决定的一定的"经济发展阶段"。

在动态意义上，生产对发展的决定体现为生产的进步构成社会发展的根本动力。"随着新生产力的获得，人们改变自己的生产方式，随着生产方式即谋生的方式的改变，人们也就会改变自己的一切社会关系。手推磨产生的是封建主的社会，蒸汽磨产生的是工业资本家的社会"②，"在人们的生产力发展的一定状况下，就会有一定的交换（commerce）和消费形

---

① 《马克思恩格斯选集》第 3 卷，人民出版社 1995 年版，第 776 页。
② 《马克思恩格斯选集》第 1 卷，人民出版社 1972 年版，第 108 页。

式。在生产、交换和消费发展的一定阶段上，就会有相应的社会制度形式、相应的家庭、等级或阶级组织，一句话，就会有相应的市民社会"。①在这里，生产的发展既体现为生产力水平的提升也体现为随之改变的生产方式"即谋生的方式"的变化，它与"交换（commerce）和消费形式"的变化，标志着经济社会发展即"生产、交换和消费发展的一定阶段上"的转变："生产以及随生产而来的产品交换是一切社会制度的基础；在每个历史地出现的社会中，产品分配以及和它相伴随的社会之划分为阶级或等级，是由生产什么、怎样生产以及怎样交换产品来决定的。"② 总之，"物质的生活资料的生产"涉及"生产什么、怎样生产以及怎样交换产品"，其核心内容是生产方式的问题。

2. 考察"有什么样的生产"的三种生产方式视角

既然"有什么样的生产就有什么样的发展"，关于经济发展阶段的分析就需要先回答某一阶段的经济是"什么样的生产"，这就是生产方式理论的任务。学界关于生产方式的概念存在众多理解，但是多数学者认为在马克思那里生产方式考察的就是生产的方法和特点，即"人们用以生产自己的生活资料的方式"。③ 相应地，从不同角度考察生产的方法和特点，就会形成不同意义上的生产方式。因此，现有的研究中存在多个维度下的生产方式范畴。首先，生产方式有具体和抽象之分：就具体的技术特征和社会形式而言，生产具有千差万别的具体特性；就人与自然的关系而言，一切生产都可以抽象为人与自然之间的物质变换。其次，具体层面的生产方式又有狭义和广义之分，狭义的生产方式主要指生产技术特征意义上的劳动方式，广义的生产方式大多在生产的社会形式的意义上探讨不同社会形态下的生产方式。具体层面上狭义和广义的生产方式与抽象层面上人与自然关系意义上的生产方式构成三种不同含义上的生产方式范畴，也为我们分析高质量发展阶段的历史必然性提供了三种不同维度的生产方式视角。

我们从这种抽象的生产方式开始，这涉及马克思关于生产力构成要素的重要论断。在《资本论》中他提出："劳动过程的简单要素是：有目的的活动或劳动本身，劳动对象和劳动资料。"④ 政治经济学界以这段文本

---

① 《马克思恩格斯选集》第 4 卷，人民出版社 1972 年版，第 320～321 页。

② 《马克思恩格斯文集》第 3 卷，人民出版社 2009 年版，第 547 页。

③ 《马克思恩格斯文集》第 1 卷，人民出版社 2009 年版，第 519 页。

④ 马克思：《资本论》第 1 卷，人民出版社 1975 年版，第 202 页。

为依据，将劳动者、劳动对象和劳动资料视为生产力的三大构成要素。这一判断的基本逻辑就在于从生产的主体即人类的视角来看，生产过程就是人的劳动过程，劳动过程的构成要素也就是生产力的构成要素。这种"从劳动看生产"的分析，不仅适用于生产力，同样适用于生产方式——在上述文本之前，还有一段涉及生产方式抽象含义的重要文本："劳动首先是人和自然之间的过程，是人以自身的活动来中介、调整和控制人和自然之间的物质变换的过程。"因此，生产方式就是人与自然之间进行物质变换的方式，即人类从自然界获取资源以满足其生活需要的基本方式。这种抽象层面上的生产方式注重从人与自然关系的意义上考察生产的基本理念。传统政治经济学的研究较少涉及这一层次上的生产方式。但是随着绿色生态的观念日益深入人心，在"绿色成为普遍形态"的高质量发展阶段，引入这一抽象意义上的生产方式概念已势在必行。

相对而言，具体层面的生产方式更为人们所熟知。1997年吴易风教授提出将生产方式纳入政治经济学研究对象以来，一批学者从生产的技术方式和社会形式等角度系统探讨了具体的生产方式，相关文献可谓汗牛充栋。其中高峰教授关于广义和狭义生产方式的概括具有较为广泛的代表性。他认为，在马克思那里生产方式范畴"最主要的用法我认为有两种。第一，指生产的社会类型或型式，如资本主义生产方式，即指资本主义的生产类型，以区别于其他类型的社会生产。这可称为广义的生产方式概念……第二，指生产的劳动方式。这可看做是狭义的生产方式概念。……这种用法在《资本论》第一卷中最为常见。……通常用来指协作、工场手工业分工和机器大工业等资本主义'劳动方式'。"这两种含义上的生产方式以为学界所熟知，这里只做简要概括：劳动方式包括生产的技术方式和组织方式，也有文献称其为"技术经济范式"①，协作和分工是这一维度下的重要理论工具，在这一维度下的研究通常将生产方式的演进与工业发展阶段相联系②；广义生产方式涉及不同形态下的不同生产类型，大多应用于资本主义生产方式和社会主义生产方式等场合，主要考察"生产为谁服务"的问题，例如马克思以剩余价值规律概括资本主义生产方式本质

---

① 这一观点来自 G. A. 科恩：《卡尔·马克思的历史理论——一种辩护》，我们关于这一层面上生产方式的具体观点可参见拙作《经济长波的历史界分与解析框架：唯物史观视角下的新拓展》。

② 这一层次上的分析是当前政治经济学生产方式理论关注的主要内容，也与演化经济学等技术经济范式研究存在较大的对话空间。

特征，而我们对于当前中国经济生产方式的研究则不可避免要研究社会主义经济规律和社会主义生产目的。鉴于此，本文在生产方式的视角下分别从与工业发展阶段相联系的劳动方式与资本主义生产方式相区别的社会主义生产方式，以及涉及人与自然关系和生产理念层面的生产方式，这三个维度入手，尝试以政治经济学的经典原理透析高质量发展阶段的历史必然性。

二、从生产力水平看高质量发展的必然性：适应工业化新阶段的生产方式

在狭义的具体生产方式视角下解析经济发展阶段历史必然性，其具体思路蕴含于马克思的如下表述中："一定的生产方式或一定的工业阶段始终是与一定的共同活动的方式或一定的社会阶段联系着的，而这种共同活动方式本身就是'生产力'；由此可见，人们所达到的生产力的总和决定着社会状况，因而，始终必须把'人类的历史'同工业和交换的历史联系起来研究和探讨。"[①]　在这里，马克思指出生产方式的演变体现了生产力水平的提升和工业阶段的变化，并将经济发展的阶段性特征寓于生产力、生产方式和工业阶段三位一体的逻辑架构中，为我们从具体劳动方式的角度解析经济发展的阶段性特征指明了方向。

准确理解上述思路，需要把握自古典经济学以来形成的经济发展阶段理论的基本共识：结合工业发展阶段解析经济社会发展的阶段性特征。熟悉古典政治经济学的学者大多清楚，从农业社会到工业社会的转变是古典政治经济学家讨论的重要议题。亚当·斯密将现代社会之前的历史划分为狩猎时期、游牧时期和农业时期三个阶段，而工业的发展则是其所处时代的典型特征。此后，李斯特又以农耕状态、农工状态和农工商状态概括农业社会向工业社会的转变。总之，在工业革命前后学者们基本将农业社会视为现代社会的上一个时代，而将此后的历史归入工业社会。之后的学者们关于社会发展阶段的划分通常在工业社会的范围内展开，将工业社会细分为几个不同的发展阶段。虽然丹尼尔·贝尔等的后工业社会论点一度盛行，但是随着2008年金融危机后各界对产业空心化的批评和西方发达国家再工业化战略的提出，学界逐步承认所谓"工业社会已经远去"的论断为时尚早。划分近代以来的经济发

---

① 《马克思恩格斯全集》第3卷，人民出版社1960年版，第53页。

展阶段依然要在工业文明的范围内细分现代工业社会的不同发展阶段。

马克思是关注工业发展阶段议题的理论先驱，他从协作分工和机器大工业等生产方式范畴入手，解析不同的工业阶段，把从工场手工业到机器大工业的转变归结为生产方式的变革。例如，他指出"生产方式的变革，在工场手工业中以劳动力为起点，在大工业中以劳动资料为起点"①，在这里他强调当时生产方式变革的基本特征就是从手工劳动向机械生产的转变。对于作为生产起点的劳动资料，马克思做出了"发动机—传动机构—工作机"的著名概括："仅仅是把运动传给工具机，由此工具机才抓住劳动对象，并按照一定的目的来改变它。机器的这一部分——工具机，是18世纪工业革命的起点"②。时至今日，即使引入了信息化装备、人工智能技术，现代工业依然没有脱离这一起点。更为可贵的是，马克思将这些技术性的工艺特征和劳动者之间的分工协作方式相联系，为研究工业发展阶段提供了经典的生产方式理论范例。例如，他将劳动者之间的分工协作关系应用于机器体系中，指出"在工厂内，即在以机器生产为基础的工场内，总有简单协作重新出现，这种协作首先表现为同种并同时共同发生作用的工作机在空间上的集结。"③ 这些形成了分工协作关系的机器被马克思称为"机器体系"，他认为分工协作关系从劳动者之间向机器之间的转变导致了劳动过程性质的变化，"在机器体系中，大工业具有完全客观的生产机体，这个机体作为现成的物质生产条件出现在工人面前……而机器，除了下面要谈的少数例外，则只有通过直接社会化的或共同的劳动才发生作用。因此，劳动过程的协作性质，现在成了由劳动资料本身的性质所决定的技术上的必要了。"④ 这里，一个尤为可贵的方法论原则被马克思树立起来：从生产方式视角入手将工业革命前后生产技术变革归结为协作分工方式的变化。例如，他将机器大工业实施前后的生产流程特征的转变都归结于工人手工操作的分工流程到机械化流程的转变："在工场手工业中，单个的或成组的工人，必须用自己的手工工具来完成每一个特殊的局部过程。……在机器生产中，这个主观的分工原则消失了。在这里，整个过程是客观地按其本身的性质分解为各个组成阶段，每个局部过程如何

---

① 《马克思恩格斯文集》第5卷，人民出版社2009年版，第427页。

② 《马克思恩格斯文集》第5卷，人民出版社2009年版，第457页。

③ 《马克思恩格斯文集》第5卷，人民出版社2009年版，第463页。

④ 马克思：《资本论》第1卷，人民出版社1975年版，第423页。

完成和各个局部过程如何结合的问题，由力学、化学等等在技术上的应用来解决。"[1] 在马克思看来，从工场手工业到机器大工业生产方式的关键变化，就是由手工操作直接相连的协作分工关系转变为由机器体系中的机械工艺上下联动所主导的间接的协作分工关系。马克思还针对这一转变提出了从手工流程转入机械流程所衍生出的机械间技术衔接和机器动力问题——这些问题正是第二、三次工业革命的发力方向。

依据当代工业革命理论代表性学者卡萝塔·佩蕾丝的观点，马克思的上述研究，是以协作和分工等生产方式范畴概括了第一次工业革命所形成的"技术—经济范式"。在佩蕾丝看来，"技术—经济范式是一个最佳惯行模式，它由一套通用的、同类型的技术和组织原则所构成，这些原则代表着一场特定的技术革命得以运用的最有效方式，以及利用这场革命重振整个经济并使之现代化的最有效方式"。从手工操作主导的分工流程转向由"发动机—传动机构—工作机"等机器体系主导、人工操作辅助的分工流程，正是马克思所确立的机器大工业的技术—经济范式。时至今日，工业革命的方向依然是以自动化装置、信息化设备和人工智能等手段不断升级这一范式，而非摆脱和超越这一范式，换言之，我们一直处于对机器大工业改造升级的进程之中而尚未进入不同于机器大工业的"下一个时代"。因此，马克思基于协作和分工等生产方式术语构建的工业发展阶段理论不仅没有过时，而且为考察当代工业发展的前沿走向提供了重要的方法论基础。2016 年，贾根良教授就曾经借鉴马克思机器大工业理论透析了工业智能化的发展趋势，其成果成为近年来工业革命领域的经典文献。

上面提到的佩蕾丝和贾根良的研究，属于演化经济学的工业革命理论。他们的这些研究强调以新古典经济学为代表的主流经济学抽象掉了工业史的历史分析和生产方式的具体差异，从而无法对工业阶段和经济长波等议题做出有效的理论透析。他们尝试突破新古典范式的局限，借鉴古典经济学的理论框架，构建新的理论方法，其代表学者弗里曼和卢桑将这种方法称为"理性历史方法"。曼德尔、法国调节学派、美国积累的社会结构学派等马克思主义学者为这一领域的研究做出了重要贡献；熊彼特和新熊彼特学派的部分研究也与其存在较大的相通之处。在这些研究中，不同工业阶段的生产方式和相应的社会结构都是学者们关注的主题性线索，他们大致将工业的发展阶段概括为"六轮技术革命—三次工业革命"，其中每次为期百年左右的工业

---

① 马克思：《资本论》第 1 卷，人民出版社 1975 年版，第 460 页。

革命包括两轮技术革命。三次工业革命系以蒸汽机和铁路为代表的第一次工业革命、以电力和汽车为代表的第二次工业革命以及以信息化生产和人工智能为代表的第三次工业革命。当今世界正处于第三次工业革命中的第五轮技术革命（即生产信息化革命）向第六轮技术革命（即工业智能化革命）转变的历史交汇期。对于后发国家而言，第二次工业革命的任务尚未完成，又同时需要参与第三次工业革命，从而形成两次工业革命的任务叠加推进的阶段性特征——工业化和信息化同步推进的"新型工业化道路"也由此而生。

第二次工业革命的典型生产方式就是以规模经济为主导的批量化生产，即福特主义生产方式，其典型特征是规模化与高效率的一致性。在这种生产方式中，生产规模的扩张与经济效益的提升是高度一致的，在第二次工业革命中两者几乎被视为同义语。但是随着第三次工业革命的到来，以信息化、订制式、特性化和柔性生产为代表的后福特主义生产方式迅速崛起，规模与效益相统一的既有理念开始被打破，追求个性化、生态化和客户体验的工业理念逐步盛行。在此背景下工业发展越来越强调追求规模和批量生产之外的高质量和高效益，我国的新型工业化道路开始转入第三次工业革命的信息化和个性化生产，突破规模要效益的发展理念越发凸显。例如，2015 年习近平在围绕贯彻党的十八届五中全会精神做好当前经济工作的讲话中指出"要从过去主要看增长速度有多快转变为主要看质量和效益有多好"[1]，2016 年在省部级主要领导干部学习十八届五中全会精神专题研讨班的讲话中指出，"新常态下，……发展方式要从规模速度型转向质量效率型……这些变化，是我国经济向形态更高级、分工更复杂、结构更合理的阶段演进的必经过程。"[2] 发展方式转变、发展阶段演进的产业背景就是我国第二、三次工业革命叠加实施的历史进程，正从完成第二次工业革命的福特主义生产方式转向推进第三次工业革命所要求的信息化、智能化、个性化、生态化生产方式[3]。正是由于工业阶段开始超越了

---

[1] 中共中央党史和文献研究院编：《十八大以来重要文献选编》下，中央文献出版社 2018 年版，第 75 页。

[2] 《习近平新时代中国特色主义思想学习纲要》，学习出版社、人民出版社 2019 年版，第 112 页。

[3] 虽然福特主义生产方式肇始于 19 世纪后期福特汽车的生产工艺，但是将其上升为概括第二次工业革命基本特征的福特主义生产方式是第二次工业革命基本完成、其理论研究逐步成熟后的结果。相应地，关于第三次工业革命的生产方式应如何概括，在这次工业革命尚未完成、理论研究尚处于探索阶段的当下，尚不能总结出像福特主义生产方式这样明确的专用术语。

以规模求效益的福特主义生产，经济发展才需要突出强调对质量和效益的追求，这就更加需要引入新技术、开辟新市场、导入新要素，因此创新作为发展动力的地位就越来越突出。也正是这一产业背景使得高质量发展成为概括当前发展阶段的恰当主题。

三、从生产目的看高质量发展的必然性：
体现以人民为中心的生产方式

当前我们把高质量发展定义为"是能够很好满足人民日益增长的美好生活需要的发展"，这一论断体现了新时代社会主要矛盾的变化，同时也是以人民为中心发展思想的必然要求。从广义的具体生产方式来看，这也体现了社会主义生产方式的本质特征，以及新时代社会主义生产目的的必然要求：生产必须服务于人民生活水平的提升。在社会主义经济理论中，经济发展以社会主义生产目的为导向是社会主义经济规律的重要内容，也是社会主义生产方式的本质特征。随着经济发展水平提升至当前阶段，落实社会主义生产目的要求我们必须把满足人民的美好生活需要作为经济发展的根本导向，形成以人民为中心的生产方式。这涉及社会主义生产方式与资本主义生产方式的本质差别，即生产是服从剩余价值规律规定下的资本对利润的追求，还是服从社会主义经济规律所要求的社会主义生产目的。

改革开放以来，关于社会主义生产目的的大讨论就是经济发展领域的一次重要思想解放运动。学者们结合我国实际，强调了生产不能盲目扩张，而应以提高人民生活水平为根本目的，讨论关注点集中在"消费—积累"率问题，强调了增加消费提高人民生活水平的重要性。遭受了20世纪60年代至70年代的经济发展曲折后，在农、轻、重比例相对失调的背景下，我国居民的消费增长过于缓慢，经济发展未能充分满足人民提高生活水平的迫切要求。在此背景下，批判"为生产而生产"，要求治理农、轻、重比例失调，增加消费率的理论主张，在很大程度上切中了我国经济建设中的现实问题和社会各界关注的"痛点"，从而使这场理论大讨论在当时引起了广泛的关注。这次讨论的一个重要理论突破就在于社会各界确立了处理经济发展分歧性议题的判定标准，即依据是否符合社会主义生产目的判定经济发展道路和模式合理与否，而社会主义的生产目的正是人民的生活需求。因此这次讨论也在事实上确定了以人民的需要为判定标准的社会主义经济发展价值导向。

以人民的需要为判定标准的社会主义经济发展价值导向可视为当前"以人民为中心"发展思想的重要理论准备。同时，新时代经济社会发展状况的变化也在客观上要求我们的发展思想需要更加突出以人民为中心的核心原则和社会主义生产目的根本导向。理解这一转变的一个重要切入点，就是20世纪80年代社会主义生产目的大讨论中所提出生产经营利润导向与社会主义生产目的之间的辩证统一关系问题。在当时，利润作为调动企业生产积极性的关键要素，以及剩余产品的价值表现被引入社会主义生产目的的理论。例如戴星东、曹序和韩明希区分了作为"直接目的"的利润导向和社会主义生产的"最终目的"之间存在统一性："社会主义生产的目的是满足人们的物质文化生活需要的最终目的和追求新价值（v + m）的直接目的的统一"；洪银兴和魏杰提出了微观层面"企业生产目的"与宏观层面"社会主义生产目的"的辩证统一，"根据利润显示的社会主义内容，它是企业双重生产目的的直接体现。它既能体现商品生产一般目的的要求，又能成为社会主义生产目的的实现形式"。当然，也有学者强调了两者的矛盾性，认为追求利润是资本主义企业的本质特征，价值和利润只是实现社会主义生产目的的手段："社会主义生产的目的是为了满足社会和人民的需要，而不是为了利润。我们也要利润，但它也只是手段，不是我们生产的目的。"

客观而言，在20世纪80年代，出于提高经济活力、加速经济发展的目的，认同企业的利润追求与社会主义生产目的之间的统一性有其合理之处，尤其是依据市场经济的一般原则要求推进以利润为导向改进经营管理符合当时提高生产效率、扩大生产供给、满足消费需要的时代要求。同时，利润导向原则与当时追求规模经济和增长速度的发展导向也具有一致性。在政治经济学中，利润是剩余价值的重要形式，提升利润的重要意义就在于做大生产剩余、为扩大再生产创造条件。但是也必须看到，利润追求毕竟不同于社会主义生产目的所要求的满足人们生活需求的根本原则，它们之间的矛盾性同样不可忽视。随着经济发展水平的提高、经济结构日趋金融化的背景下，虚拟经济和资本市场的过度繁荣，使得利润导向原则与社会主义生产目的之间的矛盾越发凸显，这也是在新时代突出强调以人民为中心的发展思想的历史必然性。

在此背景下，社会主义生产目的理论匡正经济发展导向的关键作用再次凸显。习近平总书记明确指出有违社会主义生产目的的"三大失衡"问题：实体经济结构性供需失衡、金融和实体经济失衡、房地产和实体经济失衡。[1] 在社会主义经济中，利润的根本作用在于推动实体经济发展、扩大社会生产、满足人民生活需要；一旦脱离了这一社会主义生产目的，就必须予以纠正。只有推进实体经济发展的利润追求才符合社会主义生产目的，因此，习近平总书记多次强调振兴实体经济才是供给侧结构性改革的关键导向。正如前文所述，他在理论上将这一立场概括为"从政治经济学的角度看，供给侧结构性改革的根本，是使我国供给能力更好满足广大人民日益增长、不断升级和个性化的物质文化和生态环境需要，从而实现社会主义生产目的。"[2]

　　相对于西方发达资本主义国家的经济现状，我国振兴实体经济、治理脱实向虚和金融投机的供给侧结构性改革，是一项了不起的壮举。研究资本主义经济的国内外学者认为，导致 2008 年金融危机的重要原因就是 20 世纪后期迅速蔓延的经济金融化趋势加重了西方国家的脱实向虚和金融投机，挤压了实体经济的发展空间，同时其自由主义的积累体制严重损害了劳动者的利益，使得无产阶级的相对贫困化程度持续提升。西方发达国家的社会各界均对这一现象提出了态度鲜明的批判，但是根治这一问题的各项改革举措均未获成功，从而导致其经济危机最终不可避免，甚至在 2008 年金融危机之后这一现象也没有获得有效的治理。在我国，能够态度鲜明地治理"三大失衡"问题，推进以振兴实体经济、实现社会主义生产目的为导向的供给侧结构性改革，显示了中国经济不同于剩余价值规律主导下的资本主义经济的社会主义本质特征。

　　经济发展水平的提升不仅表现为生产力水平的提高，还体现为制度体系的变革。随着社会主义市场经济体系日趋完备，在产品市场繁荣的同时，以资本市场、货币市场、土地和房地产市场为代表的要素市场也逐步从无到有、从小到大，生产要素市场在便利要素流动、提升经济活力的同时，也为资本投机和金融空转等脱离实体经济的逐利行为提供更大的操作空间。受其影响，资本逐利行为与社会主义生产目的之间的矛盾性显得越发突出。在此背景下，要坚持社会主义生产目的的根本导向，我国必须坚持以人民为中心的根本原则，对脱离社会主义生产目的的逐利行为进行坚

---

　　[1] 《习近平新时代中国特色社会主义思想学习纲要》，学习出版社、人民出版社 2019 年版，第 118 页。

　　[2] 《习近平在省部级主要领导干部学习贯彻党的十八届五中全会精神专题研讨班上的讲话》，载于《人民日报》2016 年 5 月 10 日第 2 版。

决的治理，这是在市场经济体制的更高发展阶段必须着力解决的重要问题。正是由于中国始终秉持以人民为中心的发展导向，中国才能以供给侧结构性改革等一系列改革措施及时治理脱实向虚等问题，使中国经济在金融危机后逆势上扬。尤其值得注意是，2008 年金融危机之后以农民工工资为代表的劳动力价格迅速提高，使中国经济走出了一条消费增长、内需扩张、经济结构持续优化的良性发展之路。在新的发展阶段上，坚持实现社会主义生产目的，坚守以人民为中心的生产方式，是中国能够取得上述经济发展成就的关键所在。

四、从生产理念的深化看高质量发展的必然性：人与自然和谐发展的生产方式

如果说工业阶段的演进和生产目的的提升是具体生产方式升级换代的体现，那么对于人与自然关系的深化认识则是生产理念不断升华的表现。就抽象的生产方式而言，物质资料的生产过程就是人们从自然界中获取自己所需资源以满足自身需要的劳动过程，在此过程中关于人与自然关系的认识也随之深化，即生产理念的深化。

围绕人与自然的关系，生产理念的深化至少可以划分为三个阶段：崇拜外化自然力的理念、将自然力内化于生产过程的理念以及将自然归于生产目的的理念。理念深化的过程也与经济发展水平提升和工业阶段演进紧密相连。例如，马克思认为，重农学派和亚当·斯密持有的崇拜和外化自然力的理念源于他们对大工业史前时期生产状况的认识，"自然力在工业中的使用，只是在工业发展到比较高的阶段才明显。……亚当·斯密在这里还反映大工业的史前时期，因此他表达的是重农主义的观点，而李嘉图则从现代工业的观点来回答他。"[①] 在这里可以看到，马克思认为如何认识人与自然的关系，与工业发展阶段紧密相连。

马克思认为由于对大工业的生产方式认识不足，亚当·斯密依然持有源于重农学派的那种崇拜自然力、将自然力置于劳动生产力之外的传统观点，我们将这种观念称为崇拜和外化自然力的生产理念。在这一理念下，自然力在生产中所发挥的作用被视为自然的赏赐而非人类利用自然力提升

---

① 《马克思恩格斯全集》第 26 卷（第一册），人民出版社 1972 年版，第 36 页。

自身劳动生产力的结果。例如，马克思列举了斯密的如下表述："地租是扣除或补偿一切可以看作人工产物的东西之后所留下的自然的产物。它很少少于总产品的四分之一，而常常多于总产品的三分之一。制造业中使用的等量生产劳动，决不可能引起这样大的再生产。在制造业中，自然什么也没有做，一切都是人做的；并且再生产必须始终和实行再生产的当事人的力量成比例。"[①] 在这段表述中可以看到，在斯密看来"人做的"与"自然做的"是彼此分离的，土地产物的 1/4 以上要以地租的方式被拿走，其原因就在于这些产物非人力之结果，而是来自自然的力量。这一观念在重农学派之中尤为突出，他们将其称为"自然的赐予"，杜尔哥曾指出："土地产品就分成两部分：一部分包括土地耕种者的生存资料和利润，这是他的劳动的报酬，也是他耕种土地所有者的土地的条件；余下的就是那个独立的可以自由支配的部分，这是土地作为纯粹的赐予交给耕种土地的人的、超过他的预付和他的劳动报酬的部分；这是归土地所有者的份额，或者说，是土地所有者赖以不劳动而生活并且可以任意花费的收入"。可以看出，重农学派将土地产物划分为劳动的产出和自然的赐予两部分，这既体现了他们对自然力的崇拜，同时也表明在他们的观念中自然力所发挥的作用尚未处于人类的控制支配之下，不构成人类劳动生产力组成要素。马克思将重农学派的这一认识局限归结为他们尚未看到大工业中人类掌控自然力并使之内化于其劳动生产过程，因此不能将自然力视为人类劳动生产力的构成部分。简言之，第一次工业革命和机器大工业的到来才催生了[②] "将自然力内化于生产过程的理念"。

在上文提到的李嘉图对斯密上述观点的回答中，他这样写道："在工业中，自然没有替人做什么吗？那些推动我们的机器和船只的风力和水力，不算数吗？那些使我们能开动最惊人的机器的大气压力和蒸汽压力，不是自然的赐予吗？至于在软化和溶化金属时热的作用以及在染色和发酵过程中大气的作用，就更不用提了。在人们所能举出的任何一个工业部门中，自然都给人以帮助，并且是慷慨而无代价的帮助。"李嘉图在这里陈述的"自然替人做"的事情其实是机器大工业中人类对自然力的运用，也

---

① 《马克思恩格斯全集》第 26 卷（第一册），人民出版社 1972 年版，第 36 页。
② 在斯密的时代第一次工业革命已经开始，但斯密关于工农业生产的思考大多来自法国重农学派，后者缺乏对工业革命和机器大工业的深入思考，这也导致斯密的学说未能真实地反映英国工业革命的典型特征。

就是后来所称的"科技在生产中的作用"，从亚当·斯密到大卫·李嘉图，马克思敏锐地觉察到两者的关键区别：是否将对自然力的运用视为劳动生产力的构成要素。当然，这一理念更为彻底的贯彻者是马克思本人，他明确地将自然条件视为劳动生产力构成要素之一。例如，提到劳动生产力的高低，马克思指出"劳动生产力是由多种情况决定的，其中包括工人的平均熟练程度，科学的发展水平和它在工艺上应用的程度，生产过程的社会结合，生产资料的规模和效能，以及自然条件"①。关于工业生产，他直接将自然界视为生产的条件和材料，"没有自然界，没有感性的外部世界，工人什么也不能创造。自然界是工人的劳动得以实现、工人的劳动在其中活动、工人的劳动从中生产出和借以生产出自己的产品的材料"②。在政治经济学中，一般以土地代指一切自然资源，而马克思则将这些自然资源直接视为构成生产力要素的"劳动资料"，"土地本身又是这类一般的劳动资料，因为它给劳动者提供立足之地，给他的劳动过程提供活动场所。这类劳动资料中有的已经经过劳动的改造，例如厂房、运河、道路等等。"③ 在马克思的表述中我们不难看出，随着生产力水平的提高，劳动资料的范围不断延伸扩大，人们需要在直接的生产操作之前先改造自然环境，从而为生产过程制造一个符合生产工艺要求的"自然环境"。马克思开始将道路、运河等自然条件视为劳动资料，这一趋势随着工业阶段的演进逐步强化，适应现代工业的发展要求所必须使用的自然资源和空间越来越大，现代产业园区已经通过大规模基础设施建设将一个相当于城镇规模的自然空间改造为符合工业技术要求的生产场所，这无疑极大地提高了对自然资源的改造力度，自然环境的承载压力也空前提高。显然，只有在自然环境的承载范围内才能保证经济发展的可持续性。因此，在自然条件可承受范围内推进经济发展的可持续发展理念应运而生。这一理念的本质依然是视自然条件为生产力构成部分的生产理念，只是理论视角在空间上拓展至整个自然环境，在时间上延展为长期生产的可持续性。

随着绿色生态环保的理念日益深入人心，仅仅将自然条件视为劳动资料和生产力的构成部分已不足以概括人与自然的关系。现代工业对自然环境的影响引发了越来越广泛的关注，良好的自然环境已经从生产的条件和

---

① 《马克思恩格斯文集》第5卷，人民出版社2009年版，第53页。
② 《马克思恩格斯文集》第1卷，人民出版社2009年版，第158页。
③ 《马克思恩格斯文集》第5卷，人民出版社2009年版，第211页。

资源转化为生活的现实需求，在这一背景下，自然环境开始从政治经济学中的生产资料转向生产目的，将绿色发展视为高质量发展的普遍形态就是这一理念的重要体现，我们将这一理念称为"将自然归于生产目的的理念"。实现上述理念转变的重要标志，就是习近平总书记明确将自然环境上升为社会主义生产目的的构成部分："从政治经济学的角度看，供给侧结构性改革的根本，是使我国供给能力更好满足广大人民日益增长、不断升级和个性化的物质文化和生态环境需要，从而实现社会主义生产目的。"①

出现"将自然归于生产目的的理念"是生产理念的一次革命性深化，它将人与自然关系的认识推进至一个全新的高度。在此之前，关于人与自然的关系，一般从直接生产关系的角度去认识，将自然视为生产的条件或生产力的构成要素。换言之，自然环境是通过参与直接生产过程来间接地满足人们的需要，将自然归于生产目的则完全突破了上述认识，在这一全新的理念下，自然环境被提升为人类生活的直接需要，生产的目的之一就是要满足这方面的需要，因此自然条件对于人类的意义已不再是持续提供用于经济发展的资源和材料，而是为人类提供生态环保的生活条件。由此观之，提高自然资源的使用效率，以最小的资源消耗满足人们的需要，从而降低自然环境的承载压力，成为新时代经济发展的必然要求。这就是人与自然和谐发展的全新理念，而支撑这一理念的则是低碳绿色的生产方式和环保生态的生活方式。因此，生产方式的变革方向已不再局限于财富增长和效率提升，而是必须同时推进资源节约型、环境友好型的技术变革，形成人与自然和谐发展的生产方式。以绿色为普遍形态的高质量发展思想正是上述生产理念升级、对于人与自然关系认识的深化所形成的历史必然。

五、结　　论

在政治经济学中，有什么样的生产就构成什么样的发展。当前中国经济进入高质量发展阶段，其历史必然性蕴含于生产方式发展阶段的历史演进之中。

首先，就狭义的具体生产方式即劳动方式而言，21世纪以来，中国

---

① 习近平：《在省部级主要领导干部学习贯彻党的十八届五中全会精神专题研讨班上的讲话》，人民出版社2016年版，第29～30页。

面临叠加推进第二、三次工业革命的历史使命，随着工业发展阶段从第二次工业革命的规模化生产转向第三次工业革命的信息化和智能化生产，中国越来越需要追求规模经济之外的质量和效益；由于第三次工业革命尚未完成，工业化进程逐步从跟跑并跑向并跑领跑转变，因此复制其他国家既有经验的传统发展思路难以适应新时代发展要求，创新理念的重要性越发突出；同时，任何一次技术革命和工业革命都需要国民经济各部门的协同推进，并吸纳人类社会的一切文明成果，因此协调和开放的发展理念也成为新时代高质量发展的必然要求。

其次，就广义的具体生产方式而言，相对于以剩余价值规律主导下的资本主义生产方式，中国的发展归根到底是要不断完善社会主义生产方式。由此观之，中国生产方式的本质特点就是要遵循社会主义经济规律、实现社会主义生产目的，走出一条不同于剩余价值规律支配下的利润导向的发展道路。20世纪70年代以来，受自由主义积累体制和经济金融化趋势的影响，西方资本主义经济在剩余价值规律的支配下重现产业脱实向虚、劳动者相对贫困程度提升的发展走向，引发了2008年金融危机和此后的经济持续衰退。进入新时代以来，面临"三大失衡"等新问题，中国再次提出社会主义生产目的的根本导向，以供给侧结构性改革等手段治理脱实向虚和金融投机，振兴实体经济。高质量发展被坚定的锁定为"是能够很好满足人民日益增长的美好生活需要的发展"，这充分地体现了社会主义生产目的对新时代生产方式的根本规定性，体现了以人民为中心的发展思想。同时，治理收入分配不均、加强社会保障和扶贫开发的力度日益加强，共享的发展理念从未像今天这样获得如此突出的重要地位。

最后，从抽象的生产方式和生产理念来看，在政治经济学中，关于人与自然关系的认识是逐步深化的，第一次工业革命使政治经济学开始将对自然力的利用纳入人类的劳动生产力范围之内，但是随着生产活动对自然资源的使用日益接近自然界的承受极限，绿色和生态的发展理念就显得越发突出。进入新时代以来，关于绿色和生态的发展理念形成了一次新的跃进：从出于生产可持续性的环境保护思想提升为视自然环境为生活需要的生态发展理念。在这一全新的理念下，关于人与自然关系的认识提升到一个全新的层次：从把自然界视为生产的场合和材料等手段，转变为满足人民美好生活需要的生产目的所在。

当前我们关于高质量发展的认识，已经日趋成熟，它被定义为"能够很好满足人民日益增长的美好生活需要的发展，是体现新发展理念的发展"。无论是创新、协调、绿色、开放、共享的新发展理念，还是满足人民美好生活需要的根本方向，生产方式视角下的考察都有助于我们准确理解高质量发展阶段的历史必然性。

参考文献

1. 《马克思恩格斯全集》第 45 卷，人民出版社 2003 年版。

2. 《马克思恩格斯文集》第 3 卷，人民出版社 2009 年版。

3. 《马克思恩格斯文集》第 1 卷，人民出版社 2009 年版。

4. 《马克思恩格斯文集》第 5 卷，人民出版社 2009 年版。

5. 《马克思恩格斯选集》第 4 卷，人民出版社 2012 年版。

6. 《马克思恩格斯选集》第 3 卷，人民出版社 2012 年版。

7. 《马克思恩格斯选集》第 1 卷，人民出版社 2012 年版。

8. 《马克思恩格斯文集》第 5 卷，人民出版社 2009 年版。

9. 高峰：《论"生产方式"》，载于《政治经济学评论》2012 年第 2 期。

10. 《马克思恩格斯全集》第 3 卷，人民出版社 1979 年版。

11. 《马克思恩格斯全集》第 44 卷，人民出版社 2001 年版。

12. 佩蕾丝：《技术革命与金融资本 泡沫与黄金时代的动力学》，田方萌等译，中国人民大学出版社 2007 年版。

13. 弗里曼、卢桑：《光阴似箭 从工业革命到信息革命》，沈宏亮主译，中国人民大学出版社 2007 年版。

14. 《习近平关于社会主义经济建设论述摘编》，中央文献出版社 2017 年版。

15. 《习近平新时代中国特色社会主义思想学习纲要》，学习出版社、人民出版社 2019 年版。

16. 戴星东、曹序、韩明希：《社会主义生产的最终目的和直接目的》，载于《经济研究》1981 年第 9 期。

17. 洪银兴、魏杰：《试析企业生产目的与社会主义生产目的的辩证统一》，载于《福建论坛（经济社会版）》1986 年第 1 期。

18. 于光远：《关于运用社会主义基本经济规律问题》，载于《学术月刊》1981 年第 1 期。

19. 张雪琴：《新自由主义与 2008 年的金融和经济危机——评大卫·科茨的〈新自由主义的兴衰〉》，载于《政治经济学评论》2015 年第 5 期。

20. 孟捷：《新自由主义积累体制的矛盾与 2008 年经济—金融危机》，载于《学术月刊》2012 年第 9 期。

21. 《马克思恩格斯全集》第 26 卷，人民出版社 1979 年版。

第三篇

中国经济发展的新业态

中国制造业技术进步与全球价值链位置攀升

——基于耦合互动的观点

杨蕙馨　田洪刚[*]

一、问 题 提 出

技术进步来源于知识累积与创新，可以通过技术扩散（Acemoglu D. and Zilibotti F.，2001）、人力资本积累（Benhabib J. and Spiegel M. M.，1994）、引进（沈坤荣和耿强，2001）或自主研发等多种途径实现，决定了企业和产业在国际市场上的竞争力。低技术水平意味着企业或产业讨价还价能力相对较低，通常从事产品生产中低附加值环节。在国际分工中，低技术企业或产业面临"路径依赖"和"低端锁定"风险（张小蒂和朱勤，2007；Tschang F. T. and Goldstein A.，2010）。跨国公司凭借核心技术优势，为降低生产成本，获取超额利润，在全球范围内配置生产要素，使得生产过程碎片化，形成产品供给的全球价值链条。全球价值链分工体系成为经济全球化的主流形态（Baldwin R. and Lopez－Gonzalez J.，2015；Mattoo A.，2013）。从国别视角看，发达国家拥有大量跨国巨头企业，牢牢掌控产品核心技术，占据高附加值环节。而发展中国家则处于低附加值环节，通过"干中学"、外商投资及技术溢出，试图突破低端锁定向高附加值攀升（吴敬琏，2006）。自改革开放后，中国依托廉价劳动力和制度红利，积极融入全球分工体系（蔡昉和王美艳，2014；刘志彪，2015），迅速成长为世界第一制造业大国。在对外开放过程中，中国更多采用市场

---

* 杨蕙馨，山东大学管理学院教授；田洪刚，济南大学商学院讲师。

换技术策略，依靠外源性技术进步支撑整个制造业发展，导致企业和产业竞争力弱，难以成为制造业强国。因此应正确处理技术进步和全球价值链（GVC）位置攀升关系，同时注重二者间的协同发展。在厘清二者关系基础上，如何通过技术进步实现价值链位置攀升是企业和政府十分关注的问题。

技术进步和全球价值链位置攀升存在密切的双向互动螺旋关系。一方面，技术进步是实现价值链位置攀升的核心动力。它决定了全球价值链位置攀升的方向和力度。技术进步通过工序和产品创新，提高中间品占比，强化内生优势，培育自有品牌，实施跨区域合作，推动全球价值链位置攀升。它还能够拓宽产品或服务的增值空间，实现产品或工序升级，使得价值链位置向上隆起。另一方面，全球价值链位置攀升为技术进步提供成果转换与应用的市场空间，形成技术创新生态圈。它影响技术进步的方向、速度和规模，内生地决定了技术进步（李焱和原毅军，2017）。全球价值链位置攀升还通过信息反馈、资源合理配置促进技术进步。

从已有研究看，学界对技术进步和全球价值链位置攀升关系已进行了不少定性和单向定量研究。相较于单一指标，用综合指标体系可能会更好反映和分析二者间互动关系。在综合指标体系下，将两者分别看作双向互动的子系统具有一定的合理性。结合前人研究成果，从系统耦合视角，将二者视为相互影响系统进行定量研究的成果尚不够完善。当前世界经济格局下，发达国家主导的全球价值链将世界各国裹挟到全球分工体系下并形成产品内分工生产协作范式。广大发展中国家如何突破"资源诅咒"，打破"低端锁定"窘境，迈向全球价值链中高端一直是学界关注的焦点。作为制造业大国，随着我国经济发展步入高质量发展阶段，如何通过外源性和内生性技术进步驱动制造业向全球价值链中高端攀升是当前迫切需要解决的时代难题。尤其是新冠肺炎疫情的暴发，一方面可能会打乱中国在过去出口导向战略下建立的长期的 GVC 生态（刘志彪，2020），另一方面为我国通过进一步优化营商环境实现向全球价值链中高端攀升和构建"以我为主"的全球、区域价值链提供了机遇。本文拟从系统耦合协同互动视角，深入分析技术进步与全球价值链位置攀升间的双向互动状况，以期为产业发展和政府决策提供理论依据和数据支撑。

二、理论分析与耦合互动模型

技术进步受人力资本、研发投入、政府政策等多重因素影响，表现为新型专利、新技术标准、新产品等，因此可以将其看作一个系统体系。全球价值链是跨国企业主导下的复杂生产网络体系，而全球价值链位置攀升是该系统中常见的一种典型事实，亦受多种因素影响，同样可以视为一个子系统。从系统角度看，技术进步和全球价值链位置攀升二者相互影响，形成了"技术进步—全球价值链位置攀升"大系统。由于产品核心技术与高附加环节密切关联，因此厘清技术进步和全球价值链位置攀升间关系是本文研究的起点。下面将在探讨二者互动螺旋关系基础上，引入耦合协调模型展开深层次分析。如图1所示。

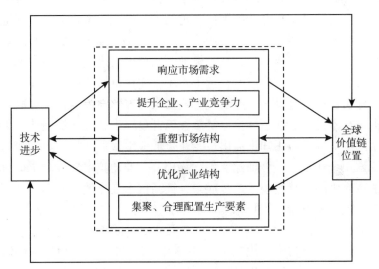

图1 技术进步与全球价值链位置攀升螺旋

1. 技术进步—全球价值链位置攀升螺旋

技术进步和全球价值链位置攀升存在双向互动螺旋关系。技术进步是实现价值链位置攀升的核心动力，它决定了全球价值链位置攀升的方向和力度。全球价值链位置攀升为技术进步提供成果转换与应用的市场空间，它影响技术进步的方向、速度和规模，内生地决定了技术进步（李焱和原毅军，2017）。技术进步通过工序和产品创新，提高中间品占比，强化内生优势，培育自有品牌，实施跨区域合作，推动全球价值链位置攀升。全球价值链位置攀升则通过信息反馈、资源合理配置促进技术进步。

一个国家在全球价值链中的地位与其科技水平相一致（洪银兴，2017）。技术进步主要通过影响企业和产业竞争力、产业结构和关联、市场结构驱动全球价值链位置攀升。企业和产业作为技术进步的载体，一方面通过加大研发投入和成果应用，提供新的高附加值产品，改变进出口产品的科技含量，提升了中间品占比；另一方面通过优化资源配置，提升生产效率，提高了企业获取高附加值能力，增强了企业和产业国际竞争力，实现全球价值链工序、产品、功能甚至链条升级，推动全球价值链位置攀升。从产业层面看，技术进步能够提升技术密集型产业占比，优化产业结构，增强产业核心竞争力，实现由低附加值环节向高附加值环节跃迁。技术进步通过利用新的生产要素组合，形成新兴产业。新兴产业通过部门或上下游产业联动，进一步提升技术水平，强化产业竞争力。技术进步还通过双边或多边贸易，在全球范围内实现技术扩散或技术再创新，保证产业持续向高技术水平发展，形成和维持强的国际竞争力。在技术扩散过程中，企业利用知识产权保护、技术标准等制度形成进入壁垒，占据并强化自身市场份额，淘汰在位或潜在竞争对手，实现价值链位置攀升。

全球价值链位置攀升主要通过影响要素配置、产业结构和关联、市场需求促进技术进步。在全球价值链位置攀升过程中，链条扩展使得大量高技术生产者嵌入，利用知识溢出、专业化低成本服务，将人力资本等高级生产要素集聚在一起，合理配置到优势环节，推动技术进步。全球价值链升级能有效吸纳和转化技术进步成果，提高技术溢出效应和创新效率，并通过集聚效应诱发新一轮技术变革。当产业处于全球价值链较高位置时，会通过进出口发挥技术溢出效应，实现技术跨越式提升，且全球价值链中的分工地位会强化技术溢出效应（陈颂和卢晨，2018）。根据市场需求变化，全球价值链位置攀升通过自调节机制，自行调节产业结构，尤其是技术密集型产业，引发新一轮技术创新、模仿与扩散。全球价值链位置攀升能够明确和检验技术创新方向，利用产业内和产业间关联，提高技术转移能力，持续促进技术进步。产品内国际分工能够正向促进中国制造业技术进步（胡昭玲，2008）。倪红福（2017）从技术含量视角，利用1995～2011年全球投入产出数据库测算并发现自1995年以来，中国积极参与全球分工，通过出口实现了整体行业技术水平升级和优化。另外，在全球价值链攀升过程中，企业作为基本单元，为满足消费者个性化定制需求，利用大数据、云计算等新一代信息技术快速响应市场需求，形成创新生态圈，持续推动技术进步。

2. 技术进步与全球价值链位置攀升耦合模型

系统利用内部参量间相互协调作用从无序走向有序，而耦合度则用于测度这种协调作用的大小（吴大进，1990）。耦合是指两个系统及其以上彼此影响并联合的现象，是一种相互依赖、协调与促进的动态关联关系。技术进步子系统和全球价值链位置攀升子系统间的关联动态，称为"技术进步—全球价值链位置攀升"耦合。通过测量"技术进步—全球价值链位置攀升"系统耦合协调度，能够清晰反映该系统的动态关联及变化，评判系统交互耦合演变趋势及二者协调性运行状况，进而提出针对性建议。

首先，确定功效函数。设 $X_{ij}(i=1, 2; j=1, 2, \cdots, n)$ 为第 i 个子系统的第 j 个指标的序参量，α_{ij}、β_{ij} 是系统稳定临界点序参量的上、下限值。标准化的功效系数 x_{ij} 则为 X_{ij} 对系统的功效贡献值，反映指标达到目标的满意程度，且 $x_{ij} \in [0, 1]$，0 为最不满意，1 为最满意。功效系数 x_{ij} 的算式为：

$$x_{ij} = \begin{cases} (X_{ij} - \beta_{ij})/(\alpha_{ij} - \beta_{ij}), & x_{ij}具有正功效 \\ (\alpha_{ij} - X_{ij})/(\alpha_{ij} - \beta_{ij}), & x_{ij}具有负功效 \end{cases} \tag{1}$$

运用集成方法可以计算系统内各个序参量对"技术进步—全球价值链位置攀升"系统的"总贡献"即综合序参量 U。根据物理学中的容量耦合（Capacitive Coupling）概念及其模型，系统耦合度值记为 C 且 $C \in [0, 1]$。设 U_1、U_2 分别为技术进步的综合序参量和全球价值链攀升的综合序参量。x_{ij} 为序参量 j 对系统 i 的功效，λ_{ij}（通过熵值法计算，以避免主观臆断）为序参量对应的权重。参照廖重斌（1999）等文献的做法，综合序参量 U_1、U_2 和系统耦合度 C 的函数表达式可以设定为：

$$U_i = \sum_{j=1}^{n} \lambda_{ij} x_{ij}, \ \sum_{j=1}^{n} \lambda_{ij} = 1, \ i = 1、2, \ C = 2 \times \sqrt{U_1 \times U_2}/(U_1 + U_2) \tag{2}$$

借鉴相关研究，"技术进步—全球价值链位置攀升"系统耦合分为六个阶段，如表1所示。

表1   系统耦合阶段描述

阶段	状态描述
C = 0	耦合度极小，子系统间无关联且无序发展
0 < C ≤ 0.3	低水平耦合
0.3 < C < 0	系统处于颉颃阶段
0.5 ≤ C < 0	系统进入磨合阶段
0.8 ≤ C < 1	系统处于高水平耦合阶段
C = 1	良性耦合共振且趋向新的有序结构

3. 技术进步与全球价值链位置攀升协调模型

系统中各个子系统及其构成要素各种质的差异部分通过相互配合，推动系统动态演变。技术进步与全球价值链位置攀升相互协调，通过耦合互动实现二者的同步快速发展。二者间具有交错、动态和不平衡的特性，仅依靠耦合模型难以反映二者互动的整体功效与协调效应。为评判二者交错耦合的协调程度，构造"技术进步—全球价值链位置攀升"系统的协调度模型：

$$\begin{cases} D = \sqrt{C \times T} \\ T = aU_1 + bU_2 \end{cases} \tag{3}$$

式（3）中 D 是协调度，C 是耦合度，T 是"技术进步—全球价值链位置攀升"综合协调指数，反映了技术进步与全球价值链攀升的整体协同效应。其中，$T \in (0, 1)$ 以确保 $D \in (0, 1)$。U_1、U_2 分别是技术进步与全球价值链位置攀升的综合序参量。a、b 为待定参数。协调度具体分为以下四个阶段，如表2所示。

表2   系统协调度描述

阶段	状态描述
(0, 0.3]	低度协调
(0.3, 0.5]	中度协调
(0.5, 0.8]	高度协调
(0.8, 1)	极度协调

4. 技术进步—全球价值链位置攀升系统评价指标体系选择

根据"技术进步—全球价值链位置攀升"耦合协调系统的内涵及特征遵循科学性、整体性、层次性和可操作性等原则，并借鉴国内外学者已有研究，建立技术进步与全球价值链位置攀升子系统综合测度指标体系（如表 3 所示）。

表3　　　　　"技术进步—全球价值链位置攀升"系统指标体系

子系统	一级指标	二级指标	单位
技术进步系统	投入指标	R&D 人员（R&Dp）	人/年
		R&D 经费内部经费支出（R&De）	万元/年
		新产品开发经费支出（Newgood）	万元/年
		引进技术经费支出（Intrte）	万元/年
		消化吸收经费支出（Diste）	万元/年
		购买国内技术经费支出（Buyte）	万元/年
		技术改造经费支出（Trante）	万元/年
	产出指标	新产品销售收入（Ngoodr）	万元/年
		专利申请数（Patent）	件/年
全球价值链位置攀升系统	攀升表征	全球价值链地位指数（GVCPs）	%
		全球价值链参与度（GVCPat）	%
		全球价值链长度（PGVCP）	%
	攀升因子	外商直接投资（FDI）	亿元/年

资料来源：根据相关资料整理所得。

技术进步内涵丰富，大体可从投入和产出两个维度予以刻画。现有研究通常用专利数、新产品研发经费支出、研发投入、R&D 内部支出总额占地区生产总值的比重或用 3 种发明专利的申请量衡量技术进步（黄清煌和高明，2016）。本文选取技术进步投入指标包括 R&D 人员（R&Dp）、R&D 经费内部经费支出（R&De）、新产品开发经费支出（Newgood）、引进技术经费支出（Intrte）、消化吸收经费支出（Diste）、购买国内技术经费支出（Buyte）、技术改造经费支出（Trante）；技术进步产出指标主要包括新产品销售收入（Ngoodr）、专利申请数（Patent）。

全球价值链位置攀升子系统主要从攀升表征和影响因子两个维度予以

刻画。依据相同原则，构建全球价值链位置攀升综合指标评价体系。具体地，全球价值链位置攀升的表征可用全球价值链地位指数（GVCPs）、全球价值链参与度（GVCPat）、全球价值链长度（PGVCP）予以描述。国内外学者主要采用 RCA 指数（Balassa，1965）、VS 指数（Hummels et al.，2001）、GVC 地位指数（koopman et al.，2010）方法测度国别在全球价值链位置。王直等（2013）和王直等（2017a，2017b，）进行了扩展研究。本文采用对外经贸大学全球价值链数据库中的全球价值链位置指数（GVCPs），描述中国制造业在全球价值链中的位置攀升状况。全球价值链地位指数是一个相对指标，由基于前向行业关联的 GVC 生产长度和后向行业关联的 GVC 生产长度二者比值构成。另外，全球价值链位置攀升与参与程度存在密切关联。王直（2017）在对国家行业增加值进行分解的基础上，测度了基于前向联系的 GVC 参与度，并根据所参与 GVC 的复杂程度，将其分解为浅度 GVC 参与和深度 GVC 参与。王直所构建的全球价值链数据库中包含了全球价值链参与度（GVCPat）和全球价值链长度（PGVCP），而这两个指标可以衡量全球价值链位置攀升状况。李强和郑江淮（2013）认为国际分工参与度对制造业整体及资本、技术密集型产业价值链攀升具有正向影响。考虑数据可得性，全球价值链位置攀升影响因子包括外商直接投资（FDI）。国内学者关于 FDI 对中国制造业全球价值链地位提升的作用仍存在分歧。例如，FDI 对内资企业存在正向溢出效应，但仍需依赖自主创新提高其利用率，改善在全球价值链中的位置（邱斌等，2007）。李强和郑江淮（2013）从产品内分工的视角指出 FDI 对制造业整体及劳动密集型产业价值链攀升具有正向作用。但也有观点认为，由于 FDI 技术溢出少、本土企业生产力不足，使得中国加工贸易的转型升级受阻（时磊，2011；汤碧，2012）。本文选取中国制造业不同行业外商投资和港澳台商投资工业企业资产衡量外商直接投资。

三、制造业技术进步和 GVC 位置攀升耦合协调的实证分析

1. 数据来源与权重确定

（1）数据来源。根据指标数据的可得性和完整性，本文选取 2000 ~

2014 年中国 15 个二位数制造业[①]面板数据[②]为样本，对制造业技术进步与全球价值链位置攀升的耦合协调关系进行实证研究。样本数据来源于《中国工业统计年鉴》《工业企业科技活动统计年鉴》《中国科技统计年鉴》和对外经济贸易大学全球价值链数据库。

（2）功效值计算。从实际情况看，各指标的上下限值尚无具体可靠的参考标准。由于不同要素密集型产业在要素投入方面存在明显差异，且不同生产分工环节存在动态关联。为此，有必要从整体与分产业视角考察和厘清中国制造业的整体及分产业状况。据此，每个产业指标上下限均以同年同产业内指标最高值和最低值为上下限值。另外，13 个指标取值大小和子系统提升均存在正相关关系，因此都作为正功效类型予以计算。

（3）协调度计算。当前，我国经济转向高质量发展阶段，强调通过内生比较优势推动技术进步。我国制造业处于向中高端攀升的爬坡阶段。在新的历史机遇期，制造业技术进步与其全球价值链位置攀升间的互动作用尤为重要。鉴于当前二者关系的重要性，在测度协调度时将二者置于同等重要位置，即协调度中的参数 a、b 均取值为 0.5。

（4）权重计算。根据本文"技术进步—全球价值链位置攀升"系统指标体系，在熵值赋权法的计算过程中，指标数 p 统一取值为 13。鉴于需要分产业考察，对劳动、资本、技术三大要素密集型产业分别计算相应指标的权重，样本数 n 个数依次为 2、8 和 5。根据上述数据处理和权重测算，分别得到中国制造业整体、劳动密集型产业、资本密集型产业和技术密集型产业"技术进步—全球价值链位置攀升"系统指标的权重，依次如表 4 至表 9 所示。

---

① 产业要素密集度用于描述生产资料数量和劳动力数量之间的比例。借鉴国内学者研究，将产业分为劳动密集型、资本密集型和技术密集型三类（周升起等，2014；聂玲等，2014；马野青等，2017）。其中，劳动密集型产业包括：1. 纺织、服装、皮革制品制造业，2. 木材、木制品、软木制品制造业。资本密集型产业包括：3. 食品、饮料、烟草制品制造业，4. 纸和纸制品的制造，5. 打印和录制媒体复制制造业，6. 焦炭和精炼石油产品制造业，7. 橡胶和塑料制品制造业，8. 其他非金属矿物制品制造业，9. 基础金属制造业，10. 金属制品制造业。技术密集型产业包括：11. 化学品及化学制品制造业，12. 基础药物产品和药物制剂制造业，13. 计算机、电子和光学产品制造业，14. 电气设备制造业，15. 机械设备制造业。

② 之所以选取 2000～2014 年的数据，一方面是因为全球价值链攀升系统指标主要来源于对外经济贸易大学全球价值链数据库，而该数据库最新数据更新到 2014 年；另一方面，该数据能够较好地揭示技术进步与全球价值链位置攀升的内在关系，为今后我国制造业产业发展和政策制定提供一定的历史数据支撑。

表4　制造业"技术进步—全球价值链位置攀升"系统权重

指标	二级指标	2000年	2001年	2002年	2003年	2004年	2005年	2006年	2007年	2008年	2009年	2010年	2011年	2012年	2013年	2014年
技术进步	R&Dp	0.117	0.123	0.126	0.126	0.124	0.132	0.126	0.125	0.135	0.132	0.131	0.124	0.118	0.116	0.116
	R&De	0.110	0.107	0.105	0.112	0.112	0.121	0.118	0.121	0.127	0.125	0.126	0.122	0.117	0.115	0.115
	Newgood	0.108	0.104	0.103	0.109	0.109	0.125	0.122	0.123	0.126	0.122	0.124	0.119	0.114	0.113	0.111
	Ngoodr	0.096	0.097	0.100	0.100	0.104	0.115	0.113	0.119	0.121	0.122	0.121	0.119	0.115	0.115	0.112
	Patent	0.113	0.122	0.115	0.109	0.110	0.117	0.106	0.104	0.116	0.114	0.110	0.110	0.105	0.104	0.101
	Intrte	0.125	0.122	0.125	0.120	0.092	0.107	0.108	0.099	0.104	0.114	0.108	0.113	0.100	0.109	0.106
	Diste	0.106	0.091	0.098	0.112	0.119	0.099	0.107	0.138	0.118	0.093	0.103	0.112	0.115	0.116	0.118
	Buyte	0.114	0.115	0.109	0.104	0.132	0.099	0.103	0.077	0.062	0.080	0.067	0.070	0.106	0.096	0.105
	Trante	0.111	0.118	0.121	0.107	0.099	0.085	0.095	0.093	0.092	0.098	0.109	0.111	0.110	0.116	0.117
GVC位置攀升	GVCPs	0.248	0.261	0.258	0.256	0.251	0.255	0.249	0.246	0.244	0.254	0.256	0.252	0.251	0.252	0.252
	GVCPat	0.260	0.262	0.266	0.271	0.271	0.278	0.269	0.268	0.263	0.255	0.260	0.258	0.258	0.257	0.257
	PGVC	0.260	0.250	0.249	0.248	0.253	0.254	0.254	0.256	0.256	0.262	0.266	0.263	0.263	0.263	0.264
	FDI	0.232	0.227	0.227	0.225	0.225	0.213	0.228	0.230	0.237	0.229	0.217	0.227	0.228	0.228	0.227

资料来源：根据相关资料整理计算所得。

表5 制造业"技术进步—全球价值链位置攀升"平均耦合度和协调度

指标	2000年	2001年	2002年	2003年	2004年	2005年	2006年	2007年	2008年	2009年	2010年	2011年	2012年	2013年	2014年
耦合度	0.789	0.771	0.772	0.777	0.783	0.757	0.762	0.777	0.752	0.775	0.766	0.781	0.799	0.801	0.804
协调度	0.519	0.496	0.491	0.485	0.493	0.461	0.470	0.475	0.476	0.487	0.490	0.506	0.517	0.514	0.517
耦合程度与协调程度	磨合阶段高度协调	磨合阶段中度协调	磨合阶段中度协调	磨合阶段中度协调	磨合阶段中度协调系统	磨合阶段中度协调	磨合阶段中度协调	磨合阶段中度协调	磨合阶段中度协调	磨合阶段中度协调	磨合阶段高度协调	磨合阶段高度协调	磨合阶段高度协调	高水平耦合阶段高度协调	高水平耦合阶段高度协调

资料来源：根据相关资料整理计算所得。

表6 平均制造业技术进步和全球价值链位置攀升综合序参量值

指标	2000年	2001年	2002年	2003年	2004年	2005年	2006年	2007年	2008年	2009年	2010年	2011年	2012年	2013年	2014年
技术进步	0.246	0.221	0.231	0.227	0.237	0.204	0.213	0.215	0.216	0.225	0.234	0.253	0.274	0.275	0.283
GVC位置攀升	0.457	0.443	0.42	0.411	0.417	0.399	0.405	0.405	0.427	0.422	0.43	0.437	0.428	0.416	0.413

资料来源：根据相关资料整理计算所得。

表7　劳动密集型制造业"技术进步—全球价值链位置攀升"系统权重

指标	二级指标	2000年	2001年	2002年	2003年	2004年	2005年	2006年	2007年	2008年	2009年	2010年	2011年	2012年	2013年	2014年
技术进步	R&Dp	0.111	0.111	0.111	0.111	0.111	0.111	0.111	0.111	0.111	0.111	0.111	0.111	0.111	0.111	0.111
	R&De	0.111	0.111	0.111	0.111	0.111	0.111	0.111	0.111	0.111	0.111	0.111	0.111	0.111	0.111	0.111
	Newgood	0.111	0.111	0.111	0.111	0.111	0.111	0.111	0.111	0.111	0.111	0.111	0.111	0.111	0.111	0.111
	Ngoodr	0.111	0.111	0.111	0.111	0.111	0.111	0.111	0.111	0.111	0.111	0.111	0.111	0.111	0.111	0.111
	Patent	0.111	0.111	0.111	0.111	0.111	0.111	0.111	0.111	0.111	0.111	0.111	0.111	0.111	0.111	0.111
	Intrte	0.111	0.111	0.111	0.111	0.111	0.111	0.111	0.111	0.111	0.111	0.111	0.111	0.111	0.111	0.111
	Diste	0.111	0.111	0.111	0.111	0.111	0.111	0.111	0.111	0.111	0.111	0.111	0.111	0.111	0.111	0.111
	Buyte	0.111	0.111	0.111	0.111	0.111	0.111	0.111	0.111	0.111	0.111	0.111	0.111	0.111	0.111	0.111
	Trante	0.111	0.111	0.111	0.111	0.111	0.111	0.111	0.111	0.111	0.111	0.111	0.111	0.111	0.111	0.111
GVC攀升	GVCPs	0.25	0.25	0.25	0.25	0.25	0.25	0.25	0.25	0.25	0.25	0.25	0.25	0.25	0.25	0.25
	GVCPat	0.25	0.25	0.25	0.25	0.25	0.25	0.25	0.25	0.25	0.25	0.25	0.25	0.25	0.25	0.25
	PGVC	0.25	0.25	0.25	0.25	0.25	0.25	0.25	0.25	0.25	0.25	0.25	0.25	0.25	0.25	0.25
	FDI	0.25	0.25	0.25	0.25	0.25	0.25	0.25	0.25	0.25	0.25	0.25	0.25	0.25	0.25	0.25

资料来源：根据相关资料整理计算所得。

表8　资本密集型制造业"技术进步—全球价值链位置攀升"系统权重

指标	2000年	2001年	2002年	2003年	2004年	2005年	2006年	2007年	2008年	2009年	2010年	2011年	2012年	2013年	2014年
R&Dp	0.123	0.124	0.126	0.155	0.155	0.228	0.231	0.229	0.366	0.266	0.279	0.225	0.181	0.142	0.14
R&De	0.129	0.131	0.109	0.109	0.126	0.153	0.167	0.137	0.208	0.184	0.193	0.167	0.14	0.122	0.124
Newgood	0.147	0.133	0.122	0.126	0.112	0.214	0.232	0.182	0.244	0.179	0.192	0.176	0.154	0.137	0.131
Ngoodr	0.126	0.126	0.125	0.138	0.125	0.170	0.184	0.183	0.216	0.203	0.21	0.179	0.158	0.138	0.129
Patent	0.102	0.131	0.158	0.162	0.217	0.281	0.278	0.254	0.36	0.288	0.316	0.244	0.203	0.165	0.155
Intrte	0.113	0.105	0.131	0.063	0.008	0.040	0.04	0.079	-0.075	0.003	-0.01	-0.024	-0.027	0.084	0.093
Diste	0.078	0.058	0.093	0.181	0.098	0.076	-0.07	0.06	-0.058	-0.061	-0.056	0.037	0.115	0.100	0.103
Buyte	0.127	0.126	0.065	0.015	0.129	-0.134	-0.09	-0.146	-0.235	-0.083	-0.2	-0.09	-0.026	0.005	0.017
Trante	0.054	0.066	0.07	0.051	0.031	-0.029	0.027	0.022	-0.025	0.022	0.075	0.087	0.101	0.107	0.108
GVCPs	0.232	0.242	0.236	0.242	0.242	0.246	0.239	0.237	0.238	0.232	0.229	0.225	0.203	0.196	0.206
GVCPat	0.266	0.27	0.275	0.273	0.266	0.266	0.264	0.257	0.262	0.265	0.273	0.276	0.279	0.283	0.278
PGVC	0.257	0.26	0.247	0.249	0.246	0.253	0.242	0.243	0.245	0.239	0.237	0.231	0.252	0.258	0.253
FDI	0.245	0.228	0.243	0.236	0.245	0.235	0.255	0.263	0.255	0.265	0.261	0.268	0.266	0.264	0.264

资料来源：根据相关资料整理计算所得。

表9　技术密集型制造业"技术进步—全球价值链位置攀升"系统权重

指标	2000年	2001年	2002年	2003年	2004年	2005年	2006年	2007年	2008年	2009年	2010年	2011年	2012年	2013年	2014年
R&Dp	0.13	0.219	0.258	0.257	0.227	0.201	0.181	0.136	0.13	0.126	0.104	0.103	0.101	0.116	0.119
R&De	0.099	0.022	0.120	0.161	0.183	0.178	0.156	0.158	0.169	0.149	0.139	0.126	0.128	0.143	0.146
Newgood	0.135	0.177	0.136	0.138	0.142	0.182	0.169	0.138	0.148	0.127	0.138	0.108	0.112	0.127	0.125
Ngoodr	0.058	0.084	0.104	0.052	0.119	0.132	0.116	0.118	0.12	0.13	0.116	0.113	0.121	0.129	0.127
Patent	0.121	0.082	0.110	0.065	0.086	0.121	0.006	0.005	0.031	0.062	0.04	0.09	0.091	0.104	0.106
Intrte	0.186	0.099	0.108	0.088	-0.038	0.086	0.112	0.08	0.135	0.172	0.176	0.142	0.135	0.163	0.152
Diste	-0.02	0.053	0.066	0.125	-0.121	-0.28	0.075	0.169	0.195	0.12	0.033	0.110	0.100	0.019	0.067
Buyte	0.143	0.075	0.165	0.068	0.295	0.291	0.067	0.069	-0.076	0.029	0.100	0.116	0.149	0.089	0.129
Trante	0.149	0.189	-0.067	0.046	0.106	0.088	0.116	0.128	0.15	0.085	0.154	0.091	0.064	0.110	0.029
GVCPs	0.225	0.36	0.367	0.387	0.322	0.304	0.281	0.288	0.273	0.28	0.27	0.255	0.251	0.256	0.256
GVCPat	0.336	0.368	0.356	0.371	0.329	0.318	0.285	0.292	0.295	0.208	0.228	0.245	0.255	0.252	0.260
PGVC	0.244	0.068	0.105	0.066	0.16	0.245	0.227	0.196	0.199	0.262	0.28	0.27	0.267	0.265	0.265
FDI	0.195	0.205	0.172	0.176	0.19	0.133	0.208	0.224	0.233	0.249	0.222	0.23	0.228	0.227	0.219

资料来源：根据相关资料整理计算所得。

2. 制造业整体维度下的耦合协调分析

依据熵值法确定的权重,按照耦合协调度的计算方法得到制造业整体2000～2014年的耦合度和协调度。将历年制造业行业做平均处理(如表5所示)。以时间为维度,对制造业整体技术进步和全球价值链位置攀升的耦合协调状况进行比较分析。

从表5中制造业整体计算结果看,平均意义上"技术进步—全球价值链位置攀升"耦合协调度整体表现为稳固上升趋势。从2000～2012年,制造业耦合度一直处于磨合阶段,自2013年进入高水平耦合阶段。自2001年制造业协调度由高度协调转变为中度协调并持续10年,而2011年之后又转变为高度协调状态。综合以上分析充分说明,15年间我国制造业技术进步和全球价值链位置攀升各自获得长足发展,但二者发展并不协调(虽然2011年后协调状况有所改善)且存在明显失衡。以上结果与我国改革开放后充分参与国际市场分工和竞争密切相关,而不同年份波动则可能与我国产业政策、复杂多变的国际形势、国家间贸易摩擦导致耦合系统程度存在间歇性反复等内外因素相关。从15年技术进步子系统平均贡献权重看(见表4),制造业中各指标对技术进步子系统的贡献度主要依赖于研发人员投入、新产品开发经费支出、消化吸收技术经费支出和引进技术经费支出。从全球价值链位置攀升子系统看,制造业中各指标对全球价值链位置攀升子系统的贡献度主要依赖于全球价值链位置和全球价值链参与度。从表5数据看,无论是耦合度还是协调度,制造业整体状况与理想状态仍存在一定差异。所有年份技术进步的综合序参量始终低于全球价值链综合序参量,表明二者耦合协调发展程度不高的主要原因在于技术进步相对滞后,不能为全球价值链位置攀升提供强劲动力。

3. 不同产业要素密集度维度下的耦合协调分析

依据熵值法确定的权重,按照耦合协调度的计算方法,得到制造业分要素密集型产业2000～2014年的耦合度和协调度。将历年制造业不同要素密集度产业做平均处理(如表10所示),从"产业横向"和"时间纵向"相结合的视角对技术进步和全球价值链位置攀升的耦合协调状况进行比较分析。

表 10　　"技术进步—全球价值链位置攀升"系统分要素平均耦合度和协调度

年份	劳动密集型产业			资本密集型产业			技术密集型产业		
	耦合度	协调度	耦合程度与协调程度	耦合度	协调度	耦合程度与协调程度	耦合度	协调度	耦合程度与协调程度
2000	0.518	0.501	磨合阶段、高度协调	0.802	0.577	高水平耦合、高度协调	0.966	0.645	高水平耦合、高度协调
2001	0.611	0.552	磨合阶段、高度协调	0.809	0.572	高水平耦合、高度协调	0.960	0.606	高水平耦合、高度协调
2002	0.611	0.552	磨合阶段、高度协调	0.799	0.557	磨合阶段、高度协调	0.852	0.594	高水平耦合、高度协调
2003	0.611	0.552	磨合阶段、高度协调	0.787	0.556	磨合阶段、高度协调	0.929	0.614	高水平耦合、高度协调
2004	0.518	0.501	磨合阶段、高度协调	0.805	0.56	高水平耦合、高度协调	0.871	0.633	高水平耦合、高度协调
2005	0.518	0.501	磨合阶段、高度协调	0.793	0.563	磨合阶段、高度协调	0.854	0.645	高水平耦合、高度协调
2006	0.518	0.501	磨合阶段、高度协调	0.795	0.544	磨合阶段、高度协调	0.956	0.601	高水平耦合、高度协调
2007	0.518	0.501	磨合阶段、高度协调	0.787	0.532	磨合阶段、高度协调	0.979	0.614	高水平耦合、高度协调
2008	0.518	0.501	磨合阶段、高度协调	0.801	0.561	高水平耦合、高度协调	0.905	0.615	高水平耦合、高度协调
2009	0.518	0.501	磨合阶段、高度协调	0.793	0.546	磨合阶段、高度协调	0.961	0.629	高水平耦合、高度协调
2010	0.518	0.501	磨合阶段、高度协调	0.799	0.554	磨合阶段、高度协调	0.980	0.646	高水平耦合、高度协调
2011	0.518	0.501	磨合阶段、高度协调	0.805	0.558	高水平耦合、高度协调	0.934	0.666	高水平耦合、高度协调
2012	0.518	0.501	磨合阶段、高度协调	0.820	0.556	高水平耦合、高度协调	0.879	0.670	高水平耦合、高度协调

年份	劳动密集型产业			资本密集型产业			技术密集型产业		
	耦合度	协调度	耦合程度与协调程度	耦合度	协调度	耦合程度与协调程度	耦合度	协调度	耦合程度与协调程度
2013	0.518	0.501	磨合阶段、高度协调	0.829	0.556	高水平耦合、高度协调	0.904	0.657	高水平耦合、高度协调
2014	0.518	0.501	磨合阶段、高度协调	0.833	0.561	高水平耦合、高度协调	0.901	0.654	高水平耦合、高度协调

资料来源：根据相关资料整理计算所得。

依据表10中的结果，平均意义上"技术进步—全球价值链位置攀升"耦合度表现为劳动密集型产业弱于资本密集型产业，资本密集型产业弱于技术密集型产业。自2000年以来，三大要素密集型产业技术进步和全球价值链位置攀升耦合度整体上呈现明显的产业差异。其中，劳动密集型产业表现为先上升后下降并趋于稳定，整体上始终处于磨合阶段。资本密集型产业表现为先降后升曲折发展轨迹，自2011年由磨合阶段进入高水平耦合阶段。技术密集型产业也表现为先降后升曲折发展轨迹，整体上始终处于高水平耦合阶段。以上表明技术进步和全球价值链攀升实现了十五年快速发展，且劳动密集型产业发展速度最慢、资本密集型产业发展速度居中，技术密集型产业发展最快。自2000年以来，三大要素密集型产业技术进步和全球价值链位置攀升协调度不存在明显的产业差异，整体上都处于高度协调阶段。对比分析容易看出，技术密集型产业耦合互动关系最好，形成了相互促进、相互提升的协调发展局面，而资本密集型产业次之，劳动密集型产业失衡状况最为严重。对此，本文给出以下三方面分析与解释。

第一，要素禀赋差异。这使得影响技术进步和全球价值链位置攀升的耦合发展的具体因素方面存在明显的产业差异。改革开放初期，我国主要依靠廉价劳动力嵌入到全球价值链中从事加工组装生产环节，使得劳动密集型产业得到快速发展。随着我国"人口红利"逐渐丧失，在一定程度上制约劳动密集型产业发展。我国通过建设经济特区，开放沿海城市，利用土地、税收等优惠政策，吸引大量外资，同时激发中小企业发展活力，加之中国高储蓄率，使得我国资本密集型产业得以快速发展。在改革开放后相当长的一段时期内，我国主要采用"市场换技术"策略，而许多产品核心技术掌握在发达国家跨国企业手中，自主研发能力弱严重制约了我国技术水平的提高。经过改革开放 40 余年高速发展，我国创新要素不断累积已逐步形成以技术创新为新动能的内生性比较优势。在通信、高铁、港口机械、民用无人机等产业，我国技术水平已处于世界领先地位。各产业自身要素禀赋和起步发展差异，使得两个子系统各自发展的主要影响因素存在产业差异。从十五年技术进步子系统平均贡献权重看（表 7 至表 9 中数据的年度平均值），劳动密集型产业中各指标对技术进步子系统的贡献度无差异，而资本密集型依赖于新产品开发经费支出、专利申请量、研发人员投入和消化吸收技术经费支出。技术密集型产业则主要依赖于引进技术经费支出和消化吸收技术经费支出。从全球价值链位置攀升子系统看，劳动密集型产业中各指标对全球价值链位置攀升子系统的贡献度无明显差异，而资本密集型产业依赖于全球价值链参与度和外商直接投资。技术密集型产业则主要依赖于全球价值链位置和全球价值链参与度。

第二，政府产业政策导向差异。在工业化不同发展阶段，政府产业政策有所不同，使得产业发展速度、规模存在差异。改革开放后，我国承接发达国家产业转移，通过"三来一补"等方式，使得劳动密集型产业优先发展起来。结合国家规划看，"十五"计划重点投资重工业和化学工业，"十一五"规划强调转变经济增长方式。从表 11 数据看，无论是耦合度还是协调度，三类产业与理想状态仍存在一定差异，造成以上结果的原因与我国不同经济发展阶段产业政策存在密切关联。劳动密集型产业技术进步的综合序参量等于全球价值链综合序参量，表明二者处于各自发展状态，无明显相互制约。资本密集型产业技术进步的综合序参量始终低于全球价值链综合序参量，表明二者耦合协调发展程度不高的主要原因在于技术进步相对滞后，不能为全球价值链位置攀升提供强劲动力。2008 年以前，技术密集型产业大多数年份技术进步的综合序参量低于全球价值链综合序参量，表明二者耦合协调发展程度不高的原因在于技术进步相对落后，不能支撑全球价值链位置攀升。2009 年以后，上述情况出现反转。技术密集型产业技术进步综合序参量始终高于全球价值链位置攀升综合序参量，在一定程度上意味着二者耦合互动不强的原因在于全球价值链位置攀升过程中，没有为技术进步提供充足有效的成果转换与应用的市场空间。

表11　　　　　平均分要素技术进步和全球价值链位置攀升综合序参量

年份	制造业技术进步综合序参量			全球价值链位置攀升综合序参量		
	劳动密集型	资本密集型	技术密集型	劳动密集型	资本密集型	技术密集型
2000	0.5	0.287	0.432	0.5	0.556	0.481
2001	0.5	0.281	0.389	0.5	0.548	0.490
2002	0.5	0.268	0.405	0.5	0.53	0.493
2003	0.5	0.271	0.420	0.5	0.542	0.469
2004	0.5	0.272	0.460	0.5	0.535	0.474
2005	0.5	0.302	0.501	0.5	0.522	0.482
2006	0.5	0.270	0.398	0.5	0.504	0.480
2007	0.5	0.248	0.422	0.5	0.504	0.477
2008	0.5	0.295	0.468	0.5	0.517	0.475
2009	0.5	0.286	0.475	0.5	0.496	0.461
2010	0.5	0.300	0.507	0.5	0.496	0.491
2011	0.5	0.305	0.537	0.5	0.495	0.504
2012	0.5	0.291	0.553	0.5	0.488	0.496
2013	0.5	0.289	0.522	0.5	0.485	0.487
2014	0.5	0.290	0.510	0.5	0.490	0.489

资料来源：根据相关资料整理计算所得。

　　第三，世界经济周期波动、贸易摩擦等外部力量的冲击。世界经济周期性波动改变我国制造业技术进步和全球价值链位置攀升的外部环境。在经济周期萧条阶段，全球经济疲软对我国各产业及微观影响因素造成不同程度的冲击。而国别间贸易摩擦，尤其是中美贸易摩擦下技术封锁和关税上调等行为，也对我国制造业各行业造成不同程度的冲击。外在冲击导致产业间存在一定差异。从数据看，在确定指标权重时，虽然以不同要素密集型产业同期的极值作为上下限值更具合理性，但不同要素密集型产业内差异仍然可能造成一定程度的影响。从15年平均值的分区域的排序看，劳动密集型产业"技术进步—全球价值链位置攀升"的耦合度差异最小，差距整体集中在0.3以内；资本密集型产业"技术进步—全球价值链位置攀升"的耦合度差异居中，差距全部集中在0.4以内；技术密集型产业

"技术进步—全球价值链位置攀升"的耦合度差异最大，差距全部集中在
0.5以内。因此，劳动密集型产业和资本密集型产业基本能够反映多数产业的状况，但技术密集型产业的均值则与具体产业的状况存在较大差异，只能反映少数产业技术进步和全球价值链位置攀升的耦合发展的具体状况，而且劳动密集向产业和技术密集型产业存在较大差距。

4. 时间维度下耦合协调分析

鉴于不同要素密集度产业层面的分析在一定程度上忽视了不同要素密集度产业内部存在的差异性，使得结论只能反映整体平均的状况，不能完全准确反映技术进步和全球价值链位置攀升耦合互动的状况。选取2000年和2014年两个时间节点，从时间纵向的角度进行比较分析，以此探讨中国制造业不同要素密集型产业"技术进步—全球价值链位置攀升"耦合协调的时变性和产业结构变迁特征。

从2000年不同要素密集型各产业耦合协调状况看，劳动密集型产业耦合度较低，技术密集型产业耦合度较好，资本密集型产业耦合度居中。整体形成了"系统耦合度由劳动密集—资本密集—技术密集逐步增强，协调度相差不大"的局面。这说明，改革开放后，我国依托廉价劳动力和制度红利嵌入全球价值链分工体系，使得各要素密集型的产业获得不同程度发展，面临低端锁定的"困境"。技术进步和全球价值链位置攀升发展迅速，二者相互促进协调带动的作用明显，尤其是劳动密集型产业相比其他产业失衡状况较严重。从具体产业看，耦合度和协调度都较为领先的产业视为领先组有基础金属制造业，化学品及化学制品制造业，计算机、电子和光学产品制造业，机械设备制造业。而耦合度和协调度都较为落后的产业视为落后组包括木材、木制品、软木制品制造业，打印和录制媒体复制制造业，金属制品制造业。从耦合度和协调度看，领先组和落后组各自平均的耦合度比值为 0.979∶0.399，协调度比值为 0.792∶0.301。从相关技术进步和全球价值链位置攀升的指标看，领先组和落后组各自平均的专利量比值为 11∶1，全球价值链位置比值为 0.972∶0.912。这表明，不管是从不同要素密集型产业，还是从具体产业的真实情况看，耦合协调的强度与技术进步和全球价值链位置攀升二者自身发展水平存在正相关关系。

从2014年状况看，技术进步与全球价值链位置攀升耦合度和协调度在不同要素密集型产业的分布与2000年基本一致，但资本密集型产业和技术密集型产业有小幅度提升。具体的耦合度领先的产业除了基础金属制造业，化学品及化学制品制造业，计算机、电子和光学产品制造业，机械

设备制造业外，食品、饮料、烟草制品制造业，金属制品制造业，电气设备制造业也处于制造业整体领先地位。与此同时，木材、木制品、软木制品制造业，纸和纸制品的制造，打印和录制媒体复制制造业，焦炭和精炼石油产品制造业，基础药物产品和药物制剂制造业耦合度和协调度均处于落后地位。同样，将耦合度和协调度领先的产业视为领先组，落后的产业视为落后组。从耦合度和协调度看，领先组和落后组各自平均的耦合度之比为 0.982∶0.514，协调度之比为 0.634∶0.349。从综合序参量看，领先组和落后组技术进步综合序参量的比值为 0.571∶0.068，全球价值链位置攀升综合序参量的比值为 0.578∶0.469。从相关技术进步和全球价值链位置攀升指标看，领先组和落后组各自平均的专利量比值为 560∶63，全球价值链位置比值为 0.979∶1.003。从耦合度和协调度的比较看，领先组产业技术进步与全球价值链位置攀升处于高度协调的高水平耦合阶段，但落后组则处于中度协调的磨合发展阶段。两组产业在综合序参量上的差距是造成耦合协调度具有较大差距的原因。领先组整体上全球价值链位置攀升高于技术进步，而落后组则相反。这表明提高领先组技术进步和全球价值链位置攀升耦合协调发展的关键在于进一步提高技术进步，而落后组则需要驱动全球价值链位置攀升。从技术进步与全球价值链位置攀升互动的耦合协调度与二者自身发展水平看，其正相关关系依然成立。不过近年，技术进步使得两组产业全球价值链位置已较为接近。

对比 2000 年和 2014 年的具体情况可以看出，近 15 年来，"技术进步—全球价值链位置攀升"系统耦合与协调状况在不同产业间具有时变特征，耦合协调度产业分布规律整体上仍呈现"锁定"态势，且技术进步和全球价值链位置攀升耦合协调的强度与二者自身发展水平始终存在正相关关系。这表明，伴随近十五年来技术进步和全球价值链位置攀升均有所提升，二者互动作用也愈加明显，然而，二者在产业间仍存在明显差异。

5. 技术密集型产业耦合协调度分析

在"技术进步—全球价值链位置攀升"系统耦合协调发展上，技术密集型产业整体上领先于劳动密集型产业和资本密集型产业，且技术密集型产业内部耦合协调度均值的差异性较小，尤其是时间维度下技术密集型产业在 2014 年相对表现地更为突出。当前，我国经济发展步入高质量发展阶段，强调创新驱动迈向全球价值链中高端。因此，有必要对技术密集型产业的具体状况予以细致的分析。依据表 12 至表 13 所列技术进步型产业"技术进步—全球价值链位置攀升"系统耦合度和协调度，大致得出以下两点结论：

表 12

技术密集型各行业历年"技术进步—全球价值链位置攀升"系统耦合度

项目	2000年	2001年	2002年	2003年	2004年	2005年	2006年	2007年	2008年	2009年	2010年	2011年	2012年	2013年	2014年
化学	0.933	0.900	0.619	0.94	0.968	0.937	0.891	0.967	0.944	0.97	0.955	0.973	0.972	0.971	0.968
药物	0.898	0.900	0.661	0.709	0.392	0.353	0.904	0.938	0.604	0.855	0.968	0.735	0.471	0.578	0.551
电子	0.998	1.000	0.997	0.997	0.999	1.000	0.997	0.999	0.988	0.997	0.997	1.000	0.999	1.000	0.998
电气	1.000	1.000	0.986	0.999	1.000	0.999	0.992	0.995	0.999	0.997	0.997	0.991	0.992	0.998	0.998
机械	1.000	1.000	0.998	1.000	0.998	0.983	0.997	0.998	0.992	0.987	0.984	0.973	0.961	0.975	0.99

注：表中分别用化学、电子、药物、电气和机械代表化学品及化学制品制造业、基础药物产品和药物制剂制造业、计算机、电子和光学产品制造业、电气设备制造业、机械设备制造业。
资料来源：根据模型计算并整理所得。

表 13

技术密集型各行业历年"技术进步—全球价值链位置攀升"系统协调度

项目	2000年	2001年	2002年	2003年	2004年	2005年	2006年	2007年	2008年	2009年	2010年	2011年	2012年	2013年	2014年
化学	0.743	0.704	0.529	0.742	0.801	0.781	0.720	0.794	0.784	0.768	0.75	0.798	0.791	0.78	0.778
药物	0.306	0.126	0.163	0.164	0.221	0.234	0.126	0.12	0.058	0.133	0.114	0.151	0.200	0.177	0.183
电子	0.785	0.829	0.851	0.862	0.796	0.792	0.844	0.835	0.875	0.843	0.876	0.85	0.845	0.866	0.885
电气	0.648	0.675	0.727	0.614	0.621	0.643	0.591	0.606	0.638	0.647	0.701	0.725	0.711	0.678	0.673
机械	0.740	0.698	0.700	0.691	0.725	0.774	0.726	0.715	0.718	0.756	0.786	0.805	0.801	0.784	0.754

注：表中分别用化学、电子、药物、电气和机械代表化学品及化学制品制造业、基础药物产品和药物制剂制造业、计算机、电子和光学产品制造业、电气设备制造业、机械设备制造业。
资料来源：根据模型计算并整理所得。

第一，"技术进步—全球价值链位置攀升"系统的耦合度具有一定规律性，但不同产业存在较大差异。如表12所示，2000年化学品及化学制品制造业，基础药物产品和药物制剂制造业，计算机、电子和光学产品制造业产业处于技术进步与全球价值链位置攀升耦合互动的高水平阶段，其余两个产业处于良性耦合共振且趋向于新的有序结构阶段。其中，高水平耦合度阶段的产业均值为0.943。经过十五年技术进步和全球价值链位置攀升各自不断的发展，各产业耦合度出现不同程度波动。从2014年情况看，只有基础药物产品和药物制剂制造业处于磨合阶段，其他产业均处于耦合互动的高水平阶段。其中，高水平耦合阶段的产业均值为0.989。从2000～2014年这15年的变化趋势看，各产业耦合度变化趋势大体可以划分为比较稳定型、总体下降型。其中，比较稳定型产业包括化学品及化学制品制造业，计算机、电子和光学产品制造业，机械设备制造业；总体下降型产业包括基础药物产品和药物制剂制造业，电气设备制造业。

第二，技术密集型产业技术进步与全球价值链位置攀升耦合互动发展，多数产业处于高度协调的状况，个别产业协调状况出现恶化。如表13所示，2000年技术密集型产业各产业技术进步与全球价值链位置攀升的互动除基础药物产品和药物制剂制造业外，其他产业都处于高度协调。2014年，化学品及化学制品制造业，电气设备制造业，机械设备制造业仍处于高度协调状态，且各产业技术进步和全球价值链位置攀升协调度呈现小幅度上升。计算机、电子和光学产品制造业协调度相比2000年，由高度协调进入极度协调阶段。基础药物产品和药物制剂制造业协调状况相比2000年出现恶化。这表明，随着技术进步和全球价值链位置攀升的发展，协调度会呈现一定的变化，且协调度变化规律与耦合度基本一致。

至于技术密集型产业"技术进步—全球价值链位置攀升"耦合协调度失衡的原因，前文有关不同要素密集型产业维度下比较分析时已指出其中主要原因在于技术进步落后于全球价值链位置攀升。但是，耦合协调失衡的原因在技术密集型各产业间具有一定的差异，具体体现在各产业之间技术进步和全球价值链位置攀升综合序参量的相对大小有所不同（如表14所示）。

表14　2014年技术密集型各行业"技术进步—GVC位置攀升"综合序参量值

2014年	化学	药物	电子	电气	机械
技术进步	0.468	0.111	0.830	0.483	0.657
GVC位置攀升	0.782	0.010	0.739	0.424	0.493

从表14反映的2014年技术密集型各产业情况看，技术进步综合序参量值大于全球价值链位置攀升综合序参量值的产业有：基础药物产品和药物制剂制造业，计算机、电子和光学产品制造业，电气设备制造业，机械设备制造业，其中，计算机、电子和光学产品制造业表现最为突出。这表明，这4个产业技术进步和全球价值链位置攀升互动发展不协调的主要原因在于全球价值链位置攀升发展程度不高，不能与当前技术水平相匹配。这一结果为构建以中国为主的区域或全球价值链提供了数据经验支撑。然而，化学品及化学制品制造业则表现为全球价值链位置攀升综合序参量值高于技术进步综合序参量值。这意味着，化学品及化学制品制造业技术进步和全球价值链位置攀升互动发展不协调的原因在于技术进步滞后于全球价值链位置攀升。因此，该产业在形成技术进步和全球价值链位置攀升协调互动方面，应当更加侧重技术进步的提升，而其他4个产业应更加侧推动全球价值链位置攀升，通过二者发展水平匹配，逐渐形成技术进步和全球价值链位置攀升耦合互动的良性协调局面。

四、结论与政策建议

技术进步与全球价值链位置攀升存在密切互动关系，在强调创新驱动我国制造业迈向全球价值链中高端过程中，发挥并实现二者的协调作用具有重要的理论及现实意义。本文依据耦合协调的相关理论，建立了"技术进步—全球价值链位置攀升"系统耦合协调的指标体系，从制造业整体、不同要素密集型产业和时间三个维度实证考察并分析了15个二位数制造业2000～2014年技术进步和全球价值链位置攀升互动发展的状况，同时对技术密集型各产业予以详细分析，得到如下结论：

（1）平均意义上制造业"技术进步—全球价值链位置攀升"耦合协调度整体表现为稳固上升趋势。从2000～2012年，制造业耦合度一直处于磨合阶段，自2013年进入高水平耦合阶段。自2001年制造业协调度由高度协调转变为中度协调并持续十年，而2011年之后又转变为高度协调状态。综合以上分析充分说明，15年间我国制造业技术进步和全球价值链位置攀升各自获得长足发展，但二者发展并不协调（虽然2011年后协调状况有所改善）且存在明显失衡。从15年技术进步子系统平均贡献权重看，制造业中各指标对技术进步子系统的贡献度主要依赖于研发人员投入、新产品开发经费支出、消化吸收技术经费支出和引进技术经费支出。从全球价值链位置攀升子系统看，制造业中各指标对全球价值链位置攀升子系统的贡献度主要依赖于全球价值链位置和全球价值链参与度。无论是耦合度还是协调度，制造业产业与理想状态仍存在一定差异。所有年份技术进步的综合序参量始终低于全球价值链综合序参量，表明二者耦合协调发展程度不高的主要原因在于技术进步相对滞后，不能为全球价值链位置攀升提供强劲动力。

（2）三大要素密集型产业技术进步和全球价值链位置攀升耦合度整体上呈现明显的产业差异，而二者协调度则整体上都处于高度协调阶段。从耦合协调数据看，技术密集型产业耦合互动关系最好，形成了相互促进、相互提升的协调发展局面，而资本密集型产业次之，劳动密集型产业失衡状况最为严重。平均意义上"技术进步—全球价值链位置攀升"耦合度表现为劳动密集型产业弱于资本密集型产业，资本密集型产业弱于技术密集型产业。其中，劳动密集型产业表现为先上升后下降并趋于稳定，整体上始终处于磨合阶段。资本密集型产业表现为先降后升曲折发展轨迹，自2011年由磨合阶段进入高水平耦合阶段。技术密集型产业也表现为先降后升曲折发展轨迹，整体上始终处于高水平耦合阶段。

（3）近15年来，"技术进步—全球价值链位置攀升"系统耦合与协调状况在不同产业间具有时变特征，但耦合协调度产业分布规律整体上仍呈现"锁定"态势，且技术进步和全球价值链位置攀升耦合协调的强度与二者自身发展水平始终存在正相关关系。从2000年不同要素密集型各产业耦合协调状况看，劳动密集型产业耦合度较低，技术密集型产业耦合度较好，资本密集型产业耦合度居中。整体形成了"系统耦合度由劳动密集—资本密集—技术密集逐步增强，协调度相差不大"局面。从2014年状况看，技术进步和全球价值链位置攀升耦合度和协调度在不同要素密集型产业的分布与2000年基本一致，但资本密集型产业和技术密集型产业有小幅度提升。对比2000年和2014年的具体情况可以看出，伴随近15年来技术进步和全球价值链位置攀升均有所提升，二者互动作用也愈加明显，但二者在产业间仍存在明显差异。

（4）技术密集型产业"技术进步—全球价值链位置攀升"系统的耦合度具有一定规律性，但不同产业存在较大差异。从技术进步与全球价值链位置攀升耦合互动发展趋势看，技术密集型多数产业处于高度协调的状况，个别产业协调状况出现恶化。耦合协调失衡的原因在于技术密集型各产业间具有一定的差异，具体体现在各产业之间技术进步和全球价值链位置攀升综合序参量的相对大小有所不同。

在新冠肺炎疫情的冲击下，西方发达国家跨国企业主导的 GVC 会在未来若干年中发生猛烈的规模缩减、范围缩小和形式变化（刘志彪，2020），有的国家已经提出"制造业回流或外迁"，这将倒逼我国制造业加速向全球价值链攀升或重构全球价值链。基于以上结论，提出以下对策建议：

（1）通过加大研发投入等措施全面提升制造业技术水平。技术进步是实现价值链位置攀升的核心动力，它决定了全球价值链位置攀升的方向和力度。从数据结果看，所有年份技术进步的综合序参量始终低于全球价值链综合序参量，表明二者耦合协调发展程度不高的主要原因在于技术进步相对滞后，不能为全球价值链位置攀升提供强劲动力。当前应大力发展和运用工业互联网技术，打造全产业链资源优化与配置平台，加快制造企业数字化、智能化转型，提高制造业技术水平。另外，从 15 年技术进步子系统平均贡献权重看，制造业中各指标对技术进步子系统的贡献度主要依赖于研发人员投入、新产品开发经费支出、消化吸收技术经费支出和引进技术经费支出。据此，我国应通过加大研发投入等影响制造业技术进步的因素出发，全面提升技术制造业技术水平，由汗水驱动转变为创新驱动，为提升我国制造业在全球价值链中的位置提供保障。

（2）强化制造业技术进步和全球价值链位置攀升耦合互动发展的战略意识。从战略层面，对二者予以把控。各产业在制定提升自身技术水平的策略规划过程中，既要注重外源性技术的引进、消化与吸收，又要重视自身创新要素积累，切实做厚技术进步的土壤。提高对技术进步和全球价值链位置攀升互动发展重要性的认知，合理嵌入或构建全球价值链，充分发挥价值链技术溢出的功能。通过技术初期发展，建立二者间资源双向交换关系，促进不同产业间良性互动。同时，保持并强化技术进步与全球价值链位置攀升的协调度。另外，根据高质量发展要求，可以通过政府和市场、政策和机制的合理配置，将成本优势转化为技术优势，加强技术进步和全球价值链位置演变的规划引导和政策支持，强化市场在技术进步和全球价值链位置攀升中资源配置的基础性作用，形成双向互惠的闭环生态圈。

（3）实施并完善促进技术进步与全球价值链位置攀升互动的产业发展战略。由于三大要素密集型产业技术进步和全球价值链位置攀升耦合度整体上呈现明显的产业差异，而二者协调度则整体上都处于高度协调阶段。在产业发展过程中，充分挖掘并强化劳动密集型产业优势，同时优先鼓励和刺激技术密集型产业发展。通过技术密集型产业带动和融合发展，提升各要素密集型产业技术水平，驱动全球价值链位置攀升，同时利用全球价值链位置攀升强化产业竞争优势。在具体安排上，应根据制造业整体和不同要素密集型产业现状、发展实际和未来定位，合理优化产业结构。通过在全球价值链位置攀升中实施技术进步的政策管制，形成二者良性互动的局面。

（4）立足不同发展阶段，从不同要素密集型产业内部差异出发对技术进步和全球价值链位置攀升做出针对性调整。当前中国技术进步和全球价值链位置攀升互动发展不协调的主要原因在于产业内部存在较大差异。以技术密集型产业为例，化学品及化学制品制造业技术进步和全球价值链位置攀升互动发展不协调的原因在于技术进步滞后于全球价值链位置攀升，因此，该产业在形成技术进步和全球价值链位置攀升协调互动方面，应侧重技术进步的提升。而基础药物产品和药物制剂制造业，计算机、电子和光学产品制造业，电气设备制造业，机械设备制造业4个产业则应侧重推动全球价值链位置攀升，通过二者发展水平匹配，逐渐形成技术进步和全球价值链位置攀升耦合互动的良性协调局面。

（5）从发展路径上利用制造业技术进步与向全球价值链位置攀升互动机制推动高新技术产业优先发展。一方面，经过改革开放40余年的经济高速发展，我国已积累大量的创新要素，技术水平有较大幅度提升。我国应着重在粤港澳大湾区、长三角、京津冀、成渝地区双城经济圈等地域，围绕国家九大战略性新兴产业，努力打造一批空间上高度集聚、上下游紧密协同、供应链集约高效、规模达几千亿到上万亿的战略新兴产业链集群，助推高新技术产业优先发展同时最大化其带动作用。另一方面，"一带一路"倡议的实施，为我国构建以我为主的全球价值链奠定了基础，也是应对冲疫情冲击的重要途径。中国既要通过在嵌入全球价值链大力发展高新技术新兴产业，巩固和提升自己的位置，又要利用"一带一路"新链延展高新技术产业链条实现"内生性"闭环全球产业链，牢牢占据"链主"位置，增强抵御疫情的韧性和弹性。

参考文献

1. Acemoglu D, Zilibotti F, productivity difference [J]. Quarterly Journal of Economics, 2001, (116): 563 – 606.

2. Benhabib J, Spiegel M M. The Role of Human Capital in Economic Development Evidence from Aggregate Cross-country Data [J]. Journal of Monetary Economics, 1994, 34 (2): 143 – 173.

3. Baldwin R, Lopez – Gonzalez J. Supply-chain Trade: A Portrait of Global Patterns and Several Testable Hypotheses [J]. World Economy, 2015, 38 (11): 1682 – 1721.

4. Koopman R B, Wang Z, Wei S, et al. Tracing Value – Added and Double Counting in Gross Exports [J]. The American Economic Review, 2014, 104 (2): 459 – 494.

5. Mattoo A, Wang Z, Wei S, et al. Trade in value added: developing new measures of cross-border trade [J]. World Bank Publications, 2013 (19): 1 – 360.

6. Wang Z, Wei S, Zhu K, et al. Quantifying International Production Sharing at the Bilateral and Sector Levels [J]. National Bureau of Economic Research, 2013.

7. Wang Z, Wei S J, Yu X, et al. Characterizing Global Value Chains: Production Length and Upstreamness [J]. Social Science Electronic Publishing, 2017a.

8. Wang Z, Wei S J, Yu X, et al. Measures of Participation in Global Value Chains and Global Business Cycles [J]. Social Science Electronic Publishing, 2017b.

9. Tschang F T, Goldstein A. The Outsourcing of "Creative" Work and the Limits of Capability: The Case of the Philippines' Animation Industry [J]. IEEE Transactions on Engineering Management, 2010, 57 (1): 132 – 143.

10. 沈坤荣、耿强：《外国直接投资、技术外溢与内生经济增长——中国数据的计量检验与实证分析》，载于《中国社会科学》2001 年第 5 期。

11. 张小蒂、朱勤：《论全球价值链中我国企业创新与市场势力构建的良性互动》，载于《中国工业经济》2007 年第 5 期。

12. 陈颂、卢晨：《产品内国际分工技术进步效应的影响因素研究》，载于《国际贸易问题》2018 年第 5 期。

13. 时磊、田艳芳：《FDI 与企业技术"低端锁定"》，载于《世界经济研究》2011 年第 4 期。

14. 刘志彪：《从全球价值链转向全球创新链：新常态下中国产业发展新动力》，载于《学术月刊》2015 年第 2 期。

15. 蔡昉、王美艳：《中国面对的收入差距现实与中等收入陷阱风险》，载于《中国人民大学学报》2014 年第 3 期。

16. 吴敬琏：《思考与回应：中国工业化道路的抉择（上）》，载于《学术月刊》2005 年第 12 期。

17. 汤碧、陈莉莉：《全球价值链视角下的中国加工贸易转型升级研究》，载于《国际经贸探索》2012 年第 10 期。

18. 邱斌、尹威、杨帅：《全球生产网络背景下的企业创新与经济增长——"FDI、企业国际化与中国产业发展学术研讨会"综述》，载于《管理世界》2007 年第 12 期。

19. 张勇、蒲勇健、陈立泰：《城镇化与服务业集聚——基于系统耦合互动的观点》，载于《中国工业经济》2013 年第 6 期。

20. 李焱、原毅军：《中国装备制造业价值链升级与技术创新的协调发展研究》，载于《国际贸易》2017 年第 6 期。

21. 倪红福：《中国出口技术含量动态变迁及国际比较》，载于《经济研究》2017 年第 1 期。

22. 胡昭玲：《国际垂直专业化对中国工业竞争力的影响分析》，载于《财经研究》2007 年第 4 期。

23. 黄清煌、高明：《环境规制对经济增长的数量和质量效应——基于联立方程的检验》，载于《经济学家》2016 年第 4 期。

24. 吴大进：《协同学原理和应用》，华中理工大学出版社 1990 年版。

25. 廖重斌：《环境与经济协调发展的定量评判及其分类体系》，载于《热带地理》1999 年第 2 期。

26. 李强、郑江淮：《基于产品内分工的我国制造业价值链攀升：理论假设与实证分析》，载于《财贸经济》2013 年第 9 期。

27. 洪银兴：《参与全球经济治理：攀升全球价值链中高端》，载于《南京大学学报》2017 年第 4 期。

数字经济在新冠肺炎疫情期间的
"抗冲击"效应研究

——基于企业层面的经验证据

宋德勇　朱文博[*]

一、引　　言

2020 年初，一场突如其来的新冠肺炎疫情（以下简称"疫情"）席卷全球，对中国及世界经济带来了前所未有的冲击。在隔离、封城、停工等限制措施的影响下，中国实体经济面临消费需求低迷、生产经营停滞、交通物流不畅、供应链循环受阻等层层压力，娱乐、旅游、餐饮、航空等传统服务业更是损失惨重。有关数据表明，餐饮及零售业仅 2020 年春节 7 天内的经济损失就高达 5 000 亿元（王伟玲和吴志刚，2020）。在传统实体经济陷入发展困境的同时，数字经济却及时"补位"，数字产业、数字服务等新业态成为疫情期间推动中国经济社会平稳发展的重要力量。李克强总理在 2020 年政府工作报告中，充分肯定了疫情期间数字经济发挥的作用，强调"电商网购、在线服务等新业态在抗疫中发挥了重要作用"。[①]根据国家统计局公布的数据，2020 年第一季度，中国国内生产总值同比下降 6.8%，而数字经济却异军突起，电子商务服务投资同比增长 39.6%，信息传输、软件和信息技术服务业增加值同比增长 13.2%。

　＊　宋德勇，华中科技大学经济学院教授；朱文博，华中科技大学经济学院博士生。

　①　《2020 年政府工作报告全文》，中国政府网，2020 年 5 月 22 日，http：//www. gov. cn/zhuanti/2020lhzfqzbg/index. htm。

疫情发生以来，学者们对数字经济在疫情中发挥的作用进行了相关研究。李韵和丁林峰（2020）发现数字经济在防止疫情扩散蔓延、保障经济社会平稳运行等方面发挥了重要作用。王玲侠（2020）研究认为数字经济的发展推动了城市配套数字化公共服务项目的建设，不仅对人们的生产生活方式产生了巨大的影响，还在缓解疫情对经济冲击上发挥了重要的作用。王伟玲和吴志刚（2020）认为数字经济的发展有利于缓解疫情的冲击，为促进经济结构优化和保障就业提供有力支撑。然而，现有文献大多基于宏观经济层面研究数字经济对疫情冲击的缓解作用，鲜有文献实证检验数字经济如何对微观主体受到疫情的冲击起到调节作用。

事实上，企业是市场的微观主体，也是突发事件影响经济社会最直接的单元（黄送钦，2020）。在疫情的影响下，企业生产不得不按下"暂停键"，订单缩减、产品滞销、资金短缺、市场恐慌等压力接踵而至，企业面临严峻的生存挑战。作为中国经济体系的基本细胞，企业的生存与发展对中国经济平稳运行至关重要。疫情发生后，习近平总书记对企业的发展问题高度重视，指出要切实做好"援企稳岗"工作，精准有序扎实推动复工复产，加强对困难行业和中小企业的扶持，把疫情造成的损失降到最低限度。"企业兴则经济兴"，因此，从微观层面研究数字经济的"抗冲击"效应，对于深入探索数字经济在疫情冲击下对经济发展影响的微观中介路径具有重要意义。

此外，随着互联网、大数据、云计算技术的普及，数字经济迈入高速发展快车道，这一新兴经济形态不仅彻底颠覆传统的经济社会发展模式，更深刻影响现代化经济发展方向。数字经济的发展不仅能够提升全要素生产率，还能释放信息技术的创新效应，推动经济迈向更深层的质量变革、效率变革与动力变革（荆文君和孙宝文，2019；刘淑春，2019）。截至2018年，中国数字经济规模达到31.3万亿元，占GDP的比重高达34.8%（中国信息通信研究院，2019）。数字经济已成为推动中国经济高质量发展的重要引擎，在促进经济结构优化、加速新旧动能转换、提升经济发展质量等方面的带动作用凸显。

然而，随着世界经济单边主义、贸易摩擦等不稳定因素增加，"经济韧性"正日益成为衡量国家经济高质量发展的关键指标（王永贵等，2020）。"经济韧性"主要指经济系统从冲击或破坏中恢复的能力（Hill et al.，2008），是有效防范风险、推动高质量发展的有力支撑。因此，我们自然会产生疑问，数字经济在重塑经济形态的同时能否增加中国经济在面对突发事件冲击时的韧性？这一问题对于中国在疫情防控常态化背景下进一步发展数字经济，提升经济韧性，从而实现高质量发展至关重要。综上，本文基于新冠肺炎疫情暴发的早期时期，从微观企业的层面切入，运用上市公司季度财务数据研究数字经济能否缓解突发事件对企业的冲击以及其中的作用机制。本文尝试回答以下问题：城市数字经济发展能否在新冠肺炎疫情冲击下对企业起到"抗冲击"的作用？其中的作用机制与渠道是什么？对于不同的企业，数字经济的"抗冲击"作用有何异质性？

本文的边际贡献可能有：第一，本文运用中国沪、深 A 股上市公司数据实证研究了数字经济发展水平是否能够缓解突发事件对企业的冲击，有助于拓展数字经济对突发事件冲击的调节作用的相关研究，为其提供微观层面经验证据。第二，本文基于细化的数字经济发展指数，深入分析数字经济应对突发事件的作用机理，有助于对数字经济发挥"抗冲击"作用的渠道有更加深入的认识。第三，本文清晰地揭示出数字经济通过稳固企业资金链、推动产业联动以及加速企业复工发挥"抗冲击"作用的机制，并系统分析其中的作用机理，为中国常态化疫情防控时期的数字经济发展提供理论借鉴与实证依据。

二、数字经济助力企业"抗冲击"的机制分析

（一）新冠肺炎疫情对企业的三大冲击

1. 资金链断裂风险增大

新冠肺炎疫情对企业的正常生产经营产生了巨大的影响，其中，企业资金链首当其冲。在疫情的冲击下，企业内部的现金流状况与外部的融资环境均受到影响，导致企业财务状况恶化，资金链断裂的风险增大。具体而言，企业资金压力主要来源于两大方面：一是企业因疫情期间停工停产造成营业收入减少，而职工薪酬等企业固定成本并未减少，因此造成企业现金压力增大。二是疫情造成经济的系统性风险增大，恶化了整体经济状况，降低了社会资金流通速度，影响了民众对经济发展的预期，导致企业获取资金的难度增大。黄送钦等（2020）基于"企业开工力"问卷调查数据，研究了新冠肺炎疫情对企业未来发展预期的影响，研究发现，紧张的现金流是疫情降低企业行动意愿的重要因素。因此，企业的资金状况是

影响企业生产经营的关键要素，稳固企业的资金链才能有效保证企业平稳运行。

2. 产业链复产不协调

随着经济活动分工的不断细化，产业链上下游企业间的经济技术联系日益紧密，企业的发展越来越离不开产业链的协调运行。然而，新冠肺炎疫情却对产业链各个环节产生不同的影响，造成上下游企业在资金、物流、销售等方面面临的困难各不相同，产业链协同复产难度加大。此外，产业链协同复产是一项复杂、系统的工程，信息的实时沟通与共享至关重要。然而，现实中由于信息不对称的存在，各个环节很难及时、有效地协调复产进度，一个环节阻滞，则上下游企业都会受到影响。因此，疫情会打破产业链原有的平衡，导致产业链短期内的循环受到影响。根据《中国制造业 500 强企业受疫情影响分析报告》，有 60.58% 的企业面临原材料与上游零部件不能正常供应的困难，造成企业无法正常复产经营，影响企业的经营业绩。

3. 企业复工困难

企业恢复生产过程中面临的另一问题在于复工难。企业的复工难主要表现在以下三个方面，一是复工审批程序繁杂。在地方政府的防疫管控期间，为了防止复工造成防疫形势恶化，一些地方对企业复工复产实施严格的审批流程，企业复工需要经过繁杂的审批程序。二是复工返岗困难。由于疫情期间跨区域人员流动的管控措施，大量外地员工无法按时返厂返工（黄庆华等，2020）。三是复工防疫困难。在企业复工复产后，要实施完善的人员管控措施保证员工的健康。这给企业带来了更多的不确定性以及防疫成本压力。根据对企业的调查数据显示，截至 2020 年 2 月 17 日，被调查的 542 家企业复工企业仅占 58%。复工推迟将会导致企业特别是服务类企业面临的困难越来越大，若得不到及时的政策支持，将面临较大的资金链断裂风险（张平和杨耀武，2020）。

（二）数字经济发挥"抗冲击"效应的机制与渠道

数字经济是指使用数字化的知识和信息作为关键生产要素的一系列经济活动，其能够通过信息技术、管理以及商业模式创新，不断催生新产业、新业态、新模式，如智能制造、数字金融、数字旅游、数字医疗等。其中，企业数字化、数字金融、数字化公共卫生与数字化治理对企业的"抗冲击"效应更为直接，因此，本节主要基于四种数字经济业态分析数字经济如何缓解疫情对企业业绩的影响。

1. 稳固资金链效应

数字经济能够通过以下渠道防止企业资金流断裂、改善企业的财务状况。首先，企业数字化能够加强上下游企业之间的信息交流，充分发挥龙头企业带动上下游企业的优势，为上下游企业提供及时的资金帮扶，避免企业资金断裂。其次，随着数字金融的发展而产生的供应链金融、消费金融等新型融资方式能够通过大数据等技术为企业提供层次更为丰富的融资渠道和方式，扩大金融服务的覆盖范围，为企业渡过财务困境提供了坚实基础。此外，企业数字化、数字金融、数字化公共卫生以及数字化治理还能够通过促进企业复工，保障上下游协同复产进而增加企业的营业收入，从而改善企业的财务状况。综上所述，本文提出如下研究假设：

H1：数字经济能够通过稳固企业资金链缓解疫情对企业业绩的影响。

2. 促进产业联动效应

首先，由于大数据、人工智能等技术能够提升企业信息的实时获取与数据分析能力。因此，通过数字化转型，企业能够依托工业互联网平台等数字平台汇聚资源，在面对疫情时迅速做出反应，快速配置生产、经营所需的关键要素，实现上下游间物资的优化配置。产业链的龙头企业还能够通过数字平台，及时了解上下游中小企业的需求，为中小企业提供物资、资金支持，从而为产业的上下游联动提供保障。其次，企业上下游复工不协调的一个重要原因在于，信息的不对称。由于企业无法获知上下游企业的复工复产以及产品供应需求状况，因而在生产决策上受到约束。而产业数字化有助于降低企业之间的信息不对称，促进数据的实时共享，实现资源与信息之间的协同（肖旭和戚聿东，2019）。因此，企业互联网大数据平台能充分发挥信息共享的优势，加强企业之间的信息交流，为企业提供上下游的复工复产信息。企业能够充分利用这些信息进行生产决策，从而实现产业上下游的联动。最后，数字金融能够通过数字化分析，准确识别产业链上企业的资金需求，解决企业上下游因资金短缺而无法协同复工的问题。基于上述分析，本文提出如下假设：

H2：数字经济能够通过促进产业上下游联动缓解疫情对企业业绩的影响。

3. 加速复工效应

数字经济能够通过以下方式加速企业员工复工。第一，企业数字化能够利用互联网、人工智能等技术缩减不必要的中间环节，将企业的产业链条进行精简，使得企业能够更大程度上通过线上办公等方式实现复工。第二，数字经济的大数据优势能够将企业与社会的资源进行优化配置，企业可以通过互联网平台开展云招聘，为企业的顺利复工提供人员补充。第三，由于企业在复工的决策上首要考虑的是员工感染的风险（胡越秋等，2020），数字化公共卫生能够通过实时监测疫情动态以及确诊病例分布，对不同风险人群进行精准识别，助力企业准确了解员工感染风险，从而帮助企业实现顺利复工复产。第四，人脸识别、智能红外体温测量、大数据分析比对等数字化技术等是保证企业复工复产后有效开展人员管控的重要手段，能为企业复工后防范新冠疫情风险提供保障。第五，数字化治理能够提高突发事件中物资调配效率，从而有效控制突发事件对城市的影响（师博，2020）。因此，在疫情期间，数字化治理有助于政府部门精确掌握企业的用工需求，基于大数据分析为企业定制复工方案，通过安排专车等形式，帮助企业的员工尽快返岗复工。综上，本文提出如下假设：

H3：数字经济能够通过加速企业员工复工缓解疫情对企业业绩的影响。

数字经济缓解新冠肺炎疫情对企业业绩影响的三种机制与九个渠道，如图1所示。

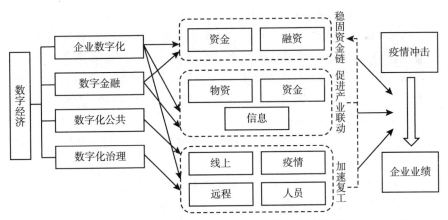

图1　数字经济缓解新冠肺炎疫情对企业业绩影响的三种机制与九个渠道

三、数据与研究设计

（一）数据说明

本文中上市公司季度财务数据来自 CSMAR 数据库和 Wind 数据库，地级市或直辖市层面的数字经济水平来自百度新闻高级检索相关关键词的结果数量和腾讯研究院发布的《数字中国指数报告（2019）》，地区的新冠肺炎每日确诊病例数来自 CSMAR 数据库。通过对数据的合并，我们得到了 2019 年第二季度至 2020 年第一季度共 14 715 条数据。另外，本文又对数据进行了如下处理：一是剔除银行、证券和保险等金融类上市公司；二是剔除企业所在地为湖北的企业；三是剔除所有者权益账面值为负的公司样本；四是对连续型变量进行双侧 1% 的缩尾处理（Winsor），以消除异常值对本文结果的干扰。最终，得到 11 481 条上市公司季度数据。

（二）研究设计

参考李晓翔和刘春林（2012），我们使用如下回归模型来分析数字经济对疫情对企业产生的冲击的调节作用：

$$ROA_{it} = \beta_0 + \beta_1 Dt_t \times Conomy_c + \rho X + \delta_t + \vartheta_i + \gamma_{jt} + \varepsilon_{it} \qquad (1)$$

其中，i、j、c、t 分别表示上市公司、行业、城市以及时间。被解释变量为 ROA_{it}，为总资产收益率，衡量企业业绩。核心解释变量为 Dt_t 与 $Conomy_c$ 的交乘项，Dt_t 代表企业是否受到新冠肺炎疫情的冲击，若企业受到新冠肺炎疫情冲击，则取值为 1，否则取值为 0。$Conomy_c$ 为城市数字经济水平，具体包括 Conomy_tc 和 Conomy_zh 两个度量指标。系数 β_1 体现了数字经济对企业业绩受到新冠肺炎疫情影响的调节作用，这是本文主要的待估参数。

本文引入有可能影响企业业绩的企业层面的控制变量以及城市层面的控制变量。X 为控制变量集，包括企业层面的控制变量集和城市层面的控制变量，企业层面的控制变量包括企业规模（Size）、资产负债率（LEV）、托宾 Q（Tobinq）、企业现金流水平（CFO）、企业成长性（Gro）和账面市值比（BM）。城市层面的控制变量为城市季度新冠肺炎确诊病人数量（Confirm）。δ_t 为季度固定效应，ϑ_i 为企业固定效应，由于城市固定效应会被企业固定效应吸收，因此本质上本文也控制了城市固定效应。γ_{jt} 为行业×季度固定效应，从而进一步控制随时间变化的行业层面不可观测因素。由于在同一行业和同一城市内，不同季度的数据误差项可能是连续相关的。因此，标准误差按行业和城市进行双重聚类。

（三）变量定义

1. 企业业绩

在相关的财务与会计研究文献中，常用总资产收益率（ROA）来衡量企业的会计业绩。基于此，本文采用 ROA 来衡量企业的业绩。

2. 城市数字经济水平

（1）基于百度新闻高级检索。

本文使用两种数据来度量城市的数字经济水平。首先，我们借鉴李春涛等（2020）的研究，通过百度新闻高级检索"数字经济"相关的关键词构建城市数字经济水平的指标。具体而言，本文根据《中国数字经济发展与就业白皮书（2019 年)》、腾讯研究院发布的《数字中国指数报告（2019)》、各省数字经济发展规划，从中提取与数字经济相关的关键词，包括企业数字化、企业上云、产业数字化、企业云计算、工业互联网、PON、工业无线、企业入云、智能生产单元、智能生产线、数字化车间、智能工厂、智慧医疗、数字医疗、互联网医疗、互联网医院、互联网公共卫生、数字政务、数字政府、互联网政务、政务信息共享交换平台、智慧物流、数字金融、金融大数据、互联网金融、数字货币、移动支付、智能投顾、电商金融、供应链金融、网络信贷、大数据、互联网＋、人工智能、数字化、数字经济、物联网、云计算、区块链、5G、物联网、广电云、深度学习、智慧城市、智能网联、NFV、S2B、S2C、智慧节能、智慧旅游、eMTC、智慧商圈、商圈 O2O、智慧养老、数字文化、智慧教育，共 56 个关键词。

本文将上述关键词与中国所有地级市或直辖市匹配，在百度新闻高级检索中搜索"城市＋关键词"，如搜索"北京＋企业数字化"，百度新闻高级检索可以给出 2019 年 12 月 31 日前既包含"北京"又包含"企业数字化"的新闻页面的数量。本文运用网络爬虫技术，爬取百度新闻高级检索页面的网页源代码并提取出搜索的结果数量，并将城市层面的所有关键词搜索结果数量加总，得到总搜索量（Conomy_zh_a）。本文对这一指标做对数变换，作为衡量该城市层面数字经济发展水平（Conomy_zh）的指标。

根据前文的机制分析，本文进一步研究与数字经济"抗冲击"作用直接相关的数字经济类型，按不同类型的特征分别运用相关的关键词构造细分类型的数字经济指数，具体为企业数字化指数、数字金融指数、数字化公共卫生指数和数字治理指数①。

（2）数字中国指数。

为了增加本文结果的稳健性，本文采用腾讯研究院发布的《数字中国指数报告（2019）》中的"数字中国指数"作为度量地级市或直辖市层面数字经济水平的另一指标，该指数由数字产业、数字政务、数字生活和数字文化四个分指数加权平均而得，是腾讯研究院基于海量数据存储自2014年开始逐年发布的数字经济指数，在业内具有一定的影响力，多次被政府部门以及主流媒体引用。

3. 疫情冲击虚拟变量

当企业受到疫情冲击前，即2020年第一季度之前，Dt取值为0；否则Dt取值为1。

4. 其他控制变量

本文选取衡量企业特征的微观变量和地级市层面的确诊量作为控制变量。主要变量定义见表1。

表1　　　　　　　　　　　变量说明

变量名称	变量定义
ROA	总资产收益率，等于净利润/期末总资产，滞后一期
Dt	企业是否受到新冠肺炎疫情冲击，若受到冲击则取值为1；否则，取值为0
Conomy_tc	基于《数字中国指数报告（2019）》的数字中国指数
Conomy_zh	基于百度新闻检索的数字经济指数
Size	企业规模，等于期末总资产取对数，滞后一期
LEV	资产负债率，等于总负债/总资产，滞后一期

① 度量企业数字化转型包含的关键词：企业数字化、企业上云、产业数字化、企业云计算、工业互联网、PON、工业无线、企业入云、智能生产单元、智能生产线、数字化车间、智能工厂。度量数字化公共卫生包含的关键词：智慧医疗、数字医疗、互联网医疗、互联网医院、互联网公共卫生。度量数字金融包含的关键词：数字金融、金融大数据、互联网金融、数字货币、移动支付、智能投顾、电商金融、供应链金融、网络信贷。度量数字治理包含的关键词：数字政务、数字政府、互联网政务、政务信息共享交换平台。

变量名称	变量定义
Tobinq	托宾 Q 值，等于企业市价/企业的重置成本，滞后一期
CFO	企业现金流水平，企业经营现金流/期初总资产，滞后一期
Gro	企业成长性，等于销售收入增长率，滞后一期
BM	账面市值比，等于公司上年末账面总资产与股票总市值的比值，滞后一期
Confirm	地级市各期累计确诊量，取对数

5. 描述性统计

表 2 报告了主要变量的描述性统计结果。可以看出，用百度新闻的检索指数和数字中国指数度量地级市的数字经济发展水平，虽然平均值差异不大，但是最大值、最小值以及标准差相差很大，主要原因就是在于度量方法上的差异。因此，为了检验两种度量方法在不同省份、城市具有相同的趋势，本文对数字经济这一度量指标进一步分地区进行了描述性分析。

表 2　　　　　　　　主要变量描述性统计

变量类型	变量简称	样本量	平均值	标准差	最小值	最大值
被解释变量	ROA	11 481	0.0171	0.0300	−0.1097	0.1494
核心解释变量	Dt	11 481	0.2499	0.4330	0	1
	Conomy_zh	11 481	15.5564	0.6684	13.7651	16.6676
	Conomy_tc	11 481	12.5308	12.0268	0.2959	35.7336
控制变量	Size	11 481	22.3174	1.3591	19.6901	27.2889
	LEV	11 481	0.4224	0.2014	0.0573	0.9378
	Tobinq	11 481	1.8877	1.6644	0.6924	45.2081
	CFO	11 481	0.0214	0.0600	−0.1756	0.2000
	Gro	11 481	0.3613	0.7787	−0.9227	2.8027
	BM	11 481	0.6701	0.2482	0.1223	1.1734
	Confirm	11 481	1.1996	2.1702	0	6.2480

表 3 报告了数字经济度量指标及细化指数在东、中、西部地区的描述性统计结果。可以看出，东部地区的上市公司数量较多，且 Conomy_zh 和

Conomy_tc 两个数字经济指数均在东部地区的数值最高，在西部地区次之，中部地区最低。因此，可以看出，百度新闻检索指数和数字中国指数两个度量指标在地区间表现出一致的变化趋势，能够共同反映地区的数字经济水平。表3还对数字经济细化指标进行了描述性统计，可以看出，细化指标在各地区的指数特征与总指数保持一致，说明本文通过关键词检索构建的数字经济总指数是较全面的，具有一定的代表性。

表3 分地区数字经济水平

变量类型	变量名称	变量符号	东部		中部		西部	
			观测值个数	平均值	观测值个数	平均值	观测值个数	平均值
综合指数	综合百度新闻指数	Conomy_zh	8 518	15.6945	1 557	15.0812	1 406	15.2455
	数字中国指数	Conomy_tc	8 518	15.1950	1 557	3.5334	1 406	6.3544
细化指数	企业数字化指数	Conomy_ind	8 518	14.3926	1 557	13.6361	1 406	13.8337
	数字化公共卫生指数	Conomy_med	8 518	13.0274	1 557	12.4547	1 406	12.4731
	数字金融指数	Conomy_fin	8 518	14.2623	1 557	13.7445	1 406	13.9048
	数字治理指数	Conomy_gov	8 518	13.1632	1 557	12.3708	1 406	12.5442

四、实证检验及结果

（一）基准回归

首先，本文检验了数字经济能否缓解疫情对企业业绩的影响，实证结果表明，无论使用百度新闻搜索指数还是数字中国指数度量城市数字经济水平，数字经济均可以显著缓解疫情对企业业绩水平产生的影响。

表4报告了模型（1）的回归结果。第1~2列是只控制企业、季度固定效应的回归结果；第3~6列进一步控制了行业*季度固定效应。所有回归结果都采用了行业和城市层面的双重聚类调整标准误差。第1~4列是全样本回归结果，结果表明，Dt 与 Conomy_zh 和 Conomy_tc 交乘项的系数均为正且显著，表明数字经济能够显著缓解新冠肺炎疫情对企业业绩水

平的影响。然而，新冠肺炎疫情在对企业的正常经营产生负面影响的同时，会对一部分企业产生积极的影响，比如医药行业的企业或与互联网相关的企业。因此，为了剔除这部分企业可能对结果产生的干扰，本文删除医药行业以及互联网相关的企业进行回归分析，实证结果见第5～6列。实证结果与全样本回归结果一致，说明相关行业对实证结果的影响不大。

表4　　　　　　　　　　　　　基准回归结果

变量	(1)	(2)	(3)	(4)	(5)	(6)
	ROA					
Dt × Conomy_zh	0.0069 *** (6.0246)		0.0053 *** (4.4714)		0.0043 *** (3.1498)	
Dt × Conomy_tc		0.0002 *** (3.3928)		0.0002 ** (2.3707)		0.0002 ** (2.2746)
Size	0.0386 *** (−10.4378)	0.0386 *** (−10.4235)	0.0385 *** (−12.0590)	0.0385 *** (−12.1304)	0.0404 *** (−8.9852)	0.0406 *** (−9.1395)
LEV	0.0646 *** (5.9099)	0.0642 *** (5.8096)	0.0673 *** (6.6485)	0.0670 *** (6.5385)	0.0828 *** (9.6114)	0.0830 *** (9.5270)
Tobinq	−0.0029 ** (−1.9941)	−0.0029 * (−1.9716)	−0.0027 * (−1.8817)	−0.0027 * (−1.8947)	−0.0018 (−1.0088)	−0.0019 (−1.1263)
CFO	0.0844 *** (−5.8603)	0.0834 *** (−5.7059)	0.0854 *** (−6.1946)	0.0844 *** (−6.0545)	0.0863 *** (−5.1537)	0.0856 *** (−5.0504)
Gro	0.0048 *** (5.8899)	0.0049 *** (5.8498)	0.0043 *** (6.0187)	0.0043 *** (5.9908)	0.0037 *** (5.0729)	0.0037 *** (5.0310)
BM	0.0156 * (1.8092)	0.0164 * (1.9635)	0.0163 ** (2.2982)	0.0170 ** (2.4570)	0.0254 *** (3.8717)	0.0255 *** (3.8448)
Confirm	0.0024 *** (−3.2405)	−0.0013 (−1.5511)	0.0028 *** (−3.7283)	−0.0021 ** (−2.4217)	0.0021 *** (−3.0825)	−0.0020 ** (−2.2578)
Constant	0.8217 *** (9.8359)	0.8474 *** (10.0671)	0.8244 *** (10.9992)	0.8438 *** (11.3194)	0.8577 *** (8.6288)	0.8781 *** (8.8261)
企业个体	Y	Y	Y	Y	Y	Y

变量	（1）	（2）	（3）	（4）	（5）	（6）
	ROA					
季度	Y	Y	Y	Y	Y	Y
行业＊季度	N	N	Y	Y	Y	Y
样本量	11 476	11 458	11 452	11 434	8 566	8 556
R^2	0.6388	0.6381	0.6636	0.6631	0.6669	0.6669

注：括号内值为 t 值，＊表示显著性水平：＊p<0.1，＊＊p<0.05，＊＊＊p<0.01。

（二）进一步研究——按数字经济类型

为初步检验数字经济缓解疫情对企业冲击的作用机制，我们根据对数字经济细化指标的分类，考察对于不同的数字经济类型调节作用是否有所不同。实证结果表明，企业数字化指数（Conomy_ind）、数字化公共卫生指数（Conomy_med）、数字金融指数（Conomy_fin）和数字治理指数（Conomy_gov）与 Dt 的交乘项系数均显著为正，说明企业数字化水平、数字化公共卫生水平、数字化金融水平和数字化治理水平均能够缓解疫情对企业业绩造成的冲击。基于数字经济细分指数的检验，如表 5 所示。

表 5　　　　　　　　　　基于数字经济细分指数的检验

变量	（1）	（2）	（3）	（4）
	ROA			
Dt × Conomy_ind	0.0050 ＊＊＊ （3.7222）			
Dt × Conomy_med		0.0038 ＊＊＊ （3.5912）		
Dt × Conomy_fin			0.0025 ＊＊＊ （3.2558）	
Dt × Conomy_gov				0.0037 ＊＊＊ （3.8796）

续表

变量	(1)	(2)	(3)	(4)
	ROA			
Constant	0.8259 *** (10.8536)	0.8297 *** (10.9141)	0.8331 *** (11.1378)	0.8320 *** (11.0989)
控制变量	Y	Y	Y	Y
企业个体	Y	Y	Y	Y
季度	Y	Y	Y	Y
行业 * 季度	Y	Y	Y	Y
样本量	11 452	11 452	11 452	11 452
R^2	0.6634	0.6633	0.6633	0.6633

注：括号内值为 t 值，* 表示显著性水平：* $p < 0.1$，** $p < 0.05$，*** $p < 0.01$。

　　根据前文的机制分析，四种数字经济类型可能通过以下渠道缓解疫情对企业业绩产生的影响。企业数字化能够通过促进上下游的联动、产业链去中介化等方式促进企业的复产和复工，从而缓解企业受到新冠肺炎疫情的冲击。数字化公共卫生能够通过精准化掌握城市的疫情分布，及时发布防疫消息，为居民防疫提供数字化服务，从而能够促进企业精准复工，减轻疫情对企业复工造成的影响。数字化金融能够通过数字技术手段提高金融服务水平，更精准识别面临财务困境的企业，为防止企业资金链断裂提供金融保障。数字化治理能够实时监测疫情等突发事件动态、准确掌握企业面临的问题，通过为企业提供有针对性的帮扶措施帮助企业渡过困境，从而缓解企业业绩受到的冲击。

（三）内生性问题

　　本文可能存在因遗漏变量而造成的内生性问题[①]。基于此，本文进一步使用工具变量的方法来弱化文中可能存在的内生性问题。借鉴冲等（Chong et al.，2013）和李春涛等（2020）的思路，本文通过手工收集整理所有城市的接壤城市，使用城市所有接壤城市数字经济水平的均值作为

---

① 地区数字经济水平作为一个宏观变量，不太可能受企业业绩的影响，因此，本文不太可能存在反向因果关系。

215

工具变量。选择这一指标的原因在于，首先，由于城市数字经济发展能够带动周边地区数字经济的发展，因此，接壤城市的数字经济水平与企业所在地数字经济水平具有相关性。其次，接壤城市的数字经济水平对于企业的业绩水平没有直接的影响，即工具变量满足外生性条件。

表6报告了 IV 估计的回归结果。可以看出，在以相邻城市数字经济发展水平作为工具变量缓解文章内生性问题后，数字经济指标与政策虚拟变量的交乘项系数依然显著为正，表明数字经济能够缓解疫情对企业业绩产生的冲击，与前文回归结果一致。

表6　　　　　　　　　　　　IV 估计回归结果

变量	（1）	（2）	（3）	（4）
	ROA			
Dt × Conomy_tc	0. 0003 *** （5. 0805）		0. 0002 ** （2. 1503）	
Dt × Conomy_zh		0. 0109 *** （5. 2490）		0. 0082 ** （2. 2758）
控制变量	Y	Y	Y	Y
企业个体	Y	Y	Y	Y
季度	Y	Y	Y	Y
行业 * 季度	N	N	Y	Y
样本量	11 458	11 476	11 434	11 452
R^2	0. 0587	0. 0598	0. 0594	0. 0600

注：括号内值为 t 值，* 表示显著性水平：* $p<0.1$，** $p<0.05$，*** $p<0.01$。

（四）稳健性检验

1. 更换被解释变量

为了验证本文结果的稳健性，本文使用 ROE 作为企业业绩的替代变量对前文的结果进行检验。回归结果见表7第 1～2 列，可以看出，在使用 ROE 作为企业业绩的代理变量时，Dt 与 Conomy_zh 和 Conomy_tc 交乘项的系数依然显著为正，表明数字经济能够显著缓解新冠肺炎疫情对企业业绩水平的影响，本文的结果是稳健的。

2. 更换解释变量

《中国数字经济发展与就业白皮书（2019年）》将数字经济分为数字产业化、产业数字化和数字治理三个部分，数字产业化是数字经济发展的重要标志。具体而言，数字产业包括电子信息制造业、电信业、软件和信息技术服务业、互联网行业等（中国信息通信研究院，2019）。因此，本文运用信息传输、计算机服务和软件业的从业人员占城市总人口的比例（Conomy_inf）度量数字经济水平，并进行实证验证。回归结果见表7第3列，Dt 与 Conomy_inf 交乘项的系数显著为正，表明数字产业化能够显著缓解新冠肺炎疫情对企业业绩水平的影响，本文的结果是稳健的。

表7　　　　　　　　　　　　　　稳健性检验 I

变量	（1）	（2）	（3）	（4）	（5）
	更换被解释变量		更换解释变量	更换时间区间	
	ROE			ROA	
Dt × Conomy_zh	0.0077 *** (3.1091)			0.0047 *** (3.7506)	
Dt × Conomy_tc		0.0003 * (1.7819)			0.0002 ** (2.0572)
Dt × Conomy_inf			0.0587 * (1.7583)		
Constant	1.7316 *** (9.8872)	1.7564 *** (10.1626)	0.8359 *** (8.4266)	0.2614 *** (5.7456)	0.2685 *** (5.8889)
控制变量	Y	Y	Y	Y	Y
企业个体	Y	Y	Y	Y	Y
季度	Y	Y	Y	Y	Y
行业 * 季度	Y	Y	Y	Y	Y
样本量	11 452	11 434	11 352	28 207	28 162
R^2	0.6500	0.6498	0.6631	0.6316	0.6309

注：括号内值为 t 值，* 表示显著性水平：* $p < 0.1$，** $p < 0.05$，*** $p < 0.01$。

3. 改变时间窗宽

本文将样本的时间区间扩展至 2017 年第四季度并进行实证检验，回归结果如表 7 第 4 ~ 5 列所示，可以看出，回归结果与前文一致，进一步说明本文的结论是稳健的。

4. 反事实检验

本文的研究结论有可能有另一种解释，即数字经济可能只是对其他因素造成的企业业绩变化具有调节作用，不一定是对疫情对企业带来的冲击具有调节作用。为了排除这种可能的解释，借鉴范子英和田彬彬（2013）的研究，我们采用虚假试验的方法，将疫情的发生时期提前一期，构造虚拟变量（Fake_dt）。具体而言，假定疫情发生时间为 2019 年第四季度，若时间为 2019 年第四季度以前，Fake_dt 取值为 0；否则，取值为 1。本文运用虚假的疫情发生时间虚拟变量验证数字经济对于 2019 年第四季度前和第四季度后企业业绩的变化是否具有调节作用。为了剔除真实的疫情冲击的影响，我们在回归中仅包含了 2019 年第二季度至 2019 年第四季度的样本数据。实证结果表明，本文构造的虚假疫情发生时间（Fake_dt）与数字经济（Conomy）的交互项系数不再显著，说明数字经济的确能够缓冲疫情对企业造成的冲击，而对于其他因素造成的企业业绩的变化没有显著的调节作用。

5. 剔除其他因素影响

由于中国的直辖市数字经济发展程度、上市公司数量等因素具有一定的特殊性，因此，本文删除直辖市的样本重新进行实证检验。实证结果表明，本文的"数字经济能够缓冲疫情对企业业绩的影响"核心结论是稳健的（表 8 第 3 ~ 4 列）。

表8　　　　　　　　　　　　稳健性检验 II

变量	(1)	(2)	(3)	(4)
	反事实检验		剔除其他因素影响	
	ROA			
Fake_dt × Conomy_zh	0.0013 (1.4074)			
Fake_dt × Conomy_tc		0.00003 (0.4502)		

变量	(1)	(2)	(3)	(4)
	反事实检验		剔除其他因素影响	
	ROA			
Dt × Conomy_zh			0.0045 *** (2.6680)	
Dt × Conomy_tc				0.0001 * (1.6960)
Constant	0.2291 (1.2877)	0.2337 (1.2952)	0.9724 *** (11.3523)	0.9889 *** (11.3982)
控制变量	Y	Y	Y	Y
企业个体	Y	Y	Y	Y
季度	Y	Y	Y	Y
行业 * 季度	Y	Y	Y	Y
样本量	8 576	8 564	8 883	8 865
R^2	0.7504	0.7502	0.6553	0.6549

注：括号内值为 t 值，* 表示显著性水平：* p < 0.1，** p < 0.05，*** p < 0.01。

五、机 制 检 验

前文研究表明数字经济能够显著缓解新冠肺炎疫情对企业业绩的影响，然而其中的机制是什么呢？基于理论分析以及按数字经济特征的分类研究，本文认为数字经济主要通过稳固企业资金链、推动产业上下游联动以及加速企业员工复工三个机制缓解疫情对企业的冲击。接下来，本文将对上述机制进行验证。

（一）稳固企业资金链机制检验

1. 基于资金链断裂风险

从短期来看，疫情对于企业的一个重要影响在于增加了企业资金链断裂的风险。因此，本文基于资金链断裂风险的代理变量验证这一中介机制的作用。借鉴刘庆华（2006）的研究，本文运用现金负债总额比率度量企业资金链断裂风险。现金负债总额比率是经营活动现金净流量总额与债务总额的比率，现金负债总额比率越高，企业承担债务的能力越强，企业资金链断裂的可能性越小。反之，企业的财务灵活性越差，企业资金链断裂的可能性越大。因此，本文将现金负债总额比率（FC）作为中介变量，研究数字经济是否通过稳固企业资金链缓解疫情对企业业绩的影响。

本文借鉴石大千等（2018）的方法验证中介机制的存在，中介机制检验步骤如下：第一，将交乘项与中介变量进行回归，如果系数显著，则表明数字经济水平能够调节疫情对中介变量产生的影响；第二，将交乘项与企业业绩变量进行回归，如果系数显著，说明数字经济能够调节疫情对企业业绩产生的影响；第三，将交乘项、中介变量和企业业绩进行回归，如果交乘项系数不显著或者显著但系数的绝对值降低了，而中介变量的系数显著，则证明数字经济是通过中介机制影响了企业业绩。按照上述检验步骤，中介机制的验证模型设定如下：

验证数字经济对疫情对现金负债总额比率影响的调节作用：

$$FC_{i,t} = \alpha_0 + \alpha_1 Dt_t \times conomy_c + \rho X + \delta_t + \vartheta_i + \gamma_{jt} + \varepsilon_{it} \qquad (2)$$

验证数字经济对疫情对企业业绩影响的调节作用：

$$ROA_{it} = \beta_0 + \beta_1 Dt_t \times conomy_c + \rho X + \delta_t + \vartheta_i + \gamma_{jt} + \varepsilon_{it} \qquad (3)$$

将交乘项、现金负债总额比率同时放入方程：

$$ROA_{it} = \sigma_0 + \sigma_1 Dt_t \times conomy_c + \sigma_2 FC_{i,t} + \rho X + \delta_t + \vartheta_i + \gamma_{jt} + \varepsilon_{it} \qquad (4)$$

其中，$FC_{i,t}$ 表示企业 i 在 t 期的现金负债总额比率。Dt_t 为新冠肺炎疫情冲击，2020 年第一季度取值为 1，否则取值为 0。$Conomy_c$ 为数字经济水平，包括 $Conomy\_zh$ 与 $Conomy\_tc$。ρX 同式（1）。式（2）至式（4）同样控制企业个体、季度以及行业 * 季度固定效应，标准误差按行业和城市进行双重聚类。

回归结果见表 9，第一步回归结果显示，$Dt \times Conomy\_zh$ 系数显著为正（表 9 第 2 列），表明数字经济能够正向调节疫情对企业现金负债总额比率的影响。第二步检验结果表明，数字经济能够缓解疫情对企业业绩的影响（表 4 第 3~4 列）。第三步检验结果表明，将 $Dt \times Conomy$ 交乘项和现金负债总额比率（FC）同时纳入回归方程后，FC 的系数显著为正，$Dt \times Conomy$ 交乘项系数仍显著且系数的绝对值变小。如前所述，这一结果证实了数字经济能够通过稳固企业资金链的机制缓解疫情对企业造成的冲击。

表9　　　　　稳固资金链中介机制检验 I ：基于资金链断裂风险

变量	（1）	（2）	（3）	（4）
	FC		ROA	
Dt × Conomy_tc	0.0006 （1.0623）		0.0002 ** （2.2522）	
Dt × Conomy_zh		0.0277 *** （3.6515）		0.0045 *** （3.8502）
FC			0.0295 *** （14.0625）	0.0294 *** （12.5651）
Constant	1.3566 *** （2.9504）	1.2840 *** （2.7657）	0.8037 *** （12.9256）	0.7867 *** （12.5219）
控制变量	Y	Y	Y	Y
企业个体	Y	Y	Y	Y
季度	Y	Y	Y	Y
行业 * 季度	Y	Y	Y	Y
样本量	11 434	11 452	11 434	11 452
R^2	0.7458	0.7460	0.6760	0.6763

注：括号内值为 t 值，* 表示显著性水平：* $p < 0.1$，** $p < 0.05$，*** $p < 0.01$。

2. 基于数字经济细化指数

此外，我们进一步运用数字经济水平的细化指标验证其对稳固企业资金链的作用。结果表明，企业数字化、数字化公共卫生、数字金融与数字化治理发展均能够在疫情期间改善企业的财务状况，降低企业资金链断裂的风险（表10第 1~4 列）。

表10　　　　稳固资金链中介机制检验 II ：基于数字经济细化指数

变量	（1）	（2）	（3）	（4）
	FC			
Dt × Conomy_ind	0.0158 * （1.9257）			

续表

变量	（1）	（2）	（3）	（4）
	FC			
Dt × Conomy_med		0.0203 *** （2.6730）		
Dt × Conomy_fin			0.0191 *** （3.6528）	
Dt × Conomy_gov				0.0212 *** （2.8008）
Constant	1.3171 *** （2.8079）	1.3108 *** （2.8324）	1.3168 *** （2.8424）	1.3202 *** （2.8706）
控制变量	Y	Y	Y	Y
企业个体	Y	Y	Y	Y
季度	Y	Y	Y	Y
行业 * 季度	Y	Y	Y	Y
样本量	11 452	11 452	11 452	11 452
R^2	0.7458	0.7459	0.7461	0.7459

注：括号内值为 t 值，* 表示显著性水平：* $p<0.1$，** $p<0.05$，*** $p<0.01$。

这一实证结果与前文的机制分析一致，企业数字化能够推动产业上下游联动、加速企业上下游复工复产从而增加企业的营运现金流量，龙头企业能够为上下游企业提供资金帮扶，使企业摆脱资金短缺的困难。数字金融能够通过数字技术等手段为产业链上下游企业开拓融资渠道。数字化治理与数字化公共卫生能够通过助力企业复工复产等方式促进企业增收，降低企业资金链断裂的风险。

（二）促进产业联动机制检验

1. 基于数字经济细化指数

根据前文的分析，数字经济能够通过推动产业上下游联动的渠道缓解企业受新冠肺炎疫情的冲击。基于此，本文进一步对这一机制进行验证。由于产业上下游联动很难用企业财务数据直接度量，因此，只能通过间接的方式验证这一机制的存在。我们认为，如果城市数字经济能够促进产业的上下游联动，从而缓解疫情对企业业绩的影响，那么城市数字经济也会通过产业上下游联动缓解新冠肺炎疫情对企业的主要供应商和客户业绩的影响。

因此，我们根据企业财务报表附注，整理出企业的第一大供应商和第一大客户名称，利用网络信息爬取技术，根据企业名称确定企业的所在地。进一步地，本文将上市公司第一大供应商与第一大客户所在地的数字经济发展水平相加，形成上下游数字经济发展的总水平。根据数字经济的类型，本文构造五个产业联动地区数字经济指数，分别为数字经济综合联动指数（Conomy_zhw）、企业数字化联动指数（Conomy_indw）、数字化公共卫生联动指数（Conomy_medw）、数字金融联动指数（Conomy_finw）和数字治理联动指数（Conomy_govw）。

实证结果表明，企业主要供应商和客户所在地企业数字化及数字金融发展对企业业绩有显著的正向调节作用（表11第2列及表10第4列），而数字化治理及数字化公共卫生对企业绩效的调节作用不显著（表11第3列和第5列）。这一实证结果与前文的机制分析一致，表明企业数字化能够通过数字化平台对企业生产所需的要素进行统一、合理的调配，加速企业上下游复工复产。此外，企业数字化还能够降低产业上下游间的信息不对称，依托互联网平台实现信息共享，推动产业上下游联动。数字金融能够通过数字技术等手段为产业链上下游企业提供资金帮扶，从而推动产业上下游企业协同复工。

表11　　　产业联动中介机制检验Ⅰ：基于数字经济细化指数

变量	(1)	(2)	(3)	(4)	(5)
	ROA				
Dt × Conomy_zhw	0.0004 * (1.7876)				
Dt × Conomy_indw		0.0004 * (1.7109)			
Dt × Conomy_medw			0.0004 (1.5887)		

变量	(1)	(2)	(3)	(4)	(5)
	ROA				
Dt × Conomy_finw				0.0004 * (1.8243)	
Dt × Conomy_govw					0.0004 (1.6423)
Constant	0.0180 (0.1399)	0.0192 (0.1490)	0.0207 (0.1606)	0.0169 (0.1308)	0.0204 (0.1588)
控制变量	Y	Y	Y	Y	Y
企业个体	Y	Y	Y	Y	Y
季度	Y	Y	Y	Y	Y
行业 * 季度	Y	Y	Y	Y	Y
样本量	954	954	954	954	954
R^2	0.6903	0.6902	0.6901	0.6904	0.6901

注：括号内值为 t 值，* 表示显著性水平：* $p < 0.1$，** $p < 0.05$，*** $p < 0.01$。

2. 基于分组回归的进一步检验

本文基于企业的供应链集成度进一步验证产业联动中介机制的作用。供应链集成度是指企业通过与供应链成员进行战略合作，共同管理企业内、外业务流程，对接企业间的信息、资金、产品（服务）以及决策（Flynn et al.，2010）。若企业本身供应链集成度高，则说明企业已经形成了成熟的产业网络，那么城市数字经济发展水平通过企业数字化、数字金融等途径加强企业上下游之间的关联的作用会较小。而若企业供应链集成度低，那么数字经济则能够通过数字化平台等帮助企业加强与产业上下游企业之间的信息共享，从而更能发挥数字经济促进产业上下游联动的作用。

基于此，本文将企业按供应链集成水平分为高、低两组。具体而言，借鉴陈正林和王彧（2014）的研究，用上市公司连续三年前五名供应、销售比例的均值与方差之比取对数来度量供应链集成度，将企业按供应链集成度水平分为高低两组。分组回归结果见表12，可以看出，对于供应链集成度较低的企业，Dt 与 Conomy_zh 交乘项的系数更大，而对于供应链集成度较高的企业，Dt 与 Conomy_zh 交乘项的系数更小；对于供应链集成度较高的企业，Dt 与 Conomy_tc 交乘项的系数不显著，而对于供应链集成度较低的企业，Dt 与 Conomy_tc 交乘项的系数显著。结果表明，对于供应链集成度较低的企业，数字经济产生的产业联动效应更大，而对于供应链集成度较高的企业，数字经济的产业联动作用则相对较小。这一结论与前文的理论分析一致，进一步说明数字经济能够通过推动产业联动缓解疫情对企业业绩的影响。

表 12　　　　　　产业联动中介机制检验 Ⅱ：分组回归结果

变量	(1)	(2)	(3)	(4)	(5)	(6)	(7)	(8)
	上游集成高	上游集成低	下游集成高	下游集成低	上游集成高	上游集成低	下游集成高	下游集成低
	ROA							
$Dt \times$ Conomy_zh	0.0030 * (1.7148)	0.0061 *** (3.6198)	0.0043 *** (2.6837)	0.0054 *** (3.4595)				
$Dt \times$ Conomy_tc					0.0001 (0.9075)	0.0002 ** (2.3492)	0.0002 (1.3978)	0.0002 ** (2.4466)
Constant	0.7297 *** (4.5993)	0.8794 *** (8.3692)	0.8152 *** (6.1128)	0.8170 *** (8.2448)	0.7437 *** (4.7254)	0.8951 *** (8.5180)	0.8285 *** (6.1839)	0.8365 *** (8.4193)
控制变量	Y	Y	Y	Y	Y	Y	Y	Y
企业个体	Y	Y	Y	Y	Y	Y	Y	Y
季度	Y	Y	Y	Y	Y	Y	Y	Y
行业 * 季度	Y	Y	Y	Y	Y	Y	Y	Y
样本量	4 200	7 222	4 171	7 254	4 194	7 210	4 159	7 248
R^2	0.6718	0.6698	0.6916	0.6572	0.6718	0.6691	0.6912	0.6568

注：括号内值为 t 值，* 表示显著性水平：* $p<0.1$，** $p<0.05$，*** $p<0.01$。

（三）加速复工机制检验

1. 基于企业复工率

本文通过手工搜集企业的复工率数据实证检验中介机制效应。由于上市公司的复工公告大多只披露复工时间数据，而同一省份不同的上市公司复工时间都是根据所在省份统一的安排部署确定，不具有代表性。此外，即便企业复工时间较早，也并不代表企业复工率更高，而数字经济对企业产生"抗冲击"效应是通过提高企业的实际复工率水平。

因此，本文运用手工搜集整理企业的复工率信息。本文通过搜集"问董秘"版块董秘对投资者关心问题的答案获取复工率数据。具体而言，本文在"问董秘"版块搜索 2020 年 2 月 15 日至 2020 年 3 月 1 日与"复工率"相关的问答，共检索到 1 824 条问答信息。然而这些信息包含大量重复信息，这主要是因为这些信息中包含大量询问同一家公司"复工率"情况的信息，董秘的回答一般相同。此外，还有大量问答信息中，董秘没有回答具体的复工率信息。

因此，本文进一步通过手工筛选整理出 53 家公司的复工率数据。考虑到董秘回答的时间有所差异，这可能会造成回答时间越晚，复工率越高的情况。因此，为了避免这一原因造成的结果偏差，本文构建复工率高低的虚拟变量（Answer），若复工率高于 50%，则取值为 1；若复工率低于 50%，则取值为 0。本文采用 Logit 模型对结果进行估计，估计结果表明，数字经济能够缓解疫情对企业复工造成的影响，加速企业员工复工（表 13 第 1~2 列）。

表 13　　企业复工中介机制检验 I：基于"问董秘"复工率数据

变量	(1)	(2)
	Answer	
$Dt \times Conomy\_tc$	0.1287 (1.2259)	
$Dt \times Conomy\_zh$		2.2212 * (1.9352)
Dt	5.4076 (1.1895)	-27.3964 * (-1.8712)
$Conomy\_tc$	-0.0677 (-1.5143)	

变量	（1）	（2）
	Answer	
Conomy_zh		−1.0030 （−1.3300）
Constant	−10.6324 （−0.8436）	5.8331 （0.3274）
控制变量	Y	Y
样本量	258	258
Pseudo R^2	0.1722	0.1536

注：括号内值为 t 值，＊表示显著性水平：＊p<0.1，＊＊p<0.05，＊＊＊p<0.01。

2. 基于分组回归的进一步检验

基于前文的分析，企业的复工决策往往取决于多种因素，胡越秋等（2020）通过分析发现，影响企业复工决策的因素除了企业内外部环境之外，更为重要的是保持零感染这前提条件。因此，在进行复工决策时，企业重点考虑的因素在于企业复工后的防疫管控问题。

因此，若城市曾经出现确诊病例距离公司较近，则公司员工极有可能有与确诊病例共同暴露的风险，而由于新冠肺炎在出现症状之前有较长的潜伏期，在新冠肺炎疫情早期核酸检测能力有限的条件下，企业无法判断员工是否已经感染新冠肺炎。因此，企业若进行复工，将面临较高的风险，出于风险规避的考虑，企业往往选择推迟复工。而若城市曾经出现的确诊病例距离公司较远，那么企业复工面临的防疫压力相对较小，因此企业复工决策受到疫情的影响较小。基于此，本文认为，数字经济，尤其是数字化公共卫生水平能够通过大数据等技术对居民的生活出行和身体健康状况有更精准的掌握。因此，能够帮助企业有针对性的开展复工计划，对于感染风险较大的员工，实施线上办公；对于感染风险较小的员工，合理安排员工复工复产，使疫情对企业的影响降到最低。

基于此，本文从国泰安（CSMAR）数据库中搜集城市确诊病例所在地，并通过网络爬虫技术搜索确诊病例所在地与上市公司办公地的经纬度信息，利用经纬度信息计算出上市公司办公地与距离最近的确诊病例所在地之间的距离。根据上市公司与最近确诊病例所在地的距离大小分为距离远、距离中、距离近三组，并进行分组回归。实证结果见表14第1~6列，结果表明，Conomy_zh、Conomy_med与Dt交乘项的系数在距离近、距离中和距离远三组中逐渐减小。说明对于复工受新冠肺炎疫情影响较大的企业来说，数字化公共卫生能够发挥更大的调节作用，为企业顺利实现复工复产提供便利，也可以进一步说明数字经济能够通过加速企业复工对微观经济主体发挥"抗冲击"的作用。

表14　　　　　　企业复工中介机制检验Ⅱ：分组回归结果

变量	（1）	（2）	（3）	（4）	（5）	（6）
	距离近	距离中	距离远	距离近	距离中	距离远
	ROA					
Dt × Conomy_zh	0.0056** (2.4881)	0.0040 (1.3771)	0.0042 (1.4584)			
Dt × Conomy_med				0.0047** (2.2854)	0.0039 (1.2045)	0.0014 (0.6414)
Constant	0.4879*** (4.4545)	0.8655*** (10.519)	1.0127*** (4.4338)	0.4930*** (4.4061)	0.8654*** (10.143)	1.0233*** (4.4735)
控制变量	Y	Y	Y	Y	Y	Y
企业个体	Y	Y	Y	Y	Y	Y
季度	Y	Y	Y	Y	Y	Y
行业 * 季度	Y	Y	Y	Y	Y	Y
样本量	3 120	3 268	3 437	3 120	3 268	3 437
R^2	0.6943	0.6819	0.6728	0.6941	0.6820	0.6726

注：括号内值为t值，*表示显著性水平：*$p<0.1$，**$p<0.05$，***$p<0.01$。

六、异质性分析

对于不同的企业与行业，数字经济的影响可能有所不同。因此，本文按照企业成立年限、规模大小、所在行业对企业进一步分类，检验这些因素对于数字经济"抗冲击"效果的调节效应。

（一）基于企业层面的异质性分析

1. 按企业成立年限

对于成立年限不同的企业，数字经济对企业业绩受疫情影响的调节作用可能不同。因此，本文按企成立年限将上市公司分为成立年限长的企业与成立年限短的企业两组，通过分组回归的方式对比数字经济缓解企业业绩受新冠肺炎疫情影响的差异，分组回归结果见表15第1～2列。可以看出，数字经济对企业业绩的缓冲作用在成立时间较短的企业中显著，而在成立时间较长的企业中不显著，说明数字经济的"抗冲击"作用对于成立时间较短的企业更大。

表15　　　　　　　　　　异质性分析 I：基于企业特征

变量	（1）	（2）	（3）	（4）
	成立年限长	成立年限短	规模大	规模小
	ROA			
Dt × Conomy_tc	0.0001 （1.0102）	0.0003 ** （2.4626）	0.0002 * （1.7428）	0.0003 *** （2.6961）
Constant	0.9724 *** （5.9312）	0.7277 *** （8.8552）	0.7826 *** （6.8538）	1.1346 *** （10.1706）
控制变量	Y	Y	Y	Y
企业个体	Y	Y	Y	Y
季度	Y	Y	Y	Y
行业 * 季度	Y	Y	Y	Y
样本量	5 239	6 155	5 755	5 586
R^2	0.6627	0.6576	0.6784	0.6575

注：括号内值为 t 值，* 表示显著性水平：* $p < 0.1$，** $p < 0.05$，*** $p < 0.01$。

可能的解释是，对于成立时间较短的企业来说，融资渠道相对较窄，与上下游企业之间的联系更少。因此，数字经济能够发挥更大的作用，帮助企业通过数字技术增强与上下游企业之间的对接，拓宽融资渠道，保障企业复工复产，从而更大程度地降低疫情对企业业绩产生的影响。

2. 按企业的规模

对于规模大小不同的企业，数字经济对企业的影响也有可能产生差异。首先，规模较小的企业本身的数字化程度较低，因此可能更加需要城市的数字化为其提供精准的帮扶，而规模较大的企业本身可能具有较高的数字化程度，依赖自身的数字化平台等，大企业即可以克服在疫情期间遇到的困难。因此，城市数字化水平对大规模企业受疫情影响的缓冲作用可能较弱。其次，由于中国中小企业普遍存在融资难、融资贵的问题（吕劲松，2015），大量中小企业因无法获得银行贷款而依赖民间借贷，企业承担较大的利息压力，企业资金链断裂的风险更大。最后，中小企业更可能受到融资渠道的限制。

综上所述，本文认为，数字经济能够通过数字化技术帮助企业实现上下游对接，为企业提供更加丰富的融资渠道，从而对中小企业具有更强的"抗冲击"效果。

基于上述分析，本文按企业规模将上市公司分为规模大的企业与规模小的企业两组，通过分组回归的方式对比数字经济缓解企业业绩受新冠肺炎疫情影响的差异，分组回归结果见表15第3~4列。可以看出，数字经济对企业业绩的调节作用在成立时间较短的企业中显著且系数较大，而在规模较大的企业中系数则相对较小。这也进一步证明了上述猜想。

（二）基于行业层面的异质性分析

1. 按三大产业分类

此外，由于新冠肺炎疫情对农业、工业以及服务业产生的影响不同，且三大产业数字化程度本身存在差异，数字经济对三大产业受疫情影响的缓冲作用可能不同。根据《中国数字经济发展与就业白皮书（2019年）》，2018年服务业、工业、农业的数字经济占行业增加值的比重分别为35.9%、18.3%和7.3%。服务业数字化程度最高，工业次之，农业的数字化水平最低。因此，为了考察数字经济对新冠肺炎疫情期间不同产业的缓冲作用效果，本文将全样本划分为农业、工业和服务业三个子样本进行异质性分析。

表16是基于三大产业分类的异质性分析结果，结果表明，数字经济对服务业的缓冲作用最大，对工业行业的缓冲作用次之，对农业行业的缓冲作用最弱。可能的解释是，由于服务业受到新冠肺炎疫情的冲击最大，且服务业本身具备较高的数字化程度。服务业企业所在地区的数字经济水

平直接为服务业的产能恢复提供了保障。例如，如果城市数字经济水平较高，则居民线上消费越活跃，由数字经济创造的消费需求更大，对服务业的产能恢复起到促进作用也越大。而由于工业和农业数字化水平较低，数字经济对其的推动作用可能较服务业而言同样相对较低。

表 16　　　　　　　　异质性分析 Ⅱ：基于三大产业

变量	(1)	(2)	(3)
	农业	工业	服务业
	ROA		
Dt × Conomy_tc	0.0013 * (3.0186)	0.0002 ** (2.2831)	0.0003 * (1.8985)
Constant	0.2091 (0.4285)	0.9280 *** (14.4122)	0.8031 *** (4.8206)
控制变量	Y	Y	Y
企业个体	Y	Y	Y
季度	Y	Y	Y
行业 * 季度	Y	Y	Y
样本量	94	8 116	3 224
R^2	0.7005	0.6603	0.6241

注：括号内值为 t 值，* 表示显著性水平：* $p < 0.1$，** $p < 0.05$，*** $p < 0.01$。

2. 按服务对象、产品属性分类

进一步地，本文按照数字化率对工业与服务业进行细分。具体而言，本文将工业行业按产品属性分为重工业行业与轻工业行业，将服务业按服务对象分为生产性服务业和生活性服务业。根据中国信息通信研究院《中国数字经济发展与就业白皮书（2018 年）》的研究，以金融、运输、科技为代表的生产性服务业多为资本、技术密集型行业，数字化率普遍高于生活性服务业。此外，提供生产资料的重工业行业数字经济占比显著高于提供消费资料的轻工业部门。本文认为，城市数字经济对于数字化率更高的行业能够发挥更大的带动作用。因此，城市数字经济水平对于重工业与生产性服务业的"抗冲击"作用更大。

实证检验结果见表 17，可以看出，数字经济对企业产生的"抗冲击"

作用在重工业及生产性服务业中显著且系数较大，而在轻工业和生活性服务业中系数则相对较小，实证结果与前文的分析一致。

表17　　　　　异质性分析Ⅲ：基于服务对象、产品属性的行业分类

变量	(1)	(2)	(3)	(4)
	重工业	轻工业	生产性服务业	生活性服务业
	ROA			
Dt × Conomy_tc	0.0004 * (2.1620)	0.0001 (0.3839)	0.0003 ** (2.7320)	0.0004 (1.4705)
Constant	1.0130 *** (8.1358)	1.1925 (1.7837)	0.8382 *** (10.4833)	1.0143 ** (2.8375)
控制变量	Y	Y	Y	Y
企业个体	Y	Y	Y	Y
季度	Y	Y	Y	Y
行业 * 季度	Y	Y	Y	Y
样本量	3 383	778	1 767	785
R^2	0.6781	0.6905	0.6355	0.5916

注：括号内值为 t 值，* 表示显著性水平：* $p < 0.1$，** $p < 0.05$，*** $p < 0.01$。

七、结　论

新冠肺炎疫情导致的环境变化对企业而言是完全外生的、不可控的，以其为背景能更有效地检验数字经济对突发事件产生负面影响的缓冲作用。本文运用2019年第二季度至2020年第一季度中国沪、深 A 股上市公司数据，通过互联网搜索引擎构建衡量地区数字经济水平的指标，考察地区数字经济发挥"抗冲击"作用的效果。

实证研究发现，城市数字经济能够显著降低企业业绩受新冠肺炎疫情的负面影响，在考虑内生性问题以及更换被解释变量等一系列稳健性检验后，这一结论仍然成立。进一步研究发现，数字经济主要通过三大机制九条渠道缓解疫情对企业的冲击：首先，数字经济能够通过产业链资金帮扶、拓宽融资途径的渠道稳固企业的资金链，降低企业业绩受新冠肺炎疫

情的影响。其次，数字经济能够通过优化资源配置、加强信息共享、增强产业链资金保障的渠道促进产业上下游联动，促进企业协同复产，减缓疫情对企业业绩造成的冲击。最后，数字经济能够通过精简产业链环节、精准防控疫情、提供用工保障、助力企业人员管控四条渠道促进企业员工复工，从而减小企业因复工困难、停工停产而造成的损失。在三大机制中，企业数字化的作用全面，而数字金融、数字化公共卫生与数字治理的作用则更有针对性。进一步地，对于成立年限较短以及规模较小的企业，数字经济的缓冲作用更大。对于服务业以及数字化率较高的行业，数字经济的"抗冲击"效应较大。

本文的结论为中国常态化防疫背景下发展数字经济与经济高质量发展提供了如下政策启示：

（1）大力发展数字经济，增强中国经济的韧性。要进一步推进数字经济建设，促进大数据、人工智能、云计算等新一代信息技术与实体经济深度融合，释放数字经济发展新动能，提升中国经济在面对疫情冲击时的韧性。

（2）积极推进企业数字化转型，提升企业"抗冲击"能力。在外部环境错综复杂的背景下，应继续推进企业的数字化转型，加速布局线上业务，创新互联网商业模式，提升企业的数字化水平。

（3）支持数字金融发展，提高企业财务稳定性。应当鼓励数字技术与金融领域融合，在疫情防控常态化下为企业提供全面、精准、及时的资金支持，帮助企业从容应对内外部环境变化。

（4）加快构建数字化治理体系，有效保障经济平稳运行。着力推进城市数字化监管体系与预警体系建设，有效降低疫情等突发事件对城市造成的影响，保障经济社会平稳运行。

参考文献

1. A, Tai Leung Chong, L. L. B, and S. O. B. C., 2013. Does banking competition alleviate or worsen credit constraints faced by small-and medium-sized enterprises? Evidence from China. *Journal of Banking & Finance*, 37. 9: 3412 – 3424.

2. Barbara B. Flynn, Baofeng Huo, Xiande Zhao, 2010. The impact of supply chain integration on performance: A contingency and configuration approach, *Journal of Operations Management*, Volume 28 (1): 58 – 71.

3. Hill E, Wial H, Wolman H. Exploring regional economic Resilience. IURD Working

paper，No. 04，2008.

4. 范子英、田彬彬：《税收竞争、税收执法与企业避税》，载于《经济研究》2013 年第 9 期。

5. 胡越秋、王军、董泽华：《新冠肺炎疫情防控期间企业复工决策分析——基于行为经济学视角》，载于《统计与决策》2020 年第 5 期。

6. 黄庆华、周志波、周密：《新冠肺炎疫情对我国中小企业的影响及应对策略》，载于《西南大学学报（社会科学版）》2020 年第 3 期。

7. 黄送钦、吕鹏、范晓光：《疫情如何影响企业发展预期？——基于压力传导机制的实证研究》，载于《财政研究》2020 年第 4 期。

8. 李春涛、闫续文、宋敏、杨威：《金融科技与企业创新——新三板上市公司的证据》，载于《中国工业经济》2020 年第 1 期。

9. 李韵、丁林峰：《新冠疫情蔓延突显数字经济独特优势》，载于《上海经济研究》2020 年第 4 期。

10. 刘庆华：《基于现金流量的企业财务预警系统研究》，西南财经大学学位论文，2006 年。

11. 刘淑春：《中国数字经济高质量发展的靶向路径与政策供给》，载于《经济学家》2019 年第 6 期。

12. 吕劲松：《关于中小企业融资难、融资贵问题的思考》，载于《金融研究》2015 年第 11 期。

13. 师博：《数字经济促进城市经济高质量发展的机制与路径》，载于《西安财经学院学报》2020 年第 2 期。

14. 王玲侠：《数字经济背景下重大疫情对中国经济的冲击及影响》，载于《中国商论》2020 年第 10 期。

15. 王伟玲、吴志刚：《新冠肺炎疫情影响下数字经济发展研究》，载于《经济纵横》2020 年第 3 期。

16. 王永贵、高佳：《新冠疫情冲击、经济韧性与中国高质量发展》，载于《经济管理》2020 年第 5 期。

17. 肖旭、戚聿东：《产业数字化转型的价值维度与理论逻辑》，载于《改革》2019 年第 8 期。

18. 《新冠肺炎疫情对企业的影响与对策建议——千户企业快速问卷调查报告》，载于《中国经济报告》2020 年第 2 期。

19. 荆文君、孙宝文：《数字经济促进经济高质量发展：一个理论分析框架》，载于《经济学家》2019 年第 2 期。

20. 张平、杨耀武：《疫情冲击下增长路径偏移与支持政策——基于对企业非均衡冲击的分析》，载于《经济学动态》2020 年第 3 期。

21. 中国企业联合会课题组、刘兴国：《中国制造业 500 强企业受疫情影响分析报告》，载于《中国经济报告》2020 年第 2 期。

22. 中国信息通信研究院：《中国数字经济发展白皮书 2018》，中国信息通信研究院，2018 年。

23. 中国信息通信研究院：《中国数字经济发展白皮书 2019》，中国信息通信研究院，2019 年。

构建数据要素市场促进高质量发展的
理论逻辑与路径选择

郭　晗　廉玉妍[*]

2020 年 4 月中共中央、国务院印发了《关于构建更加完善的要素市场化配置体制机制的意见》，数据作为一种与土地、劳动力、资本、技术四种传统生产要素并列的要素被写入该文件。文件指出要加快培育数据要素市场，包括推进政府数据开放共享、提升数据价值、加强数据整合和安全保护三方面，这为数据要素的市场化配置指明了方向。加快构建数据要素市场是完善我国要素市场化配置、推动我国经济高质量发展的重要举措。通过构建数据要素市场，能够完善数据要素市场化配置体系，促进数据要素自由流通，发展数字化生产力，加快释放数据红利，推进数字经济与实体经济的深度融合，以数字经济促进经济发展新动能的培育。本文重点分析构建数据要素市场促进高质量发展的逻辑、约束与路径。

一、构建数据要素市场促进高质量发展的逻辑

随着数字技术和数字产业的迅速发展，数字经济时代已经到来，生活中每时每刻都在产生海量数据，这些数据对经济社会发展产生重要影响，甚至已从单纯的信息载体发展成为最关键的生产要素和最重要的基础性战略资源。构建数据要素市场，首先要研究数据要素市场促进高质量发展的逻辑。

---

* 郭晗，西北大学中国西部经济发展研究院副教授；廉玉妍，西北大学经济管理学院研究生。

（一）数据要素市场的内涵与特征

生产要素随着时代发展而变化，不同发展阶段对应不同的关键生产要素。农业经济时代土地和劳动为关键生产要素，工业经济时代资本为关键生产要素，之后技术要素展现出重要地位，进入数字经济时代后，数据成为核心生产要素。作为与土地、资本、劳动、技术并列的五大要素之一，数据要素同样具有价值，可以在市场上流通，可以被交易，与其他四种要素一同在生产过程中发挥作用。但数据要素又具有其独特优势，数据可复制共享，无限供给，对其他要素效率具有倍增作用，数据要素正在以更深度地方式为社会经济发展赋能。数据要素市场是生产要素市场，市场决定数据资源的配置，原始数据经过采集、清洗、加工、脱敏、储存等程序后成为可供企业自身使用以及可在数据交易市场上进行交易的数据，数据主体按照一定规则以市场决定的合理价格交易数据，数据在数据要素市场上自主有序流通，数据价值在流通和使用过程中得以体现，流通使得数据发挥更大作用。

数据要素市场具有与传统要素市场类似的特征，数据要素参与到生产过程当中，既可独立发挥作用，也可以与资本、劳动等结合发挥作用，当数据与其他要素结合时，数据能够提高其他要素的生产效率。因为数据具有价值，当市场上的买家想获得数据带来的价值时，就必须支付相应的价格购买数据，所以数据能够在市场上进行交易，即土地、资本等具有的可交易的属性，数据同样具有。数据要素在市场上流通并进行交易时，数据要素价格由市场决定，市场对数据资源的配置起决定作用。此外，由于数据要素往往是通过与其他要素的结合发挥作用，所以数据要素市场对传统要素市场具有很强的依赖性，数据与土地、劳动、资本、技术结合可体现更大价值。[①]

同时，数据要素市场又有别于传统要素市场，数据的市场交易具有与其他要素的市场交易不一样的特点。这种差异主要是由于数据要素本身的特征所决定的。第一，数据要素本身存在着可复制性，而且数据生产不存在边际成本递减规律，这就导致数据要素具有其他要素所不具备的规模报酬递增特征与正反馈效应，报酬递增与正反馈性的叠加，在理论上使得数

---

① 谢康、夏正豪、肖静华：《大数据成为现实生产要素的企业实现机制：产品创新视角》，载于《中国工业经济》2020 年第 5 期，第 42～60 页。

据总量趋于无限，目前全球数据呈现爆发式增长的态势正是这种叠加效应的具体体现。第二，数据要素本身存在极强的异质性，这种异质性是由数据质量、数据时效和数据流动等差异所造成的，就数据质量而言，只有高质量的数据才能具有报酬递增与正反馈的特征，而低质量的数据投入规模越大，对企业的干扰也越大。数据要素本身存在着极强的流动性和时效性。[①] 数据要素往往以实时的流量形式存在时更有价值，而存量形式的价值可能会锐减。因此，数据要素作为中间品投入，其定价机制设计和统计核算的困难主要源于其异质性。第三，数据要素的虚拟性是其与传统要素相区别的重要特征，数据是无形的，它本身不具有物理存在形式，它必须依赖一定的载体才能呈现出来。数据具有虚拟性导致数据在数据要素市场上确权困难，所有权、使用权、收益权等难以界定。其次，虚拟性使得数据应用场景限定强，数据价值的发挥需要专业人才在特定环境下捕捉数据并利用数据。另外，由于数据具有虚拟性，数据易被低成本地复制，其他使用者能以较低的边际成本获取数据，数据则通过被多次反复利用创造更大价值，但易被复制的特点会带来数据的安全问题，数据泄露风险不容忽视。

（二）构建数据要素市场促进高质量发展的理论逻辑

（1）构建数据要素市场，能够完善新型"软性基础设施"，降低制度性交易成本。培育数据要素市场，数据要素与劳动、资本等生产要素一样进行市场化配置，能够深化要素市场化配置改革，有效发挥市场对数据资源的配置作用。建立统一的数据要素交易平台，完善数据在市场上流通与交易的规则，加强事中事后监管，在数据要素市场上实现数据资源的自由流通与交易，市场数据要素配置过程中发挥更大作用，减少政府对于经济活动的直接干预，通过数据交易市场构建提升公共数据配置效率，实现"智慧监管"，更能够优化政务服务，深化"放管服"改革，从而有效降低制度性交易成本。

（2）构建数据要素市场，能够解放数字生产力，推展经济增长的潜力空间。数据要素现已是生产力的重要组成部分，是数字经济发展的基础，加快培育数据要素市场有助于推动数字经济的发展。数据作为新型生产要

---

① 刘玉奇、王强：《数字化视角下的数据生产要素与资源配置重构研究——新零售与数字化转型》，载于《商业经济研究》2019 年第 16 期，第 5～7 页。

素，是数字经济时代的关键生产要素，在人工智能、区块链等技术的有效应用背景下，通过数字产业化催生了新产业、新业态、新模式，日常生活中新产品和新服务层出不穷，激发组织变革和制度创新，加快经济发展新旧动能转换。[1] 数据每时每刻都在产生，全球数据正呈爆炸式增长，数据资源打破了传统资源由于有限供给对经济增长的限制，有助于实现经济的可持续增长。在经济的数字化转型过程中，数据要素发挥乘数作用，提高全要素生产率，优化资源配置效率，大幅度提高生产效率。

（3）构建数据要素市场，能够推动数字经济与实体经济深度融合，推动制造业转型升级。在产业数字化的过程中，数据成为驱动产业转型升级的重要战略资源，数据要素深刻改变着产业发展模式，大数据的应用能够显著提高生产、流通和服务效率，数字经济可助力实体经济发展。中国是制造大国，同时也是数据大国，充分利用丰富的数据资源，促进新一代数字技术与传统制造业相结合，创新传统生产方式和生产流程，焕发传统产业生机。[2] 实体经济是一国经济的根本，数字经济融入实体经济可以激发实体经济的活力，数据的使用可以推动创新过程以及有效地落实各类创新驱动应用，数据资源与制造业的结合将推动生产组织的变革，改造已有生产和服务模式，助力传统产业转型升级。

（4）构建数据要素市场，能够提升国际数字经济竞争力，占据国际数字经济发展先导地位。目前许多国家都已认识到数据价值对于社会经济发展的重要性，都在加速发展数字经济，这一领域的国际竞争十分激烈。积极构建数据要素市场，打破数字经济流通障碍，促进数据要素的自由流通，充分发挥数据红利，将有助于中国抢占全球数字经济发展的制高点。[3] 特别是 2020 年全球经济受到新冠肺炎疫情的冲击，生产交易活动受到极大限制，经济形势一片低迷，在这种特殊状况下，数字经济呈现出其独特优势。线上会议、网络购物、行程码等数字技术应用助力了经济活动的恢复，有效缓解了经济倒退压力，数字经济的强大力量得到进一步重视。未来一个国家数字经济的发展状况将在一定程度上代表这个国家的综合实

---

[1] 郭晗：《数字经济与实体经济融合促进高质量发展的路径》，载于《西安财经大学学报》2020 年第 2 期，第 20～24 页。

[2] 任保平：《数字经济引领高质量发展的逻辑、机制与路径》，载于《西安财经大学学报》2020 年第 2 期，第 5～9 页。

[3] 于施洋、王建冬、郭巧敏：《我国构建数据新型要素市场体系面临的挑战与对策》，载于《子政务》2020 年第 3 期，第 2～12 页。

力，数字经济将与国际地位挂钩，拥有大量的数据资源以及可有效开发利用数据资源彰显着一个国家的实力。因此，加快构建数据要素交易市场，有助于国际数字经济竞争力的提升。

（5）构建数据要素市场，能够促进数据要素的跨区流动，消弭区域数字鸿沟。数据要素市场的一个重要作用就在于数据要素的畅通流动，通过构建数据要素市场打破数据流通的阻碍，促进数据资源的合理利用，使得数据要素发挥更大效率。此次新冠肺炎疫情期间，政府、企业等通过来自三大通信运营商的数据实现了对个人出行轨迹的有效追踪，以及通过查验一码通等方式判断疫情风险，对于控制疫情、复工复产复学起到重要作用。此外，我国东西部数字经济发展不平衡，东部地区由于人口密集、经济发达、数字基础设施完善，其数字经济发展迅速，西部地区则与东部存在较大差距。通过构建数据要素市场可以实现数据的跨区域流动，东部地区丰富的算力资源可以在西部地区发挥更大的作用，推动区域协调发展，西部地区也可借助数字经济的强大力量推动经济社会发展，这就能够促进消弭"数字鸿沟"，从而实现数字经济时代的经济共享发展。

（6）构建数据要素市场，能够提升政府治理效能，推进治理体系和治理能力现代化。政府上下级之间、部门之间数据的流通与开放可以提高政府内部管理效率。培育数据要素市场，推动数据资源整合，利用大数据、人工智能等技术手段建立科学决策体系，提高公共政策研究制定的精确性。同时，有助于建设数字政府和推动政务改革，实现科学治理、有效治理、精准治理。向社会开放以往封闭的政府数据，政府信息变得公开透明，有利于增加社会公众对于政府的信任。同时，政府数据的开放共享可以优化公共政务服务体系，提升政府管理与服务水平，推动智慧城市的建设，推进社会治理智能化。积极推动公共数据开放共享，提升社会数据资源的价值，提高数字化治理水平，有助于全面推进我国治理体系和治理能力的现代化。

二、构建数据要素市场促进高质量发展的制约因素

数据被纳入生产要素参与分配进一步显示出数据的重要性。但数据技术的创新目前则超前于国民经济核算理论发展。土地、资产、劳动等生产要素在微观的所有权非常明确，具备比较好的会计核算和统计核算基础，

但数据资产核算最大的问题就是缺少微观的数据基础。从国际上来看也缺少可供借鉴的经验，在此背景下，当前的数据信息就难以全面反映当前的数字经济发展中数据的重大价值，在数据确权、数据开放、数据风控、数据治理和数据制度体系方面存在着多重制约，从而限制了数据要素在高质量发展中的积极作用。

（1）数据确权难度大，相关制度和法律体系缺失。数据产权在经济学上的含义主要为明确的产权主体和产权主体对数据的所有权、使用权和收益权，权利之间边界清晰、权责对等。由于数据资源是虚拟物品，数据不具备排他性和竞争性，数据具有可复制性，同一数据可被不同主体同时使用，且数据产生和使用过程十分复杂，数据的价值因人而异，故数据确权较为困难。数据的产权主要包括所有权、使用权和收益权，数据产权界定是数据要素进行市场化配置的前提与基础，数据确权后才可进行市场交易，数据进行交易的背后实际上是数据主体之间进行数据权益的转移。目前数据产权的所有权和使用权未被明确界定，收益权也受到一些非议。原始数据在个人手中通常并不能发挥很大作用，但当数据汇聚到企业手中就产生巨大作用，数据由于汇聚融合在一起创造巨大价值。以互联网平台为例，互联网企业通过提供服务收集到大量用户数据，数据来源于广大用户，个人用户对数据有着原始的所有权。互联网平台企业通过借助一定技术对数据进行清洗、加工、存储，在这个过程中，互联网企业对数据进行的收集、清洗、存储等工作是付出成本的，因此互联网企业对数据也拥有一定权益，企业拥有使用权，但企业对数据的所有权是有着一定限制的所有权。此外，用户隐私数据不可泄露给无关第三方已是社会共识，企业对于数据的使用权自然会受到一定限制。同时，尽管我国多年来在数据库核算已经有了比较好的基础，但数据核算的含义要远大于数据库核算的含义，受到技术条件的限制，目前对数据库的核算还远远不能涵盖我们目前中央提出的数据作为生产要素的深刻内涵。总体来看，目前我国在数据的权属界定方面缺少相关制度规则，数据资源权属不明，难以参与市场化配置，数据资源的流通与交易受限，制约了数据价值的充分释放。

（2）数据开放程度低，数据"拥有者"和数据"使用者"之间的资源配置存在阻滞。在中国，政府部门以及一些大型企业拥有海量数据，政府部门拥有国家社会经济发展状况相关数据，百度、阿里巴巴、腾讯等企业拥有大量互联网用户的电商消费数据、社交数据和搜索数据。[①] 以上机构都是数据的"拥有者"，其他公司和机构对这些数据有着需求，是数据的"使用者"。由于某些数据需要保密、获取成本过高等原因数据"使用者"常常很难从数据"拥有者"那里获得所需数据，不利于创造更大的数据价值。数据要素通过流通能够发挥更大作用，数据垄断严重阻碍了数据资源的有效配置。例如，数据技术的扩张使得智库产业迅速发展起来，为经济社会发展提供了非常大的智力支持。智库既包括官方智库也包括民间智库，很多具备较强研究能力的智库在分析研究社会发展问题时，由于无法获得真实有效的数据，其研究的准确性就得不到有力支撑，智库也就很难发挥其该有的作用。我国政府机构和公共部门目前掌握巨大的数据资源，除了一些关乎国家安全问题等数据不可随意开放，其他政务数据通常被看作公共资源一类，但我国当前的政务数据共享开放存在着"不愿""不敢"和"不会"的问题，政企之间数据流通存在障碍，政政之间有些也不能够畅通流通，政府数据的开放进程缓慢。此外，从企业层面来看，数据是企业发展的关键要素之一，数据能帮助企业做出更加精准的决策。大企业相比于小企业通常拥有更多数据，企业之间交易数据能够带来共赢局面，但企业之间由于各自利益不同，以及交易规则不明确，许多数据处在互相保密，不敢交易的状态下。数据具备很强的报酬递增和正反馈效应，每次使用都会创造新的价值，使用次数越多创造价值越多，数据要素流通受阻、交易规模小、开放共享程度低会限制数据要素潜在价值的释放，相应的报酬递增和正反馈效应也就难以发挥出来。

（3）数据风险管理、隐私保护和安全保障要求高，需要精准识别数字要素的潜在风险并研究相应的应对策略。数据资源开放共享导致的数据大规模跨区流动势必会带来数据安全问题，数据安全问题反过来会制约数据流通。随着社会对于数据的需求不断扩张，近年来窃取隐私数据等非法行为在不断发生，国家安全、企业利益和个人隐私受到威胁，数据要素市场上数据安全问题令人担忧。数据保护的核心在于对数据的采集、处理行为，数据要素市场需要行业自律，数据安全是培育数据要素市场的底线。一些互联网平台在用户不知情的情况下过度收集用户数据，分析用户行为，投放过多广告，吸引用户进行消费。Facebook 带来的剑桥分析事件中

[①] 田杰棠、刘露瑶：《交易模式、权利界定与数据要素市场培育》，载于《改革》2020 年第 7 期，第 1~10 页。

数据滥用问题令人担忧，用户知晓账户数据被泄露后纷纷指责 Facebook，这场数据危机使得 Facebook 遭受重创。目前还存在数据黑市等非法数据交易行为，个人隐私数据被倒卖的事件频频发生，继而造成个人经济损失，例如用户手机号码的泄露导致样式众多的电信诈骗。企业对用户数据的获取和使用不应没有底线，个人隐私安全不应向商业利益让步。此外，数据泄露事件可通过数据脱敏技术进行控制，一些不具备数据脱敏技术的企业盲目进行数据交易势必会造成数据安全问题。隐私保护是数据管理的核心问题，个人隐私需要被尊重。数据缺乏保护必然会制约数据的流通，限制数据释放价值，数据安全与数据开放共享之间需要寻求一个平衡点。

（4）数据统筹和监管能力低下，自上而下的"科层管理"型数据治理不能满足管理要求。数据治理是一个漫长且复杂的过程，数据治理要做到数据准确、适度分享以及数据保护。目前我国数据统筹能力相对较弱，政府数据存在明显的条块分割问题，不同部门、不同区域的数据难以统一调配，中央层面对于跨区域、跨部门的数据统筹力度不足。培育数据要素市场，必然要逐步推进政府数据的开放共享，这一过程将影响传统的治理模式。传统治理模式的基本特点是单向管理，各部分互不干涉，界限分明，由于数据大规模的开放与共享，传统的单向管理模式受到挑战，数据要素的交换和共享将导致传统治理转向新型治理，新型治理模式具有整体性和协同性，在转型过程需要中考虑社会整体利益，同时也要发挥数据主体间的协同作用。数据开放共享与隐私保护是数据治理需要面对的重大挑战，数据流通交易过程中需要保证数据的真实准确性，同时也要保证数据交易的安全性，数据治理需要兼顾二者，数据利用与数据安全并重，努力寻求二者之间的平衡。欧盟的《通用数据保护条例》（GDPR）在极大程度上保护了个人数据的安全，但它却对技术创新有着负面作用①。大量非法数据交易的存在也显示着我国数据治理的不足，数据需求者缺乏相应的合法合规的获取渠道，对于数据的生命周期管理不完善，监管能力较低，缺乏相应法律制度，总之缺乏有效的数据治理体系。目前中国的数据资源总量仍在爆发式增长，未来数据规模将进一步扩大，由于我国缺乏高效有序的数据治理模式，数据管理机制未来将面临更大的挑战。

（5）适应数据要素市场的制度和政策体系不完善。数据资源在数据确

---

① 王融：《数据跨境流动政策认知与建议——从美欧政策比较及反思视角》，载于《信息安全与通信保密》2018 年第 3 期，第 41 ~ 53 页。

权、流通交易、安全方面存在诸多问题，关键的原因在于制度的缺失，健全的制度是数据流通的重要保障。目前我国在数据的开放共享、交易流通、安全保障方面缺少相应的法律法规，完善数据开放制度、推进数据开放共享对于数据发挥价值有着重要影响，打破"数据孤岛"需要一定的制度以及政策支持。数据缺少确权定价制度，确权定价是数据交易的前提，数据确权需要专业机构进行研究，同时需要数字技术的支撑，数据资产定价也需要一定的价值评估规则。数据要素市场交易机制不完善，缺少数据流通交易规则，数据无法进行交易便不能利用多次的使用过程创造更大价值。此外，尚无真正意义上的数据管理法规，只在少数相关法律条文中有涉及数据管理、数据安全等规范的内容，难以满足快速增长的数据管理需求，行业性立法显得尤为重要。数据治理监管体系缺失，近年来数据安全问题频发说明数据管理制度不完善，缺少相应机构对数据要素市场进行监督管理。这严重制约着数据要素市场的发展，不利于数据要素的高效流通与交易，从而影响数据价值的全面释放。

三、构建数据要素市场促进高质量发展的路径

充分发挥数据要素对经济高质量发展的支撑作用，既离不开数据要素的规模化和高效率利用，也离不开有效的数据要素市场。基于我国数据生产和数据交易过程中所面临的制约因素，应从以下几个方面加快构建数据要素市场，促进经济实现高质量发展。

（1）积极培育数据要素的生产和流通主体。数据主体包括政府、企业和社会公众，通过明确界定数据产权，兼顾各类主体的合理权益，充分调动主体积极性，让各类社会主体积极采集与利用数据，加快释放数据红利，充分探索数字经济的活力。政务数据共享开放意义重大，需要坚持不懈地持续推进，推进政府数据开放共享，加快推动各地区各部门间数据共享交换，提升政府服务水平，提高政府效率。收入分配政策需体现数据要素的价值，数据要素在数据要素市场上有序高效流通，数据要素按贡献参与分配，能够激发主体积极性。企业是数据要素市场中重要的数据持有者，让企业成为独立的市场主体来配置数据要素，从而形成有效的激励作用，激发要素活力，充分发挥数据要素的积极性与创造性，提高要素质量。引导政府部门、企业和社会公众重视数据要素，促进数据资源的流

通，深入挖掘数据价值。

（2）搭建数据流通公共平台。区块链的逻辑有助于解决数据确权和交易问题，加快发展区块链技术，为建立数据流通公共平台提供坚实基础。健全市场化交易平台，引导培育大数据交易市场，依法合规开展数据交易。建立行业大数据中心体系，推动行业间数据开放共享，深入开发数据资源。建立政企合作的要素大数据统计机制，支持各类所有制企业参与要素交易平台建设，探索建立统一规范的数据管理制度，规范数据要素交易平台治理，提高数据质量和规范性，丰富数据产品，优化经济治理基础数据库。同时，平台要具有风险预警和安全应急体系。引导数据主体通过合法的数据交易平台进行数据交易。目前全国各地出现了一批数据交易所，但这些大数据交易所之间相互独立，缺乏统一的交易标准，安全技术参差不齐，监管能力有强有弱。全国范围内暂时还没有形成统一的数据交易市场，数据在全国范围内的流通依然存在一定阻碍。贵阳大数据交易所作为全球第一家大数据交易所，制定的标准较为规范，数据交易活动自主有序，为今后的行动提供了参照。

（3）营造数据流通市场环境。数据的顺畅流通是其价值释放的重要环节，有助于激活数据要素潜能。充分发挥市场配置资源的决定性作用，畅通要素流动渠道，保障政府、企业和社会公众平等获取生产要素，提高要素配置效率。建立促进数据要素自主有序流动的机制，提高配置效率。建立促进公共数据开放和数据资源有效流动的制度规范，反对数据地方保护，加强反垄断和反不正当竞争执法，打破"数据孤岛"，加强数据资源整合，促进数据在市场上自主有序流动。逐步建立数据定价机制，完善准入机制，强化对于数据流动的监管，建立风险防控机制。注重对政府、企业和社会公众数据的保护，制定数据隐私保护制度，强化数据安全保障，建立数据开放共享与隐私保护间的平衡机制。有利于打通不同部门和系统的壁垒，促进数据流转，形成覆盖全面的数据资源，推动数据资源共享开放，为数据分析应用奠定基础。

（4）推动数据要素与其他生产要素深度融合。数据已经成为社会经济数字化转型的生产要素之一，并通过与劳动等五个生产要素的结合形成现实的生产要素。与土地、资本等要素一样，单纯的数据资源只是可能的生产要素，要成为现实生产要素需要与其他要素或资源相结合，尤其是劳动。因此，劳动构成数据成为现实生产要素的必要条件之一。大数据的应用可以减少资本面临的和道德风险和逆向选择，资本的配置将更加精准有效，降低市场失灵。[①] 此外，数据将可以赋能管理者，帮助管理者更多使用人工智能算法来进行决策，提高决策精准性，降低决策失误的风险。数据要素与其他生产要素间具有协同关系，对其他要素有着一定的带动作用，在和其他要素一起融入经济价值创造过程中，通过与资本、劳动等其他生产要素紧密结合发挥乘数作用，数据要素可以放大其他要素在价值链流转中创造的价值。数字经济以数据为关键要素，数据要素参与到生产过程对生产力发展具有重要影响。推动数字经济和实体经济深度融合发展，提升产业数字化、数字产业化和数字化治理水平，运用大数据推进万物互联，建设智慧城市。鉴于数据要素市场对于传统要素市场的依赖性，加强融合，促进传统要素市场数字化升级并创造新价值。数据驱动创新，数据汇聚资本，数据培育人才，数据流引领技术流、资金流、人才流，有效释放数据红利。

（5）推动数据确权和数据市场标准体系建设。数据确权是目前全球都面临的难题，数据只有权属清晰才便于交易，数据确权是构建数据要素市场的重要基础。推进数据要素确权，根据数据自身性质建立和完善数据产权制度，建立健全数据产权交易机制。作为欧盟实施的《通用数据保护条例》确立了数据主体的被遗忘权、可携带权、有条件授权和最小化采集原则等，为其他国家和地区提供了范例。推进数据标准化、资产化和商品化体系建设，建立数据开放共享制度，完善数据交易规则和服务，健全数据要素市场运行机制，推进数据开放共享。提升对于数据要素的监管和服务能力，完善政府调节与监管，规范数据要素市场上的数据交易行为，提高数据要素交易监管水平。加快实现数据要素价格市场决定、流动自主有序、配置高效公平。

参考文献

1. 谢康、夏正豪、肖静华：《大数据成为现实生产要素的企业实现机制：产品创新视角》，载于《中国工业经济》2020 年第 5 期。

2. 刘玉奇、王强：《数字化视角下的数据生产要素与资源配置重构研究——新零售与数字化转型》，载于《商业经济研究》2019 年第 16 期。

3. 郭晗：《数字经济与实体经济融合促进高质量发展的路径》，载于《西安财经

[①] 郭晗、廉玉妍：《数字经济与中国未来经济新动能培育》，载于《西北大学学报（哲学社会科学版）》2020 年第 1 期，第 65~72 页。

大学学报》2020 年第 2 期。

4. 任保平：《数字经济引领高质量发展的逻辑、机制与路径》，载于《西安财经大学学报》2020 年第 2 期。

5. 于施洋、王建冬、郭巧敏：《我国构建数据新型要素市场体系面临的挑战与对策》，载于《电子政务》2020 年第 3 期。

6. 田杰棠、刘露瑶：《交易模式、权利界定与数据要素市场培育》，载于《改革》2020 年第 7 期。

7. 王融：《数据跨境流动政策认知与建议——从美欧政策比较及反思视角》，载于《信息安全与通信保密》2018 年第 3 期。

8. 郭晗、廉玉妍：《数字经济与中国未来经济新动能培育》，载于《西北大学学报（哲学社会科学版）》2020 年第 1 期。

发展共享经济　力保市场主体

张培丽[*]

　　新冠肺炎疫情使转型中已经经营困难的中小企业雪上加霜。为统筹疫情防控与经济社会发展，党和国家明确提出做好"六保"工作，其中作为"保市场主体"重点的中小企业得到广泛关注。如何有效强力扶持中小企业渡过难关，急需在现有政策基础上推出发展共享经济的新政策，形成政策合力。

一、保市场主体需要进一步完善政策体系

　　2008 年国际金融危机后我国出台了一系列扶持中小企业发展的政策，如 2009 年和 2010 年先后出台了《国务院关于进一步促进中小企业发展的若干意见》（称为"国 29 条"）、《关于鼓励和引导民间投资健康发展的若干意见》（又称"新 36 条"）特别是 2018 年习近平总书记召开民营企业家座谈会后，各级政府和部门又相继出台了大量扶持政策。在新冠肺炎疫情发生后，各级政府和部门再次出台大量扶持政策。这些政策概括起来主要：一是通过减免税费、财政贴息等财政政策为企业降成本；二是通过定向降准等货币政策和各种金融创新工具支持缓解中小企业融资难、融资贵；三是通过放宽市场准入、竞争中性、"放管服"改革等营造良好的发展环境。这一系列政策的推出，为保中小企业市场主体发挥了重要作用。但在疫情防控进入常态化的新形势下，保市场主体的现有政策遇到了两大

　　* 张培丽，中国人民大学经济学院副教授。本文为作者主持的国家社科基金项目《中小民营企业分类发展的精准扶持政策研究》（19BJL077）阶段性成果。

难题：

第一，现有政策的可持续性。疫情防控常态化和经济转型长期化对中小企业的影响都是长期的，而现有对中小企业的扶持政策，无论是财政政策还是货币政策，都难以长期化。

从财政政策来看，近年来，伴随经济下行的压力，财政收入增速趋于下降。2017～2019 年全国一般公共预算收入分别增长 7.4%、6.2%、3.8%，同时，政府投资、民生支出和财政补助等刚性财政支出使得财政支出分别达到 7.7%、8.7%、8.1%，增速远远高于收入增长速度。2019 年实施大规模减税降费，全年减税降费 2.36 万亿元，2020 年继续减税降费，以及叠加疫情对经济的严重冲击，财政收支缺口会继续加大，财政赤字增加。在这种情况下，长期加大财政对中小企业的扶持难上加难。

从金融政策来看，鼓励各大商业银行更大比例地向中小企业倾斜，解决中小企业融资难问题是一个非常规的短期举措。就常态化的情形而言，中小企业融资难是全球性难题，这与中小企业抵押物少、信息不透明、寿命短等自身特征直接相关。据世界银行 2008 年的调查报告显示，在 45 个接受调查的国家中，大、中、小企业获得银行信贷资金的占比分别为 3.0∶1.2∶1.0，大企业获得的银行信贷资金总量达到了小企业的 3 倍，是中型企业的 2.5 倍，加之我国企业的负债率仍然偏高，以及银行的不良贷款率有所升高，因而长期加大对中小企业的贷款支持也存在着金融风险。

第二，中小企业的自我内在成长机制。中小企业当下面临的困难是疫情冲击和转型冲击"双冲击"叠加的结果，疫情防控虽然常态化，但对中小企业的冲击具有短期性，而我国从高速增长向高质量发展转型则具有长期性，也是对中小企业构成最主要的冲击。因此，扶持中小企业，既要"扶困"，解决当下活下来的问题，更要"扶智"，解决从传统企业向以智能化信息技术为代表的新经济转型问题，成为经济高质量发展的参与者、贡献者，也就是解决中小企业的自我内在成长机制问题。"扶智"是长期的，"扶困"是短期的，"扶智"问题不解决，中小企业的生存困境就不可能从根本上解决。

因此，保市场主体应该构建长短期相结合的政策体系，形成政策合力，使财政政策和货币政策既在短期内达到实现保市场主体的政策目标，又在长期内达到使保下来的市场主体能够形成内在成长机制，实现长短期目标的有效衔接，为中小企业构建持续稳定发展的长效机制。

二、共享发展是保市场主体的有效途径

构建长短期相结合政策体系的核心，是扶持中小企业形成自我内在成长机制。这是保中小企业的根本，也是中小企业成长的长久之策。习近平总书记提出的新发展理念，是新时代中小企业高质量发展的指导思想，因而在保市场主体进程中必须始终加以贯彻落实。践行"共享发展"理念，大力发展"共享经济"，对于扶持中小企业形成自我内在成长机制大有可为。

纵观共享经济发展的历程可以发现，共享经济的产生和发展一直是企业应对经济下行或经济危机的冲击向联系的。最早提出共享概念的美国经济学家马丁·L.威茨曼，就是为了解决20世纪60年代末西方国家的"滞胀"难题，在1984年提出了用分享制取代工资制的共享经济分配体制，使工人在得到基本工资的基础上还能够分享企业的利润，调和劳资矛盾，促进就业和抑制通胀。随着信息技术和互联网的快速发展，西方国家的收入不平等日益扩大，经济增长放缓甚至发生经济危机，瑞慈·柏慈曼认为，这都成为共享经济发展的驱动力。面对新冠肺炎疫情的冲击，一些企业通过发展共享经济渡过难关，如受疫情影响较为严重的餐饮企业云海肴、西贝等与外卖需求快速上升的盒马生鲜合作，进行员工共享，既维护了员工的利益，又降低了企业的成本，实现了企业和员工的共赢。

共享经济主要通过发挥去库存、去杠杆、降成本、补短板、拓市场、增效率，从而增强企业盈利能力，以应对经济下行或经济危机对企业的冲击。

第一，共享经济的去库存功能。企业产权是由所有权、占有权、支配权、使用权、收益权和处分权等一系列的细分权利组成的权利束。企业产权既可以统一于单一的市场主体，也可以根据企业发展的需要在不同的市场主体之间进行合理配置，实现对资源的有效利用。在经济面临下行压力，市场受到严重冲击时，企业可以将部分闲置的员工、厂房、生产资料和产品的使用权转让给其他有需要的厂商，既可以减轻库存压力，又可以获得部分收益，增强了企业抵抗风险能力。

第二，共享经济的去杠杆功能。中小企业发展所需要的资金和资源，既可以通过融资渠道扩大融资规模，也可以通过共享经济渠道获取企业所需要的资源，即将其他企业部分闲置的员工、厂房、生产资料和产品的使用权以租借、股权等方式整合到企业中，这样就可以无须融资，或者以较低的融资成本获得企业经营所需要的生产要素，达到企业去杠杆的目的。这对缓解中小企业融资难、融资贵问题尤其重要。

第三，共享经济的降成本功能。中小企业之间将部分闲置的员工、厂房、生产资料和产品进行共享使用，可以以较低的成本实现租用双方的共享共赢：对租出相关资源的企业而言，既获得了收益，又减轻了企业持有这些闲置资产的成本压力；对租用企业而言，可以以较低的成本解决生产经营所需要的相关资源，减轻了企业大规模资产投入带来的成本压力，提高了企业运营的灵活性。尤其在疫情期间，由于不同行业影响程度和需求差异，共享经济的共赢具有更广阔的应用空间。例如，瑞士的维氏公司就在公司遭遇危机时采用员工共享方式渡过难关。

第四，共享经济的补短板功能。中小企业在疫情冲击和转型冲击"双冲击"叠加的压力下，要从根本上应对冲击，必须完成经济转型，但经济转型所需要的人才、技术、新产品等核心要素又很难获得。通过"不求所有，但求所用"的共享机制，中小企业就可以借助共享平台实现补短板，加速推进经济转型，以转型应对疫情冲击。

第五，共享经济的拓市场功能。共享经济模糊了生产者和消费者的界限，消费者可以便捷地通过一些平台让渡财产的部分权利或部分时间成为生产提供者。这一方面为消费者开辟了新的收入来源，提升了居民的消费能力；另一方面为相关产品和服务价格下降提供了可能，引起消费量的增加。共享经济对居民消费的扩大，就为企业拓展了更加广阔的市场空间。如滴滴出行通过提供更个性化、多元化和价格优惠的选择，使加盟平台的所有者获得收入，同时也造就了平台公司的快速成长。在疫情期间，这些平台虽然也受到了严重冲击，但表现出了较强的韧性。

第六，共享经济的增效率功能。共享经济使企业在享有所有权的前提下，通过以较低的成本将占有权、支配权、使用权、收益权和处分权等一系列的细分权利的再配置，为产权交易提供了更多、更加灵活的方式，从而可以扩大产权交易，推进产权流动，特别是有效激活闲置资源，提高资源配置效率，提升产权交易双方的企业盈利能力，推进经济高质量发展。

三、发展共享经济的政策选择

第一，打造各种资源共享发展平台。根据企业厂房、生产资料、劳动力、实验室等不同类型资源，构建不同的共享经济平台，为企业间互通有无地共享资源提供平台和媒介。这就需要实施好更加积极有为的财政政策和更加稳健灵活的货币政策。一是通过增强宏观政策的针对性和时效性，继续减税降费、减租降息和发展普惠金融等，加快政策落实，将各项纾困措施直接惠及市场主体，实现"扶困"的短期目标，为发展共享经济保住市场主体；二是通过增强宏观政策的前瞻性和战略性，加快5G等新基础设施建设，为工业互联网、车联网、企业上云、人工智能、远程医疗等战略性新兴产业发展创造条件，为发展共享经济创造基础设施；三是通过增强宏观政策的普惠性和透明性，加大对平台企业的精准支持力度，降低共享平台企业由于大规模投入带来的倒闭风险，提高行业信息透明度，确保共享经济行业的健康有序发展，为共享经济发展提供必要的平台企业。

第二，推动广泛的经济社会主体参与共享经济发展。共享经济平台中除了各类中小企业以外，还要广泛吸引政府、高校、科研机构、国有企业和社会非营利组织等多元主体积极参与，从多方面、多层次为中小企业发展提供帮助，并实现多方共赢。一是通过将以上各类经济社会主体整合到共享平台，有利于打破高校、科研机构与企业之间、科学研究与实际应用之间的隔膜，加快科学技术向生产力的转化，推动中小企业的创新驱动发展；二是强化了研究机构和部门与市场联系，有利于形成理论研究与市场需求相互促进的良性机制，构建官产学研用协同创新的发展新格局，推动中小企业加快转型成长；三是推动国有企业通过资源共享加强与中小企业合作，有利于形成大中小企业分工协作的产业链，构建大中小企业共生共荣的生态链，推动中小企业向精专特新发展；四是推进政府优先共享中小企业闲置资源，在帮助中小企业获利的同时，加强政府与企业沟通，了解企业需求，更好、更快完善营商环境。

第三，改革和完善产权制度。各类经济社会主体广泛参与共享经济发展，依赖于完善的产权保护制度，这就需要：一是深化产权制度改革，将企业的所有权、占有权、支配权、使用权、收益权和处分权等细分权利进行科学分置，建立健全产权细分与权利流转的法律规范，推动企业各种细分权利的合理流动；二是完善产权保护制度，特别是完善知识产权的保护制度，为各类产权流动和获取收益提供法律保护，为企业各种细分权利的合理流动提供产权激励；三是积极推进要素价格改革，为完善按要素分配机制，从而形成要素合理流动的产权激励创造条件；四是深化市场准入制度改革，全面实施市场准入负面清单制度，打破各种行政垄断和生产垄断，为企业的各类产权流动扫清障碍。

第四篇

中国经济发展的新动力

混合所有制改革的政治经济学逻辑

宋冬林　李　尚<inline-mark>*</inline-mark>

一、引　言

党的十八届三中全会指出，"国有资本、集体资本、非公有资本等交叉持股、相互融合的混合所有制经济，是基本经济制度的重要实现形式"，我国国有企业改革自此步入以混合所有制改革为主要特征的新时期。狭义上来看，混合所有制改革是在我国十八届三中全会上正式提出的。广义上来看，混合所有制改革是国有资本、集体资本、非公有资本相互融合的过程，新中国成立以来不同所有制资本融合以促进生产力发展的过程都可以看作混合所有制改革。从这一角度出发，我国混合所有制改革已经进行了较长的时间。十四届三中全会提出转换国有企业经营机制、建立现代企业制度，并允许一些企业改组为控股公司、股份合作制企业或者出售部分股份。十四届五中全会和十五大则提出把国有企业的改革同改组、改造和加强管理结合起来，对国有企业实施战略性重组。十六届三中全会更进一步，提出大力发展国有资本、集体资本和非公有资本等参股的混合所有制经济。十八届三中全会提出积极发展混合所有制经济。这些都是我国在不同时期对混合所有制改革的现实探索。

新时代以来，我国经济进入高质量发展阶段。十九届五中全会指出，要以推动高质量发展为主题，加快构建以国内大循环为主体、国内国际双

---

　*　宋冬林，吉林大学经济学院教授；李尚，吉林大学经济学院博士生。

循环相互促进的新发展格局。面对发展阶段和发展格局的新变化，促进国有企业在构建"双循环"发展格局和实现经济高质量发展过程中发挥作用是国有企业改革的新任务。混合所有制改革作为国有企业改革的重要举措，势必要在推动国有企业高质量发展和构建"双循环"发展格局中发挥重要作用，这就要求我们要进一步认识混合所有制改革的深刻内涵。同时，当前混合所有制改革实践中存在的一系列问题，也是我们对混合所有制改革内涵认识不足的具体表现。因此，本文从政治经济学的角度，分析不同时期国有企业改革的实践逻辑及理论逻辑，进一步认识混合所有制改革的深刻内涵，为深化国有企业混合所有制改革提供可行思路。

二、混合所有制改革的内涵和厘清几个概念

（一）混合所有制改革的内涵

国有企业作为中国特色社会主义的重要物质基础和政治基础，其本质既是社会主义生产关系的物质承担者，也是社会主义先进生产力的代表，亦是社会主义生产力和生产关系相互作用下的微观主体。国有企业在推进混合所有制改革过程中，表现为不同所有制资本相互融合的过程，其实质是国有企业在所有制层面进行的生产关系调整的过程。这种生产关系的调整是在社会主义性质框架内进行的，目的是促进公有制经济生产力的发展，是社会主义制度的自我完善过程。从这一角度出发，混合所有制改革的内涵至少包括以下三点。

首先，国有企业作为社会主义制度的重要物质载体，必须要不断改革以促进自身发展，从而保障"公有制为主体，多种所有制经济共同发展"的基本经济制度。混合所有制改革则通过对生产关系的调整以促进国有企业生产力的发展，目的是实现国有企业的做强做优做大。因此，混合所有制改革的过程中，"混"不是目的，"改"才是目的。通过"混"是一种生产关系调整的手段，以"混"来促进企业机制的"改"，从而破除制约企业生产力发展的障碍，促进企业生产力的发展。当前我国部分企业"混而不改"，在我国混合所有制改革实践中应该予以注意。

其次，混合所有制改革是我国国有企业改革的一个重要方面，体现了国有企业改革过程中生产关系调整不断深化的过程。国有企业改革从管理

层面的关系调整到分配关系的调整，再到所有制关系的调整，体现了国有企业改革对生产力和生产关系矛盾认识的深化。改革的实践表明，所有制关系如果不进行调整，管理层面的关系与分配关系的调整不可能彻底，改革的效果也会大打折扣。混合所有制改革是我国国有企业改革探索过程中理论认识与实践经验深化的结果，是国有企业改革不断向纵深发展的一个重要体现。但也要认识到，作为国有企业改革的一部分，混合所有制改革只是国有企业改革的一种重要形式，但不是国有企业改革的全部。国有企业存在的问题不能都归结于所有制关系的问题，因而不是"一混就灵"，不能仅仅通过混合所有制改革来解决，要结合国有资产管理体制等其他方面的改革共同发挥作用，才能更好地达到促进国有企业发展的目的。

最后，混合所有制改革以发展国有企业生产力为目的，既不是"国进民退"的过程，也不是"国退民进"过程。一方面，我国作为社会主义国家，国有企业是中国特色社会主义的重要物质基础，国有企业作为先进生产力的代表，必须时刻以发展生产力为目的。通过混合所有制改革，国有企业可以不断吸取其他所有制企业的先进管理经验，促进企业生产力水平提升。另一方面，混合所有制改革绝不是要将国有企业私有化，国有企业的改革不能走私有化的道路。中国特色社会主义的本质是解放生产力，发展生产力，消灭剥削，消除两极分化，最终达到共同富裕。公有制与非公有制经济都是我国经济社会发展的重要基础，是社会主义初级阶段发展生产力、实现共同富裕的重要力量。社会主义初级阶段下，我国在发展公有制经济的同时，依然需要大力发展非公有制经济。混合所有制改革绝不是要限制非公有制经济的发展，混合所有制改革作为公有制与非公有制资本的融合过程，其实质是"国民共进"推动生产力不断发展的过程。

（二）混合所有制改革的几个相关概念的厘清

在混合所有制改革提出之前，我国学者首先对混合所有制进行了研究。根据混合所有制表现形式的不同，混合所有制的概念可以进一步分为微观层面和宏观层面的。在微观层面，混合所有制表现为混合所有制企业。薛暮桥曾提出，"我国在经济体制改革中，所有制形式日益复杂。首先是产生不同行业、不同地区之间的国营与国营、国营与集体、集体与集体、集体与个体之间的合资经营或合作经营，这样就形成多种形式的混合所有制"。晓亮（1993）进一步将混合所有制定义为两种或两种以上的基本所有制形式的联合和结合形式，是一种次生的所有制形式。从这一定义来看，微观层面的混合所有制企业是国有资本或集体资本这两种形式的公有资本与非公有资本的相互结合形成的企业。在宏观层面，混合所有制表现为混合所有制经济，是国有资本与非公有资本相融合的混合所有制企业的在宏观层面的整体加总。

目前，关于混合所有制的认识上，存在两个比较容易混淆的概念。一个是混合所有制与股份制，另一个是混合所有制经济与混合经济。

1. 混合所有制与股份制

股份制作为现代企业的一种组织形式，投资者通过入股形式将分散的，属于不同主体的全部生产要素集中起来统一使用。改革开放初期，我国所有制结构出现多元化趋势，国有企业通过以发行股份的方式自主筹资，出现了最初形式的社会主义股份制。股份制被认为是搞活大中型国有企业的正确选择，是贯彻社会主义全民所有制的好形式。这一时期，股份制主要发生在国营企业和集体企业中，完全非公有制资本构成的股份制企业并不多见，股份制对国营企业和集体企业的公有制性质还不能产生影响。因此，股份制形式的联合所有制被认为是一种新的社会主义公有制形式。

随着我国经济的进一步发展，股份制成为各类企业的主要组织形式，大量私人资本主导的股份制企业开始发展壮大，一些国有企业中私人资本甚至开始起绝对作用。党的十五大提出股份制是公有制的重要实现形式。一种观点从马克思关于股份制的论述"联合起来的生产者的财产，即直接的社会财产"[①] 出发，认为股份制具有公私两重属性，进而认为股份制企业是公有制与非公有制并存的载体，与混合所有制企业等同。还有学者认为股份公司是产权社会化的一种实现形式，因此股份制是社会主义性质的，认为股份制是公有制的实现形式，不仅股份制改造后的国家所有制企业是公有制企业，公众持股的企业也是公有制企业。股份制作为企业资本的一种组织形式，股份制本身不具备特定的所有制性质，其所有制性质取决于股份拥有者的性质。公众持股的企业不属于社会主义公有制。企业的所有制性质取决于入股资本的所有制性质，"使股份制成为公有制的主要实现形式"的论断并未重新界定股份制的社会性质。

从基本概念来看，所有制作为生产资料占有形式的一种制度安排，反映了人们在生产资料占有方面的经济关系，混合所有制体现了生产资料在

---

① 《马克思恩格斯选集》第 2 卷，人民出版社 1995 年版，第 517 页。

占有上公有与私有并存的性质。与混合所有制不同，股份制作为资本的一种组织形式，其性质由股份出资者的性质间接决定的，股份制本身并不直接体现生产资料的占有形式。股份制与混合所有制的关系，概括起来有两个方面。一是股份制是混合所有制的一种实现形式，全民股份占主导地位的企业属于以全民为主体的混合所有制，私人股份占主导地位的企业则是以私人经济成分为主体的混合所有制。同时，股份制也可以是公有制和非公有制的实现形式。股份制作为资本的组织形式，并没有限制组成股份制企业的资本的所有制性质，股份制可以作为任意一种所有制的实现形式。不能因为私人股份占比小而将其私有性质抹杀。公有制、非公有制和混合所有制企业都可以采用股份制的形式存在，把股份制当作混合所有制显然忽略了股份出资者的所有制属性。二是混合所有制企业主要以股份制形式存在，但也包括部分有限责任制的混合所有制企业。混合所有制强调的是生产资料占有形式上公有和非公有并存的形态，至于二者以何种方式组织起来，并不影响其混合所有制的所有制性质。股份制作为资本的组织形式之一，是当前我国公有制资本与非公有制资本结合主要采取的组织方式。但也要看到，一些混合所有制企业也采取了有限责任制的形式组织起来，混合所有制并不完全表现为股份制的形式。因此，将股份制归类为混合所有制和将混合所有制当成股份制，都是不准确的。二者之间有交集，但并非子集的关系。

2. 混合所有制经济与混合经济

最初的混合经济是市场调节与国家调节手段的混合，这一思想源于庇古，凯恩斯主义的国家干预理论进一步强调了国家调控的作用。此后，经济学家进一步将"混合经济"的含义扩大。萨缪尔森认为混合经济是指"公有经济"与"私有经济"并存，国家机关和私人机构都对经济实施控制的经济制度。随着我国混合所有制经济的发展，有人将混合所有制经济等同于混合经济，认为混合所有制经济是基于所有制结构的理解，将国民经济结构中既含有公有制经济、又含有非公有制经济的形式是混合所有制经济，认为我国存在私营经济时便已经是混合所有制经济。混合所有制经济作为微观形式的混合所有制企业的加总，强调的是混合所有制经济内部公有制与非公有制的相互融合。把国民经济中既含有公有制经济、又含有非公有制经济的这一混合经济形态称为混合所有制经济存在明显的认识误区。

一方面，混合所有制经济与混合经济是建立在不同的经济基础之上的。混合经济建立在私有制基础上，其存在的目的是弥补私人经济的不足，以便更好地发展私人经济。而混合所有制经济建立在公有制为主体、多种所有制经济共同发展的社会主义基本经济制度的基础之上，目的是提高国有资本配置和运行效率，实现各种所有制资本取长补短、相互促进、共同发展。另一方面，混合经济是私人经济与公共经济共存的经济形态，是一种关于经济制度的描述。特点是市场机制与政府干预共同发挥作用，是"看得见的手"和"看不见的手"的混合体。显然，按照这一观点，混合所有制经济、公有制经济和私有制经济都应是混合经济制度中的组成部分。混合所有制经济与混合经济显然不是一个维度的两个概念。混合所有制经济是两种或两种以上的原生所有制经济结合而成的次生所有制经济，而不是对宏观经济所有制结构或经济制度的描述。

三、混合所有制改革的实践逻辑

一直以来，国有企业改革通过调整和改革生产关系、促进国有企业生产力的发展为实践目标。当前我国以混合所有制改革为主线推动国有企业深化改革，是国有企业改革实践不断向前推进的结果。改革的实践可以分为四个阶段：一是社会主义改造时期公有制生产关系的建立，二是计划经济时期国营企业内部管理关系的调整，三是计划与市场并存时期国营企业分配关系与所有制关系的调整，四是社会主义市场经济时期国有企业所有制关系的调整。

（一）社会主义改造时期公有制生产关系的建立（1949～1956年）

新中国成立初期，我国存在5种不同的经济成分，即社会主义国营经济、合作社经济、国家资本主义经济、私人资本主义经济和小商品经济。社会主义国营经济处于快速发展的起步阶段，资本主义经济占国民经济超过半数，仍有着重要作用。这一时期，部分国营企业在没收官僚资本后仍有部分私人股份，成为我国最早的混合所有制形式。随着党中央确立了中国由农业国转变为工业国，由新民主主义社会转变为社会主义社会的总的任务和主要途径，我国开始考虑对资本主义工商业进行改造。资本主义工商业改造的目的是实现新民主主义向社会主义的过渡，通过建立社会主义公有制的生产关系提高生产力水平以实现国家工业化的目标。

新中国成立初期，改造资本主义生产关系的条件还不成熟，我国对资本主义工商业的政策主要以"利用"和"限制"为主,"改造"只是在小范围地进行。随着国内通货膨胀问题的解决和"三反五反"运动的展开,1953 年,党中央认为进行社会主义改造的条件已经成熟,国家在"一化三改"的总路线下,通过国家资本主义的道路对资本主义工商业进行社会主义改造,并主要以公私合营作为改造的主要形式。公私合营形式的企业成为我国混合所有制改革的一种形式。

公私合营作为改造资本主义工商业的高级形式,主要经历了个别企业的公私合营阶段和全行业的公私合营阶段两个阶段。我国个别企业的公私合营最早来自建国初期,部分私营企业中含有官僚资本,这些资本没收后成为公股,产生了我国最初的公私合营企业。1954 年我国开始有计划的扩展公私合营,采用"和平赎买"的方式对资本主义工商业进行改造。在个别企业公私合营阶段,赎买的形式采取"四马分肥"的利润分配制度,资本家根据其在公私合营企业中资产所占比重,获得相应份额的股息和红利。在全行业的公私合营阶段,赎买的形式由"四马分肥"改为"定息"的制度,即在对原来私营企业的资产和负债进行清理估价、核定股额的基础上,由国家支付资本家以固定的股息,一般是 5%,到了一定期限后,国家将停止付息,并把这些财产转为国家所有。实行定息制度以后,资本家对企业生产资料的所有权就只表现在定息上,不能直接掌握、变卖企业生产资料。这时的合营企业已经由国家直接管理,基本上同社会主义国营经济没有多大的区别。至此,我国的资本主义工商业的社会主义改造基本完成。在 1966 年左右,随着付息期限到期,公私合营形式的混合所有制企业基本转变为公有制企业了。

(二) 计划经济时期国营企业内部管理关系的调整 (1957 ~ 1977 年)

社会主义改造完成后,国营企业作为计划的执行者,只是社会生产的一个单元,不具备任何自主权,企业缺乏活力,官僚主义和平均主义等弊端逐渐显现。如何调动工人阶级的积极性,处理好职工与企业管理者之间的关系,是社会主义建设中的一个至关重要的问题。为解决国营企业职工与管理者间的矛盾,国家开始围绕企业内部管理关系对国营企业进行改革,以激发工人生产积极性。

1957 年《中共中央关于研究有关工人阶级的几个重要问题通知》指出,如何调动工人阶级的积极性,充分发挥工人阶级在国家政治经济生活中的积极作用，是社会主义建设中的一个极其重要的问题，并提出了职工群众参加企业管理的思想。1957 年 5 月，《中共中央关于各级领导人员参加体力劳动的指示》进一步提出领导者参加生产劳动的做法，以克服官僚主义问题。此后，济南成记面粉厂和北安庆华工具厂逐步形成了"干部参加劳动，工人参加管理，改革不合理的规章制度"的"两参一改"企业管理经验。1958 年 5 月 7 日，《人民日报》发表了李立三主持关于学习和推广"两参一改三结合"的社论《改革企业管理工作的重大创举》。1960年，毛泽东在批示《鞍山市委关于工业战线上的技术革新和技术革命运动开展情况的报告》中提出了著名的"鞍钢宪法"，强调干部参加劳动，工人参加管理，改革不合理的规章制度，实行工人群众、领导干部和技术人员三结合的"两参一改三结合"思想。此后，1961 年国家进一步推出《国营工业企业工作条例（草案）》（简称"工业七十条"），进一步提出了加强企业管理方面的一些规定。

"两参一改三结合"和"鞍钢宪法"的推行，加强了工人在生产经营中的参与权与自治权，落实工人的主人翁地位，有效地调动了工人的生产积极性，是我国改革调整生产关系以促进生产力发展的初步探索，为改革开放后的企业改革提供了实践经验。

（三）计划与市场并存时期国营企业分配关系的调整（1978～1992 年）

改革开放初期，长期实施计划经济体制和"文化大革命"期间的错误政策，使国民经济处于停滞状态。国营企业政企不分、缺乏活力、平均主义盛行等问题挫伤了劳动者的生产积极性，国营企业效率低下。在这一背景下，十一届三中全会提出将党工作重点由"以阶级斗争为纲"转移到经济建设上来。同时国家开始对经济体制进行改革，在计划经济体制下发展商品经济，以解放和发展生产力。为适应经济体制的改革，国家开始对国营企业的分配关系进行改革，在不改变公有制性质的基础上，调整政府、企业与职工间的分配关系。国家通过让渡一部分国营企业的利润给企业和职工，以激发企业活力促进企业生产效率的提高。分配关系的调整分为两个阶段，一个阶段是 1978 年至 1983 年，以"放权让利"为原则推行经济责任制的扩大企业自主权的改革；另一阶段是 1984 年至 1992 年，以"所有权与经营权分离"为原则推行承包经营责任制等的增强企业活力的改革。

在第一个阶段，扩大企业自主权从试行利润留成的办法开始。1978

年，四川省在江宁机床厂等 6 个企业率先进行扩大企业自主权的试点，允许企业在完成国家计划的条件下可以制定自己的补充计划，计划外的生产可以自行组织销售，企业可以按一定的比例实行利润留成用于自身发展和员工福利，同时拥有相对的劳动用工自主权。1979 年，国务院进一步发布了《关于扩大国营工业企业经营管理自主权的若干规定》和《国务院关于国营企业实行利润留成的规定》，进一步推进扩大企业自主权的试点。1981 年，国家经贸委和体改办提出《关于实行工业经济责任制的若干意见》，经济责任制在全国迅速推广。1982 年底，80% 的全国预算内国营工业企业实行了经济责任制。经济责任制主要以利润留成、盈亏包干和以税代利、自负盈亏三种类型实施。经济责任制在利润留成的基础上更进一步，把企业职工的经济责任与经济效果同经济利益相联系，调动了企业和职工的积极性。1983 年国务院批转了《关于国营企业利改税试行办法》，开始在全国推行利改税，以进一步解决利润留成和盈亏包干中存在的问题。"利改税"改革后，企业首先要缴纳税收，缴纳所得税后的利润部分上交国家，部分留给企业。

在第二个阶段，增强企业活力围绕所有权和经营权分离的原则，以承包经营责任制、租赁制和股份制等方式进行改革。推行承包经营责任制是这一时期国营企业改革的主要手段。实行两步"利改税"后，受税率过高等影响，继续坚持承包制的企业大幅减少。1986 年，国务院发布的《关于深化企业改革增强企业活力的若干规定》提出推行多种形式的承包经营责任制，并于 1987 年春在全国范围内推行。1988 年，国务院发布《全民所有制工业企业承包经营责任制暂行条例》，进一步完善了承包经营责任制。承包经营责任制以合同的形式规范企业与国家的责、权、利关系，以"包死基数、确保上缴、超收多留、欠收自补"的原则确定国家与企业的利益分配。实行承包经营责任制的企业一般只上缴利润，不缴纳所得税。与此同时，1984 年开始，股份制作为促进两权分离、增强企业活力的手段也以试点的方式同步推进着。股份制试点主要采取在企业内部对职工发行股票的方式展开，少数大城市还进行了向社会公开发行少量股票和拍卖国有产权进而改造为股份制公司的试点形式，但数量较少。从试行股份制的情况来看，自 1984 年北京天桥百货公司率先试点至 1992 年初，全国股份制企业已有 3 220 家，其中 89 家向社会公开发行股票。这一股份制的形式是改革开放后我国混合所有制改革的一种重要探索。

分配关系的调整虽然没有促进企业所有制层面，但较管理关系的调整有了巨大的进步，企业员工的生产积极性受利益的驱动有了大幅提高。同时，分配关系的调整打破了"一大二公"思想对企业发展的桎梏，为所有制关系的改革提供了客观条件。

（四）社会主义市场经济时期国有企业所有制关系的改革（1993 至今）

计划与市场并存时期，经过近十五年的分配关系的调整，国有企业逐步摆脱了计划经济体制的束缚，企业自主权和企业活力有所增强。但这一时期的改革并不彻底，改革的效果也难以取得预期的效果。分配关系的调整没有完全解决政企不分和企业行活力的问题，生产关系中的矛盾没有根本的解决。在这一背景下，党的十四大明确提出建立社会主义市场经济体制的目标，通过建立市场机制进一步解放和发展生产力。此后，国有企业①开始围绕所有制关系进行改革，通过所有制关系的改革使国有企业适应社会主义市场经济的要求，从而解放和发展国有企业的生产力。所有制改革基本是以混合所有制的形式进行，可以分为三个阶段：一是通过公司制改革建立现代企业制度，转换国有企业经营机制；二是通过建立和完善国资监管体制，以股份制改革完善现代企业制度；三是以混合所有制改革进一步深化国有企业改革，促进新发展阶段下国有企业进一步发展。

十四届三中全会提出转换国有企业经营机制，确立了国有企业建立现代企业制度目标。十四届五中全会提出以建立现代企业制度为目标，把国有企业的改革同改组、改造和加强管理结合起来。十五大进一步明确建立现代企业制度是国有企业改革的方向，对国有大中型企业实行规范的公司制改革。公司制改革是这一时期建立现代企业制度的主要方式，并以试点的方式展开。1994 年，国务院发布《关于选择一批国有大中型企业进行现代企业制度试点的方案》，率先选择 100 家国有大中型企业进行现代企业制度试点。此后，各地区也选择了部分企业进行试点，全国约有 2 700 家试点企业进行了公司制改革。根据 1997 年对全国 2 343 家试点企业的调查，有 540 家企业改制为股份有限公司。1997 年之后，公司制改革在国有企业全面推开。1997～2002 年，在"抓大放小"国有经济结构调整政策下，大中型国有企业开始大量采取股份制改革的方式上市，大中型

---

① 八届人大一次会议，对宪法个别条款进行了修改。其中原宪法第 16 条、42 条中的"国营企业"都修改为"国有企业"，至此，我国国营企业的叫法都改为国有企业。

国有企业的股份制改革进一步加速了我国混合所有制经济的发展。

2003 年，十六届三中全会进一步提出要大力发展国有资本、集体资本和非公有资本等参股的混合所有制经济，实现投资主体多元化，使股份制成为公有制的主要实现形式。国有企业开启了以股份制改革为主要形式建立现代企业制度的新阶段，国有企业股份制改革的推进，使混合所有制在我国得以迅速发展。与此同时，2003 年国资委成立，国资委的职责在于对国有企业进行"管人、管事、管资产"，促进国有资产的保值增值，同时防止国有资产流失。国资监管机构是履行企业国有资产出资人权利的唯一机构，不直接干预企业的日常经营活动，也不承担政府的社会管理职能。国资监管体制的建立，推进了政企分开和国有企业经营权与所有权的分离，为产权改革提供了制度保障。到 2012 年，我国工业企业中混合所有制工业企业在规模上占总工业企业的比重已经达到了 26.3%

党的十八大以来，我国经济进入高质量发展阶段。如何在新的发展阶段促进国有企业生产力进一步发展，是深化国有企业改革的重要问题。十八届三中全会提出《关于全面深化改革若干重大问题的决定》，混合所有制改革成为深化国有企业改革的重要举措。实施混合所有制改革主要以试点的形式展开。2016 年至今，国家发改委共推出了四批超过 200 家企业进行混合所有制改革试点，分别围绕引入战略投资者、集团整体上市、核心业务资产上市和实行企业员工持股等方面进行探索。总体来看，混合所有制改革在中央和地方同时推进，并在进行混合所有制改革的同时，推动改组国有资本投资公司、落实董事会职权、市场化选聘经营管理者、剥离企业办社会职能和解决历史遗留问题等其他方面的改革试点，对国有企业进行全面改革。

四、混合所有制改革的理论逻辑

国有企业改革始终围绕生产力和生产关系的矛盾运动，调整生产关系以适应和促进生产力的发展。这种关系调整在不同的阶段受不同理论的指导，具体可以分为三个阶段：第一个阶段是基于马克思主义所有制理论，建立社会主义公有制；第二个阶段是在不改变公有制性质的基础上，基于两权分离理论，调整国家、企业与职工间的关系；第三个阶段是基于产权理论，改革国有企业所有制关系。

（一）基于马克思主义所有制理论，建立社会主义公有制

马克思认为，私有制是资本主义社会矛盾的根源，要消除资本主义的经济社会危机，必须对资本主义所有制进行彻底的改造，用生产资料公有制代替资本主义私有制。1848 年，在《共产党宣言》中，马克思和恩格斯进一步提出："无产阶级将利用自己的政治统治，一步一步地夺取资产阶级的全部资本，把一切生产工具集中在国家即组织成为统治阶级的无产阶级手里，并且尽可能快地增加生产力的总量。"① 在如何对资本主义所有制进行改造的问题上，他们指出无产阶级夺取政权后可以通过两种途径实现资本主义所有制的改造：一是暴力剥夺，二是和平赎买。恩格斯在《法德农民问题》中指出："我们决不认为，赎买在任何情况下都是不容许的。"② 在《共产主义原理》一文中，恩格斯进一步提出"一部分用国家工业竞争的办法，一部分直接用纸币赎买的办法，逐步剥夺土地所有者、工厂主、铁路所有者和船主的财产。"③

在总结"战时共产主义"政策的经验教训后，列宁发展了马克思主义的资本主义所有制改造理论，提出利用国家资本主义发展生产力，进而向社会主义过渡的思想。列宁指出，只有把"资本主义所积累的一切最丰富的、从历史的角度讲对我们是必然需要的全部文化、知识和技术由资本主义的工具变成社会主义的工具"④，才能建成社会主义。"国家资本主义，就是我们能够加以限制、能过规定其范围的资本主义"。在《大难临头，出路何在?》一文中，他指出："国家垄断资本主义是社会主义的最充分的物质准备，是社会主义的前阶，是历史阶梯上的一级，在这一级和叫做社会主义的那一级之间，没有任何中间级。"⑤ 同时，列宁还认为当社会经济基础达到并超出资本主义现有的高度时，共产主义社会才有可能实现，因此"过渡时期"应该是一个长期的过程。

新中国成立后，毛泽东等领导人坚持列宁关于国家资本主义的基本理论，采用国家资本主义的形式向社会主义和平过渡。毛泽东认为，国家资本主义"是带着很大的社会主义性质的"。一方面，国家资本主义经济在

---

① 《马克思恩格斯选集》第 1 卷，人民出版社 1972 年版，第 272 页。
② 《马克思恩格斯选集》第 4 卷，人民出版社 2012 年版，第 375 页。
③ 《马克思恩格斯选集》第 1 卷，人民出版社 2012 年版，第 305 页。
④ 《列宁全集》第 34 卷，人民出版社 1985 年版，第 357 页。
⑤ 《列宁选集》第 3 卷，人民出版社 1995 年版，第 266 页。

无产阶级政权的领导下，并与社会主义经济有密切的联系；另一方面，国家资本主义经济"主要不是为资本家的利润而存在，而是为了供应人民和国家的需要而存在"。李维汉在《资本主义工业中的公司关系问题》报告中进一步提出要经过国家资本主义（主要是公私合营形式）来改造资本主义所有制。他将国家资本主义分为低级形式的加工订货、统购包销和高级形式的公私合营两种形式，并认为公私合营形式的国家资本主义"是由资本主义生产关系过渡到社会主义生产关系的最好的过渡形式"，解决了加工订货和统购包销形式的国家资本主义中"为国家生产产品的企业由资本家按资本主义生产方式经营管理之间的矛盾"。我国基于国家资本主义对资本主义生产关系的调整，在一定程度上促进了生产力的发展。

（二）基于两权分离理论，调整国家、企业与职工间的关系

社会主义公有制建立后，国营企业内部矛盾开始显现，主要表现为国家与企业、企业与员工间的矛盾。毛泽东在《论十大关系》中指出，"国家和工厂、合作社的关系，工厂、合作社和生产者个人的关系，这两种关系都要处理好"[1]，"拿工人讲，工人的劳动生产率提高了，他们的劳动条件和集体福利就需要逐步有所改进"。[2] 面对这一矛盾，我国最开始依靠工人自身的热情，通过"两参一改三结合"来调整企业内部管理关系，是没有真正触及国家、企业与职工间的经济利益。改革开放后，生产关系的调整开始触及国家、企业与职工间的利益调整。依据"所有权与经营权分离理论"，国家在不改变公有制性质的基础上，把企业占有权、支配权、使用权适当地交给企业和员工。通过调整国家、企业和职工间的分配关系，将企业利润在国家、企业和职工间进行分配，使职工生产的经济效果同自身经济利益相联系，从而在保留国家所有制形式下激发企业的活力，促进国营企业生产力的发展。

改革开放初期，生产关系的调整与我国经济体制改革同步进行，所有权与经营权分离以扩大企业自主权和增强企业活力为中心。最开始，扩大企业自主权是在国家计划的指导下进行，在国家保留着对生产资料所有权的前提下，把占有权、支配权、使用权适当地交给企业，从而在保留公有制性质的同时激发企业的活力。这种高度集中的管理体制下，企业虽有生产资料的使用权，但并没有占有权和支配权，因而也没有真正独立的经营

---

[1][2] 《毛泽东文集》第7卷，人民出版社1999年版，第28页。

管理权，必须把权力下放到足以保证企业取得真正独立的商品生产者。受农村改革成功经验的激励，承包经营责任制作为一种新的探索两权分离的形式开始受到重视。从效果来看，承包经营责任制实现了企业所有权和经营权的适当分离，使企业逐步成为相对独立的商品生产者和经营者，[①] 但也暴露出企业负赢不负亏、行为短期化等问题。

（三）基于产权理论，改革国有企业所有制关系

两权分离理论指导下对国家、企业与职工间利益关系调整的实践表明，承包经营制等改革方案下，企业的"两权分离"不彻底，企业仅拥有部分经营权。不改变公有制性质下的分配关系的调整不能从根本上解决国有企业持续发展的问题，需要寻找新的改革路径。产权理论开始成为替代两权分离理论指导国营企业改革的新理论。较早提出产权改革的学者认为，产权的明确以及产权的人格化，使企业和职工关心、追求资产增值有了物质基础，是实现政企分开、两权分离、增强企业活力的有效形式。吴敬琏、张维迎认为产权不明晰、所有者缺位等原因使国有企业不能有效运行，主张通过产权改革，使企业形成有效的激励机制和治理结构，从而解决国有企业的低效率问题。部分学者指出，如果股份制以国家股为主，在经营活动上同国家所有制没有根本区别，因此股份制在解决两权分离、政企分开等问题上无能为力。同时，林毅夫认为国有企业低效率是政策性负担导致的"预算软约束"问题而不是所有权归属问题导致的，剥离政策性负担是国有企业改革成功的先决条件。随着党的十五大报告指出"股份制是现代企业的一种资本组织形式，有利于所有权和经营权的分离，有利于提高企业和资本的运作效率，资本主义可以用，社会主义也可以用。不能笼统地说股份制是公有还是私有，关键看控股权掌握在谁手中"，以股份制改革为主要途径的产权改革方向得以贯彻实施。

随着股份制改革的推行，混合所有制经济迅速发展壮大，同时国有经济的比重不断降低。习近平指出："必须毫不动摇巩固和发展公有制经济，坚持公有制主体地位，发挥国有经济主导作用，不断增强国有企业经济活力、控制力、影响力。"[②] 同时，"任何想把公有制经济否定掉或者想把非

---

① 景文：《简论企业承包经营制》，载于《学术交流》1987 年第 6 期，第 1～7 页。
② 《中央十八届三中全会在京举行 习近平作重要讲话》，载于《人民日报》2013 年 11 月 13 日第 1 版。

公有制经济否定掉的观点，都是不符合最广大人民根本利益的，都是不符合我国改革发展要求的，因此也都是错误的。"发展混合所有制显然不是走私有化道路，核心目的是巩固公有制的主体地位、增强国有经济的主导作用。发展混合所有制经济是为了更好地发展公有制经济，也是为了更好地发展非公有制经济，是公有制经济与非公有制经济的互利共赢而并非此消彼长或零和博弈。我国社会主义制度决定了国有企业的产权改革不能走私有化的道路，同时发展生产力的要求又需要非公有制经济的活力与创造力。这就决定了产权改革只能采取混合所有制改革的形式，实现公有制经济与非公有制经济的共同发展，从而在坚持社会主义道路的基础上实现生产力的不断发展。

五、推进混合所有制改革的几点思考

当前，国有企业混合所有制改革在各个方面都有一定的突破。但也要看到，混合所有制改革推进缓慢，一些企业一"混"了之，企业的经营机制并未改变。社会各界对混合所有制改革仍存有一定疑虑，一方面对国有资产流失存在一定的担忧，另一方面非国有资本对参与混合所有制改革的积极性不高也制约了改革的推进。深入推进混合所有制改革，需要围绕国有企业生产关系的调整，在以下几个方面进一步突破。

（一）分类改革下国有企业与市场关系的调整

党的十八届三中全会以来，我国逐渐确定了以分类为原则推进国有企业混合所有制改革。分类改革背景下，根据企业所处行业特点的不同，国有企业采取的改革方案理应有所差别，不能一概而论地实行混合所有制改革。具体而言，我们认为，竞争性的商业类国有企业应积极推行混合所有制改革，以实现国有资本的收益最大化为目标；垄断性的商业类企业在推行混合所有制改革的基础上，可以进一步放开行业准入引入竞争机制，在激发企业活力的同时促进市场公平竞争，激发非公有制企业的积极性；公益类国有企业一般以社会效益为第一目标，因此不宜过多引入竞争机制，也不宜推行混合所有制改革，可以通过完善考核制度、加强企业内部管理，提高企业的服务水平。

（二）"管资本"下的国有企业与政府关系的调整

以"管资本"为主的国有资产管理体制是当前国有企业改革的一项重要内容，推动国有企业管理向"管资本"转变意味着政府将逐步减少对国有企业的干预。但在经济运行过程中，国有企业作为党执政兴国的重要支柱和依靠力量，不可避免地需要承担一些社会责任和政策目标，与以"管资本"为主的思想难免有所冲突。因此，"管资本"下国有企业与政府关系的调整也应分类展开。在充分竞争的行业领域，政府作为出资人应该以股东利益最大化为主，通过"管资本"实现国有资本的收益最大化，不宜使企业承担过多社会责任。在一些垄断行业和关系国家安全和国民经济命脉的重要行业，政府作为出资人可以根据社会经济发展的需要，以社会效益最大化为目标，国有企业则可以承受一定程度的经济效率损失。

（三）"培育世界一流企业"下国有企业内部机制的调整

新时代背景下，我国经济进入高质量发展阶段。党的十九大提出"深化国有企业改革，发展混合所有制经济，培育具有全球竞争力的世界一流企业"的目标，创新的重要作用不断凸显。人才作为推动企业创新的第一推动力，创新驱动实质是"人才驱动"。因此，国有企业在培育世界一流企业的过程中，核心是要加强和发挥人才的作用，要进一步完善用人机制和人才激励机制。在用人机制上，应当建立竞争择优、"能上能下、能进能出"的市场化选人用人制度，通过建立竞争性的用人机制以激发员工活力。在激励机制上，要以实现企业自身发展为目的，通过员工持股、股权激励等方式，对企业核心创新人才、关键技术人才予以激励。同时，要避免员工持股的福利化。

参考文献

1. 薛暮桥：《我国生产资料所有制的演变》，载于《经济研究》1987 年第 2 期。

2. 晓亮：《大有发展前景的一种所有制形式——混合所有制》，载于《党校论坛》1993 年第 11 期。

3. 何立胜、管仁勤：《我国混合所有制经济问题研究》，载于《南京经济学院学报》2000 年第 4 期。

4. 刘长庚、张磊：《理解"混合所有制经济"：一个文献综述》，载于《政治经济学评论》2016 年第 6 期。

5. 李念、李春玲、李瑞萌：《国有企业混合所有制改革研究综述》，载于《财会通讯》2016 年第 27 期。

6. 綦好东、郭骏超、朱炜：《国有企业混合所有制改革：动力、阻力与实现路径》，载于《管理世界》2017 年第 10 期。

7. 程承坪、刘凡：《发展混合所有制经济应把握的若干重大问题》，载于《学习与实践》2015 年第 4 期。

8. 王珏、石霞：《股份制：搞活大中型企业的正确选择》，载于《中国工业经济研究》1991 年第 11 期。

9. 黄范章：《股份制——社会主义全民所有制的好形式》，载于《经济研究》1989 年第 4 期。

10. 刘诗白：《试论社会主义股份制》，载于《经济研究》1986 年第 12 期。

11. 蔡继明、张克昕：《股份制性质辨析——兼评有关股份制性质的几种观点》，载于《经济学动态》2005 年第 1 期。

12. 厉以宁：《论新公有制企业》，载于《经济学动态》2004 年第 1 期。

13. 于金富：《公众股份制是我国现阶段一种公有制主要实现形式》，载于《经济学动态》2004 年第 4 期。

14. 蒋一苇：《企业集团与股份制》，载于《管理世界》1991 年第 2 期。

15. 曹坤华：《股份制若干理论问题的思考》，载于《经济评论》1992 年第 6 期。

16. 周新城：《评"新公有制企业"理论》，载于《安徽师范大学学报（人文社会科学版）》2004 年第 1 期。

17. 郭飞：《社会主义公有制与股份制若干问题探讨》，载于《经济学动态》2004 年第 7 期。

18. 蒋学模：《解读"使股份制成为公有制的主要形式"——与李连仲商榷》，载于《上海行政学院学报》2004 年第 3 期。

19. 卫兴华：《简论所有制与股份制的联系与区别》，载于《当代财经》2004 年第 2 期。

20. 关梦觉：《关于股份制的若干理论和实际问题》，载于《经济学动态》1988 年第 2 期。

21. 李光宇：《关于股份制性质与公有制作用的问题》，载于《中国人民大学学报》1989 年第 6 期。

22. 马昀：《评"论混合经济"一文的非科学观点——与何伟先生商榷》，载于《当代经济研究》2007 年第 2 期。

23. 晓亮：《论混合所有制》，载于《学术月刊》1998 年第 6 期。

24. 薛暮桥、苏星、林子力：《中国国民经济的社会主义改造》，人民出版社 1959 年版。

25. 胡国栋、王晓杰：《企业民主的缺失与重建：从"鞍钢宪法"到组织主人翁行为》，载于《马克思主义研究》2016 年第 1 期。

26. 《马克思恩格斯选集》第 1 卷，人民出版社 1995 年版。

27. 《列宁全集》第六卷，人民出版社 1984 年版。

28. 《列宁选集》第四卷，人民出版社 1995 年版。

29. 《毛泽东文集》第六卷，人民出版社 1996 年版。

30. 李维汉：《统一战线问题与民族问题》，人民出版 1981 年版。

31. 《李维汉选集》，人民出版社 1987 年版。

32. 田江海、郭道夫：《全民所有制与扩大国营企业的自主权》，载于《经济问题探索》1980 年第 2 期。

33. 林青松：《如何正确地认识企业自主权的客观依据》，载于《经济研究》1980 年第 12 期。

34. 罗宗：《扩大企业自主权和所有制改革》，载于《社会科学》1980 年第 5 期。

35. 景文：《简论企业承包经营制》，载于《学术交流》1987 年第 6 期。

36. 游在谋：《承包制如何向股份制过渡问题的初步研究》，载于《经济与管理研究》1989 年第 2 期。

37. 黄燕：《推行企业承包经营制的理论回顾与功过评述——写在企业即将进入第二个承包期之际》，载于《经济科学》1990 年第 3 期。

38. 赵晓雷：《公有制前提下国营企业产权关系调整的理论思考》，载于《财经研究》1990 年第 7 期。

39. 刘国光、张曙光、于祖尧：《关于法国国有经济管理问题的考察报告》，载于《经济学动态》1986 年第 5 期。

40. 王天相：《股份制的理论与实践探索》，载于《经济问题》1988 年第 12 期。

41. 吴敬琏：《产权制度和大中型企业的改革》，载于《经济社会体制比较》1989 年第 6 期。

42. 张维迎：《企业理论与中国企业改革》，北京大学出版社 1999 年版。

43. 荀旸：《股份制不能解决国有企业内部经营机制问题》，载于《经济研究》1992 年第 7 期。

44. 刘光第：《股份制不能替代承包制》，载于《经济管理》1992 年第 11 期。

45. 林毅夫、刘明兴、章奇：《政策性负担与企业的预算软约束：来自中国的实证研究》，载于《管理世界》2004 年第 8 期。

46. 林毅夫、李志赟：《中国的国有企业与金融体制改革》，载于《经济学（季刊）》2005 年第 3 期。

47. 丁石：《发展混合所有制经济不是要走私有化道路》，载于《红旗文稿》2015 年第 22 期。

48. 王宏波、曹睿：《论公有资本的实践基础与理论地位》，载于《经济纵横》2020 年第 10 期。

49. 周新城：《牢牢把握发展混合所有制经济的方向——关于混合所有制经济同基本经济制度的关系的一点看法》，载于《经济理论与经济管理》2014 年第 12 期。

50. 卫兴华、何召鹏：《从理论和实践的结合上弄清和搞好混合所有制经济》，载于《经济理论与经济管理》2015 年第 1 期。

51. 贾可卿：《混合所有制背景下的国有企业改革》，载于《吉林大学社会科学学报》2019 年第 5 期。

国有企业创新功能的理论逻辑与实现路径[*]

李　政　周希祯

一、引言与文献综述

2019 年 10 月，党的十九届四中全会通过的《中共中央关于坚持和完善中国特色社会主义制度、推进国家治理体系和治理能力现代化若干重大问题的决定》首次提出增强国有经济创新力。2020 年 5 月，《中共中央国务院关于新时代加快完善社会主义市场经济体制的意见》再次提出增强国有经济创新力。在此背景下，增强创新力进一步成为新一轮国有企业（以下简称"国企"）改革的方向和着力点。然而，对于国企是否具有创新力、为什么具有创新力、如何提升创新力，学术界从理论上进行的探讨还不多、不充分。从根本上说，国有企业在我国社会主义市场经济中的功能定位决定了国有企业在国家创新发展特别是科技创新中的角色和作用，进而决定了国有企业应该具有什么样的创新力、应该如何增强创新力。但是对于国有企业在创新中的功能作用问题，迄今学术界尚缺乏深入的理论研究并存在巨大争议。

一些学者否定国有企业的创新功能与作用，其依据是：一方面，国有企业由于规则限制和对于风险的规避倾向从而不适合创新。传统意义上人们也认为一些国有企业其长期处于垄断地位，缺乏一定的竞争压力和创新动力。另一方面，由于国有企业本身的"委托代理"矛盾，即政府作为实

---

　　* 李政，吉林大学经济学院教授；周希祯，吉林大学经济学院博士研究生。本文是教育部重点研究基地重大项目（16JJD790017）和国家社科基金专项重大项目（18VSJ085）的研究成果。

际控制人和作为所有者的全体人民的矛盾，所有者没有投资退出渠道，因此国有企业没有动力去提升创新绩效获得创新回报。国内也有一些学者对国有企业创新的功能作用持否定和怀疑态度。认为国有企业不适合或不利于创新。其中主要有两方面的因素，一是国有企业的垄断性质，如在我国外需疲软的情况下，上游国企的垄断导致了国有企业所处的上游产业出现产能过剩，抑制了技术创新。并且，由于垄断利润的存在，会让国企从事技术进步和创新活动的积极性降低。二是国有企业的产权属性。国有企业的公有产权属性决定了国有企业经营者并不是国有企业所有者，所以经营者的创新激励问题无法在国有企业得到解决。一方面创新是一个长期性的过程，国企经营者在职期间几乎无法得到创新所带来的收益，相反更愿意完成短期政府目标而给其带来政治晋升的机会。另一方面，创新也是一个充满风险性的过程，这种风险性会增加国企管理者在职期间带领企业从事创新活动的成本，使得国企管理者不愿意或不敢承担创新风险。而且，国企管理者同时具有"经理人"和"政治人"双重角色，政治晋升激励使得不愿意承担风险性大，回收期长，成功率低的创新投资，相反更愿意创造短期良好的经营业绩而取得政治晋升的机会。不仅如此，传统上，大多数学术文献认为国有企业的经济绩效低于私营企业。

近年来，国有企业在科技创新中的作用、国有企业研发投资、创新效率等问题受到越来越多的关注与重视。一些文献指出，国有企业可以被认为是国家创新政策的参与者或者政策工具。马祖卡托（Mazzucato）认为，包括国有企业在内的公共部门是国家创新意志的政策工具，特别是在一些关键战略技术领域完成国家的"创新"使命。一些国有企业通过支持高水平的研发投资和培育了一批私有部门无法冒险承担的新兴产业，已使其成为国家战略部门的产业政策实施工具。经济合作与发展组织（OECD）评估了新加坡、巴西、印度、中国和南非5个国家的发展经验，发现国有企业一直担当了这些国家的发展战略工具，并且主要承担了一些重大应用创新任务。一些研究还表明，中国的创新产出激增，国有企业在其中发挥着重要作用。一些研究发现，许多国家都用国有企业来解决基础研究密集产业市场失灵问题，因为这些基础研究密集型产业往往需要大量资金投入，产生经济效益的周期长，风险性大，民营企业不愿加入。例如，在阿根廷、巴西、哥伦比亚等拉丁美洲的新兴经济体，为了解决基础研究密集产业市场失灵问题，大量国有企业专门承担了基础研究任务。不仅如此，在法国、挪威、瑞典等发达经济体，国有企业承担了大规模、高风险产业发展的任务。特别是在芬兰，许多国有企业活跃于创新研发和高技术产品的开发。

此外，还有文献从知识创造和溢出的角度分析了国有企业的创新作用。从知识创造上来看，相比一些高校和研究机构，国有企业作为企业组织而言其治理结构更加灵活，并且和私人企业相比，国有企业和政府有着"天然关系"。这种关系使国有企业在公共投资、创新网络和创新政策方面具有一定的优势。这些因素使得国有企业能够更积极地融入公共创新网络和探索新的知识。从知识溢出来上来看，叶静怡等通过对中国制造业上市企业样本测算发现，国有企业研发投入所形成的知识溢出要大于私有企业，并且国有企业对私有企业的知识溢出要高于私有企业对国有企业的知识溢出。国有企业开展了更多的基础研发活动，因此知识溢出也更多，并对私有企业的创新产生了正面促进作用。

二、国有企业创新功能的理论逻辑

以上文献分析表明，国有企业是否具有创新功能，即其在创新发展或增强经济创新力中应该发挥什么作用学术界迄今并没有达成共识，相反，分歧和争议较大。但越来越多的理论研究与实证分析表明，无论是在中国还是其他国家，国有企业都在创新中发挥着日益重要的作用。那么如何从理论上解释我国国有企业的创新功能？本文试图给出一个理论和逻辑分析框架。

（一）马克思主义"生产力—生产方式—生产关系"理论视角

马克思在 1846 年致安年科夫的信中写道："随着新的生产力的获得，人们便改变自己的生产方式，而随着生产方式的改变，他们便改变所有不过是这一特定生产方式的必然关系的经济关系"[①]。马克思对"生产力—生产方式—生产关系"之间充满相互作用的关系做出了更详尽的表述。在马克思主义政治经济学看来，生产力决定生产关系，生产关系又反作用于生产力，生产方式则是生产关系的总和。我国国有企业即全民所有制企业

---

① 《马克思致帕·瓦·安年科夫》，引自《马克思恩格斯选集》第 4 卷，人民出版社 1995 年版，第 533 页。

是公有制经济的具体实现形式，而公有制经济则是生产力发展到一定阶段适应社会化大生产和消灭剥削、进一步解放和发展生产力需要而产生的先进生产关系与生产方式。尽管我国处于并将长期处于社会主义初级阶段，但国有企业生产方式相对于其他生产方式的先进性既是客观要求也是客观存在。否则就与社会主义公有制经济的基本性质相违背。而国有企业生产方式的先进性必然体现在生产力的先进性上，特别是科学技术这一"第一生产力"的高度发展和竞争力上。

我国的国有经济和国有企业制度作为社会主义基本经济制度的重要组成部分，是在马克思主义理论指导下建立和发展起来的。马克思、恩格斯在批判性地继承空想社会主义理论成果基础上创立了科学社会主义理论。科学社会主义通过对生产力和生产关系矛盾运动的深刻分析，揭示了资本主义制度的内在矛盾，揭示了人类社会发展的规律和方向，是对资本主义以及人类其他文明成果的批判继承与扬弃。公有制是科学社会主义的基石。在马克思、恩格斯的设想中，未来社会将是"一个集体的、以生产资料公有制为基础的社会"。[①] 马克思、恩格斯还认为，生产力的巨大增长和高度发展，是建立共产主义社会"绝对必须的实际前提"[②]。如果没有生产力的巨大发展，共产主义社会"将没有任何物质基础，它将建立在纯粹的理论上面，也就是说，将是一种纯粹的怪想"。[③] 因此，作为共产主义第一阶段的社会主义社会，首要任务是发展生产力。而发展生产力，关键又在于科技创新。以国有企业为代表的公有制经济显然也应该以促进生产力发展和科技创新水平的不断提高为第一要务。

总之，生产力和生产关系之间的矛盾是人类社会的基本矛盾，与其相适应的生产方式是解决这一矛盾的基本手段。国有企业就是这样一种生产方式。社会主义制度建立后，社会基本矛盾仍然是生产力和生产关系、经济基础和上层建筑之间的矛盾。解决这一矛盾的手段之一就是国有企业，衡量这一手段有效性的标准之一就是能否有效促进生产力发展和科技创新。生产方式的先进性是由劳动主体、劳动客体和生产方法的先进性共同

---

① 马克思：《哥达纲领批判》，引自《马克思恩格斯文集》第3卷，人民出版社2009年版，第433页。

② 马克思、恩格斯：《德意志意识形态》，引自《马克思恩格斯文集》第1卷，人民出版社2009年版，第538页。

③ 马克思、恩格斯：《德意志意识形态》，引自《马克思恩格斯文集》第1卷，人民出版社2009年版，第539页。

决定的。我国国有企业劳动主体的自由全面发展与主人翁精神、劳动主体与劳动客体的直接结合为其生产方式的先进性创造了前提条件，而劳动客体即生产设备和生产技术的先进性则将使之成为必然结果。

（二）国有企业"制度—战略—政策"功能视角

首先，我国国有企业的创新功能是由其制度功能所决定的。我国国有企业承载着社会主义经济制度基础和维护基本经济制度这一核心功能。《中华人民共和国宪法》第一章总纲中的第六条规定："中华人民共和国的社会主义经济的基础是生产资料的社会主义公有制，即全民所有制和劳动群众集体所有制。""国家在社会主义初级阶段，坚持公有制为主体、多种所有制经济共同发展的基本经济制度。"第七条规定："国有经济，即社会主义全民所有制经济，是国民经济中的主导力量。国家保障国有经济的巩固和发展。"国有企业是国有经济、全民所有制经济和社会主义公有制的主要组成部分，是社会主义基本经济制度的主要实现形式，体现和维护了社会主义性质。依据马克思主义政治经济学原理，从根本上说，国有企业是在扬弃和超越资本主义私有制企业基础上而产生的一种先进生产方式和生产关系，是和先进生产力相适应的微观组织形式，应该比非公有制企业更具有生机和活力，更具有竞争力，更有利于解放和发展生产力。也正因此，实现国有企业创新作用是坚持和完善社会主义基本经济制度的需要。从某种意义上说，国有企业创新功能及其实现，关系到中国特色社会主义优越性的发挥，关系到社会主义事业兴衰成败，关系到公有制企业和其他所有制企业以及社会主义制度和资本主义制度的竞争。如果没有创新的能力、功能和作用，国有企业的优势、公有制的优势乃至社会主义基本经济制度的优势都将被严重削弱。

其次，国有企业的战略性功能和一般政策性功能也决定了国有企业要具有创新功能。由于关键领域的重大科技创新特别是共性技术创新往往具有很强的外部性和公益性，创新投入大多规模巨大且具有长期性和高风险性。这种情况下，以利润最大化为首要目标的民营企业和民营资本面临诸多约束和局限。国有企业和国有资本则具有发挥先导作用和基础作用的必要性与可能性。进入新时代，我国经济发展战略的核心是提高自主创新能力、建设创新型国家，加快实现创新驱动发展和高质量发展。特别是面对激烈的国际竞争和贸易冲突，国有企业责无旁贷地要承担起创新发展排头兵、顶梁柱、主力军和突击队的职责，为提升产业基础能力和产业链现代化水平，促进我国实体经济健康发展和竞争力提升，突破技术封锁和应对贸易霸凌，维护产业链和供应链安全稳定做出必要和应有的贡献。此外，在社会主义市场经济条件下，国有企业也需要通过创新功能的实现和创新能力的提升对民营企业创新驱动高质量发展起到一定的促进和支持作用。

此外，国有经济主导作用的发挥也要求国有企业有效发挥其创新功能。一方面，国有经济的主导作用主要体现在控制力上，而控制力来源于创新力和引领力。国有经济的主导作用要基于先导作用，而国有经济的先导作用主要基于国有企业的创新功能及其作用发挥，依靠其站在现代科技的前沿，引领先进生产力和先进生产方式的发展方向，带领国民经济沿着更高质量、更有效率、更加公平和更可持续的道路走向现代化。当前，国有经济的主导作用主要体现在对创新和新科技的把握和控制上。

（三）"使命导向型创新"和"国家创新体系"理论的视角

"使命导向型创新"，是指创新活动往往肩负着重大的使命，当这些使命完成后，创新成果将会普惠于整个社会。马祖·卡托研究发现，美国政府虽然标榜自己是一个局限于纠正市场失灵的"有限政府"，但实际上却在创新领域干涉最多。她指出美国联邦政府除了全程参与突破性技术创新的基础研究外，还深入到应用研究和技术创新成果商业化阶段，在创建互联网、纳米技术、生物技术和清洁能源等领域，扮演着企业家、风险承担者和市场创造者角色，因此美国政府可以被称之企业家型政府。事实上，以色列、英国等国政府都具有类似的企业家型政府特点。而另外一些国家，如芬兰、瑞典和我国，国有企业则承担着使命导向型创新的重要角色。这些国家的国有企业从国家创新驱动发展战略出发，通过市场化行为和资源配置方式，承担重大基础性创新的职责。在此过程中，国有企业既是政府促进创新、弥补市场失灵的政策工具，又体现和贯彻落实国家意志，执行国家重大创新战略，在增强经济创新力中发挥独特而关键的作用。国有企业在承担使命型创新职责时，具有其他所有制企业所不具备的长期性、战略性目标，不以短期市场利润为决策依据，而以促进国家整体经济发展、人民整体福利提高为追求。

弗里曼（Freeman）根据日本产业发展的经验提出国家创新体系的概念。其核心是：不论技术多么好，也不论企业家多么有进取心，如果没有必要的基础设施和网络以支持其创新活动，并鼓励新技术的扩散运用，技术创新动力就很难转化为经济发展的驱动力。国家创新体系中的基础设施和网络既包括政治性、制度性的国家机器，也包括企业、市场和最终消费者等诸多方面。尽管国家创新体系具有复杂性和多样性，没有统一的模式框架，但普遍包括政府部门、高校和学术机构、大企业和中小企业以及产业技术联盟等中介组织，都是由公共部门和私营部门的各种机构组成的网络，这些机构的活动和相互作用决定了一个国家扩散知识和技术的能力，并影响国家的创新表现。显然，在包括我国在内的一些国家，国有企业是国家创新体系中的关键环节和不可或缺的重要组成部分。国家创新体系理论与实践也说明了国有企业在促进创新中的角色与作用。

我国 2006 年颁布的《国家中长期科学和技术发展规划纲要（2006～2020)》指出："全面推进中国特色国家创新体系建设。深化科技体制改革的目标是推进和完善国家创新体系建设。""建设以企业为主体、产学研结合的技术创新体系，并将其作为全面推进国家创新体系建设的突破口。"2012 年出台的《关于深化科技体制改革加快国家创新体系建设的意见》强调："坚持企业主体、协同创新。突出企业技术创新主体作用，强化产学研用紧密结合，促进科技资源开放共享，各类创新主体协同合作，提升国家创新体系整体效能；注重发挥新型举国体制在实施国家科技重大专项中的作用。"2016 年在《"十三五"国家科技创新规划》中又提出了国家创新体系建设的新目标，主要包括各类创新主体作用定位、增强企业创新主体地位和主导作用等。2017 年党的十九大报告再次强调了国家创新体系建设的重大意义，提出建立以企业为主体、市场为导向、产学研深度融合的技术创新体系。国有企业特别是中央企业，在我国国家创新体系中具有特殊地位和作用，担负着重要的创新职能与使命。

（四）国有企业的创新优势与"创新型企业"理论

贾根良和李家瑞从演化经济学视角，根据拉佐尼克（Lazonick）的"创新型企业"理论，提出国有企业的创新优势体现在三个方面，一是战略控制优势，即当私人企对公共产品特征的通用型技术不愿创新和对价值链高端的技术不能创新时，需要有国有企业介入；二是组织整合优势，即国有企业可以通过自身的一些特点如政治资源、规模优势和稳定的管理层形成特殊的组织整合能力，特别是整合其他企业知识成果的能力；三是财务承诺优势，相比私人企业由于技术创新的高风险性更倾向于投资较为成熟技术，国有企业作为国家创新意志的政策工具，更容易获得国家财务上的支持，能够更坚定地投身于长期的技术创新。由于重大技术创新特别是基础创新和共性技术创新的外部性、高风险性和投资大、周期长、回报率低等特点，理论上国有企业具有其他类型企业所不具备的优势。事实上也有许多案例证明了这一点。特别是涉及产业基础能力、关键核心技术和疫苗等公共卫生领域的技术创新，民营资本往往因为逐利性和追求短期财务回报不愿意或无力涉足。

三、国有企业创新功能的实现基础与条件

经过 70 多年的改革发展与积累，我国国有企业越来越有条件、有能力发挥科技创新骨干带动作用，在增强我国经济创新力和竞争力中发挥关键作用。首先，国有企业在国家技术创新体系中占有重要地位，发挥创新功能和作用所需的资源和基础日益雄厚。近十年来，仅中央企业研发经费就占全国 1/4 以上。国有企业在其他人才、设备、国家级实验室和研发平台等创新资源和要素方面国有企业也都相对比较丰富。其次，国有企业我国国有企业主要分布在一些关系国家安全和国民经济命脉的重要行业及关系国计民生的关键领域，且大多处于排头兵的位置，具有积极发挥创新功能和作用的有利条件。正因如此，在《国家中长期科学和技术发展规划纲要》确定的 11 个重点领域国有企业都有涉及。再次，国有企业作为我国战略性新兴产业的主要力量，有基础、有优势发挥科技创新的引导和骨干带动作用。近年来，国有企业在智能电网、电动车、三网融合、新能源、新材料、节能降耗、低碳减排、绿色环保等战略性新兴产业领域都进行了谋划和部署，并且在很多领域的技术水平已接近或达到世界领先水平。此外，经过 40 多年的改革开放和制度创新，国有企业治理水平不断提升，创新发展的能力日益增强，党的十九届四中全会首次提出增强国有经济创新力，国家有关部门近年来也出台了一系列支持鼓励和激励国有企业创新的政策措施，为进一步发挥创新功能和作用打下良好基础。具体而言，当前我国国有企业创新功能的实现具备以下有利条件：

第一，国有企业研发投入占总投入比重大，拥有众多的国家级研发机构和高素质研发人员，技术专利数量和质量上都占有优势，优秀创新成果一直保持领先。据统计，国内外国有企业拥有的研发机构中，两院院士 234 人；千人计划专家 541 人；研发人员 83.4 万人；科技活动人员

153.5 万。① 2018 年企业发明专利授权量排行榜中前十名有 6 家是国企。第二，国有企业承担了国家高精尖技术和关键领域创新突破的重大使命。近些年国有企业在载人航天，C919 大飞机、高铁、5G 技术、核电和勘探等技术领域都有重大创新突破，是提升国家创新能力的主力军。第三，国有企业给社会"双创"活动带来了正外部效应。一方面，国有企业建成了一批国家级平台，并带头成立国家及地方技术创新战略联盟。据统计我国国内外研发机构 3 313 个，其中国家级创新平台 648 个，研发经费投入 4 405 亿元，并建立了一批国家重点实验室。② 另一方面，国有企业积极推进建设了一批双创孵化平台，发起并参与了创新发展基金。截至 2020 年底，中央企业建设互联网双创平台 113 个，建成实体孵化器 134 个，总运营面积超 168 余万平方米，入驻企业近 3 400 家；建成各类科技产业园区 84 个，进驻企业近 1 万家，其中上市公司 119 家，带动新增就业超过 22 万人。③ 第四，国有企业是中国企业"走出去"的排头兵和"一带一路"建设的主力军，是实施开放式创新的关键力量。国有企业"走出去"从 20 世纪 90 年代中期开始，自中国加入 WTO 之后开始加速，越来越多的国企走出国门，从事国际化经营、海外投资和并购等。2008 年国际金融危机以来，许多国企的海外投资并购更加频繁。中国企业家协会、中国企业联合会披露的《2019 中国 100 大跨国公司榜单》中，国有及国有控股公司 73 家，其中中央企业 38 家，国企明显占主导地位。截至 2018 年，中央企业境外单位有 11 028 户，分布在 185 个国家和地区，境外资产总额 7.6 万亿元，全年营业收入 5.4 万亿元，利润 1 318.9 亿元。④ 同时，在"一带一路"倡议引领下，国有企业的国际化进程进入了新时代。从最初的资源开发、基础设施建设到新阶段更多元化的产能、产业合作，不断丰富各类创新投资方式，国有企业不断提高内部管理水平，提高国际竞争力，在自身发展的同时也带动了"一带一路"沿线国家的企业发展和就业的提

---

①② 季晓南：《国有企业是中国科技创新主力军》，财联社，http：//www.cls.cn/detail/345465。

③ 《2020 年创新创业进展回顾之十六：大企业创新创业平台引领带动作用明显增强》，中华人民共和国国家发展和改革委员会网站，https：//www.ndrc.gov.cn/fzggw/jgsj/gjss/sjdt/202109/t20210917_1297007.html? code = &state = 123

④ 《央企境外全年营业收入 5.4 万亿元"走出去"取得明显成效》，国务院新闻办公室网站，2019 年 10 月 17 日，http：//www.scio.gov.cn/xwfbh/xwbfbh/wqfbh/39595/41933/zy41937/Document/1666497/1666497.htm。

升，真正成长为具有国际竞争力、承担得起国际社会责任担当的大企业。

但是毋庸讳言，尽管国有企业在科技创新方面有着辉煌的历史和突出的贡献，但是其创新功能和作用在过去很长一段时间都没有得到充分重视，国有企业自主创新能力特别是原始创新能力还不强，多数领域关键核心技术受制于人的现状还没有得到根本改变，和世界一流企业相比还存在着较大差距。这不仅使得国有企业自身缺乏应有国际竞争力和影响力，还使其不能在国家创新发展和经济创新力、竞争力提升中发挥应有作用，还影响了国有企业的形象，导致国有企业创新低效论和退出论的产生。实际上，国有企业创新功能和作用的发挥主要不是体现在量上，而是体现在质上和外部性及引导带动作用上；不仅体现在其自身创新能力的提升，更体现其对中国经济整体创新力提升的贡献上。国有企业和民营企业在创新功能和作用上不能简单用效率来比较和衡量，因为二者发挥作用的方式和特点不同，主攻的方向和领域也不尽相同，其进行创新的基础、条件、动力和动机也不同，目标和任务也不同，按照同样的标准加以对比很容易造成误导。要在充分理解和认识国有企业所应具有的创新功能、所应该承担的创新角色和作用基础上，客观评价国有企业创新发展现状，并找出差距和不足及存在的原因，从而通过深化改革、提高治理水平，加快提高国有企业和国有经济创新力，使其更好地发挥创新引领和带动作用，为我国实现创新驱动高质量发展、建设成为创新强国做出更多更大的贡献。

四、国有企业创新功能的实现路径

提高国有企业创新能力，并有效实现国有企业的创新功能，更好地发挥其在增强我国经济创新力、建设创新型国家和实现创新驱动发展中的作用，在当前中美贸易摩擦长期化和美国技术封锁和保护主义不断加剧以及新冠肺炎疫情导致全球产业链、供应链不稳定和国际政治经济形势日趋复杂的背景下具有十分重大的意义和紧迫性。而国有企业创新力提升和创新作用的发挥是一个系统工程，涉及基本经济制度的完善、国资管理体制机制的改革、创新资源的配置、国有企业治理体系和治理能力的提高等方方面面。以下是其基本实现路径：

第一，加强科学规划，进行国企创新的战略部署。即进一步把科技创新摆在国家发展全局的核心位置，进一步建立和完善相关机制，以全球视野谋划和推动我国包括国有企业和民营企业、高校及科研机构在内的科技创新，充分发挥其的领导和引导作用。党的十八大报告强调指出，"科技创新是提高社会生产力和综合国力的战略支撑，必须摆在国家发展全局的核心位置"。进入新时代，推动创新发展特别是提高自主创新能力日益成为影响国家发展全局的大事，涉及我国能否成功转变经济发展方式实现高质量发展，能否成功跨越中等收入陷阱、进入高收入国家行列，进而建设成为富强民主文明的社会主义现代化强国，涉及中华民族伟大复兴的中国梦是否能够早日顺利实现。因此，应该在党中央领导下进一步就此进行顶层设计，完善相关机制，组建更高层次的国家科技创新委员会或领导小组，增强忧患意识，加强战略规划，协调各主体力量，营造有利于调动各方面积极性的良好创新环境与文化氛围，合理配置创新资源，培养创新人才，在有效发挥市场作用的同时，更好发挥政府作用。

第二，建立竞争机制，营造国企创新的外部压力。即坚持和完善中国特色社会主义基本经济制度，坚持两个"毫不动摇"，创造各种所有制企业公平竞争协同创新发展的体制机制和环境。要充分认识到社会主义初级阶段国有经济和民营经济是在市场经济条件下是一种共生关系，彼此相互依存缺一不可，都是社会主义市场经济的重要组成部分和国民经济不可或缺的组成部分，国有企业和民营企业都是国家企业，都是国家实力的象征和参与国际竞争的"国家队"代表。建立公平竞争的市场环境对于国有企业和民营企业增强创新力都是十分必要的前提条件。市场竞争是企业创新的原动力之一。我国国有企业创新能力不足的原因之一就是缺乏竞争机制，越是充分竞争的行业企业创新力和国际竞争力往往越强。提高国企创新力必须充分发挥竞争机制的作用，打破不必要的垄断，消除不必要的保护，营造公平竞争的良好环境。

第三，通过制度创新，增强国企创新的外在动力。即建立和完善有利于国企自主创新的国资国企监管体制和治理机制，完善中国特色现代国有企业制度，激发保护国有企业家精神，增强国企创新的使命感和责任感。如果说市场竞争是一只无形的手在引导国有企业创新创造，那么国资管理体制和企业治理机制就是一只有形的手在激励和引导国有企业创新创造。引导和促进国有企业创新要求国资监管体制从管资产到管资本再到管"智本"转变，不仅要求国有资产保值增值，更要要求国有企业智慧资产保值增值。在对国有企业经营者进行绩效评价时根据企业类型适当增加创新投入与产出所占权重。在企业家选拔任用考核时侧重其创新创业精神与能力。在坚持两个"一以贯之"基础上推进中国特色现代国有企业制度建设和治理体系及治理机制建设时，注重增强国有企业的创新动力，建立企业家创新激励机制和容错机制，发挥党组织和董事会的创新引导作用。

第四，深化国有企业改革，增强国有企业创新的内在动力。即继续深入推进国有企业分类改革和混合所有制改革，推进创新型企业建设和世界一流企业建设，加快培养企业家队伍，为国有企业创新提供内在动力。2015年颁布的《关于国有企业功能界定与分类的指导意见》提出"商业类国有企业要优化资源配置，加大重组整合力度和研发投入，加快科技和管理创新步伐，持续推动转型升级，培育一批具有创新能力和国际竞争力的国有骨干企业。"对主业处于充分竞争行业和领域的商业类国有企业，其创新目标应该建立在市场化基础上，积极参与国际竞争，推动创新成果转化，使产品向高端价值链晋升。对主业处于关系国家安全、国民经济命脉的重要行业和关键领域、主要承担重大专项任务的商业类国有企业，其创新目标应该更注重于原始创新，着力突破一批国家战略急需和制约行业企业发展的关键核心技术，努力抢占未来科技制高点，掌握战略发展主动权。公益类国有企业主要为保障民生、服务社会、提供公共产品和服务而设立，其创新目标主要提升公共服务质量和保障能力，应着力于管理、品牌、服务、商业模式等创新。要在分类改革基础上推进混合所有制改革，培育具有全球竞争力的世界一流企业。同时加强创新型企业建设，培养造就一批国有企业家队伍和创新创业型人才。

第五，建立和完善由国资国企带动和参与的技术创新体系。即推进产学研政协同创新，促进不同所有制企业混合协同创新，组建产业技术创新联盟和高水平实验室等联合研发平台，构建自主创新和开放式创新相结合的技术创新体系，同时发挥集中力量办大事儿的优势进行联合攻关，着力突破关键核心技术和共性技术。现代科技创新日益复杂化，并呈现跨学科、跨领域和跨界的特征，单个企业往往无法完成。因此，要充分发挥国资国企的资金、资源与制度优势，通过建立产业创新基金和创新平台、创新联盟引导和带动产业链上下游、中小民营企业协同创新，在坚持自主创新的同时走开放式创新的路线，充分利用国内国外两种资源、两种市场为创新提供支撑。此外，要着力推进重大技术攻关工程建设，突破关键核心技术。要集中精力、集中优势资源解决一些卡脖子的技术问题，尽快突破一些国家的封锁，改变受制于人的局面，同时不断使我国越来越多的产业和产品迈向中高端。国家财政金融政策对此要有针对性地给予有力支持。

第六，通过发展数字经济引领带动传统产业转型升级。即通过国企创新提高产业基础能力和产业链现代化水平，促进国企数字化转型和数字经济发展，通过技术、管理、商业模式、市场等全面创新促进新产品、产业、新业态发展，并提升品牌竞争力。2018 年，国家各部委密集出台鼓励数字经济发展的相关政策和指导建议，鼓励企业通过数字化技术助力产业升级与转型。随着新一轮科技革命与产业革命的发展，特别是受此次新冠肺炎疫情影响，数字经济和智能经济蓬勃发展，更多企业选择通过数字化与智能化改善运营、提升生产和创新效率。企业数字化生存和发展的必要性和重要性日益凸显，数字化乃大势所趋。国有企业必须在此过程中发挥表率作用，加快数字化转型，提高自身数字化水平和能力。同时，国有企业还应进一步加强在数字经济发展上的支撑和引领作用，在数字核心技术开发、数字基础设施建设、数字金融发展等方面作出更大贡献。数字化转型对国有企业来说既是机会也是挑战，而且国企数字化转型，技术只是一个很小方面，更多地涉及体制机制、流程、管理、商业模式和企业文化的变革与创新。国有企业要在数字经济、智能经济发挥先导作用和引领作用，积极参与新基建的同时，也要注意传统产业与数字技术和数字经济的结合，通过加快提升产业基础能力和产业链现代化水平，加快培育新产品、新产业和新业态。

五、结　语

进入新时代以来，习近平总书记多次强调指出，国有企业是中国特色社会主义的重要物质基础和政治基础，关系公有制主体地位的巩固，关系我们党执政地位和执政能力，关系我国社会主义制度；国有企业是中国特色社会主义经济的"顶梁柱"，要成为贯彻新发展理念、全面深化改革的骨干力量，成为我们党执政兴国的重要支柱和依靠力量，国有企业是大国重器、镇国之宝，是党领导的国家治理体系的重要组成部分，提出国有企业要做落实新发展理念的排头兵、做创新驱动发展的排头兵、做实施国家重大战略的排头兵。这不仅为国有企业改革发展指明方向，还对国有企业创新功能的实现与创新力的提升提出要求。通过进一步实现国有企业创新功能、增强其创新力把国有企业做实做强做优，既是中国特色社会主义制度优越性得以充分发挥的重要保障，也是贯彻落实习近平新时代中国特色社会主义思想，特别是国有经济相关思想的必然要求。在当前一些国家实施技术封锁和保护主义、全球产业链和供应链安全稳定受到挑战，新冠肺炎疫情使国内国际经济充满不确定性背景下，国有企业充分发挥其创新功能、增强创新力更加具有紧迫性。

参考文献

1. Borins, S. Leadership and innovation in the public sector [J]. Leadership & Organization Development Journal, 2002, 23 (8): 67 – 476.

2. 王勇：《"垂直结构"下的国有企业改革》，载于《国际经济评论》2017 年第 5 期。

3. 吴延兵：《国有企业双重效率损失研究》，载于《经济研究》2012 年第 3 期。

4. 李莉、于嘉懿、顾春霞：《政治晋升、管理者权力与国有企业创新投资》，载于《研究与发展管理》2018 年第 4 期。

5. Shirley, M. M. Bureaucrats in business: The roles of privatization versuscorporatization in state-owned enterprise reform [J]. World Development, 1999, 27 (1): 115 – 136.

6. Shleifer, A. State versus private ownership [J]. Journal of economic perspectives, 1998, 12 (4): 133 – 150.

7. Belloc, F. Innovation in state-owned enterprises: Reconsidering the conventional wisdom [J]. Journal of Economic Issues, 2014, 48 (3): 821 – 848.

8. Bernier, L. Public enterprises as policy instruments: the importance of public entrepreneurship [J]. Journal of Economic Policy Reform, 2014, 17 (3): 253 – 266.

9. Tõnurist, P. Framework for analysing the role of state-owned enterprises in innovation policy management: the case of energy technologies and Eesti Energia [J]. Technovation, 2015, 38: 1 – 14.

10. Florio, M. Contemporary public enterprises: innovation, accountability, governance [J]. Journal of Economic Policy Reform, 2014, 17 (3): 201 – 208.

11. Kroll, H., & Kou, K. Innovation output and state ownership: Empirical evidence from China's listed firms [J]. Industry and Innovation, 2019, 26 (2): 176 – 198.

12. Kowalski, P., Büge, M., Sztajerowska, M., & Egeland, M. State – Owned Enterprises: Trade Effects and Policy Implications [J]. OECD Trade Policy Paper, 2013, No. 147: 1 – 33.

13. Hall, B. H., & Maffioli, A. Evaluating the impact of technology development funds in emerging economies: evidence from Latin America. The European Journal of Development Research, 2008, 20 (2): 172 – 198.

14. Chang, H. J., Cheema, A., & Mises, L. Conditions for successful technology

policy in developing countries——learning rents, state structures, and institutions ［J］. Economics of Innovation and New Technology, 2002, 11（4－5）：369－398.

15. Landoni, M. Knowledge creation in state-owned enterprises ［J］. Structural Change and Economic Dynamics, 2020, 53：77－85.

16. 叶静怡、林佳、张鹏飞、曹思未：《中国国有企业的独特作用：基于知识溢出的视角》，载于《经济研究》2019 年第 6 期。

17. 《马克思恩格斯全集》第 5 卷，人民出版社 2009 年版。

18. 王碧峰：《主导基于先导：对国有经济主导作用的一种新认识——兼论新经济对国有经济主导作用的挑战》，载于《经济学家》2018 年第 4 期。

19. 贾根良：《开创大变革时代国家经济作用大讨论的新纲领——评马祖卡托的〈企业家型国家：破除公共与私人部门的神话〉》，载于《政治经济学报》2017 年第 1 期。

20. Freeman, C. Technology policy and economic performance：Lessons from Japan ［M］. London：Pinter Publishers, 1987.

21. Nelson R. R. National Innovation Systems：A Comparative Analysis ［M］. London：Oxford University Press, 1993.

22. 陈劲：《关于构建新型国家创新体系的思考》，载于《中国科学院院刊》2018 年第 5 期。

23. 威廉·拉佐尼克、谢富胜、李英东：《创新型企业与企业理论》，载于《当代经济研究》2019 年第 1 期。

所有制、涓滴效应与共享发展：
一个政治经济学分析

盖凯程　周永昇*

在经济思想演绎过程中，增长与贫困、发展与公平始终是经济学关注的重要命题。传统涓滴理论认为，增长是和谐无破坏性的，发展是渐进、连续和累积的过程，经济秩序通过市场自动平衡机制从利益冲突和利己行为驱动中被缔造出来并将惠及所有收入群体，进而实现经济增长的自动减贫效应和收入差距的自动收敛，最终达到经济发展成果由全社会成员共享的目标。这一理论逻辑的本质性缺陷在于其剥离了构成为一个社会经济制度本质特征的最核心因素——生产资料所有制，从而弱化了涓滴效应的逻辑内洽性和现实解释力。基于此，我们从马克思所有制和分配理论出发，深入社会生产关系和利益结构层面探讨涓滴效应的实现机制，拓展涓滴理论的制度内含和分析框架，以之为解题工具来释解涓滴发展在不同社会生产关系和社会制度下的实质和特征。

一、文献考证：发展经济学的视角

随着发展经济学的兴起，"涓滴"概念被纳入其分析框架并逐步演化出一套独立的、具有强烈政策实践色彩的发展理论体系。"涓滴"作为一个"描述财富从富人向穷人垂直流动现象"的概念，最早见于尼赫鲁

* 盖凯程，西南财经大学经济学院教授；周永昇，西南财经大学经济学院博士研究生。本文受 2019 年度四川省社会科学研究"十三五"规划重大项目（SC19ZD20）和西南财经大学习近平新时代中国特色社会主义思想研究中心项目（XZX180025）资助。

（Nehru）一篇关于"霍布森－列宁"帝国主义理论的文献："对印度和其他国家的剥削给英国带来了巨大的财富，以致其中的一部分涓滴到工人阶级并且提升了他们的生活水平。"[1]"二战"后，聚焦独立后的殖民地和附属国谋求经济快速发展的需要，"涓滴"被用以阐述发展中国家经济增长与不平等关系并影响各国经济发展政策的制定。在这一理论框架里，国民生产总值增长被假定为一个中性目标，在发展被启动之后，"一旦将其放到高速公路上，其涓滴和扩散几乎是自动的。"[2] 穷人将"从整体经济增长或者使富人受益的政策中受益"[3] 或者说"从国民生产总值和人均收入的总体增长中获得快速收益"[4]。其时的涓滴发展理论更强调资本积累与工业化对后发国家经济"起飞"的重要性，减贫与公平分配被视作"增长的附属物"[5]，因而"增强国家经济健康和有实力的领域"而非"刺激赤贫地区的增长"[6] 成为政策优先项，但不排斥政府"周密的经济政策"[7]介入以期实现经济均衡发展和社会公平正义。之后随着新自由主义的兴起，平等和再分配不再被视为促进经济稳定增长的重要因素，而是严重障碍，不平等是经济奇迹的必要特征。[8] 新古典"均衡增长"核心理念被牢牢楔入涓滴理论之中，[9] 并赋予其更具一般意义的经济理论形式：一是不平等与经济增长。发展是由不平等产生的激励措施发起的，并由联结富人和穷人的市场机制推动，不平等的报酬会刺激人们投入更多的人力和物力促进经济增长；二是不平等与穷人收入水平。存在实际收入差异和贫困威

① Jawaharlal Nehru, "Whither India?"（1933）, reprinted in *India's Freedom*, Unwin Books, No. 29, London: Allen & Unwin Press, 1962, P. 24.

② Nugent, J. and Yotopoulos, P., "What Has Orthodox Development Economics Learned from Recent Experience?", *World Development*, Vol. 7, No. 6（1979）, pp. 541 – 554.

③ Grant, J., "Accelerating Progress through Social Justice", *International Development Review*, Vol. 14,（1972）, pp. 2 – 9.

④ Todaro M., *Economic Development in the Third World*, London and New York: Longman Press, 1977, pp. 439.

⑤ Nugent, J. and Yotopoulos, P., "What Has Orthodox Development Economics Learned from Recent Experience?", *World Development*, Vol. 7, No. 6（1979）, pp. 541 – 554.

⑥ Viner, J., "The Economics of Development", in A. N. Agarwala and S. P. Singh, eds., *The Economics of Underdevelopment*, London, Mass: Oxford University Press, 1958, pp. 14 – 15.

⑦ 艾伯特·赫希曼：《经济发展战略》，曹征海等译，经济科学出版社1991年版，第172页。

⑧ Walter Korpi, "Eurosclerosis and the sclerosis of objectivity: On the role of values among economic policy experts", *The Economic Journal*, Vol. 106, No. 439（1996）, pp. 1727 – 1746.

⑨ Debraj Ray, "Uneven Growth: A Framework for Research in Development Economics", *The Journal of Economic Perspectives*, Vol. 24, No. 3（2010）, pp. 45 – 60.

胁的社会具有更强的激励结构，经济增长将更加迅速，这一经济逻辑必将改善底层穷人的处境；三是经济增长与穷人经济地位。经济繁荣能够提振一切，即使社会上最贫困的阶层也将从不断上升的经济浪潮中受益。[1][2][3][4]由此引申出来的政策含义是：保持经济增长和涓滴自动性至关重要，市场"涓滴"优于政府"转移"，政府应通过为富人减税增加私营部门就业机会而非提高转移支付规模或扩大社会福利计划的形式来改善底层贫民经济状况，倾向于富人而非穷人的经济政策更有利于社会福利增进。

涓滴效应赖以实现的"平衡机制"被归结为要素禀赋结构变化及其市场性作用力量。在刘易斯（Lewis，1954）模型中，发展必然是一个不平等的过程，因为发展往往不会在一个经济体的各部分同时展开。但随着剩余劳动力从传统农业部门向现代城市部门的转移，农业人口边际劳动生产率提高与城市部门边际劳动生产率降低，劳动力迁移最终将在市场机制下收敛于均衡收入水平，经济二元性本身会随之消失。[5] 在阿吉翁和博尔顿（Aghion and Bolton，1997）的增长与不平等模型中，财富从富人到穷人的涓滴机制是通过资本市场的借贷行为发生的：在资本积累足够高的条件下，富人增加的任何财富积累都会导致利率降低，这使贫困家庭能以更低成本获取信贷资金进行物质资本或人力资本投资从而摆脱贫困。[6] 对于没有任何资本积累的穷人，霍奇（Hodge，1973）认为涓滴机制因工作机会增加而触发：有利的经济条件会使雇主倾向于雇用更多的工人，而较贫穷家庭会比中等收入者更受益于扩大的就业机会。这是因为后者可以放弃更多的市场工作转而享受更多的休闲时间，而穷人由于长期失业或就业不足，有经济动力来更好地利用工作机会，进而改善自己的就业前景和工资

① Olli Kangas, "Economic growth inequality, and the economic position of the poor in 1985 – 1995: An international perspective", *International Journal of Health Services*, Vol. 32, No. 2 (2002), pp. 213 – 227.

② Rawls, J., *A Theory of Justice*, Oxford: Oxford University Press, 1972, pp. 203 – 216.

③ Schmidtz, D., "Taking responsibility", in D. Schmidtz and R. E. Goodin, eds., *Social Welfare and Individual Responsibility*, Cambridge, Mass: Cambridge University Press, 1998, pp. 3 – 36.

④ Friedman Benjamin, *The Moral Consequences of Economic Growth*, New York: Knopf Press, 2005, pp. 32 – 35.

⑤ Lewis, W., "Economic Development with Unlimited Supplies of Labor", *Manchester School of Economic and Social Studies*, Vol. 22, (1954), pp. 139 – 191.

⑥ Philippe Aghion and Patrick Bolton, "A Theory of Trickle-down Growth and Development" *The Review of Economic Studies*, Vol. 64, No. 2 (1997), pp. 151 – 172.

水平。[①] 舒尔茨（Schultz，1969）则从资本和劳动回报的角度认为，快速的经济增长会通过提高劳动与资金成本来压低利润，从而缩小工人与资本家之间的经济差距，即繁荣能对收入产生均等化影响。[②] 赫希曼（Hirchman，1991）另辟蹊径，将"涓滴"范式扩展至区域发展视阈中，认为先进地区的繁荣会通过优化要素流动和投资、消费流向实现向落后或贫困地区的涓滴：一是先富地区吸收贫困地区的劳动力可以缓解后者的就业压力；二是在互补情况下，先富地区向贫困地区购买商品和投资的增加，会给后者带来发展的机会；三是先富地区的先进技术、管理方式、思想观念、价值观念和行为方式等经济和社会方面的进步因素向贫困地区的涓滴，将对后者的经济和社会进步产生多方面的推动作用。[③]

涓滴效应从概念提出、理论嬗变到政策实践过程中一直伴随着来自理论和经验两个层面的质疑。

在理论层面，纽金特和约托普洛斯（Nugent and Yotopoulos，1979）指出，人力资本的异质性、资本积累的自我选择性、技术变革蔓延性以及国际贸易垄断性都可能导致一个两极分化进程，而不是发展的纵向涓滴或者横向扩散。[④] 德布拉吉·雷（Debraj Ray，2010）从人类需求的非同质性与资源转移的高成本性出发，认为涓滴在二元经济中行不通。[⑤] 松山喜纪（Kiminori Matsuyama，2000）则从不完全信贷市场出发，认为市场经济存在着内生不平等，即富裕家庭的高财富部分归因于贫困家庭的存在，贫富鸿沟永远不会消失。[⑥] 此外，涓滴效应还受到一系列外部条件的制约，包括技术收益特征、经济制度环境、自然禀赋条件等，当这些因素负向地影响穷人的经济行为时会导致"泥团效应"，使得经济增长收益无法涓滴

---

① Hodge Robert, "Toward a theory of racial differences in employment", *Social Forces*, Vol. 52, (1973), pp. 16 – 31.

② Schultz Paul, "Secular trends and cyclical behavior of income distribution in the United States: 1944 – 1965", in Lee Soltow, eds., *Six Papers on the Size Distribution of Wealth and Income*, New York, Mass: Columbia University Press, 1969, pp. 75 – 106.

③ 艾伯特·赫希曼：《经济发展战略》，曹征海等译，经济科学出版社 1991 年版，第 170~171 页。

④ Nugent, J. and Yotopoulos, P., "What Has Orthodox Development Economics Learned from Recent Experience?", *World Development*, Vol. 7, No. 6 (1979), pp. 541 – 554.

⑤ Debraj Ray, "Uneven Growth: A Framework for Research in Development Economics", *The Journal of Economic Perspectives*, Vol. 24, No. 3 (2010), pp. 45 – 60.

⑥ Kiminori Matsuyama, "Endogenous Inequality", *The Review of Economic Studies*, Vol. 67, No. 4 (2000), pp. 743 – 759.

到穷人那里。

在经验层面，格林伍德和霍尔特（Greenwood and Holt，2010）通过分析美国长历史分配数据指出，涓滴效应在 20 世纪 50 ~ 70 年代中期是有效的，但自 20 世纪 80 年代开始，美国的不平等程度迅速加剧，并产生了"负向涓滴效应"。[①] 朱迪思·特里亚斯（Judith Treas，1983）的时间序列分析也表明，与宏观经济扩张的涓滴机制相比，美国公共转移支付是减少不平等现象的更有效机制。[②] 奥利·坎加斯（Olli Kangas，2002）则利用 21 个 OECD 国家 1985 ~ 1995 年间经济发展与收入分配数据对涓滴效应进行了全面实证，无论是静态横截面分析还是动态历时性分析都表明：在不平等和经济增长之间没有稳健而显著的正向相关性；不平等的增长并不会增加穷人的绝对经济福利；总体经济繁荣是穷人高收入的必要而非充分条件。[③]

纵观既有研究，无论涓滴效应的赞成者或质疑者，将资本和劳动等视作为嵌于经济主体禀赋特质中的纯技术性生产要素，沿着市场中性、政府中性的假设，将经济增长过程中的贫困变动效应归因于涓滴市场效应或政策效应的动态累积。理论分歧是：是否存在市场不完善、制度不健全等外生因素影响以及发展的非均衡特性制约，进而是否需要政府法律或社会政策介入以推动实现均衡增长。其理论盲区在于：市场机制缘何在不同历史阶段、不同国家地区存在着迥异的涓滴效果？若将其归因于政府的正向或逆向干预，那么政府行为取向如福利政策和税收结构缘何又呈现明显的异质性？若将政府行为异质性归因于不同利益集团政治博弈的产物，那么政治不平等与经济不平等是单向因果关系还是循环累积因果相互作用的关系？这就需要我们从政治经济学的原理和方法出发，深入到社会生产关系的本质规定性层面，探寻涓滴发展的制度内含、理论特征和经验逻辑。

---

①　Greenwood Daphne and Richard Holt，"Growth，Inequality and Negative Trickle Down"，*Journal of Economic Issues*，Vol. 44，No. 2（2010），pp. 403 – 410.

②　Judith Treas，"Trickle Down or Transfers？Postwar Determinants of Family Income Inequality"，*American Sociological Review*，Vol. 48，No. 4（1983），pp. 546 – 559.

③　Olli Kangas，"Economic growth inequality，and the economic position of the poor in 1985 – 1995：An international perspective"，*International Journal of Health Services*，Vol. 32，No. 2（2002），pp. 213 – 227.

二、涓滴效应的实现机制：所有制

传统涓滴发展理论以"增长—普惠"二维框架审视经济发展过程中的贫困变动效应和收入分配问题，其背后隐含的理论意蕴是市场"无形之手万能"的观念范式在宏观经济增长理论中的拓展和运用，核心原理则是自由市场机制不仅是经济增长的动力源，还是发展成果惠及普罗大众的扩散器。因循这一思想脉络，一国贫富差距主要受制于增长停滞和经济发展水平低下，随着经济的起飞和市场体系的完善，收入不平等和贫困问题会自动改善。这一过程中，诸多国家意识到贫困的消弭、不平等的改善单靠市场力量驱动的宏观经济扩张无法自动实现，继而转向旨在改善全社会财富占有分布和财富积累结构、纠正收入分配不公平和调节收入差距的干预政策，寄希望于依靠政府力量来疏通增长的涓滴渠道，但却始终无法改变社会财富在各阶层间的分布不均等化及其引致的社会结构断裂化等制度性特质，反过来抑制其经济可持续增长和减贫能力。

辩证地看，经济增长是实现减贫和收入均等化的前提和必要条件，但增长并不意味着会自然导致减贫效应和收入均等化的理想结果状态。从市场角度看，对于不完善的市场体系如拉美等国，市场机制的失灵和市场秩序的紊乱往往使得低收入者根本无从公平地参与和获取增长利益。而对于发达的市场体系如欧美等国，市场机制天然的"汰劣奖优"属性以及资本积累的规模效应和财富集聚效应也"并不必然带来公平的收入分配"[1]；从政府角度看，经济政策是"偏向于富人还是偏向于穷人对经济增长利益的流向具有明显的导向作用"[2]，政策取向不同会产生负向或正向的涓滴减贫和不平等状况改善的作用。揭开市场中性或政府中性的面纱，探究其背后隐藏的特定社会生产关系内在含义和社会利益结构特征，有助于我们透过涓滴效应的异质性特征，发现其在不同经济体中阻滞或畅通的内在逻辑和作用机制。

马克思历史地考证了资本主义处于经济衰落、发展增进和繁荣状态时

---

① 保罗·萨尔缪森、威廉·诺德豪斯：《经济学》，萧琛等译，人民邮电出版社 2008 年版，第 33 页。

② 李石新、奉湘梅、郭丹：《经济增长的贫困变动效应：文献综述》，载于《当代经济研究》2008 年第 2 期。

工人的地位，认为发展增进的经济体是"对工人唯一有利的状态"①，并剖析了这一状态下经济发展成果向工人阶级涓滴的通道：在财富发展增进的社会状态中，"发财欲望"② 会促使"资本家之间展开竞争"，导致"对工人的需求超过了工人的供给"③，这有利于提高工人的工资水平。随着社会生产力的快速发展，工人的福利待遇也会相应提高，工人得到的"享受"随之增长，进而缓和无产阶级绝对贫困化的程度。但是，这一自上而下的涓滴通道是狭窄而短暂的。马克思指出，工资的提高是以牺牲工人的精神和肉体为代价的，本质上并未改变其经济地位，"即使在对工人最有利的社会状态中，工人的结局也必然是：劳动过度和早死，沦为机器，沦为资本的奴隶（资本的积累危害着工人），发生新的竞争以及一部分工人饿死或行乞。"④

在资本主义生产过程中，"一切生产剩余价值的方法同时就是积累的方法，而积累的每一次扩大又反过来成为发展这些方法的手段。"⑤ 随着资本积累增进和资本有机构成提高，经济增长成果自下而上地负向涓滴、社会财富以资本形式愈益向资产阶级手中集中，无产阶级在社会财富中的分配份额反而不断下降，"工人的相对贫困化，即他们在社会收入中所得份额的减少更为明显。工人在财富迅速增长的资本主义社会中的比较份额愈来愈小，因为百万富翁的财富增加得愈来愈快了。"⑥ 在"资本主义积累的绝对的、一般的规律"的作用下，富人财富积累和穷人（相对或绝对的）贫困积累并行不悖，经济发展成果分享对劳资双方来说是截然相反的："在一极是财富的积累，同时在另一极，即在把自己的产品作为资本来生产的阶级方面，是贫苦、劳动折磨、受奴役、无知、粗野和道德堕落的积累。"⑦ 这一典型的"负向涓滴"随着"社会的财富即执行职能的资本越大"以及经济"增长的规模和能力越大"⑧ 而产生越强的"正反馈"固化效应，其最终结果是"不管工人的报酬高低如何，工人的状况必然随

①③　《马克思恩格斯文集》第 1 卷，人民出版社 2009 年版，第 119 页。
②　《马克思恩格斯全集》第 3 卷，人民出版社 2002 年版，第 229 页。
④　《马克思恩格斯文集》第 1 卷，人民出版社 2009 年版，第 121 页。
⑤　《马克思恩格斯文集》第 5 卷，人民出版社 2009 年版，第 743 页。
⑥　《列宁全集》第 22 卷，人民出版社 1990 年版，第 240 页。
⑦　《马克思恩格斯文集》第 5 卷，人民出版社 2009 年版，第 743 ~ 744 页。
⑧　《马克思恩格斯文集》第 5 卷，人民出版社 2009 年版，第 742 页。

着资本的积累而恶化"①。

无产阶级贫困化是财产所有权不平等和收入分配不均的直接后果。分配关系由一定社会历史条件和社会制度空间下的所有制基础以及人们在生产过程中的地位和关系所决定，"分配关系本质上和这些生产关系是同一的，是生产关系的反面。"② 作为分配的产品即消费资料的分配取决于生产条件的分配，"消费资料的任何一种分配，都不过是生产条件本身分配的结果；而生产条件的分配，则表现生产方式本身的性质。"③ 这里"生产条件的分配"意指生产资料最高支配权在社会各阶级之间的分布状况——即生产资料所有制。正是这种对生产资料的占有状况决定了生产方式的性质以及人们在生产组织过程中所处的地位，进而决定了产品的分配结构和分配形式。"分配关系和分配方式只是表现为生产要素的背面。……分配的结构完全决定于生产的结构，分配本身就是生产的产物，不仅就对象说是如此，而且就形式说也是如此。就对象说，能分配的只是生产的成果，就形式说，参与生产的一定形式决定分配的特定形式，决定参与分配的形式"④。

生产资料归谁所有刻画了一个社会经济制度的本质特征，界定了归属明确的生产资料最高支配权，阻隔（或纵容）一部分人利用这一权利支配和占有另一部人的劳动过程和成果，协调（或加剧）各种利益主体的矛盾和冲突，引导各类经济主体在经济活动中的行为秩序，以"普照之光"形塑着社会的整体分配关系和分配规则，继而决定了涓滴效应在不同经济体中阻滞或畅通的异质性特征。生产对分配和贫困的决定性影响正是基于生产资料占有关系这一关键性因素。所有制关系既规定着生产的性质和目的，也规定着分配的规则和形式，进而反映了不同生产方式的价值取向，因而是关系到经济发展成果能否真正实现正向涓滴和共享发展的核心机制。以所有制作为涓滴效应实现与否的核心机制，科学地揭示了经济增长、收入分配与消除贫困三者之间的内在关系：经济增长和不平等改善同步会产生持续减贫效应。若经济增长伴随着不平等恶化，则减贫效应会被弱化乃至逆转。在"所有制—生产—分配—涓滴"逻辑链条中，生产关系

---

① 《马克思恩格斯文集》第 5 卷，人民出版社 2009 年版，第 743 页。
② 《马克思恩格斯选集》第 2 卷，人民出版社 1995 年版，第 581 页。
③ 《马克思恩格斯文集》第 3 卷，人民出版社 2009 年版，第 436 页。
④ 《马克思恩格斯文集》第 8 卷，人民出版社 2009 年版，第 19 页。

性质决定分配关系性质继而决定涓滴的实质，生产方式决定分配方式继而制约涓滴的流向（量），构成了马克思主义涓滴发展理论的核心原理。

三、涓滴效应的西方实践：证伪与祛魅

在马克思涓滴发展理论范式下，资本占有权及其衍生的"资本强权"分配规则成为阻碍经济增长正向涓滴的内在阻力机制，继而决定了涓滴的资本主义性质。在历史和现实的双重视野下，在理论与实践的双重逻辑下，不难证明：绝大多数资本主义国家"预期的'涓滴'并未发生"。[①]无论是欧美发达国家还是拉美发展中国家，工业化和现代化成果非但未能自动实现自上而下的涓滴，反而在经济发展过程中不断引发"负向涓滴"和"马太效应"，进而导致收入分配和财富分布失衡，产生"富裕中的贫困"或"贫困中的富裕"问题。[②]

以美国为代表的西方发达国家基本经济制度的核心是以私有制为基础的自由市场经济制度，信奉"不平等有利于经济增长"的涓滴经济学，其经济增长的逻辑、社会财富分布和收入分配状况正是以此为基础而延展出来的。近百年（1929～2019年）间，美国经济保持了相对稳定的增长，按2012年不变美元价格计算，经济总量增长了16.19倍，年均增长率达3.3%（见图1）。

然而，水涨未必船高，过度迷信自由竞争优胜劣汰的市场效率，被扭曲的市场激励不是引向创造新财富而是引向攫取别人的财富，经济"分裂"地增长而非"聚合"地增长，从而堵塞了发展成果向穷人涓滴的渠道，"虽然增长的引擎一直在强劲运行，但增长的附属物要么未能发挥作用，要么被不平衡的力量系统地抵消，让发展向上而不是向下涓滴。"[③]半个多世纪来，美国贫困人口数量长期保持在3 000万以上，年均贫困发生率13.67%。特别是金融危机迄今，中产阶层萎缩并向下流动导致贫困发生率迅速攀升，贫困人口数量年均4 000万以上，"深度贫困"[④] 人口达

① Adelman, I., Morris, C., and Robinson, S., "Policies for Equitable Growth", *World Development*, Vol. 4, No. 7 (July 1976), pp. 561–582.

②③ Nugent, J. and Yotopoulos, P., "What Has Orthodox Development Economics Learned from Recent Experience?", *World Development*, Vol. 7, No. 6 (1979), pp. 541–554.

④ 该标准为收入在贫困线50%以下。

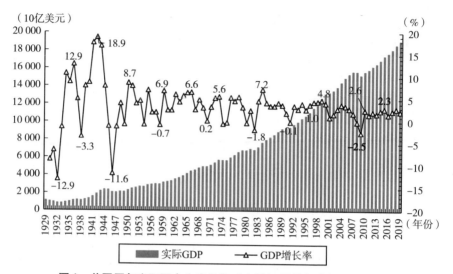

图1 美国历年实际国内生产总值（左轴）及其年增长率（右轴）

资料来源：Federal Reserve Economic Data（按2012年不变美元价格）https：//fred. stlouisfed. org。

2 000万以上。2010年更以15.1%的贫困率和高达4 600万贫困人口创下二战后最高纪录（图2）。

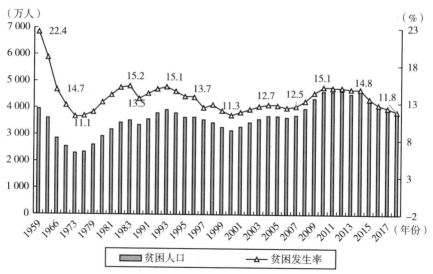

图2 美国历年贫困人口数量（左轴）与贫困发生率（右轴）

资料来源：The United States Census Bureau & Bureau of Labor Statistics，https：//www. census. gov/ & https：//www. bls. gov/。

作为"涓滴经济学的反面"，资本私有财产制度下特有的以维护资本利益为核心的国民财富分配机制导致了劳资双方在国民收入分配比例上的失衡，分配结构失衡长期积累的结果是不平等滥觞，反过来又对经济运行周期产生冲击并制约着涓滴效应的实现，"绝大多数美国人根本就没有从国家的经济增长中获益。"[1] 在其财产关系和分配结构演进过程中，就其横切面而言，居民财富占有总规模和人均规模、财产权主客体数量范围均呈增长态势，并阶段性地发生了贫富矛盾缓和、中产阶层崛起现象，基尼系数走向呈倒 U 形趋势，造成了橄榄型社会的假象。但若将历史镜头拉长观察：财富占有不均化和收入分配畸形化以及由此所衍生出来的社会阶层断裂化始终构成为美国经济社会发展纵切面的轴心线。

从收入分配份额来看，1929 年大萧条前美国 1% 和 1‰的最富有人群所拥有收入占比分别高达 24% 和 12% 左右；第二次世界大战后的一段时期，政府的干预调节使得 1% 和 0.1% 的最富有人群所拥有收入占比分别相对稳定在 10% 和 4% 左右；20 世纪 80 年代私有化浪潮使得 1% 和 0.1% 的最富有人群所拥有收入占比重新急剧上升，并在 2007 年前后重新达到 24% 和 13% 左右（见图 3）。

从财富拥有份额来看，1929 年美国最富有 1% 家庭拥有全社会财富的近一半。20 世纪 70 年代中期至今，在总的社会财富分布增减趋势上，底部 99% 美国家庭拥有社会总财富占比不断下降，而上端 1% 家庭则不断趋于上升（见图 4）。金融危机前后，"若以所拥有的财富而论，这 1% 人口所控制比例达 40%。"[2] 特别在 2009～2010 年的复苏期，美国新增财富中的 93% 被 1% 的最富有人收入囊中。[3]

这种财富分布和收入分配的非均等性呈典型稳态效应和不可逆特征，且"财富不平等远远超过收入逐年变动所体现的差异。"[4] 与收入不平等仅反映某一时点经济情况不同，财富不平等更清晰地反映了美国社会不同

---

[1]　当不平等程度较低、各阶层收入均在增长，则经济增长相对更快，反之相反。美国第二次世界大战后 30 年（1951～1980 年）和之后 30 年（1981～2011 年）两者年均增长率之比为 3.6%∶2.8%。见 Federal Reserve Economic Data, https：//fred. stlouisfed. org。

[2]　约瑟夫·E. 斯蒂格利茨：《1%的民有、民享、民治》，载于《环球时报》2011 年 10 月 18 日。

[3]　Anthony B. Atkinson, Thomas Piketty, and Emmanuel Saez, "Top Incomes in the Long Run of History", *Journal of Economic Literature*, Vol. 49, No. 1 (2011), pp. 3～71.

[4]　约瑟夫·E. 斯蒂格利茨：《不平等的代价》，张子源译，机械工业出版社 2013 年版，第 4 页。

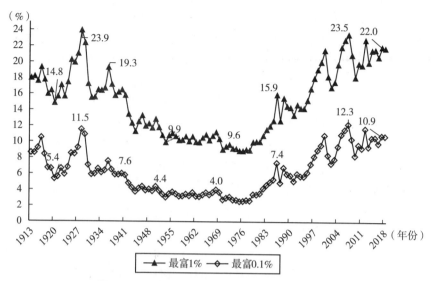

图 3　美国最富 1% 和 0.1% 人口所占收入份额

资料来源：Thomas Piketty and Emmanuel Saez，"Income Inequality in the United States，1913 – 1998"，*Quarterly Journal of Economics*，Vol. 118，No. 1（2003），pp. 1 – 39。1998 年之后的新近数据公布于 Saez 教授的学术主页，https：//eml. berkeley. edu/ ~ saez/。

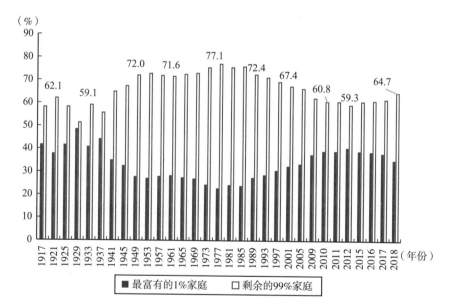

图 4　美国最富有的 1% 家庭和剩余的 99% 家庭拥有财富份额比

资料来源：1917 ~ 2016 年数据摘自 Gabriel Zucman，"Global Wealth Inequality"，*Annual Review of Economics*，Vol. 11，（2019），pp. 109 – 138；2017 年、2018 年数据摘自 Credit Suisse. Global Wealth Databook，https：//www. credit-suisse. com。

阶层在获取资源方面的差异性和稳健性。这一过程中，当意识到收入分配不均和贫富鸿沟会损害经济长期增长能力和侵蚀社会政治结构稳定基础，非市场性力量如法律或社会政策开始介入其中，但其节制资本、调节差距的边际调整始终限定在资本私有制所规定的约束边界之内。资本自始至终要求维持自己的核心统治地位，再分配的逆向调节作用最终被消解殆尽，"再分配一直都在，但几乎都是从社会中底层转移到了最上层，即上层1%群体。"[1]

在新兴市场国家发展进程中，同样陷入了由于过分迷信私有制经济和自由市场模式而陷入将自身在经济转型过程中发生的贫困、失业和不平等"锁定"的"中等收入陷阱"中。私有化改革浪潮中，所有制结构、分配制度的急遽变化及其调节机制的失效造成了收入分配结构的严重畸形，正常的社会财富分布和分配机制的缺失，撕裂了社会群体，加剧了贫富对立，生产资料和资本过分向少数人集中内化为加剧社会整体利益结构分化的主力，导致了拉美社会高贫困发生率和高失业率长期化现象。[2]

资本主义社会贫困、失业和不平等问题根源于资本主义制度本身，社会生产成果全民共享缺乏自觉实现的制度基础。生产的物质条件"以资本和地产的形式掌握在非劳动者手中，而人民大众所有的只是生产的人身条件，即劳动力"[3]，劳动者与生产资料相分离使得资本与劳动之间看似平等的契约关系，实则是占有与被占有的关系，"在雇佣劳动制度的基础上要求平等的或仅仅是公平的报酬，就犹如在奴隶制的基础上要求自由一样。"[4] 在"1%的人所有、1%的人治理、1%的人享用"的社会经济关系和治理结构下面，资本占有规律支配的"资本至上"分配原则和"资本雇佣劳动"的发展逻辑割裂了社会发展成果共享机制，资本收益率长期高于经济增长率，贫困的收入增长改善弹性弱于贫困的收入分配改善弹性，收入不平等的贫困效应反过来制约和消解了经济增长的减贫效应和社会发展的共享趋向。

---

① 约瑟夫·E. 斯蒂格利茨：《不平等的代价》，张子源译，机械工业出版社2013年版，第269页。

② 20世纪80年代以来，拉美地区贫困人口比例常年保持在40%以上，超过2亿人生活在贫困线以下，1990年贫困发生率最高达48.3%。

③ 《马克思恩格斯文集》第3卷，人民出版社2009年版，第436页。

④ 《马克思恩格斯全集》第21卷，人民出版社2003年版，第189页。

四、涓滴效应的中国实践：三个维度

改革之初，基于社会主义初级阶段国情特性，以"让一部分人、一部分地区先富起来，以带动和帮助落后的地区"为方法论，以"共同富裕"为价值取向的次序性、梯度性、渐进性发展成为一种合宜制度设计。"让一部分人、地区先富起来"充分动员起不同要素创造财富的积极性，为经济快速增长注入强大动力的同时也产生了不同阶层、区域与群体间发展成果分配不允和利益分享不足的问题。"发展成果由人民共享"的共享发展理念意在共富实践中进一步畅通多向度、多层次、多元化的增长涓滴渠道，协调不同阶层、区域、群体间资源禀赋差异，使各种要素所有者在自由组合、平等协作的共建过程中实现成果共享，推动形成更具包容性、益贫性、可持续性的发展模式，从而在共同富裕道路上"迈进新阶段"①。

（一）阶层维度

在"让一部分人先富起来"的发展实践中，中国突破了传统工农两分的均质性社会结构，逐渐形成了多元化的财产主体、多样性的财产客体和差异化的阶层分化体系。由于生产要素所有权主体在经济活动中的地位和关系不同，以及市场经济下资本运动固有逻辑使然，加之禀赋效应与自我能力差异等因素，不同阶层利益主体在利益联结同时也必然产生差别化甚至对立的利益诉求。单纯依靠市场提供的激励并无法保证先富阶层自愿、自觉、自动带动后富阶层实现共同富裕。

与内生于私有制的劳资矛盾不可调和的巨大张力不同，公有制为主体的所有制结构安排具有"公平最大化、不平等最小化"的根本性约束力②，从根本上形塑了各种所有制经济在要素上平等使用、市场上平等竞争和法律上平等保护的利益分享格局。企业主阶层和工薪阶层、市民阶层和农民工阶层、专业技术人员和普通劳动者等不同利益主体保持了相对一致的利益函数，各种所有制经济、各要素所有者、各阶层利益主体在极具

---

① 范从来：《探索中国特色社会主义共同富裕道路》，载于《经济研究》2017 年第 5 期，第 23～25 页。

② 侯惠勤：《论"共同富裕"》，载于《思想理论教育导刊》2012 年第 1 期，第 51～54 页。

包容性的社会主义市场经济体制形态和结构体系内共生互构、互促互融，利益整合和通约性取得了最大公约数。"两个毫不动摇"的制度原则在不断夯实所有制主体结构稳定性的同时，也从根本上校矫和约束着分配关系演化和分配格局调整的航标、路向和边界，成为国民财富增长和经济利益增进在社会各阶层间合理分享和平等受益的坚实屏障。

把"公有制为主体、多种所有制经济共同发展，按劳分配为主体、多种分配方式并存，社会主义市场经济体制"一体纳入基本经济制度，生产关系、分配制度、运行体制"三维一体"，更进一步厘清了"产权—分配—交换"及"国家—劳动—资本"等重大理论和实践逻辑关系，对经济制度体系形成更具稳定性支撑，对社会生产方式形成更具长期性影响，对发展共享逻辑形成更具约束性遵循。依托这一制度架构的"体制机制设计可塑性和主动作为空间"[1]，坚持生产与分配的统一、效率与公平的统一、发展与共享的统一，在夯实公有制经济基础上锻造国民财富各阶层共享的物质基础，在激励各种要素所有者共同创造财富中节制资本，在尊重市场资源配置功能中发挥政府调节作用，不断构建与完善劳动与资本的协调共赢机制，不断疏导发展成果在各阶层间正向的涓滴通道，不断破除阶层固化藩篱和利益分化格局。

从总体收入差距来看，基尼系数在 2008 年达到 0.491 的峰值后波动下降，整体呈现倒 U 形曲线形态；从城乡收入差距来看，城乡居民可支配收入比值在 2009 年达到 3.33 极大值后开始持续下降，2019 年降至 2.64，10 年间下降幅度超过 20%（见图 5）。从劳动报酬看，劳动报酬份额占比在金融危机前后经历了由降而升的 V 型走势。从代际流动性来看，代际收入弹性系数（IGE）自 2004 年 0.404 下降到 2015 年的 0.266[2]，远低于同期美国的 0.47 或 0.52（见图 6）。[3] 中等收入者数量已从世纪之初占比 10% 快速攀升至接近 30%，形成了世界最大规模中产阶层群体，中等收入人数超过 4 亿。不同于资本主导型国家的流动性枯竭与阶层固化的非可逆特征，在基础性制度的框范和导引下，中国社会不同阶层间始终保持了上

---

[1]　贾康：《共同富裕与全面小康：考察及前瞻》，载于《学习与探索》2020 年第 4 期，第 77~81 页。

[2]　杨沫、王岩：《中国居民代际收入流动性的变化趋势及影响机制研究》，载于《管理世界》2020 年第 3 期，第 60~76 页。

[3]　Pew Research Center，https://www.pewtrusts.org/en/research-and-analysis/reports/2015/07/economic-mobility-in-the-united-states。

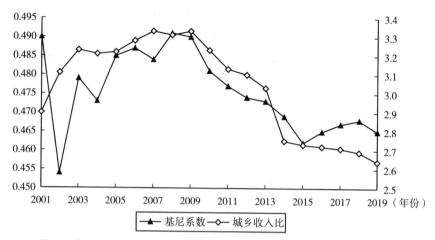

图 5　中国历年基尼系数（左轴）与城乡居民可支配收入比值（右轴）

资料来源：2001～2017 年中国基尼系数来源于中国国家统计局，2018 年、2019 年来源于国家统计局住户调查办公室《中国住户调查主要数据》；2001～2019 年城乡居民可支配收入比值来源于中国国家统计局。

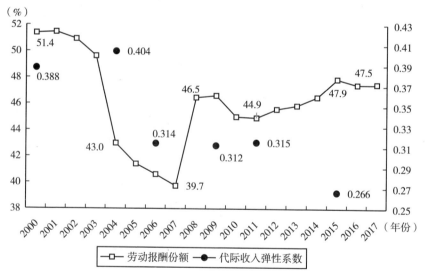

图 6　中国历年劳动报酬份额（左轴）与代际收入弹性系数（右轴）

注：劳动报酬份额＝劳动者报酬/收入法国内生产总值，其中收入法国内生产总值与劳动者报酬是由各省市自治区数值加总得来。

资料来源：根据中国国家统计局相关数据整理所得，其中代际收入弹性系数由杨沫等学者采用 CHNS 数据核算得来（杨沫、王岩：《中国居民代际收入流动性的变化趋势及影响机制研究》，载于《管理世界》2020 年第 3 期，第 60～76 页）。

下流动通道的畅通①，高收入阶层向下涓滴、低收入者阶层向上跃迁，在共享发展的实践维度中不断趋向于共同富裕目标。

（二）区域维度

"让一部分地区先富起来"的非均衡优先发展战略打破了传统区域经济低水平均衡状态。通过在东部沿海地区率先打造增长极，以"先富地区带动后富地区"引导区域经济次序性开发和整体经济梯度化推移，推动实现区域协调发展。实践中，东部地区依托自身政策、区位、产业优势，充分利用国内外两个市场，虹吸全国人力、土地、资源优势并深度嵌入全球价值链分工体系，成为带动中国整体经济高速发展的区域增长极。中西部地区发展在受益于东部经济增长辐射效应的同时受限于市场导向的梯度推移与空间外溢的边际衰减规律而相对迟滞。② 中国经济发展水平空间分异性的区域间收敛取决于能否在非均衡区域格局中构建起区域协调发展的涓滴机制。

不同于私有制基础上的点轴式单向发展"飞地经济"③ 模式和联邦制下的地方分治和利益分割治理体系，公有制为主体从生产关系性质层面规范与引导着社会生产和利益分配在个体与集体、局部与整体、短期与长期之间的辩证关系，国家政策的制定以人民整体利益而非一地一域的局部利益为考量，全国一盘棋，以东部、中部、西部、东北四大板块为基础，不断将沿海开放、西部开发、中部崛起、东北振兴等区域发展策略上升为国家战略意识，从国家整体利益和总体战略层面推动生产力发展空间合理布局与统筹区域经济增长动态平衡，不断破除地区间市场障碍和政策壁垒，使之内恰和服从于全体人民共同富裕的价值目标之中。

为实现区域间经济关系从"极化"向"涓滴"的转化，我们通过建立纵向统筹、横向协调、互赢共享的大区域协调发展政策统筹机制，以国家重大区域发展战略为牵引，增强东中西部、发达与欠发达、陆地与海洋

---

① 房改之后，以房产为代表的私有财产一度成为社会阶层分化的催化剂。"房住不炒"的政策用意在于引导其从"生产资料"向"消费资料"属性的回归，疏通被堵塞的涓滴通道。

② 覃成林、杨霞：《先富地区带动了其他地区共同富裕吗——基于空间外溢效应的分析》，载于《中国工业经济》2017 年第 10 期，第 44～61 页。

③ 如阿根廷、巴西、印度等国都先后建立起本国的经济发展增长极，但这些增长极在融入国际价值链分工体系过程中都逐渐割断了与国内其他地区的经济联系，成为孤立的经济发展飞地，不仅未能带动本国其他地区发展，反而固化加深了自身二元经济结构。

区域经济的联动性、协同性、整体性，破解区域开发的碎片化、洼地化和边缘化倾向；通过区域市场一体化等制度环境优化促进区域间要素自由流动，提升后发地区转移承接能力，破解资源要素在发达地区"循环累积，聚而不涸"的局面，引导产业布局按比较优势在不同经济空间梯度推移；通过建立健全区域互助合作机制、区际利益补偿机制、公共服务均等化机制，有效遏制区域分化，规范区域发展次序，破除区域间利益藩篱①，逐步推动发达地区与落后地区、沿海和内陆、东部与西部等区域间的良性竞争、融通互促和共享发展。

以"区域政策统筹＋市场空间外溢＋区际利益共享"为框架的"反梯度、跨越式"涓滴机制，有效遏阻了区域发展不平衡不充分问题。从地区生产总值来看，西部地区经济增长速度自 2006 年首超东部以来，中西部经济增速已经连续 12 年领先东部，东西部生产总值差距在 2005 年达到峰值后持续缩小，二者比值在过去十四年间下降了 24%（见图7）；从地区居民收入来看，东部和西部农村居民人均可支配收入比从 2006 年开始持续 13 年下降，同样减少了近 24%，尤其是东西部城乡居民人居可支配收入比，从 2013 年 1.70 下降到了 2019 年间的 1.64②。此外，从 2008 年 19 省市对口援建汶川地震受灾县市，到 2020 年 19 省市对口支援湖北应对新冠肺炎疫情，不论是政治体制、动员机制还是道德伦理、价值目标，无不体现了区域间涓滴效应与社会主义共享发展的高度相融性③。

（三）群体维度

区别于资本主义社会贫困治理的制度性扭曲和约束，中国贫困问题主要受限于生产力发展水平。在改革进程中，我们始终将经济增长的纵向涓滴与横向扩散作为贫困治理的核心动力机制，通过不断优化分配关系，致力于将贫困消弭于经济发展过程中，探索出一条富含自身制度特质的减贫

---

① 《中共中央国务院关于建立更加有效的区域协调发展新机制的意见》，载于《人民日报》2018 年 11 月 30 日。

② 根据国家统计局《中国住户调查主要数据》，从 2013 年到 2019 年，中国东部地区和西部地区居民人均可支配收入比值分别为 1.6997、1.6880、1.6732、1.6654、1.6599、1.6547、1.6443。

③ 中国在地区间建立起了包括产业技术帮扶、人才医疗援助、基础设施援建和公共服务改善等在内的系统化、全方位横向对口支援体系，不仅仅是救灾救难，对于精准扶贫等推进"先富地区带动后富地区"的共富实践同样发挥了重要作用。

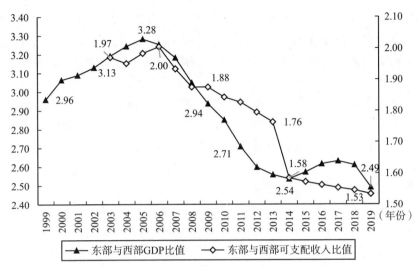

图7 东西部 GDP 比值（左轴）和人均可支配收入比值（右轴）

资料来源：根据中国国家统计局相关数据整理所得。

之路。但剩余贫困人口特有的空间分布离散化、致贫因素复杂性、贫困类型多样化的特征，加之传统普惠式扶贫的边际脱贫效应下降，以及经济增速下降引致的减贫效应持续衰减，使之成为全面小康和共富实践的最大短板。短板的补齐，亟须为这一特殊边际经济主体装置更加精准畅通的涓滴发展机制。

　　与基于一般社会架构主要提供公共物品的减贫路径不同，中国特色社会主义减贫道路始终强调执政党在贫困治理中一以贯之的主体性作用[①]。在公有制主体结构夯实的坚实执政的基础上，执政党以其代表最广大人民群众的根本利益指向、建构和引领国家现代化发展的政治凝聚力，以及调节和矫正社会利益分配的资源调配力，广泛动员体制内和体制外力量，广泛聚合公有和非公资产，广泛发挥政府与市场作用，在共享与发展的议程中重置公平与效率优先性议题，在外援与内源的融合中培育贫困地区自生性能力，在政治治理和经济治理的互动中超越科层治理技术理性的限制，从而不断将脱贫攻坚提升为"凝聚共识的国家战略和大众动员的社会行

---

　　① 张俊良、刘巳筠、段成荣：《习近平"精准扶贫"理论研究》，载于《经济学家》2020年第2期，第25～32页。

动"。① 基于共同富裕价值追求和贫困治理现实诉求，因时因势而定的精准扶贫方略，搭建起新时期脱贫攻坚的四梁八柱，科学回应了"扶持谁、谁来扶、怎么扶"的命题，从而进一步开拓了马克思反贫困与涓滴发展理论的先行场域。

中国依托社会主义政党和国家所具有的扶贫主体动员的全面性与广泛性、治理体系的动态性与灵活性以及资源投入的精准性与高效性，建立起针对特殊边际贫困群体的定向涓滴机制，有效地增强了经济增长的益贫性，极大地降低了贫困规模与贫困程度。我国从 1978~2012 年贫困发生率降低了 90%，贫困人口数量累计减少 6.7 亿，成为全球首个实现联合国千年发展减贫目标的国家②。党的十八大以来，贫困人口从 2013 年的 9 899 万人减少到 2019 年的 551 万人，贫困发生率由 10.2% 下降至 0.6%，年均减贫人数达 1 000 万以上。全国 832 个贫困县农民人均可支配收入由 2013 年的 6 079 元增加到 2019 年的 11 567 元，年均增长 9.7%；建档立卡贫困户人均纯收入由 2015 年的 3 416 元增加到 2019 年的 9 808 元，年均增幅 30.2%，远高于同期全国人均可支配收入增长速度（见图 8）。截至 2020 年 2 月底，全国 832 个贫困县中已有 601 个宣布摘帽，179 个正在进行退出验收，区域性整体贫困基本得到解决，③ 绝对贫困问题即将随着全面建成小康社会而彻底消弭。

五、结 束 语

观察与比较不同社会制度条件下的发展与公平问题须将其置于历时性时空视域下进行辩证考察。资本主义私有财产制度及其衍生出来的分配关系成为社会财富分布不均、收入分配不公和社会阶层断裂的"制度之锁"，资本强权及其决定的分配规则成为阻滞经济增长涓滴和发展共享的内置阻力机制。公有制经济及其衍生出来的按劳分配制度，是实现国民财富增长和利益增进共享的"制度之钥"，保证了经济利益在各阶层、各区域、各

---

① 李小云、杨程雪：《脱贫攻坚：后革命时代的另类革命实践》，载于《文化纵横》2020 年第 6 期，第 89~97 页。

② 习近平：《携手消除贫困 促进共同发展》，载于《人民日报》2015 年 10 月 17 日。

③ 习近平：《在决战决胜脱贫攻坚座谈会上的讲话》，载于《人民日报》2020 年 03 月 7 日。

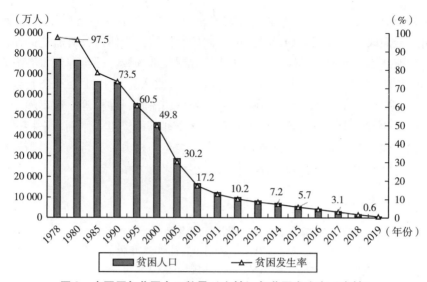

图 8 中国历年贫困人口数量（左轴）与贫困发生率（右轴）

资料来源：根据历年《中国统计年鉴》（依据 2010 年贫困标准）相关数据整理所得。

群体的涓滴与扩散以及发展成果的全民共享，进而在增长与分配、发展与公平的良性互动与共轭循环中渐次趋向共富目标。涓滴效应从阶层、区域、群体三个维度完整勾勒出了马克思主义涓滴发展理论的中国实践场域。中国式涓滴发展的理论逻辑、实践逻辑和历史逻辑必将随着时间的推移，展现出更加强大的逻辑力量。

涓滴效应在不同经济体中阻滞或畅通的内在逻辑是由所有制性质所规定的"发展为了谁"的问题。资本社会生产方式遵从"发展为了资本"的核心逻辑，决定了其无论生产力如何发展都无法改变工人阶级的经济地位，并不断导致"富者愈富，穷者愈穷"的负向涓滴效应。唯有公有制遵从的"发展为了人民"的发展逻辑方能从根本上保证社会主义生产的正向涓滴和发展成果的全民共享。"发展为了人民"和"发展为了资本"是两种截然不同的涓滴发展路径：一种是从公有制出发，另一种是从私有制出发；一种是自上而下的正向涓滴，另一种是自下而上的负向涓滴；一种终将导向共同富裕，另一种则必然导向两极分化。

公有制为主体的财产制度具有自我修复收入差距裂痕和构筑国民财富与利益共享基础的制度性功能。转型期发生的收入差距迅速拉大现象不构成为质疑这一"制度优越性"命题的充分证据。[①] 但在经济转型深水期，由于全面改革尚未完全到位导致的体制机制性缺损，使得公有制这一制度性功能并不必然会自动实现。在某些公有制经济领域，甚至非但没有发挥其收敛不平等和正向涓滴效应，反而对改善收入差距和社会不公起到了"逆向调节"的负面作用，如国有资产流失、垄断、寻租等。这有赖于在全面深化改革中，秉持公有财产和私人财产都不可侵犯的原则，坚持做大做优做强国有企业，防止国有资产流失，规范公权力及其行为，遏阻以权力、垄断获取扭曲性报酬，制约权力寻租、化公为私，等。

参考文献

1. 《列宁全集》第 22 卷，人民出版社 1990 年版。

2. 《马克思恩格斯全集》第 21 卷，人民出版社 2003 年版。

3. 《马克思恩格斯全集》第 3 卷，人民出版社 2002 年版。

4. 《马克思恩格斯文集》第 1 卷，人民出版社 2009 年版。

5. 《马克思恩格斯文集》第 3 卷，人民出版社 2009 年版。

6. 《马克思恩格斯文集》第 5 卷，人民出版社 2009 年版。

7. 《马克思恩格斯文集》第 8 卷，人民出版社 2009 年版。

8. 《马克思恩格斯选集》第 2 卷，人民出版社 1995 年版。

9. 艾伯特·赫希曼：《经济发展战略》，曹征海等译，经济科学出版社 1991 年版。

10. 保罗·萨尔缪森、威廉·诺德豪斯：《经济学》，萧琛等译，人民邮电出版社 2008 年版。

11. 范从来：《探索中国特色社会主义共同富裕道路》，载于《经济研究》2017 年第 5 期。

12. 侯惠勤：《论"共同富裕"》，载于《思想理论教育导刊》2012 年第 1 期。

13. 贾康：《共同富裕与全面小康：考察及前瞻》，载于《学习与探索》2020 年第 4 期。

14. 李石新、奉湘梅、郭丹：《经济增长的贫困变动效应：文献综述》，载于《当代经济研究》2008 年第 2 期。

15. 李小云、杨程雪：《脱贫攻坚：后革命时代的另类革命实践》，载于《文化纵横》2020 年第 6 期。

16. 覃成林、杨霞：《先富地区带动了其他地区共同富裕吗——基于空间外溢效应的分析》，载于《中国工业经济》2017 年第 10 期。

---

① 不可否认，经济转型期，特别是进入 21 世纪后，我国出现了收入分配差距迅速拉大的现象，基尼系数甚至超过了一些发达资本主义国家的基尼系数。

17. 习近平：《携手消除贫困　促进共同发展》，载于《人民日报》2015 年 10 月 17 日。

18. 习近平：《在决战决胜脱贫攻坚座谈会上的讲话》，载于《人民日报》2020 年 3 月 7 日。

19. 杨沫、王岩：《中国居民代际收入流动性的变化趋势及影响机制研究》，载于《管理世界》2020 年第 3 期。

20. 约瑟夫·E. 斯蒂格利茨：《1% 的民有、民享、民治》，载于《环球时报》2011 年 10 月 18 日。

21. 约瑟夫·E. 斯蒂格利茨：《不平等的代价》，张子源译，机械工业出版社 2013 年版。

22. 张俊良、刘巳筠、段成荣：《习近平"精准扶贫"理论研究》，载于《经济学家》2020 年第 2 期。

23. 《中共中央国务院关于建立更加有效的区域协调发展新机制的意见》，载于《人民日报》2018 年 11 月 30 日。

24. Adelman, I., Morris, C., and Robinson, S., "Policies for Equitable Growth", *World Development*, Vol. 4, No. 7 (July 1976), pp. 561 – 582.

25. Anthony B. Atkinson, Thomas Piketty, and Emmanuel Saez, "Top Incomes in the Long Run of History", *Journal of Economic Literature*, Vol. 49, No. 1 (2011), pp. 3 – 71.

26. Debraj Ray, "Uneven Growth: A Framework for Research in Development Economics", *The Journal of Economic Perspectives*, Vol. 24, No. 3 (2010), pp. 45 – 60.

27. Friedman Benjamin, The Moral Consequences of Economic Growth, *New York*: *Knopf Press*, 2005, pp. 32 – 35.

28. Grant, J., "Accelerating Progress through Social Justice", *International Development Review*, Vol. 14, (1972), pp. 2 – 9.

29. Greenwood Daphne and Richard Holt, "Growth, Inequality and Negative Trickle Down", *Journal of Economic Issues*, Vol. 44, No. 2 (2010), pp. 403 – 410.

30. Hodge Robert, "Toward a theory of racial differences in employment", *Social Forces*, Vol. 52, (1973), pp. 16 – 31.

31. Jawaharlal Nehru, "Whither India?" (1933), reprinted in *India's Freedom*, Unwin Books, No. 29, London: Allen & Unwin Press, 1962, P. 24.

32. Judith Treas, "Trickle Down or Transfers? Postwar Determinants of Family Income Inequality", *American Sociological Review*, Vol. 48, No. 4 (1983), pp. 546 – 559.

33. Kiminori Matsuyama, "Endogenous Inequality", *The Review of Economic Studies*, Vol. 67, No. 4 (2000), pp. 743 – 759.

34. Lewis, W., "Economic Development with Unlimited Supplies of Labor", Manchester School of Economic and Social Studies, Vol. 22, (1954), pp. 139 – 191.

35. Nugent, J. and Yotopoulos, P. , "What Has Orthodox Development Economics Learned from Recent Experience?", *World Development*, Vol. 7, No. 6 (1979), pp. 541 – 554.

36. Olli Kangas, "Economic growth inequality, and the economic position of the poor in 1985 – 1995: An international perspective", *International Journal of Health Services*, Vol. 32, No. 2 (2002), pp. 213 – 227.

37. Philippe Aghion and Patrick Bolton, "A Theory of Trickle – down Growth and Development ", *The Review of Economic Studies*, Vol. 64, No. 2 (1997), pp. 151 – 172.

38. Rawls, J. , A Theory of Justice, Oxford: Oxford University Press, 1972, pp. 203 – 216.

39. Schmidtz, D. , "Taking responsibility", in D. Schmidtz and R. E. Goodin, eds. , *Social Welfare and Individual Responsibility*, Cambridge, Mass: Cambridge University Press, 1998, pp. 3 – 36.

40. Schultz Paul, "Secular trends and cyclical behavior of income distribution in the United States: 1944 – 1965", in Lee Soltow, eds. , *Six Papers on the Size Distribution of Wealth and Income*, New York, Mass: Columbia University Press, 1969, pp. 75 – 106.

41. Todaro M. , Economic Development in the Third World, London and New York: Longman Press, 1977, P. 439.

42. Viner, J. , "The Economics of Development", in A. N. Agarwala and S. P. Singh, eds. , *The Economics of Underdevelopment*, London, Mass: Oxford University Press, 1958, pp. 14 – 15.

43. Walter Korpi, "Eurosclerosis and the sclerosis of objectivity: On the role of values among economic policy experts", *The Economic Journal*, Vol. 106, No. 439 (1996), pp. 1727 – 1746.

第五篇

中国经济学的
新发展

中国特色社会主义政治经济学的学科属性、时代特征和理论体系构建

刘　灿[*]

构建中国特色社会主义政治经济学学科理论体系是我们当前面临的重大任务，在构建学科体系的进程中需要不断深化学科认知。以习近平新时代中国特色社会主义经济思想指引的一系列重大改革和发展，均反映出中国特色社会主义政治经济学理论在新时代取得的重大突破。从学科认知的角度，中国特色社会主义政治经济学的学科理论体系包括学科属性与内涵、重大原则、逻辑起点和逻辑主线、理论基础和思想来源、以问题为导向的重大理论与实践问题等。根据马克思主义政治经济学以人的全面发展为目的的逻辑和中国特色社会主义实践的核心要旨，新时代中国特色社会主义政治经济学必然是"以人民为中心"的逻辑体系。在中国特色社会主义实践中，实现社会主义共同富裕，坚持以人民为中心的发展思想，构建中国特色社会主义收入分配制度；坚持社会主义基本经济制度和所有制基础；坚持新发展理念，走中国特色发展道路等，这些既是中国特色社会主义的实践逻辑，也是中国特色社会主义政治经济学的理论逻辑，必然成为其理论体系构建的主线。

一、构建中国特色社会主义政治经济学
学科理论体系要不断加深学科认知

经济学的学科认知属经济思想史的范畴，它关系到对经济学这门科学

＊ 刘灿，西南财经大学经济学院、马克思主义研究院教授。

的理解，即从社会科学整体意义上来认识经济学是一门什么样的科学（或者说它是"科学"吗?），经济理论的性质是什么，如何发展经济理论，如何把它与政策建议和经验研究联系起来。对学科的认知（学科内涵、学科属性、学科进路等核心问题）关系到如何构建学科体系，是学科建设的重要内容。

"政治经济学"最初是在 17 世纪初，由法国重商主义学者安·德·蒙克莱田（1575～1622 年）提出的。他在 1615 年出版的《献给国王和王后的政治经济学》一书中，第一次使用了"政治经济学"这个名词。其目的是要说明，他所研究的已不再是家庭或庄园经济的管理问题，而是国家范围和社会范围的经济问题。其性质和任务是"政治"即国家治理。

政治经济学作为一门独立的学科产生于 17 世纪中叶。当时，资本主义生产方式在英、法等国已经确立，资本主义生产关系迅速发展，而同时新兴资产阶级与封建地主阶级之间的矛盾却日趋尖锐。这时，代表产业资本家阶级利益的资产阶级古典政治经济学便应运而生，它的历史任务就是批判封建主义，证明封建制度必然要被资本主义制度所代替，阐述资本主义的生产、交换、分配和消费过程中的经济关系及运动规律。1776 年，亚当·斯密出版了代表作《国民财富的性质和原因的研究》（简称《国富论》），该书以发达的工场手工业时期的资本主义经济关系为研究对象，把自配第以来的政治经济学综合成为一个完整的体系。《国富论》创立了以财富为主要研究对象的学科框架，称之为政治经济学的古典体系，经济学从政治学中分离出来成为一门独立的学科。关于政治经济学的性质和任务，斯密把政治经济学视作为"研究国民财富性质和原因的一门学问"。斯密认为，"作为政治家和立法者的一门科学的政治经济学，有两个不同目标：首先，为人民提供充足的收入或生计，或者更确切地说，使人民能给自己提供这样的收入和生计；其次，为国家和社会提供公共服务所需的充分收入。概言之，其目的在于富国裕民"。①

19 世纪，政治经济学古典体系出现了两种进路。一是马克思以对资本主义制度的批判态度，运用辩证唯物主义和历史唯物主义的世界观和方法论，批判地继承了英国古典政治经济学的科学成分，全面深刻地揭示了资本主义生产方式的内在矛盾及其发展趋势，构建了马克思主义政治经济学理论体系，实现了政治经济学发展史上的革命性变革。二是以对古典政

---

① 亚当·斯密：《国富论》上，中国人民大学出版社 2016 年版，第 531 页。

治经济学的批判思路，主张把政治经济学改为"经济学"，以马歇尔的《经济学原理》为代表完成了经济学与政治学的彻底分离，构建了以一般均衡为基础的微观经济学学科体系，成为西方经济学主流。① 在西方经济思想史上，马歇尔的经济理论是一个承前启后的转折点。不但自马歇尔之后，"政治经济学"这一理论经济学的通称逐渐为"经济学"一词所代替，而且人们对经济学性质和任务的理解也发生了很大变化。在《经济学原理》中，马歇尔对经济学的性质做了一个折中的解释即"政治经济学或经济学是一门研究人类一般生活事务的学问"，"一方面它是研究财富的学科，另一方面，也是更重要的方面，它是研究人的学科的一部分"，或者概言之，"它研究在个人与社会活动中与获取和使用物质福利必需品密切相关的那一部分"。马歇尔之后，尤其是在第二次世界大战之后，新古典经济学发展起来，并逐渐成为当代西方经济学的主流。罗宾斯对经济学本质和任务的理解，较全面和系统地予以阐述，1934 年他出版的《经济科学的本质和意义》的这本小册子中，罗宾斯对经济学的本质、任务、意义以及研究方法等进行了专门的探讨，他认为经济学的本质是研究资源稀缺条件下人类在配置资源方面是如何行为的一门形式化的社会科学。罗宾斯对经济学本质和意义的这种理解和把握，为后来的绝大多数当代经济学家所赞同并进行学术建构，从而逐渐形成了当代西方经济学的宏大、完整的理论体系②。

　　构建中国特色社会主义政治经济学学科理论体系是我们当前面临的重大任务。1949 年新中国成立后，指导我国社会主义经济建设的政治经济学是以苏联政治经济学教科书为蓝本的理论框架，1978 年改革开放后，我们逐渐抛弃了"苏联范式"，完成了从"苏联范式"的政治经济学理论体系向现代经济学理论体系的转变；并在中国特色社会主义建设新时代提出了发展中国特色社会主义政治经济学，坚持其指导思想和理论基础是马克思

---

　　① 1875 年，西方一位经济学家麦克劳德（H. D. MacLeod，1875）在"政治经济学是什么？"一文中，主张将"政治经济学"改为"经济学"，并将其定义为"探讨支配可交换物品数量的科学"。在 20 世纪上半叶，西方一位著名经济学家坎南（Cannan，1929）认为，尽管麦克劳德提出了这一主张，但是，直到马歇尔（Alfred Marshall）之后——尤其是在马歇尔的《经济学原理》在 19 和 20 世纪之交对西方经济学界的巨大影响下，才人们逐渐接受了"经济学"这个概念。到了 20 世纪 20 年代，西方经济学界就比较通用"经济学"而不是"政治经济学"了。（韦森：《经济学的性质与哲学视角审视下的经济学——一个基于经济思想史的理论回顾与展望》，载于《经济学》（季刊）2007 年第 3 期，第 945～968 页。）

　　② 参见韦森：《经济学的性质与哲学视角审视下的经济学——一个基于经济思想史的理论回顾与展望》，载于《经济学》（季刊）2007 年第 3 期，第 945～968 页。

主义政治经济学这一重大原则。关于中国特色社会主义政治经济学的学科认知，我们需要思考和清晰的问题是，经济学到底是干什么的？中国特色社会主义政治经济学的性质和任务是什么？中国的理论经济学未来如何发展，能够为现代经济学做出什么贡献？直面现实，问题导向一直是经济学发展的基本动力和方向，中国化的马克思主义政治经济学在近几十年取得很大进步，但马克思主义政治经济学现有研究框架还不能充分容纳学科本身发展的需要。我们需要不断深化学科认知，充分理解中国特色社会主义政治经济学的内涵，继承和延续马克思主义政治经济学的基本理论和方法，同时关注和适当吸收西方经济学（包括新制度经济学、新政治经济学等"非主流经济学"各流派）、国外马克思主义经济学的思想、理论成果和研究方法，来推动学科的开放式发展。

深化中国特色社会主义政治经济学的学科认知，要在以下三个问题上取得共识：

一是中国特色社会主义政治经济学的研究对象。政治经济学可以分为广义的政治经济学和狭义的政治经济学。广义的政治经济学，着重揭示人类社会发展过程中的一般经济规律或共有经济规律。恩格斯认为，"政治经济学，从最广的意义上说，是研究人类社会中支配物质生活资料的生产和交换的规律的科学"。它是"一门研究人类各种社会进行生产和交换并相应地进行产品分配的条件和形式的科学"。① 狭义的政治经济学，着重揭示的是个别社会发展过程中的经济运动的规律，即适用于人类社会个别发展阶段上的特有经济规律。

政治经济学要揭示资本主义经济的内在矛盾，揭示社会主义社会代替资本主义社会的历史必然性，从这个意义上讲，政治经济学提供了无产阶级进行阶级斗争、争取阶级利益的思想武器。因此，政治经济学要研究商品价值、剩余价值的生产、流通和分配，要研究资本积累的一般规律，研究资本主义社会再生产的矛盾和经济危机的根源。资本主义制度在欧美国家确立其统治地位以来，迄今已有 100 多年历史。在相对来说比较短暂的一个世纪中，资本主义国家的社会生产力得到了迅速的发展，经济增长了几十倍，大多数社会成员的经济收入和享受到的社会福利也不断增加，人们的物质生活也变得越来越丰富。但是，资本主义不可能创造永久的"神话"。20 世纪七八十年代以后，随着资本主义国家经历了战后严重的"滞

---

① 《马克思恩格斯选集》第 3 卷，人民出版社 1973 版，第 186、189 页。

胀"，新自由主义思潮的崛起，经济社会结构深层变化，资本主义进入了一个新的垄断后的发展阶段。如何认识和揭示当代资本主义经济的运动规律，以及资本主义发展的历史趋势，是政治经济学面临的新任务。我们要坚持马克思主义的方法，用辩证唯物主义和历史唯物主义观点来认识当代资本主义在剩余价值生产、分配过程和劳资关系等层面上发生的新现象和新问题。

政治经济学的重要任务还包括根据当代社会主义特别是中国特色社会主义的伟大实践，揭示社会主义社会的发展规律。马克思主义认为，人类社会形态的更迭是一个不以人们的意志为转移的自然历史过程。社会主义代替资本主义这一历史发展的客观趋势，根源于资本主义生产方式的基本矛盾，是资本主义社会生产关系和生产力矛盾运动的必然结果。马克思主义政治经济学通过对生产社会化和资本社会化发展趋势的分析，得出了公有制必然取代资本主义私有制的结论，并就未来社会提出了一些初步的设想，而对社会主义经济运动及其发展规律的认识来自社会主义实践，特别是建设中国特色社会主义和构建社会主义市场经济体制的伟大实践，把马克思主义经济学推向了一个新的发展阶段，抛弃传统的理论模式即"苏联范式"，转变为解释、揭示社会主义市场经济的生产关系和运行机制的经济学即社会主义市场经济理论。社会主义市场经济理论的主要任务就是要以马克思主义为指导，研究社会主义基本经济制度的建立和我国社会主义初级阶段的基本特征及主要任务，研究和揭示社会主义市场经济运行和发展中的一般规律，研究建设中国特色社会主义的重大理论和实践问题如社会主义市场经济中的所有制、企业制度、市场体系、宏观调控、对外开放和经济发展等，这些都属于社会主义生产关系的内容，因此，将中国特色社会主义政治经济学定义为研究生产关系并没有过时。进入 21 世纪后，中国与世界经济一样面临着新的环境和约束条件，技术创新、环境与生态、政府功能、人力因素（包括素质、智力、心理、健康等）以及社会文明对经济发展将起着越来越重要的作用。因此，政治经济学的研究不能只局限于生产关系，而应开阔视野，拓展自己的研究范围，形成与自然科学以及社会科学中的社会学、政治学、历史学、生态环境学等学科的跨学科交叉研究，以增强经济学对越来越复杂的社会经济现象的解释能力。

以生产关系作为研究对象的马克思主义政治经济学，虽然也会研究生产力，但一直处于被联系的地位，即以研究生产关系为目的联系研究生产力。在相当长的时期，政治经济学对社会主义经济的研究主要限于对生产关系的研究，而没有把生产力作为研究对象。我国的政治经济学教科书也长期忽视对生产力的研究，只是限于对生产关系的研究。实践证明，以生产关系为主要研究对象，不直接研究生产力，政治经济学就难以更为科学有效地指导中国的经济发展。发展和创新马克思主义政治经济学，也应包括研究对象的发展与创新。中国特色社会主义政治经济学的研究对象，既要系统和深入研究中国特色社会主义生产关系，也要从理论上研究怎样更快更好地发展社会生产力。需要从两方面研究生产力：一方面，要研究怎样更好地利用和发挥生产力诸要素的作用；另一方面，是从社会经济制度层面研究如何更好更快地发展生产力。

二是关于中国特色社会主义政治经济学的理论范式。当今时代的经济学主要有马克思主义经济学和西方经济学两大范式。中国坚持以马克思主义为理论指导，中国特色社会主义政治经济学必须坚持马克思主义经济学的研究范式，这一范式有如下基本规定：第一，基本立场是代表无产阶级的根本利益，其当代特征是以人民为中心的经济学；第二，研究对象是在一定生产力水平基础上的生产关系，其当代特征是更为关注解放、发展和保护生产力；第三，基本任务是阐述经济规律，尤其是社会主义代替资本主义的必然性，其当代特征是更为关注社会主义初级阶段的经济规律研究；第四，研究方法是唯物辩证法和历史唯物主义。基于这些规定，其他的经济学理论和研究范式不能摇身一变就成为中国特色社会主义政治经济学。近年来，一些学者基于西方经济学的研究范式，这一范式的重要特征就是从资源稀缺性和人的理性选择出发构建一个理论模型，采用通用的数学模型加上中国的数据在证实它，这样在国际刊物上发表论文，自称是中国特色的经济学或经济学的中国学派。实际上，这些研究只是用西方经济学来研究中国案例，本质上还是西方经济学。

三是中国特色社会主义政治经济学的本质属性。马克思主义政治经济学的本质属性体现在它的阶级性，是站在无产阶级的立场为广大无产阶级利益服务的。中国特色社会主义政治经济学的本质属性是什么？

马克思在创立马克思主义政治经济学时，就明确了政治经济学的阶级性。马克思指出，代表资产阶级利益的"政治经济学所研究的材料的特殊性质，把人们心中最激烈、最卑鄙、最恶劣的感情，把代表私人利益的复仇女神召唤到战场上来反对自由的科学研究"。[①] 马克思创立的政治经济

---

① 马克思：《资本论》第 1 卷，人民出版社 2004 年版，第 10 页。

学，公开主张和维护无产阶级利益，为无产阶级和全人类的解放事业服务。他依据劳动价值论，建立了科学的剩余价值理论，发现了资本主义剥削的秘密，由此找到资本主义社会的掘墓人，敲响了资本主义的丧钟。马克思主义政治经济学的阶级性，不仅表现在对资本主义的批判上，还在于为无产阶级找到了理想的社会归宿。这就是被马克思称为"自由人联合体"的社会主义社会和共产主义社会。马克思在批判资本主义经济关系过程中，合乎逻辑的推导出未来社会的基本经济特征，反映了无产阶级对未来社会的向往和为之奋斗的决心。在社会主义社会建立起来以后，马克思主义政治经济学又提供了建设新社会的理论武器，反映了广大人民群众的根本利益。

无产阶级夺取政权以后，政治经济学的阶级性的体现与无产阶级所追求的根本利益相关。根据马克思主义经典作家的判断，无产阶级利益代表着最广大人民群众的利益。这样，政治经济学的阶级性就表现在，面对所要分析的社会主义经济，寻求这个社会的建设者——广大人民群众的利益。因此，中国特色社会主义政治经济学的本质属性就是以人民为中心，服从于人民的福祉和共同富裕。这个属性体现了社会主义的本质要求。

二、中国特色社会主义政治经济学的新时代特征

马克思主义政治经济学从创立开始，就有着所处时代的特征。中国特色社会主义政治经济学是对中国特色社会主义经济制度和经济发展道路的理论概括，随着中国特色社会主义进入新时代，中国特色社会主义政治经济学也具有了新时代的特征：新时代社会主要矛盾决定了中国特色社会主义政治经济学要进一步凸显出发展的特色，不仅要解决发展的不平衡不充分问题，还要指引中国进入强起来的时代。以习近平新时代中国特色社会主义经济思想指引的一系列重大改革和发展，都反映出中国特色社会主义政治经济学理论在新时代取得的重大突破。

一是始终坚持人民利益至上、以人民为中心的发展思想。习近平总书记指出，"为什么人的问题是哲学社会科学研究的根本性、原则性问题"[1]。并强调"要坚持以人民为中心的发展思想，这是马克思主义政治

---

① 《习近平在哲学社会科学工作座谈会上的讲话》，载于《人民日报》2016 年 5 月 19 日第 2 版。

经济学的根本立场"①。中国特色社会主义政治经济学作为中国特色哲学社会科学的重要组成部分，作为中国特色社会主义理论体系的基本组成部分，必然是代表广大人民的意志和主张，是要保证中国特色社会主义经济建设向着实现人民利益的正确方向前进。与此同时确保党和政府对经济发展的领导权，把发挥市场在资源配置中的决定性作用与更好地发挥政府作用统一起来。

二是始终坚持把中国国情和经济社会发展实际作为理论建构的基础。当代世界社会主义发展特别是中国改革开放以来发展的历史充分证明，只有立足本国国情和发展实践，揭示新特点新规律，提炼和总结本国经济发展实践的规律性成果，把实践经验上升为系统化的经济学说，才能不断开拓当代马克思主义政治经济学新境界。中国特色社会主义政治经济学，是我们党把马克思主义政治经济学的基本原理与中国实际和时代特征相结合的最新理论成果。中国共产党人坚持从事实出发，深刻吸取苏联模式的历史教训，坚持把马克思主义经济学的基本原理与中国改革开放的实践相结合，与中华民族优秀传统文化中的国富民富、经国济世等思想相结合，与经济发展的普遍规律相结合，形成了中国特色社会主义政治经济学，开辟了马克思主义政治经济学中国化的新境界。比如主义初级阶段理论，社会主义市场经济体制，中国特色社会主义收入分配制度，中国特色发展道路等理论与实践创新，使中国经济告别高度集中的计划经济模式，也使中国特色社会主义政治经济学成为具有中国特色、中国风格、中国气派的科学理论形态，成为马克思主义中国化最具创造性和世界意义的科学理论成果。可见，从实际出发，紧扣国家经济社会发展实际，聚焦解决国内经济社会主要矛盾，是中国特色社会主义政治经济学的主要特征。

三是始终坚持共同富裕和人的全面发展。实现人的全面发展，是马克思主义关于人类社会发展的理想目标。要实现人的全面发展，必须以高度发展的物质文明为基础，这就要求实现共同富裕。邓小平指出："社会主义的本质，是解放生产力，发展生产力，消灭剥削，消除两极分化，最终达到共同富裕。"② 这一重要论断从社会主义本质的高度，明确了中国特色社会主义政治经济学的目标导向，指明了通过共同富裕来实现社会公平

---

① 习近平：《立足我国国情和我国发展实践 发展当代中国马克思主义政治经济学》，载于《人民日报》2015 年 11 月 25 日第 1 版。

② 《邓小平文选》第 3 卷，人民出版社 1993 年版，第 373 页。

正义，进而实现人的全面发展的根本路径。以此为指引，我们从改革初期提出"效率优先，兼顾公平"，到后来主张"初次分配注重效率、再分配注重公平"，再到后来强调"初次分配和再分配都要兼顾效率和公平，再分配更加注重公平"，表明我们党越来越注重公平正义和共同富裕。党的十八大以来把"逐步实现全体人民共同富裕"纳入中国特色社会主义道路的基本内涵，又将"必须坚持走共同富裕道路"纳入进入新时代、夺取中国特色社会主义新胜利的基本要求。

四是始终坚持以问题导向推进理论发展。理论创新的过程就是发现问题、研究问题、解决问题的过程。马克思通过研究分工问题发现了"生产力和生产关系的辩证法"，并通过这一"辩证法"阐明了社会结构的四个因素及其内在关系，即"生产力—生产关系—政治的上层建筑—社会意识形态"。中国特色社会主义政治经济学传承了这样的认识论和方法论，把研究对象聚焦到生产力与生产关系的矛盾运动和辩证发展上来。中国特色社会主义政治经济学坚持问题导向，研究新时代中国社会经济发展的新问题、新现象、新矛盾来不断推进理论发展，研究新时代中国特色社会主义建设的重大理论与实践问题来构建系统化的理论体系。

五是始终坚持在改革创新中处理政府与市场的关系。政府和市场的关系是经济体制改革的核心问题，改革开放以来，我们党围绕这个问题形成了一系列重大理论观点。进入新时代，又明确提出经济体制改革的目标是建立社会主义市场经济体制；先后提出"使市场在国家宏观调控下对资源配置起基础性作用"和"使市场在资源配置中起决定性作用"，即用好"看不见的手"和"看得见的手"，实现市场和政府有机统一、相互补充、相互协调、相互促进。这些理论观点和改革创新充分体现了新时代的特征，是中国特色社会主义政治经济学在新时代不断发展创新的重要内容。

六是始终坚持从人类文明进步的高度协调人与自然和社会的关系。中国特色社会主义政治经济学不仅从促进中国经济发展的角度统筹政治、经济与社会，而且从促进人类文明进步的高度统筹经济、社会与自然环境；不仅努力促进中国经济社会发展与自然环境良性互动，而且从人类文明进步高度积极推动达成关于促进世界气候变化和环境改善方面的协议，为全球性的环境改善积极做出贡献。进入新时代，我们要坚持从人类文明进步的高度协调人与自然和社会的关系，以改革创新来进一步推进新型工业化、信息化、城镇化、农业现代化和绿色化，走出一条经济发展和生态文明相辅相成、相得益彰的新发展道路。

七是始终坚持统筹国内国际两个大局谋划中国经济发展。习近平总书记强调，我们要主动作为、适度管理，让经济全球化的正面效应更多释放出来，实现经济全球化进程再平衡；我们要顺应大势、结合国情，正确选择融入经济全球化的路径和节奏；我们要讲求效率、注重公平，让不同国家、不同阶层、不同人群共享经济全球化的好处。① 在这一思想引领下，中国倡议并大力推进"一带一路"建设，坚定不移适应和引导惠及每个国家、每个民族的经济全球化进程，努力推动构建人类命运共同体。这些理论创新和中国经济发展实践走向，是新时代中国特色社会主义政治经济学的重要特征。

三、中国特色社会主义政治经济学的理论体系构建

1. 对构建中国特色社会主义政治经济学理论体系的基本认识

从学科认知的角度，中国特色社会主义政治经济学的学科理论体系包括：理论基础和思想来源，学科属性与内涵，重大原则，逻辑起点和逻辑主线，以问题为导向的重大理论与实践问题。

关于中国特色社会主义政治经济学的学科地位问题。中国特色社会主义的实践和特殊经验，为中国特色社会主义政治经济学的产生和发展提供了客观基础，但这只是中国特色社会主义政治经济学赖以生存的土壤；更进一步的问题是，中国特色社会主义政治经济学的"根"（独立存在的合理性根基）是什么？

关于中国特色社会主义政治经济学的学科地位，其讨论要在两个层面或两个问题展开：其一，实践是否需要中国特色社会主义政治经济学；其二，中国特色社会主义政治经济学以什么理论去满足实践的需要。或者更确切地说，中国特色社会主义政治经济学在满足实践需要的过程中有无自己相对独立的、有别于其他学科、理论的理论范式（也可称为"微观基础"），所以说，学科理论范式（马克思主义经济学的理论范式）的构造是中国特色社会主义政治经济学理论演进的一条生命线。

2. 构建中国特色社会主义政治经济学理论体系的基本任务

在中国特色社会主义经济建设的实践中产生的中国化马克思主义经济

---

① 《习近平主席在世界经济论坛 2017 年年会开幕式上的主旨演讲（全文）》，人民网—习近平系列重要讲话数据库，http：//jhsjk. people. cn/article/29031339。

学已经成为指导中国经济改革和经济发展的理论经济学科，同时又具有强烈的实践性特点。政治经济学以现代化建设中提出的重大理论和实践问题为主攻方向，研究经济运行机制、经济体制、宏观经济政策，研究战略性、全局性、前瞻性的重大课题，可以为国家和企业的经济决策提供理论依据。政治经济学要成为指导中国经济改革和发展的理论经济学，需要根据中国经济改革发展的需要不断创新发展，需要重构中国特色社会主义政治经济学的理论体系，塑造政治经济学对中国特色社会主义经济建设的解释力、前瞻力和影响力。

构建中国特色社会主义政治经济学的理论体系，首先要做好三件事：一是以马克思主义经济学（《资本论》）为基础，构建一套中国特色社会主义政治经济学的学术话语体系（基本范畴），包括对现有、正在使用的学术名称和概念进行全面梳理，给予它们的丰富内涵（文献中的语言和实践运用中的语言）。二是对基于中国特色社会主义实践的理论创新成果进行全面总结、梳理、提炼，这些成果是我们政治经济学领域的原创性成果，它推进了 20 世纪至 21 世纪现代经济学的繁荣与发展，对世界经济发展和发展中国家转型发展作出了重要贡献。三是构建中国特色社会主义政治经济学的理论体系，包括对象和方法，基本范畴，理论逻辑与主线，基本理论问题，即回答中国特色社会主义经济建设、改革和发展要解决的重大理论和实践问题。能否构建一套真正适合中国特色社会主义、马克思主义经济学中国化的政治经济学学科体系，既是对坚持中国特色社会主义的道路自信、理论自信、制度自信的重大贡献，也是一个极具挑战性的课题。

3. 中国特色社会主义政治经济学的理论来源

关于中国特色社会主义政治经济学的理论来源，学界的讨论形成了以下四点基本共识。

第一，马克思主义政治经济学。卫兴华（2016）认为，马克思主义政治经济学有关社会主义的基本原理是中国特色社会主义政治经济学理论之"源"。应认真学习和把握马克思论述的人类社会经济发展的一般原理和规律及多个社会存在的商品经济的经济规律等。杨承训（2016）认为，中国特色社会主义政治经济学的根本源头是马克思主义的政治经济学思想，包括马克思、恩格斯和列宁博大精深的政治经济学基本观点，是中国特色社会主义政治经济学的灵魂。周新城（2016）认为应当运用马克思主义政治经济学的基本原理和方法看待中国问题，尤其是社会主义市场经济问题、社会主义初级阶段基本经济制度问题等。洪银兴（2016）认为中国特色社会主义政治经济学话语体系要以《资本论》提供的马克思主义经济学范式为基础，其中包括《资本论》中建立的系统的经济学范畴，阐述的经济学基本原理，对未来社会的预见和规定，某些在《资本论》中明确认为到未来社会中不再存在的，而在社会主义初级阶段的实践中仍然起作用的经济范畴。林岗（2016）强调，一是要学习和实践马克思主义关于人类社会发展规律的思想，二是学习和实践马克思主义关于坚守人民立场的思想。

第二，我国改革开放和社会主义现代化建设的伟大实践经验。顾海良（2016）认为，当代中国马克思主义政治经济学的建设和发展，深刻地立足于我国国情和我国社会主义经济改革的实践，是对这一实践中形成的规律性成果的揭示和提炼，是对这一实践中积累的经验和理性认识的升华。逄锦聚（2016）认为，我国正在进行的改革开放和现代化建设事业，是史无前例的实践，在现代化建设实践基础上取得的中国发展成就和形成的中国制度、中国道路，为中国经济学的建设提供了丰富的材料和营养。

第三，西方经济学有益成分借鉴。杨承训（2016）认为，中国经济学借鉴西方经济学要区分两个层面：属于社会制度的东西，我们不能学，不能改变社会主义制度（西化），尤其要同作为现代资本主义主流意识形态的新自由主义划清界限；要学习的是一些分析方法和适用于部门经济的运作经验、管理方式等，有些范畴也可以参用。洪银兴（2016）认为，以发展中国家的发展为对象的发展经济学，以增长为对象的增长经济学（包括新增长理论）不乏积极的成果可以为我所用。这些范畴和理论进入中国特色社会主义政治经济学，能够使中国的发展理论同世界流行的发展理论进行客观比较并为我所用，但也有个中国化的问题。逄锦聚（2016）认为，在借鉴各国经济学的过程中，要克服只借鉴某个发达国家主流经济学的局限，眼界要放得更宽一些，包括国外学者对马克思主义政治经济学进行研究取得的成果、发展中国家经济学探索取得的成果和实践取得的经验都应该研究和借鉴。

第四，中国的优秀传统文化。中华文明是中国政治经济学（包括中国特色社会主义政治经济学）的思想基因和文化来源。程恩富（2009）认为，在中国经济学现代化过程中，必须坚持"国学为根"，必须重视中国古代、近代知识体系中经济思想的精华，这对于形成中国特点、中国气派和中国风格的经济学现代体系，具有不可低估的思想价值。杨春学（2016）也认为，从政治经济学的角度看，"中国特色"，除了"社会主义初级阶段"这一底色特征之外，还应包括存在于中华文明之中而且仍然对当今有着重大正面影响的思想基因。程恩富和侯为民（2017）指出，中华优秀传统文化的经济思想资源，包括关于劳动、土地、人口、财政、税收、商品、货币、价格、资本和外贸等经济思想，是中国特色现代政治经济学发展十分宝贵的资源。

4. 中国特色社会主义政治经济学的核心概念和范畴

中国特色社会主义政治经济学的核心概念和范畴的提炼、形成有以下几个基础：

一是从中国改革发展的实践经验中总结提炼新的概念和范畴。中国的改革发展是史无前例的伟大创举，新中国成立以来的经济建设，特别是40年改革发展的成功经验，已经淬炼出一批既反映中国经验又具有经济学一般价值的概念和范畴，例如，社会主义初级阶段、社会主义初级阶段的基本经济制度和分配制度、社会主义市场经济、"以人民为中心"的发展思想、新发展理念、供给侧结构性改革、转变发展方式、新旧动能转换、新型工业化道路、新型城镇化道路、"一带一路"、"摸着石头过河"等。这些概念和范畴成为中国特色社会主义政治经济学话语体系创新发展的重要来源。随着中国经济发展的日益成功，特别是"两个一百年"奋斗目标的实现，从中国改革发展的实践经验中总结提炼出的新话语将会得到越来越多的世界认可和接受，甚至成为全世界的经济学通用话语。

二是借鉴西方经济学的概念和范畴。当代西方经济学研究的是资本主义市场经济，中国特色社会主义政治经济学研究的是社会主义市场经济，虽然两者具有根本性质的差别，但从市场经济一般来看，两者又具有共同的特征和一般的运行规律，因而与市场经济一般相联系的西方经济学概念和范畴就不具有特殊的社会经济属性，是经济学的共同财富。对于这些共同话语，中国特色社会主义政治经济学通过兼收并蓄，并加以创新改造，丰富了自己的话语体系。例如党的十八届三中全会通过的《中共中央关于全面深化改革若干重大问题的决定》明确指出，"市场决定资源配置是市场经济的一般规律，健全社会主义市场经济体制必须遵循这条规律"。这就意味着市场对资源配置起决定性作用是市场经济的一般要求。又如，全要素生产率最早是由西方经济学提出的综合反映技术进步对经济发展作用的概念，但作为反映生产力发展源泉的一般概念，党的十九大报告在讲到推动经济发展质量变革、效率变革、动力变革时，就使用了全要素生产率的概念。再如，经典的熊彼特创新理论所说的创新主要指产品创新、技术创新、市场创新、资源配置创新和组织创新等，西方经济学的现代经济增长理论和制度经济学虽然也从各自视角提出了技术创新、制度创新等，这些范畴我们可以使用，但还不能完全定义我们所说的创新是第一动力的概念，中国特色社会主义政治经济学中的创新概念有着其特有内涵。

三是在中国独特的发展道路和成功经验中加入新的中国元素，丰富了中国特色社会主义政治经济学的概念和范畴。中国作为发展中大国的现代化道路和社会经济成功转型，一方面验证了发展经济学和刘易斯二元经济理论的部分有效性，同时也揭示了它的历史局限性，中国经验是对西方发展经济学及刘易斯二元经济理论的超越，对发展经济学作出了中国贡献；同时"中国的发展经济学"又提出了具有新的中国元素的概念和范畴，因而我国使用"二元经济"概念时就加入了新的中国元素，例如现代化经济体系、转变经济发展方式、创新驱动、区域经济协调发展、新型工业化、新型城市化、城乡发展一体化、乡村振兴、共同富裕、共享发展等。这些概念范畴的提炼和形成构建起以立足中国实践的系统化的发展经济学理论，使之成为中国特色社会主义政治经济学理论体系的重要部分。

5. 中国特色社会主义政治经济学的逻辑起点和主线

党的十九大报告提出"以人民为中心"的逻辑体系，习近平新时代中国特色社会主义思想反映的就是"以人民为中心"的思想体系，根据马克思主义政治经济学以人的全面发展为目的的逻辑和中国特色社会主义实践的核心要旨，新时代中国特色社会主义政治经济学必然是"以人民为中心"的逻辑体系。

马克思主义经济学揭示的是人类生存直至全面自由发展的异化复归自然历史过程及其基本规律——人类解放规律，否定的是古典政治经济学"经济人"假设的局限和围绕资本拜物教与价值增值而展开的"物的逻辑"。为此，《资本论》通过研究资本运动规律揭示人类生存直至全面自由发展规律及其所决定的历史走向，马克思发现资本主义社会的批判性，并把"人的逻辑"的产生作为人类社会发展进入到一个新的发展历史阶段。马克思认为人的全面发展内含了所有个体的发展，人的自由发展必须以个体能力的全面发展为前提，且发展的最终目标是为了人本身[1]。无疑，中国特色社会主义政治经济学最终追求的不是"物的逻辑"而是"人的逻辑"。党的十八大提出"全面建成小康社会"总目标的要求，明确坚持

---

[1] 李雪娇、何爱平：《政治经济学的新境界：从人的全面自由发展到共享发展》，载于《经济学家》2016年第12期，第5～11页。

走共同富裕道路，"要坚持社会主义基本经济制度和分配制度，调整国民收入分配格局，使发展成果更多更公平惠及全体人民，朝着共同富裕方向稳步前进"，提出"促进人的全面发展、逐步实现全体人民共同富裕"是中国特色社会主义的目标。"人的逻辑"深刻体现了科学发展观中"以人为本"的价值观。因此，中国特色社会主义政治经济学应把人的全面发展作为其逻辑起点，在实践中探索如何坚持和发展马克思提出的"人的逻辑"，建构起新时代中国特色社会主义政治经济学"以人民为中心"的逻辑体系。

关于中国特色社会主义政治经济学的主线，从已经发表的论著来看，有的认为主线是社会主义市场经济；有的认为主线是发展生产力；有的认为我国公有制和非公有制并存，应以两种不同性质的生产关系既共同发展又相互矛盾为主线；有的认为应以生产力和生产关系的相互作用为主线；还有的认为应以政府和市场的关系为主线；等等。在这个问题上各抒己见，进行探索，一方面表明中国特色社会主义政治经济学处在探索构建过程中；另一方面表明我国马克思主义经济学界高度重视中国特色社会主义政治经济学的创新与发展。

实现全体人民共同富裕是马克思主义经济学的主线。马克思认为，未来理想社会是社会生产力高度发达和人的精神生活高度发展的社会，是每个人自由而全面发展的社会，是人与人和谐相处、人与自然和谐共生的社会，只有在这样的社会状况中，才能最终实现共同富裕。马克思《1857—1858年经济学手稿》中提出：在未来的新社会制度中，"社会生产力的发展将如此迅速""生产将以所有的人富裕为目的"。列宁也讲："只有社会主义才可能根据科学的见解来广泛推行和真正支配产品的社会生产和分配，也就是如何使全体劳动者过最美好、最幸福的生活。只有社会主义才能实现这一点。"①

在共同富裕这个概念中，"富裕"反映了社会成员对社会财富拥有的丰裕程度，是社会生产力发展水平的集中体现；"共享"则反映了社会成员对财富的占有方式，是社会生产关系性质的集中体现。因此，共享发展和共同富裕包含着生产力与生产关系两方面的特征，从质的规定性上成为社会主义的本质规定和奋斗目标。在中国特色社会主义实践中，实现社会主义共同富裕要坚持以人民为中心的发展思想，以共享发展来解决分配领

---

① 《列宁全集》第3卷，人民出版社1972年版，第571页。

域中的矛盾；以社会公正与人的全面发展为核心价值观构建中国特色社会主义收入分配制度；建立资本与劳动的协调共赢机制；坚持社会主义基本经济制度和所有制基础；处理好公平效率的关系，充分发挥政府的调节作用；坚持新发展理念，处理好增长与发展的关系，走中国特色发展道路等等。这些既是中国特色社会主义的实践逻辑，也是中国特色社会主义政治经济学的理论逻辑，必然成为其理论体系构建的主线。

6. 以问题为导向的最大理论与实践问题

中国特色社会主义政治经济学要立足中国实践，以问题为导向，研究坚持和完善社会主义基本经济制度和新时代中国特色社会主义建设中的重大理论与实践问题，形成系统化的理论，揭示生产力和生产关系变化的经济规律。这些问题包括：

（1）中国特色社会主义所有制理论和产权理论，科学总结中国特色社会主义经济建设和经济体制改革以来公有制和国有经济建立、发展、改革的实践经验，非公经济的发展以及多种所有制结构的形成发展，构建系统化的社会主义公有制理论、国有经济和国有企业理论、社会主义市场经济相适应的财产权理论、产权制度创新理论。

（2）中国特色社会主义收入分配理论和收入分配制度改革历史经验，新时期坚持社会主义基本经济制度与分配结构的完善，收入分配领域如何处理好公平与效率的关系，在经济增长过程中如何发挥政府与市场的作用有效调节收入差距，如何走包容性发展道路，脱贫致富实现共享发展，以及缩小差距和实现共同富裕的生产力与生产关系基础等。

（3）中国特色社会主义农村经济改革与发展的理论与实践问题，如农村基本经营制度，从两权分离到三权分置的土地制度改革经验及其理论意义，新时期农村土地制度改革与集体所有制经济发展、新型农业经营主体与经营方式，农业现代化与乡村振兴等等问题。

（4）社会主义市场经济理论与实践创新，如具有社会主义基本经济制度特性和社会主义市场经济体制特征的政府与市场的关系，基本生产关系与市场经济运行机制的关系，以及政府失灵和市场失灵产生的生产关系基础等这些重大问题。

（5）中国发展道路的历史经验与理论创新，如从坚持和完善社会主义基本经济制度出发研究发展与制度的关系，发展道路的选择中生产力与生产关系、经济基础与上层建筑的关系，新发展理念，共享发展与中国发展道路的特殊含义等，把这些研究建立在马克思主义的方法论基础上，构建以马克思主义为指导的、立足中国实践的系统化的发展经济学理论。

参考文献

1. 马克思：《资本论》第 1 卷，人民出版社 1975 年版。

2. 《马克思恩格斯选集》第 3 卷，人民出版社 1973 年版。

3. 亚当·斯密：《国民财富的性质和原因的研究》，商务印书馆 2015 年版。

4. 马歇尔：《经济学原理》，商务印书馆 2015 年版。

5. 《邓小平文选》第 1 卷，人民出版社 2010 年版。

6. 《邓小平文选》第 2 卷，人民出版社 2010 年版。

7. 《邓小平文选》第 3 卷，人民出版社 2010 年版。

8. 习近平：《决胜全面建成小康社会夺取新时代中国特色社会主义伟大胜利——在中国共产党第十九次全国代表大会上的报告》，人民出版社 2017 年版。

9. 刘诗白：《政治经济学》，西南财经大学出版社 2008 年版。

10. 洪银兴：《现代经济学大典》（政治经济学分卷），经济科学出版社 2016 年版。

11. 洪银兴：《新编社会主义政治经济学教程》，人民出版社 2018 年版。

12. 韦森：《经济学的性质与哲学视角审视下的经济学——一个基于经济思想史的理论回顾与展望》，载于《经济学》（季刊）2007 年第 3 期。

13. 李雪娇、何爱平：《政治经济学的新境界：从人的全面自由发展到共享发展》，载于《经济学家》2016 年第 12 期。

中国特色社会主义政治经济学的理论特质

葛　扬*

随着改革开放的深入和中国特色社会主义道路的探索，经济学理论层面提升的要求也越来越强烈。经过社会主义建设特别是改革开放的发展，中国特色社会主义政治经济学已经形成科学的理论体系。2015 年 11 月 23 日，习近平同志在中共中央政治局就马克思主义政治经济学基本原理和方法论进行第二十八次集体学习时指出，"党的十一届三中全会以来，我们党把马克思主义政治经济学基本原理同改革开放新的实践结合起来，不断丰富和发展马克思主义政治经济学，形成了当代中国马克思主义政治经济学的许多重要理论成果。"[①] 2020 年 8 月 24 日，习近平同志在经济社会领域专家座谈会上的讲话中又强调了上述观点，并指出，"不断发展中国特色社会主义政治经济学"[②]。中国特色社会主义政治经济学开拓了马克思主义政治经济学新境界，立足中国实践又指导中国实践，具有鲜明的理论特质。

一、中国特色社会主义政治经济学是马克思主义 政治经济学中国化的理论成果

新中国成立后，我国社会主义经济建设是在马克思主义政治经济学理论指导下进行的，马克思主义政治经济学成为我国主流经济学。改革开放

---

　* 葛扬，南京大学经济学院教授。本文为国家社科基金重大项目"中国特色社会主义基本经济制度体系研究"（20ZDA015 主持人葛扬）的阶段性成果。
　① 习近平：《立足我国国情和我国发展实践 发展当代中国马克思主义政治经济学》，载于《人民日报》2015 年 11 月 25 日第 1 版。
　② 习近平：《在经济社会领域专家座谈会上的讲话》，人民出版社 2020 年版，第 12 页。

后，我国经济发展取得了举世瞩目的成就，综合国力明显提高，经济学取得了重大理论成果，开拓了当代中国马克思主义政治经济学新境界，是马克思主义经济学中国化的理论成果。就是说，在马克思主义经济学理论的指导下，立足中国的国情，以解决中国问题为导向，把马克思主义政治经济学基本原理与中国改革开放的实践相结合，从而产生具有中国特色、中国风格、中国气派的社会主义政治经济学理论体系，并以此进一步指导新时代中国特色社会主义新发展。

马克思主义经济学中国化的过程，也是马克思主义经济学基本原理运用于实践并与实践相结合的过程。马克思主义政治经济学认为，生产力的发展是人类社会发展的最终决定力量，解放和发展生产力是社会主义的根本任务，是社会主义的本质要求。马克思和恩格斯早就指出，在社会主义社会要"尽可能快地增加生产力的总量"①。从本质上讲，开拓当代中国马克思主义政治经济学新境界源于解放和发展生产力发展，而解放和发展生产力又决定于通过调整生产关系与生产力二者关系使它们相互适应。我国长期处于社会主义初级阶段，解放和发展生产力仍是建设中国特色社会主义第一要务。邓小平指出，"社会主义的首要任务是发展生产力，逐步提高人民的物质和文化生活水平。"② 习近平指出，"实现社会主义现代化，实现中华民族伟大复兴，最根本最紧迫的任务还是进一步解放和发展社会生产力。"③ 正是围绕上述第一要务，我们在社会主义所有制、分配制度和市场经济体制等基本理论问题上取得了重大突破。从单一公有制到公有制为主体、多种所有制经济共同发展；从平均主义分配制度到按劳分配为主体、多种分配方式并存；从计划经济体制到市场经济体制。这些基本理论问题的重大突破，既是对新中国成立70多年特别是改革开放40多年社会主义经济发展实践的总结，也是马克思主义经济学中国化的重要理论成果，还是新时代我国全面深化改革和经济发展的理论指引。

中国特色社会主义进入新时代。我国经济发展也进入了新时代，已由高速增长阶段转向高质量发展阶段，正处在转变发展方式、优化经济结构、转换增长动力的攻关期。新时代经济发展的基本特征，反映了我国社会主义初级阶段社会主要矛盾的转化，党的十九大明确提出，我国社会主

---

① 《马克思恩格斯文集》第 2 卷，人民出版社 2009 年版，第 52 页。
② 《邓小平文选》第 3 卷，人民出版社 1995 年版，第 116 页。
③ 《习近平关于"四个全面"战略布局论述摘编》，中共文献出版社 2015 年版，第 33 页。

要矛盾已经转化为人民日益增长的美好生活需要和不平衡不充分的发展之间的矛盾。向高质量发展转变涉及大量生产关系调整的问题，包括社会主义所有制关系的完善、分配关系的完善和市场经济体制机制的完善。即使就目前普遍关心的国内循环为主体、国内国际双循环相互促进的新发展格局而言，其中既包含着产品结构、产业结构和产业体系的提升；也包含着生产关系的调整，比如：扩大内需、营造各种所有制经济依法平等使用生产要素、实现人民群众参与经济发展机会的公平和共享改革开放发展成果，等等，这些都必须涉及生产关系问题。经济运行、资源配置是一定生产关系下的经济运行，离开了特定生产关系的经济运行是不存在的。必须不断改革完善与社会主义市场经济相适应的生产关系，构建现代化经济体系，推进经济高质量发展。

二、中国特色社会主义政治经济学是立足中国实践具有时代气息的经济理论

习近平同志说，"理论源于实践，又指导实践。"[1] 中国特色社会主义政治经济学离不开中国特色社会主义经济实践，离不对开改革开放和社会主义现代化建设中产生的新事物、新经验的总结。中国特色社会主义政治经济学从实践中产生，在实践中发展，由实践来检验，并在实践中获得理论上的突破，实现理论上的创新。事实表明，坚持中国特色社会主义政治经济学的指导，是改革开放以来我们能够取得一切成绩和进步的根本原因。

中国特色社会主义政治经济学立足于我国改革开放和社会主义现代化建设的实践的理论成果，中国社会主义经济建设的历史进程是中国特色社会主义政治经济学构建的实践基础。中国社会主义建设的伟大历程是构建中国特色社会主义政治经济学最重要的实践平台。中国特色社会主义政治经济学不是本本主义的产物，而是在马克思主义政治经济学指导下，对中国经济改革与发展实践经验的提炼与升华。党的十一届三中全会以来，我国改革开放和社会主义现代化建设的实践不仅提出和回答了"什么是社会主义、怎样建设社会主义"的重大课题，还提出和回答了"实现什么样的

---

① 习近平：《在经济社会领域专家座谈会上的讲话》，人民出版社 2020 年版，第 10 页。

发展、怎样发展"的重大课题。中国特色社会主义政治经济学是中国特色社会主义实践的产物，正如习近平同志所说，"我们及时总结新的生动实践，不断推进理论创新，在发展理念、所有制、分配体制、政府职能、市场机制、宏观调控、产业结构、企业治理结构、民生保障、社会治理等重大问题上提出了许多重要论断"① 这些重要论断是不可能从书本上找到的，只能到改革开放的实践中在寻找解决问题的思路和方法中获得。

中国特色社会主义政治经济学对中国特色社会主义建设起着重要指导作用。理论的实践性不仅是因为它来源于实践，更表现为它服务于实践，对实践起着重要的指导作用。中国特色社会主义政治经济学也是如此，突出表现为一切从发展中国特色社会主义实践出发，实事求是地解决我国改革开放和经济发展中面临的新情况和新问题。党的十一届三中全会以后，中国人民走进富起来的时代，邓小平坚持解放思想、实事求是，坚持马克思主义经济学基本原理，依据中国的基本国情，提出了坚持党的基本路线一百年不动摇、"三个有利于"标准、建立社会主义市场经济体制等一系列具有中国特色的社会主义政治经济学的基本内容。党的十三届四中全会后，江泽民同志坚持实事求是、与时俱进，创立了"三个代表"重要思想，提出了建立和完善社会主义市场经济体制、公有制实现形式多样化、按劳分配和按生产要素分配相结合、积极稳妥地推进经济体制改革、建设和发展中国特色社会主义经济等思想，进一步丰富了中国特色社会主义政治经济学。党的十六大以后，胡锦涛同志继承了我们党不断进行理论创新的传统，提出了科学发展观、建设社会主义新农村、建设资源节约型和环境友好型社会、建设创新型国家等一系列重要战略思想，不断推进中国特色社会主义政治经济学的发展。

党的十八大以来，中国人民走进强起来新时代，习近平同志面对世界百年未有之大变局以及新冠肺炎疫情暴发后国内外经济环节新变化提出，"关于创新、协调、绿色、开放、共享发展的理论，关于发展社会主义市场经济、使市场在资源配置中起决定性作用和更好发挥政府作用的理论，关于我国经济发展进入新常态、深化供给侧结构性改革、推动经济高质量发展的理论，关于推动新型工业化、信息化、城镇化、农业现代化同步发展和区域协调发展的理论，关于农民承包的土地具有所有权、承包权、经营权属性的理论，关于用好国际国内两个市场、两种资源的理论，关于加

① 习近平：《在经济社会领域专家座谈会上的讲话》，人民出版社 2020 年版，第 10 页。

快形成以国内大循环为主体、国内国际双循环相互促进的新发展格局的理论，关于促进社会公平正义、逐步实现全体人民共同富裕的理论，关于统筹发展和安全的理论，等等。"① 这些理论成果不仅有力指导着我国社会主义经济发展实践，而且开拓了马克思主义政治经济学新境界。

三、中国特色社会主义政治经济学是深深烙上传统文化具有民族性的经济理论

中国特色社会主义政治经济学理论，不仅把马克思主义经济理论与当代中国经济实践有机结合，而且与中华民族优秀文化紧密结合，以中国独特的文化形式和思维方式对马克思主义经济理论作出的中国化的表达，形成中国特色社会主义政治经济学的话语体系。任何脱离甚至反中国历史文化传统与经济传统的理论、政策、方案在中国都将失去其价值。

经济学理论发展的历史表明，经济学不仅具有"世界性"，而且具有"民族性"，体现了二者的统一。"经济学说史也是一项合作的事业，许多国家和民族的人们都为此做出过贡献"，"可以把经济学史看做是一部交响乐的演奏"② 从对人类社会一般经济规律的认识这种意义上说，经济学和物理学、化学等自然科学一样，是一门"世界性"的科学。然而，经济学又与自然科学有明显不同，它所研究的是一定历史条件下人与人之间的各种经济关系，因此，与自然科学相比存在性质上的区别，其民族性也就由此而生。经济学的民族性是历史地形成的，是国家这个人类社会特有的政治形式在长期的历史发展过程中，与经济及其他社会因素相互制约中造成的特殊国情的集中体现。任何国家，由于生产力和生产关系的基本特点，以及地理、资源、文化和政治等多方面原因，必然使其经济发展具有许多特殊性。当然，强调经济学的民族性，并不排斥它的世界性。相反，只有承认一般性和特殊性的统一，才能对经济问题得出全面认识。

历史和现实都告诉我们，一个国家要发展，一个民族要自立于世界民族之林，不仅要通过发愤图强积累强大的物质基础，而且要在艰苦奋斗中形成强大的精神力量。中华民族长期形成的以爱国主义为核心的团结统

---

① 习近平：《在经济社会领域专家座谈会上的讲话》，人民出版社 2020 年版，第 10～11 页。
② 斯皮格尔：《经济思想的成长》，中国社会科学出版社 1999 年版，第 8 页。

一、爱好和平、勤劳勇敢、自强不息的伟大民族精神，为中国特色社会主义政治经济学的形成和发展提供了丰富的思想营养和强大的动力支撑。同时，中国特色社会主义经济建设也为中华民族精神的丰富和升华提供了坚实的现实基础。把发展中国特色社会主义事业与实现中华民族伟大复兴的历史任务紧密融合在一起，赋予中华民族伟大复兴以新的强大生机。中国特色社会主义政治经济学在充分吸收中华民族伟大精神元素的基础上，从最初的"两步走"战略，到党的十三大的"三步走"战略，到党的十六大的新"三步走"战略，到党的十八大后的"五大举措"，再到党的十九大"两个阶段"，指引中国人民向着全面建设小康社会、继而全面建设现代化强国的目标不断奋斗。党的十九大报告清晰擘画全面建成社会主义现代化强国的时间表、路线图，按照两个 15 年的时间分割、分两个阶段，把我国建成富强民主文明和谐美丽的社会主义现代化强国。从发展的逻辑看，在 2020 年全面建成小康社会后，经过 15 年，经济增速按 5% 测算，到 2035 年我们也可基本达到目前中上等发达国家水平。按照这一趋势，再经过第二个 15 年到 21 世纪中叶，我国综合国力和社会发展将位居世界现代化强国之列。

中国特色社会主义政治经济学是要解决中国经济问题的，所以必须扎根于中国经济的土壤，吸收、继承和发展中国古今一切优秀的经济思想和经济理论。改革开放以来，我们注意挖掘中国传统文化中的合理要素，并将其运用到中国社会主义建设中。习近平同志说，"在带领中国人民进行革命、建设、改革的长期历史实践中，中国共产党人始终是中国优秀传统文化的忠实继承者和弘扬者，从孔夫子到孙中山，我们都注意汲取其中积极的养分。中国人民正在为实现'两个一百年'奋斗目标而努力，其中全面建成小康社会中的'小康'这个概念，就出自《礼记·礼运》，是中华民族自古以来追求的理想社会状态。"① 中国悠久传统文化中和合思想、大同理念、自强精神等优秀基因，为社会主义市场经济发展提供了文化资源和精神力量。在中华民族走进强起来新时代，我们要继续巩固、拓展、创新中国传统文化，为中国特色社会主义政治经济学理论构建提供丰富的传统文化养分。

---

① 习近平：《在纪念孔子诞辰 2565 周年国际学术研讨会暨国际儒学联合会第五届会员大会开幕式上的讲话》，载于《人民日报》2014 年 9 月 25 日第 2 版。

四、中国特色社会主义政治经济学是
面向世界具有开放性的经济理论

中国特色社会主义政治经济学是开放时代的产物，中国改革开放的年代与全球化急速推进的年代同期。在社会主义与资本主义共存的全球化的今天，中国社会主义市场经济不可能在封闭的状态下发展，只有以开放的姿态融入世界经济才能求得发展，才能获得经济利益和竞争活力。中国特色社会主义政治经济学是在解决中国经济发展问题时，顺应时代的潮流、体现时代主题的要求、提升时代精神的产物，具有开放性特征。

当今世界正处在百年未有之大变局。在新一轮大发展大变革大调整中，大国战略博弈全面加剧，国际体系和国际秩序深度调整，人类发展面临的新机遇新挑战层出不穷，不确定不稳定因素明显增多。在这个大变局中，中国综合国力发展之快、影响之大百年未有；中国对世界的贡献、大国责任的快速增长百年未有；中国的道路、理论、制度和文化的全面自信百年未有。这就是说，中国的和平崛起是当今世界百年未有之大变局的根本动因。随着全球价值链的迅速发展，世界生产、国际经贸格局面临着深刻调整，与之相适应的新的国际经济"游戏规则"正在形成。在这样一个不断变化的世界环境中，中国必须继续探索自主发展的道路。通过加快实施自由贸易区战略，坚持分类施策、精耕细作，逐步构筑起立足周边、辐射"一带一路"、面向全球的高标准自由贸易区网络，努力在国际合作和国际竞争中处理好与资本主义世界经济体系的关系，最大限度地利用国际资源和国际市场，有序推进中国特色社会主义经济持续健康发展。

2020年初暴发的新冠肺炎疫情给世界百年未有之大变局增添了新的变数。突如其来的新冠肺炎疫情肆虐全球，世界经济陷入停摆，任何经济体都难以独善其身。面对经济形势发生重大变化、外部环境严重恶化，2020年7月30日中央政治局会议指出，当前经济形势仍然复杂严峻，不稳定性不确定性较大，我们遇到的很多问题是中长期的，必须从持久战的角度加以认识，加快形成以国内大循环为主体、国内国际双循环相互促进的新发展格局。习近平同志指出，"新发展格局决不是封闭的国内循环，而是开放的国内国际双循环。我国在世界经济中的地位将持续上升，同世界经济的联系会更加紧密，为其他国家提供的市场机会将更加广阔，成为吸引国际商品和要素资源的巨大引力场。"① 因此，在当前条件下坚定实施扩大内需战略，不是不要扩大开放，而是着力推动更高水平对外开放，逐步形成以国内大循环为主体、国内国际双循环相互促进的新发展格局，培育新形势下中国参与国际合作和竞争新优势。

中国特色社会主义政治经济学不仅要向不断变化的世界开放，还要向西方经济学开放。以开放的姿态吸收人类一切有益的文明成果，特别是要充分吸收西方经济学的科学成分，为中国特色社会主义政治经济学研究提供广阔的空间。改革开放后，在经济全球化愈加深化的条件下，西方经济学所揭示的市场经济条件下社会化大生产的一般规律及其分析问题的方法，在我国社会主义市场经济发展中发挥了重要作用。不过，由于基本经济制度和经济发展水平的不同，西方经济学与我国国情存在差别。用经济学的一般性和世界性来否定经济学的特殊性和民族性，不仅违背世界经济发展的历史，而且在实践中也是无益的。中国特色社会主义政治经济学应该在合乎中国经济发展实际的基础上，吸收西方经济学的合理成分。这样，才能构建既能够指导中国经济持续发展又能与世界经济学接轨道的现代经济学理论。

五、中国特色社会主义政治经济学是具有鲜明人民性的经济理论

"以人民为中心"的发展思想一直是中国共产党人的执政理念。中国共产党代表最广大人民的根本利益，人民性是中国共产党社会主义建设根本特征。中国共产党创立 100 年来，始终坚持把为人民服务作为根本宗旨，把实现好、维护好、发展好最广大人民的根本利益作为一切工作的出发点和落脚点，牢牢把握以人民为中心的宗旨，一心一意为人民谋福利，带领广大人民为实现伟大的中国梦而努力奋斗。人民性理所当然是中国特色社会主义政治经济学理论特质。从根本上说，人民性的理论特质是前面分析的四个理论特质的归结。

人民性不仅是唯物史观的必然要求，还是马克思主义政治经济学的根本立场。唯物史观认为，人民是历史的创造者。经济理论创新的源泉在于实践，而经济实践的主体是人民群众。中国改革开放实践是自下而上和自

---

① 习近平：《在经济社会领域专家座谈会上的讲话》，人民出版社 2020 年版，第 5～6 页。

上而下相结合的结果，其重要特点就是实践至上、创新发展。如果经济理论不去关注人民的创造精神，在书斋里坐而论道，就失去了理论的生命力。中国特色社会主义政治经济学必须反映时代要求，关注国计民生，研究现实问题，探索发展的道路，注重把人民群众的实践经验和具体做法上升到理论层面，揭示新的经济规律并提出新的概念与范畴。马克思主义政治经济学认为，只有解放和发展生产力，才能消除两极分化，最终达到共同富裕，从而实现社会主义本质目标。社会主义社会的一切发展是为了人民、依靠人民，发展成果要由人民共享。我们党领导人民全面建设小康社会、进行改革开放和社会主义现代化建设的根本目的，就是要通过发展社会生产力，不断提高人民生活水平，促进人的全面发展，最终实现社会全面进步。归根到底，就是要从人民利益出发，以人民为出发点来谋求经济社会发展，依托人民群众的主体性推进经济社会发展，

以人民为中心的发展思想是坚持人民性这一根本原则在发展理论上的创造性运用，是对中国特色社会主义建设过程中经济社会发展的根本目的、动力、趋向等问题的科学回答。以人民为中心的发展思想内涵十分丰富。第一，发展为了人民，这是对发展目的问题的回答。习近平同志说，"人民对美好生活的向往，就是我们的奋斗目标。"[1] 社会主义经济发展就是要把增进人民福祉、提高人民生活水平和质量、促进人的全面发展作为根本出发点和落脚点，就是把实现好、维护好、发展好最广大人民根本利益作为经济发展的根本目的。第二，发展依靠人民，这是对发展动力问题的回答。习近平同志说，"中国梦归根到底是人民的梦，必须紧紧依靠人民来实现，必须不断为人民造福。"[2] 要把人民作为发展的力量源泉，充分尊重人民主体地位，充分尊重人民所表达的意愿、所创造的经验、所拥有的权利、所发挥的作用，充分尊重人民群众首创精神。自觉拜人民为师，向能者求教、向智者问策，不断从人民群众中汲取智慧和力量。第三，发展成果由人民共享，这是对发展趋向问题的阐释。习近平同志说，"我们要始终实现好、维护好、发展好最广大人民根本利益，让改革发展成果更多更公平惠及人民。"[3] 这就表明，改革与发展同样要着力以人民

---

[1] 《十八大以来重要文献选编》上，人民出版社 2014 年版，第 70 页。

[2] 《十八大以来重要文献选编》上，人民出版社 2014 年版，第 235 页。

[3] 习近平：《在庆祝"五一"国际劳动节暨表彰全国劳动模范和先进工作者大会上的讲话》，载于《人民日报》2015 年 4 月 29 日第 2 版。

为中心发展思想的落地生根。发展成果由人民共享，就是要让发展成果惠及全体人民。"以人民为中心的发展思想，不是一个抽象的、玄奥的概念，不能只停留在口头上、止步于思想环节，而要体现在经济社会发展各个环节。"① 只有将以人民为中心发展思想落到实处，增添发展新动力，才能保证以人民为中心提供经济物质基础，维护社会公平正义。

参考文献

1. 习近平：《在经济社会领域专家座谈会上的讲话》，人民出版社 2020 年版。

2. 《马克思恩格斯文集》第 2 卷，人民出版社 2009 年版。

3. 《邓小平文选》第 3 卷，人民出版社 1995 年版。

4. 《习近平关于"四个全面"战略布局论述摘编》，中共文献出版社 2015 年版。

5. 斯皮格尔：《经济思想的成长》，中国社会科学出版社 1999 年版。

6. 习近平：《在纪念孔子诞辰 2565 周年国际学术研讨会暨国际儒学联合会第五届会员大会开幕式上的讲话》，载于《人民日报》2014 年 9 月 25 日第 2 版。

7. 《十八大以来重要文献选编》上，人民出版社 2014 年版。

8. 习近平：《在庆祝"五一"国际劳动节暨表彰全国劳动模范和先进工作者大会上的讲话》，载于《人民日报》2015 年 4 月 29 日第 2 版。

9. 习近平：《深入理解新发展理念》，载于《求是》2019 年第 10 期。

---

① 习近平：《深入理解新发展理念》，引自《习近平谈治国理政》第二卷，北京外文出版社 2017 年版，第 201～218 页。

论中国特色社会主义政治经济学的
理论特色及新课题

何自力[*]

新中国 70 年发展取得举世瞩目的伟大成就，中国已经成为世界第二大经济体，中国经济发展取得的辉煌成就堪称中国经济奇迹，这一奇迹的取得与马克思主义政治经济学的指导分不开，与中国特色社会主义政治经济学理论创新成果的指导分不开。

一、马克思主义政治经济学的独特理论品质

马克思主义政治经济学的最大理论贡献在于通过对生产力与生产关系、经济基础与上层建筑之间矛盾运动的分析，揭示了人类社会从原始社会、奴隶社会、封建社会、资本主义社会向社会主义和共产主义社会形态发展演变的客观必然性，破解了人类社会发展和进步的根本动因。马克思主义政治经济学认为，生产力与生产关系之间、经济基础与上层建筑之间的矛盾是社会基本矛盾，这两对矛盾的运动推动人类社会不断发展和变化。生产力与生产关系之间、经济基础与上层建筑之间关系的矛盾运动实质是个人利益与社会共同利益之间关系的矛盾运动，个人利益与社会共同利益的关系相统一，意味着生产关系与生产力相适应，上层建筑与经济基础相适应，社会生产力就能得到快速发展；个人利益与社会共同利益的矛盾不断激化，意味着生产关系与生产力相矛盾，上层建筑与经济基础相矛盾，社会生产力的发展就会受到严重阻碍。资本主义社会个人利益与社会

---

[*] 何自力，南开大学经济学院教授。

共同利益之间的关系是对立的，资本家阶级占有生产资料并谋求私人资本利益最大化，无产阶级处于受剥削受压迫的地位，社会共同利益受到损害，表现为财富占有两极分化和不平等加剧、周期性爆发经济危机、经济持续停滞等。在社会主义公有制条件下，所有社会成员共同占有生产资料，决定了社会成员根本利益的一致性，个人利益与社会共同利益实现了统一，使社会资源得以充分利用，生产力快速发展，所有社会成员共同富裕和自由而全面的发展得到实现。

马克思主义政治经济学对人类社会发展和进步动因和方向的深刻认识基于其独特的理论品质：其一，马克思主义政治经济学坚持逻辑过程与历史进程相统一的科学分析方法，根据这一方法，经济学理论是社会经济发展和变迁的历史过程在思维中的再现，社会经济发展和变迁的历史过程是经济学理论逻辑过程的基础，这一方法使经济学理论具有了鲜明的历史感，而有历史感的经济学才有生命力；其二，马克思主义政治经济学坚持整体论的分析方法，从处于社会关系中的人而非鲁滨孙式的孤独的个人出发观察和研究经济问题，从不在单纯的抽象逻辑层面上讨论理论命题的真与伪，更不脱离实际去构建所谓"标准的"分析模型，在马克思主义政治经济学看来，建立在非历史性的抽象假设和脱离实际的逻辑演绎基础上的经济学命题是空洞的、无意义的，以这样的经济学为指导去理解和认识社会经济运动过程，甚至据此制定经济政策以影响社会经济过程，必然产生非常有害的后果。其三，马克思主义政治经济学强调科学的经济学命题和观点不是来自人的观念，而是源自鲜活的生活实践，是人的社会生活实践在观念形态上的反映。理论是灰色的，实践之树常青。从事经济学研究不能闭门造车，不能凭空想象，在纷繁复杂、矛盾交织的社会现实面前，经济学只有迎难而上，敢于和善于回答各类重大问题，为人们正确认识和把握社会经济生活的运动规律提供指导，才能具有强大的生命力。其四，马克思主义政治经济学是不断创新的经济学。马克思主义政治经济学总是与时代的发展相同步，总是伴随着实践的发展而发现新情况，提出新问题，通过理论创新回答新问题，用创新的理论指导实践。对于马克思主义政治经济学而言，实践没有止境，理论创新也永远没有止境，与时俱进，不断创新，是马克思主义政治经济学的生命力的源泉。

马克思主义政治经济学对人类社会发展和进步根本动因的发现具有十分重要的理论意义，为希望实现解放和追求社会发展和进步的人们提供了强大的思想武器和行动指南，中国共产党把马克思主义政治经济学的科学发现与中国社会主义革命、建设、改革的具体实践相结合，探索出充分实现个人利益与社会共同利益关系和谐发展的中国道路，推动了马克思主义政治经济学的中国化，推动了中国特色社会主义政治经济学的形成和发展，为实现中国经济和社会快速发展提供了强大理论指导。

二、中国特色社会主义政治经济学的创新成果

新中国 70 年经历了建立社会主义基本制度、全面开展社会主义经济建设、改革开放、中国特色社会主义进入新时代四个历史时期，马克思主义政治经济学中国化和中国特色社会主义政治经济学的形成和发展也经历了四个历史阶段。

1. 建立社会主义基本制度

新中国成立之初，建立社会主义基本制度是首要任务。我们党根据马克思主义政治经济学关于经济基础与上层建筑之间矛盾运动的原理，先通过社会主义革命完成建立人民民主专政的上层建筑的政治任务，然后在上层建筑的支持下加强社会主义经济基础的建设，为发展生产力奠定制度基础。由于我国是在经济落后条件下进行社会主义经济基础建设的，我们党从实际出发创造性地运用马克思主义政治经济学关于改造资本主义经济关系的原理，提出了一系列新理论，如关于对官僚买办资本实行国有化的理论；关于用国家资本主义改造资本主义工商业的理论；关于通过互助组、初级社、人民公社引导农民走社会主义道路的理论等。在这些创新性理论的指导下，我们党成功实现了对资本主义生产关系的社会主义改造，到1956 年底，我国基本上完成了对农业、手工业和资本主义工商业的社会主义改造，社会主义经济基础得以形成，为经济建设全面开展和社会全面进步提供了有力的制度保障。

2. 全面开展社会主义经济建设

新中国成立所面临的是一穷二白，百废待兴的局面，为了加强社会主义制度的物质技术基础，我们党根据马克思主义政治经济学关于生产力与生产关系矛盾运动的原理，充分发挥社会主义制度集中力量办大事的优势推动国家工业化进程，在微观层面，依靠国有经济建设一大批重点工业项目，加快工业化进程，在宏观层面，建立国民经济计划管理体制，将有限的人力、物力、财力集中用于国家最急需的部门。在推动国家工业化的过

程中，我们党提出了一系列新理论，如关于社会主义社会主要矛盾的理论；关于加快实现社会主义工业化的理论；关于统筹兼顾、适当安排、综合平衡的理论；关于以农业为基础、工业为主导、农轻重协调发展的理论；关于重视和发挥价值规律作用的理论等，这些理论是马克思主义政治经济学中国化的产物，是我们党从实际出发探索和认识社会主义建设规律的理论创新成果，丰富和发展了马克思主义政治经济学，对独立的比较完整的工业体系和国民经济体系的建立，工业、农业、国防和科学技术水平的提高，人民生活的改善，发挥了重要的指导作用。社会生产总值从1949年的557亿增加到1978年的6 846亿元，29年间增长11.29倍，年均增长9%，建立了一批门类比较齐全的基础工业项目，涉及冶金、汽车、机械、煤炭、石油、电力、通信、化学、国防等领域，农业生产在支援国家工业化基础建设的同时，满足了占世界1/4人口的基本生活需要，创造了世界奇迹，取得了"两弹一星"等一系列重要科技成果。这些成就的取得初步显示了社会主义制度的优越性，为其后改革开放和社会主义现代化建设提供了物质基础。

3. 改革开放

党的十一届三中全会以后，我们党运用马克思主义政治经济学总结社会主义经济建设正反两方面经验，借鉴社会主义国家进行社会主义经济建设的历史经验，为推动实现党和国家工作重点转向以经济建设为中心和改革开放提供了重要理论依据。比如，在社会主义发展阶段上，认识到我国已经建立了社会主义制度，但是生产力发展水平还很低，仍处于社会主义初级阶段，发展生产力是根本任务；在所有制方面，认识到实行单一公有制与我国生产力多层次性、不平衡性特点不相适应，提出公有制为主体、多种经济形式共同发展的新理论；在经济管理体制方面，认识到计划不等于社会主义，市场不等于资本主义，计划与市场都是经济手段，提出了建立社会主义市场经济体制的改革目标；在分配制度上，认识到在社会主义初级阶段，不但要发挥按劳分配对调动劳动者生产积极性的重要作用，还要发挥按要素贡献分配对提高知识、技术、管理、资本等生产要素利用效率的激励作用，提出按劳分配为主体，多种分配方式并存的分配理论，等等。这些理论创新从根本上讲，改变了过去只强调社会共同利益，轻视个人利益的传统观念，在维护社会共同利益，激发劳动者的主人翁责任感的同时，承认和高度重视个人利益存在的必要性，千方百计调动劳动者的生产积极性和主动性。马克思主义政治经济学中国化的理论创新成果和中国特色社会主义发展道路既避免了资本主义条件下突出个人利益，牺牲社会共同利益的弊端，又克服了传统社会主义集中计划体制下轻视个人利益，片面强调社会共同利益的缺陷，找到了平衡个人利益与社会共同利益关系的有效途径，从而对推动改革开放，加快经济发展，发挥了非常重要的指导作用。在理论创新成果的指导下，我国经济建设取得巨大成就。从1978年到2012年，我国国内生产总值平均增长9.8%，国内生产总值由3 645亿元迅速跃升至2012年的52万亿元，位居世界第二位。经济总量占世界的份额由1978年的1.8%提高到2012年的11.5%。2008~2012年对世界经济增长的年均贡献率超过20%。人均国内生产总值由1978年的381元跃升到2012年的38 420元，扣除价格因素，比1978年增长16.2倍，年均增长8.7%。1978年我国外汇储备仅有1.67亿美元，2012年达到3.31万亿美元，连续7年稳居世界第一。我国1978年货物进出口只有206亿美元，2012年达到38 671亿美元，比1978年增长186倍，年均增长16.6%，位居世界第二位。① 在经济发展取得突出成就的同时，人民生活水平得到显著提高，城乡居民生活实现由温饱不足到总体小康并向全面小康迈进，综合国力显著增强，国际影响力空前提高，社会主义制度优越性充分体现，实现了中华民族从站起来到富起来的伟大飞跃。

4. 中国特色社会主义进入新时代

党的十八大以来，党中央团结带领全党全国各族人民，全面审视国际国内新的形势，通过总结实践、展望未来，深刻回答了新时代坚持和发展什么样的中国特色社会主义、怎样坚持和发展中国特色社会主义这个重大时代课题，形成了新时代中国特色社会主义经济思想，如以人民为中心的发展思想；创新、协调、绿色、开放、共享新发展思想；适应、把握、引领经济发展新常态思想；使市场在资源配置中起决定性作用，更好发挥政府作用思想；供给侧结构性改革供给与宏观调控创新的思想；新型工业化、信息化、城镇化、农业现代化同步发展的思想；加强实体经济，建设现代化经济体系，不搞虚拟化的思想；强起来导向的经济发展战略思想；构建人类命运共同体，引领新型经济全球化的思想；党对经济工作集中统一领导的思想等，推动党和国家事业发生历史性变革、取得历史性成就，中国特色社会主义进入了新时代。新时代中国特色社会主义经济思想是马克思主义政治经济学中国化的最新成果，以人民为中心是新时代中国特色

---

① 文中数据除特殊标注外，其余均由笔者根据历年《中国统计年鉴》相关数据整理所得。

社会主义经济思想最鲜明的理论品质，它强调以最广大人民根本利益为我们一切工作的根本出发点和落脚点，坚持把人民拥护不拥护、赞成不赞成、高兴不高兴作为制定政策的依据，顺应民心、尊重民意、关注民情、致力于民生，让人民共享改革开放成果，激励人民更加自觉地投身改革开放和社会主义现代化建设事业，这表明我们党在通过改革努力实现个人利益与社会共同利益更加和谐的道路上迈上了新的台阶，中国特色社会主义有利于个人利益与社会共同利益和谐统一的制度优势更加突出。新时代中国特色社会主义经济思想是马克思主义政治经济学中国化的最新成果，以人民为中心是新时代中国特色社会主义经济思想最鲜明的立场，新思想推动了党和国家事业发生历史性变革、取得历史性成就，中国特色社会主义进入了新时代。国内生产总值从 2012 年的 54 万亿元增加到 2017 年的82.7 万亿元，年均增长 7.1%，占世界经济比重从 11.4% 提高到 15% 左右，对世界经济增长贡献率达到 30%，成为世界经济增长的主要动力源和稳定器。贫困人口减少 6 300 多万，贫困发生率由 10.2% 下降到 3.1%。居民收入年均增长 7.4%，超过经济增速，社会养老保险覆盖 9 亿多人，基本医疗保险覆盖 13.5 亿人。全社会研发投入年均增长 11%，规模跃居世界第二位，科技进步贡献率由 52.2% 提高到 57.5%。载人航天、深海探测、量子通信等重大创新成果不断涌现，高铁网络、电子商务、移动支付、共享经济等引领世界潮流。生态环境状况明显好转，大气、水、土壤污染防治行动成效明显。

三、中国特色社会主义政治经济学的理论特色

回顾新中国成立 70 多年来社会主义经济建设的伟大成果，是在马克思主义政治经济学的指导下取得的，同时，中国特色社会主义经济建设和改革开放的丰富实践经验也为中国特色社会主义政治经济学的形成和发展提供了丰厚的土壤，中国特色社会主义政治经济学既与马克思主义政治经济学一脉相承，又具有自己的鲜明特点。

其一，紧扣中国特色社会主义经济建设实践，以中国特色社会主义生产方式以及和它相适应的生产关系和交换关系为研究对象。在中国特色社会主义政治经济学的形成和发展进程中，我们党排除形形色色非马克思主义观点的干扰和影响，坚持历史过程与逻辑过程相统一的理论创新原则，

从中国实际出发，着力探索社会主义初级阶段生产力与生产关系矛盾运动的规律性，阐明社会主义初级阶段基本经济制度的性质、实现形式以及与之相适应的经济运行机制和经济体制安排的新特点，为完善社会主义生产关系，坚持社会主义市场经济改革方向提供重要理论指导。把中国特色社会主义生产方式以及和它相适应的生产关系和交换关系作为研究对象具有十分重要的理论意义，这有助于坚持马克思主义政治经济学的基本原理和方法论，有助于坚持中国特色社会主义政治经济学发展的正确方向，有助于中国特色社会主义政治经济学更好地服务于改革开放和社会主义现代化建设，有助于推动中国气派、中国风格的经济学话语体系的构建。

其二，坚持将马克思主义的辩证唯物主义和历史唯物主义作为基本的方法论。坚持辩证唯物主义和历史唯物主义研究方法，就是要用发展变化的辩证眼光看待改革和发展过程中出现的新问题新情况，要增强战略思维、辩证思维、创新思维、底线思维，要学会运用对立统一规律、量变质变规律、否定之否定规律认识和把握社会发展和时代变迁的大趋势和内在逻辑。在新中国成立70多年来的马克思主义政治经济学中国化的过程中，我们党始终高度重视并运用辩证唯物主义和历史唯物主义方法论研究社会主义经济建设和改革开放中的新问题新情况，提出了许多具有鲜明辩证法色彩的经济理论，如社会主义公有制与市场经济有机统一的理论，公有制经济与非公有制经济平等发展的理论，用好"看得见的手"与"看不见的手"的理论，加强党的领导和尊重人民首创精神相结合的理论，"摸着石头过河"和顶层设计相结合的理论，问题导向和目标导向相统一的理论，试点先行和全面推进相结合的理论，稳中求进的理论，改革、发展、稳定相统一的理论等，正是在这些理论的指导下，我国改革开放和社会主义现代化建设才取得了举世瞩目的伟大成就。实践证明，辩证唯物主义和历史唯物主义是创新和发展中国经济学的法宝，只有坚持唯物辩证法和历史唯物主义的科学世界观和方法论，中国特色社会主义政治经济学就能回答时代之问，推动改革开放和社会主义现代化事业不断前进，反之，就会犯主观主义、教条主义、形式主义的错误，中国特色社会主义政治经济学的发展就会迷失方向，误导改革和发展。

其三，坚持以人民为中心作为理论体系的主线。理论体系的主线是理论体系的命脉，是理论体系的总纲，是理论体系的根本立场。习近平总书记指出："要坚持以人民为中心的发展思想，这是马克思主义政治经济学的根本立场。"① 这一重要论述揭示了马克思主义政治经济学的本质，为中国特色社会主义政治经济学发展指明了方向。资产阶级经济学从抽象的人性论出发构建经济学体系，标榜经济学的超历史性、超阶级性，实际上却为少数资产阶级的利益服务，马克思主义政治经济学则从无产阶级的立场出发，公开宣布政治经济学为广大人民群众的根本利益服务。以人民为中心作为政治经济学的主线，要求站在人民的立场上开展经济学研究，经济学理论要为人民的最大利益服务；要求把人民群众在推动中国特色社会主义事业中创造的丰富实践经验上升为系统化的经济学说，反过来进一步指导人民群众的生产实践；要求通过人民群众的生产实践对经济学的真理性进行检验，推动经济学不断深入发展。我们党领导的改革开放和社会主义现代化事业是亿万人民共同参与的伟大事业，也是为中华民族谋复兴、为中国人民谋幸福的伟大事业，政治经济学只有坚持以人民为中心，才能对改革开放和社会主义现代化建设发挥切实的指导作用，也只有坚持以人民为中心，根植于改革开放和社会主义现代化建设的伟大事业，政治经济学才具有强大的生命力。

其四，坚持以社会主义基本经济制度作为理论体系的逻辑起点。在经济学的逻辑起点上，西方经济学把资源的稀缺性作为研究起点，由此决定了西方经济理论体系着力研究人与物的关系的特点。马克思主义政治经济学把特定历史条件下人们围绕生产资料而形成的所有制关系作为研究起点，由此决定了马克思主义政治经济学着力研究人与人的关系的特点。在马克思主义政治经济学的指导下，中国特色社会主义政治经济学高度重视社会主义基本经济制度的研究，绝大多数政治经济学教科书都把社会主义基本经济制度放在教科书的核心位置，把社会主义基本经济制度作为构建整个政治经济学体系的理论起点。新中国成立 70 多年来的发展也充分证明，以社会主义基本经济制度作为经济学的逻辑起点是科学的，符合我国社会主义经济发展和制度变迁的实际。新中国成立初期，通过对资本主义所有制进行社会主义改造，确立了社会主义公有制的主体地位，为随后全面开展社会主义经济建设，形成独立的国民经济体系和工业体系提供了根本性制度保障。改革开放以来，我们探索并形成了公有制为主体、多种经济形式共同发展，按劳分配为主体，多种分配方式并存，社会主义市场经

---

① 习近平：《立足我国国情和我国发展实践 发展当代中国马克思主义政治经济学》，载于《人民日报》2015 年 11 月 25 日第 1 版。

济体制等所构成的社会主义基本经济制度，以此为基础实现了由集中计划经济体制向社会主义市场经济体制的重大转型，有力地解放和发展了社会生产力，推动中国经济发展取得举世瞩目的伟大成就。

其五，坚持以揭示中国特色社会主义经济建设的规律性作为理论研究的根本任务。恩格斯说："政治经济学本质上是一门历史的科学"①。马克思主义政治经济学强调逻辑过程与历史过程相统一是经济理论创新和发展的根本原则。科学的经济学命题和观点不是来自人的主观想象，不在于有多么精妙的表达形式，而在于是否反映客观的社会经济实践，反映特定历史条件下社会经济活动的规律性。世界上不存在普遍适用的经济学灵丹妙药，脱离实际，缺乏历史感的经济学没有生命力。新中国成立70多年来马克思主义政治经济学中国化的发展紧紧扣住中国社会主义革命、建设和改革的丰富实践，把揭示中国特色社会主义发展道路的本质特征和内在规律性作为根本任务，所提出的一系列理论创新成果接地气，有中国特色，能解决实际问题，这是中国特色社会主义政治经济学指导中国发展取得巨大成就的根本原因。

四、中国特色社会主义政治经济学发展面临的新课题

新中国成立70多年来社会主义经济建设的伟大成就是在马克思主义政治经济学中国化理论创新成果的指导下取得的，站在新的历史起点上，我们要继续推动马克思主义政治经济学中国化进程，进一步发展中国特色社会主义政治经济学，为实现中华民族伟大复兴和建成社会主义现代化强国提供理论指导。

其一，深入研究新时代我国发展新历史方位的内涵和特点。经过70多年的发展我国实现了从站起来到富起来的深刻转变，现在正经历从富起来到强起来的历史飞跃，推动中国特色社会主义政治经济学发展，就要研究新历史方位的深刻内涵，探索强起来的经济发展规律，为把我国建设成为富强民主文明和谐美丽的社会主义现代化强国提供理论指导。

其二，深入研究新时代我国社会主要矛盾的新变化及其对社会生产目的的新要求。我国社会主要矛盾已经转化为人民日益增长的美好生活需要

---

① 《马克思恩格斯选集》第3卷，人民出版社2012年版，第525页。

和不平衡不充分的发展之间的矛盾，推动中国特色社会主义政治经济学发展，就要着力探索社会主义初级阶段社会主要矛盾发展和变化的规律性及其表现，如在生产、交换、分配、消费领域的体现；在经济制度、企业组织领域的体现；在全球经济治理、国家经济治理、企业治理等方面的体现；在城市、乡村等领域的体现；在宏观、微观、中观等领域的体现；在工业、农业、金融等产业领域的体现等，为解决好发展不平衡不充分问题，推动发展方式转型，优化经济结构，厚植创新发展动能，更充分满足人民在经济、民主、法治、公平、正义、安全、生态等方面日益增长的需要提供理论指导。

其三，深入研究新时代科技革命和产业变迁的新特点新趋势。人类社会经历了机械化、电气化、自动化产业变迁的发展阶段后，正在进入新一轮以人工智能和数字技术为特征的科技革命和产业发展阶段，推动中国特色社会主义政治经济学发展，就要深入研究智能和数字产业发展的规律性及其表现，如深入研究产业变迁和发展的规律性，研究现代化经济体系的内涵和特点，研究金融如何服务推动实体经济，研究智能技术如何转化为竞争力，研究智能技术改造传统制造业等，为我国发展智能和数字经济、推动经济由高速增长向高质量发展转变提供理论指导。

其四，深入研究新时代我国生产关系的新变化和新特征。我国社会主义基本经济制度和分配制度已经建立，社会主义市场经济体制已经形成，但是还不完善，推动中国特色社会主义政治经济学发展，就要进一步加强对社会主义基本经济制度及其实现形式的研究，如加强对国有经济布局和国有企业改革的研究；加强对国有资本运营监督与管理体制机制的研究；加强对农村土地经营制度与发展集体经济的研究；加强提高公有制在混合所有制经济中主导地位的研究；加强对非公有制经济的研究；加强对按劳分配实现形式的研究；加强对要素市场和要素定价机制的研究；加强对公有制与市场经济结合的研究；加强更好发挥集中力量办大事制度优势理论依据和实现条件研究；加强构建科技创新新型举国体制及其理论依据研究等，为进一步深化经济体制改革，建立更加成熟、更加定型的社会主义经济制度和经济体制提供理论指导。

其五，深入研究新时代我国所处国际环境的新变化新特点。习总书记指出，世界正处于百年未有之大变局，中国发展面临全新的外部环境，推动马克思主义政治经济学中国化，就要深刻认识这一"变局"的丰富内涵揭示世界经济政治格局发展变化的规律性，如加强世界处于百年未有之大变局的政治经济学研究；加强第四次科技和产业革命研究；加强马克思世界历史理论与新型经济全球化研究；加强列宁的帝国主义理论与当代资本主义研究；加强全球经济治理创新研究；加强资本主义经济停滞常态化研究；加强对新自由主义批判；加强"一带一路"倡议的政治经济学分析；加强构建人类命运共同体的政治经济学分析等，为推动经济全球化朝正确方向发展，完善全球治理结构，构建人类命运共同体提供理论指导。

参考文献

1. 《马克思恩格斯选集》第 1 卷，人民出版社 1972 年版。

2. 马克思：《资本论》第 1 卷，人民出版社 1975 年版。

3. 马克思：《资本论》第 2 卷，人民出版社 1975 年版。

4. 马克思：《资本论》第 3 卷，人民出版社 1975 年版。

5. 《习近平谈治国理政》第 1 卷，外文出版社 2014 年版。

6. 《习近平谈治国理政》第 2 卷，外文出版社 2017 年版。

7. 中共中央文献研究室编：《十八大以来重要文献选编》上，中央文献出版社 2014 年版。

8. 中共中央文献研究室编：《十八大以来重要文献选编》中，中央文献出版社 2014 年版。

9. 中共中央文献研究室编：《十八大以来重要文献选编》下，中央文献出版社 2014 年版。

10. 中共中央文献研究室编：《十九大以来重要文献选编》上，中央文献出版社 2019 年版。

11. 中共中央宣传部理论局：《世界社会主义 500 年》，党建读物出版社 2014 年版。

对基本经济制度的再认识：范畴拓展及其理论逻辑

李　萍[*]

基本经济制度是中国特色社会主义政治经济学重要的基础性范畴。党的十九届四中全会对社会主义初级阶段基本经济制度的最新概括、创新和发展，给经济理论界对基本经济制度的深入研究提出了新的历史性课题，掀起了学界的广泛讨论和新的研究热潮，涌现出"显著优势论"（洪银兴，2020）、"三项制度并列论"（刘鹤和马晓河；2019）、"内生性视角论"（李鹏，2019）、"生产关系视角论"（吴先全，2019）等一系列新识新论，对于中国特色社会主义政治经济学的理论建构有着重要的认识论意义和学科性意义。本文换一个出发点，以马克思主义政治经济学为学理依循，着力于基础性研究建构起一个多维度制度及其分层的理论分析框架，研究经济制度——社会根本经济制度与社会基本经济制度——新生性社会经济制度与次生性社会经济制度及基本经济制度——社会基本经济制度系统相关范畴复杂多元的内在关联和互动关系，解构社会基本经济制度内部分层的三个维度，即决定性经济制度、同一性经济制度和实现性经济制度及其关系；进一步从总体上揭示经济制度体系与基本经济制度系统的多层次关系和特点。通过基本经济制度范畴拓展及其理论逻辑的研究，力求对基本经济制度做出新的理解和表达，并结合我国对社会主义初级阶段基本经济制度认识的变化进行反思与评价，旨在为进一步深入研究中国特色社会主义经济制度体系及其基本经济制度系统奠定学理支撑。

---

[*] 李萍，西南财经大学经济学院教授。

一、经济制度与基本经济制度：含义及其内在关联

根据马克思主义的基本观点，经济制度是一定社会现实生产关系的总和或经济关系的制度化。进一步看，经济制度准确地说社会经济制度，可以分为社会根本经济制度和社会基本经济制度两个层面。

1. 社会经济制度：社会根本经济制度和社会基本经济制度

社会经济制度，是一定社会生产关系的本质规定和制度化，其核心内容是生产资料所有制性质以及由此决定的生产、流通、分配、消费性质及其相互关系，反映着特定的社会经济条件下相关经济活动者之间的利益关系及其格局。马克思在《资本论》和《政治经济学批判导言》等多部著作中阐述了这一基本原理。他指出："任何时候，我们总是要在生产条件的所有者同直接生产者的直接关系——这种关系的任何形式总是自然地同劳动方式和劳动社会生产力的一定的发展阶段相适应——当中，为整个社会结构，从而也为主权和依附关系的政治形式，总之，为任何当时的独特的国家形式，找出最深的秘密，找出隐蔽的基础。"① 可见，在马克思的研究中，"特别强调所有制问题，把它作为运动的基本问题"②，强调所有制是决定一个社会其他制度的基础。他在《政治经济学批判导言》中进一步指出，"一定的生产决定一定的消费、分配、交换和这些不同要受相互间的一定关系"③。

具体来看，实践中，社会经济制度不是一成不变、固化的定式，也有一个从量变到质变的动态变化发展过程。基于此，社会经济制度又可以分为社会根本经济制度和社会基本经济制度，前者主要反映特定社会经济制度的内在属性，是指任何一个国家或地区与前社会相区别的根本特征或标志，是作为与前社会性质根本不同的生产资料所有制和由此决定的生产、流通、分配、消费性质及其相互之间的关系等核心内容的制度

① 马克思：《资本论》第3卷，人民出版社1975年版，第891~892页。
② 《马克思恩格斯选集》第1卷，人民出版社1972年版，第285页。
③ 马克思：《政治经济学批判导言》，引自《马克思恩格斯选集》第2卷，人民出版社1975年版，第102页。

性本质规定①，其具有一定社会的一般性和稳定性；后者则是指一个国家或地区反映该社会主要的或居基础地位的经济制度的基本属性，是指一个国家或地区在该社会变化发展的不同阶段居主体地位的生产资料所有制及其结构、和由此决定的生产、流通、分配、消费性质及其相互之间关系、以及其具体运行体制和机制等基本内容的制度性原则规定，其具有一定社会的特殊性、渐变性和灵活性。

2. 新生性社会经济制度与次生性社会经济制度及基本经济制度

在现实的社会经济发展中，一定的社会经济制度的确立、成熟及其完全实现是不同的过程：前者（确立）可以是一个时点的短暂历史事件；后者（成熟及其完全实现）却可能因不同国家社会经济制度确立所依赖的起点的不同或历史背景的不同、经济社会发展水平的不同，从而决定其所走具体道路的不同等，体现为各国或地区虽在时间上仍有差别、但相较确立而言却都是一个相对长期的历史发展过程。进一步说，一定社会经济制度的确立，是以所有制变革为基础的新社会经济制度与前社会经济制度区别开来最为本质的特征或重要标志②，作为"新生性社会经济制度"具有了新社会经济制度内核的基本元素。而"新生性社会经济制度"，从构造上

①　马克思在《哲学的贫困》中曾指出，"给资产阶级的所有权下定义不外是把资产阶级生产的全部社会关系描述一番。要想把所有权作为一种独立的关系、一种特殊的范畴、一种抽象的和永恒的观念来下定义，这只能是形而上学或法学的幻想"。（《马克思恩格斯选集》第1卷，人民出版社2012年版，第258页。）

②　这里，涉及一定社会经济制度的确立，以所有制变化为基础的新社会经济制度与前社会经济制度的区别上存在着程度不同的两种情形：最为本质的特征区别或重要标志的区别。需要强调的是，所有制不是单纯的资产所有权，它体现的是劳动者和生产的物质条件的关系，是生产关系的总和。因此，就最为本质的特征区别而言，如社会主义公有制根本不同于之前的私有制，公有制的根本变革，新的特定的社会主义生产方式和经济关系都会发生的根本变化，由此就具有了与前社会经济制度区别开来最为本质的特征：即资本主义私有制形成的是劳资间剥削和被剥削剩余劳动的关系，社会主义公有制根本变革的核心则是形成劳动者共同体的关系，包含共同占有、共同生产、联合劳动、共同分享生产成果，不存在一部分人占有另一部分人的剩余劳动的问题。就重要标志的区别而言，如资本主义社会与前资本主义社会的所有制同属私有制的变化，决定了这几个社会经济制度之间虽无本质的特征区别，但所有制体现在劳动者和生产的物质条件的关系上也是有重大变化或重要标志的区别。奴隶社会的劳动者本身奴隶也是奴隶主的生产资料一样，奴隶主可以随便打骂、买卖；而封建社会中因为土地这一特殊的生产条件形成了地主与农民之间的超经济强制、依附性生存关系；后者又与资本主义社会劳动者有形式上的人身自由、可以自由买卖自己的劳动力有所不同，当然，不论劳动者卖给哪一个资本家，作为雇佣劳动者阶级总是受资本家阶级的剥削，是实质上的剥削与被剥削的劳资关系。因此，在剥削与被剥削的关系上私有制更替的社会经济制度之间是相同的。（参见陈文通：《对中国特色社会主义经济制度的理论思考》，载于《中共中央党校学报》2012年第4期，第11～16页。）

看，又有新生性构造社会经济制度和继承性构造社会经济制度两种类型①。当一定的社会经济制度确立之后其成长成熟和完全实现的长期过程，作为"次生性社会经济制度"使其本质特征或重要标志又具有了该社会经济制度各个阶段一定的阶段性历史特征，并以基本经济制度的变化和发展体现出来。

基于新生性社会经济制度孕育和诞生的初始条件的不同，次生性社会经济制度可能有两种成长成熟至定型的路径和过程：一是生产关系与生产力基本适应基础上的一般经济制度成长成熟定型的基本规律（如新生的资本主义社会经济制度）；二是生产关系与生产力并不相应的特定经济制度成长成熟定型的特殊规律（如历史上的苏俄和中国的社会主义经济制度诞生之初的例子）。就前者而言，我们以已知的资本主义社会经济制度的发展来看。马克思在考察资本主义社会经济制度形成和发展的历史过程时，曾以劳动与资本的关系从"形式上的从属"发展到"事实上的从属"，来揭示资本主义生产关系适应社会生产力发展、从而资本主义的私有经济制度成长成熟定型的基本规律。换言之，劳资之间围绕剩余价值的生产、扩大和剥削与被剥削的资本主义生产关系，是伴随着简单协作、工场手工业到机器大生产的进程，伴随着社会生产力的发展、机器和科学技术进步在生产中的运用而得以实现并周而复始和常态固化了，正是在这个意义上，马克思说资本才最终完成了对劳动的实质上的统治，资本主义的私有经济制度才最终成熟定型②。未来社会的公有制经济制度建立在高度发达的现代生产的社会化及其二者互动发展的基础之上的。

就后者而言，我们再从理论与实践演进的视角来看，理论预设上马克思主义经典作家是把未来社会的公有制经济制度建立在高度发达的现代生产的社会化及其互动发展的基础之上的。然而，实践中，现实社会主义产生的低下生产力水平基础等"先天不足"的复杂特殊的历史条件，使得所建立起的社会主义经济制度不仅同样会遵循和经历一个类似的形式上的关

---

① 借鉴地质学关于构造新生性和继承性的基本原理，"新生性社会经济制度"从构造上看，也可以大致分为新生性构造社会经济制度（如以公有制为根本变革取代私有制）和继承性构造社会经济制度（一种私有制取代另一种私有制）两种类型。（参见吴根耀、马力、梁兴、梁江平、朱德斗、杨建国：《继承性构造和新生构造并存发育的时空规律——兼论新生构造的油气勘探意义》，载于《地质通报》2010年第4期，第488~501页。）

② 楼健、袁久红：《马克思制度理论视野下的社会主义制度定型问题探析》，载于《浙江工商大学学报》2017年第7期，第16~21页。

系到事实上的关系的制度发展一般规律的过程，更使这一过程具有下述特殊性：现实社会主义经济制度须有一个采取与现实生产力水平较低、多层次、不平衡发展相适应的以公有制为主体、多种所有制成分并存迂回发展的时期，并伴随着持续大力发展生产力、以实现现代生产的社会化本性而相应地成长至成熟完善的过程，这是体现新生社会生产关系与生产力并不相应的特定历史条件决定的特定经济制度发展特殊规律的过程。而不能机械地、教条地完全按照马克思主义经典理论预设的社会主义经济制度是社会所有制，即生产资料由社会全体成员占有和劳动者与生产资料直接结合，苏联和我国传统单一公有制的实践和历史已经证明，超前的生产关系必然阻碍社会生产力的发展。进一步说，"从公有制内部来看，由于生产远没有实现全面的社会化，因此劳动的统一从属于行政的力量，劳动者对生产资料的占有必须通过国家这个中介来实现。因此，在落后的生产力基础上建立起来的社会主义公有制关系，只能是一种社会的真实，而没有完全成为生产上的或工艺上的真实"①。这表明，现实社会主义经济制度发展的复杂性、曲折性，必须体现在不断发展生产力、以实现现代生产的社会化本性的过程中迂回生长、并逐渐走向成熟和完善。

由此可见，基于新的社会经济制度孕育和诞生的初始条件的不同，次生性社会经济制度的成长发展过程因其初始条件的不同、赋予历史条件和文化背景不同的各个国家或地区社会基本经济制度同中见异、各具特色。

二、社会基本经济制度系统：三个维度的制度分层及其关系

在一定社会基本经济制度长期的历史发展进程中，还会出现由一种社会基本经济制度向另一种社会基本经济制度发展转变、或者说社会基本经济制度由低级向高级、由旧的向新的发展转变、交替演进的过程。就其演化发展来看，又将会历经或长或短的确立成长、成熟定型、臻于完善的多个阶段遂转向新的社会基本经济制度的过程。

根据马克思在《政治经济学批判导言》中论述，"在分配是产品的分配之前，它是（1）生产工具的分配，（2）社会成员在各类生产之间的分

---

① 楼健、袁久红：《马克思制度理论视野下的社会主义制度定型问题探析》，载于《浙江工商大学学报》2017 年第 7 期，第 16～21 页。

配（个人从属于一定的生产关系）——这是同一关系的进一步规定。这种分配包含在生产过程本身中并且决定生产的结构，产品的分配显然只是这种分配的结果"①。按照马克思的基本观点，"分配关系只不过是从另一个角度来看的生产关系"②，"消费资料的任何一种分配，都不过是生产条件本身分配的结果；而生产条件的分配，则表现生产方式本身的性质。"③"分配的结构完全决定于生产的结构"④ 可见，生产是分配的前提，生产的社会性质与生产的社会关系决定分配形式，分配从属于生产，分配除了可以是产品的分配外，还可以是生产工具的分配，分配关系与生产关系具有同一性。马克思在《哥达纲领批判》中还指出，分配是历史的，分配方式是由生产方式决定的，不同的生产方式决定了不同的分配方式，没有什么抽象的、永恒的、不同社会制度共同的"公平分配"。不仅于此，马克思在《政治经济学批判导言》中继续说道，"一定的生产决定一定的消费、分配、交换和这些不同要受相互间的一定关系"⑤ 从上述马克思的多个论述中体现出来的所有制、分配及其对生产、消费、分配、交换的经济活动或经济运行的关系来看，我们可以进一步将社会基本经济制度内部细分为三个维度的制度，即决定性经济制度、同一性经济制度和实现性经济制度。

就三个维度的制度分层来看，首先，决定性经济制度是指一定的占主导或占主体地位的生产资料所有制及其经济形式构成的经济制度——所有制及其形式、结构，是社会基本经济制度中最深层次或第一层次的经济制度，决定着社会基本经济制度中的其他经济制度，这正是马克思在同一著作中所说的"普照之光""特殊的以太"⑥。其次，同一性经济制度是指

---

① 马克思：《政治经济学批判导言》，引自《马克思恩格斯选集》第 2 卷，人民出版社 1975 年版，第 99 页。

② 《马克思恩格斯全集》第 26 卷，人民出版社 2014 年版，第 55 页。

③ 《马克思恩格斯选集》第 3 卷，人民出版社 1995 年版，第 306 页。

④ 《马克思恩格斯全集》第 2 卷，人民出版社 1995 年版，第 13 页。

⑤ 马克思：《政治经济学批判导言》，引自《马克思恩格斯选集》第 2 卷，人民出版社 1975 年版，第 102 页。

⑥ 马克思说，"在一切社会形式中都有一种一定会的生产决定其他一切生产的地位和影响，因而它的关系也决定其他一切关系的地位和影响。这是一种普照之光，它掩盖了一切其他色彩，改变着它里面线路出来的一切存在的比重。"（《马克思恩格斯选集》第 2 卷，人民出版社 1975 年版，第 110 页）如实践中社会主义公有制经济占主体、国有经济发挥主导作用、个体、民营、外资等多种所有制及其经济形式并存和共同发展，构成了我国社会主义初级阶段基本经济制度中第一层次的经济制度或决定性经济制度。

"分配与生产同一性"[①] 下有什么样的所有制和经济形式及其结构就有什么样的分配形式及其结构，这是社会基本经济制度中第二层次的经济制度，与一定的所有制和经济形式及其结构相适应的分配制度、形式及其结构，人们的经济关系及其利益关系得到了较好的处理和协调，从而会促进经济增长与发展和福利增进，反之则相反。第一、第二层次的经济制度反映着一定社会根本经济制度下特定阶段、特定社会生产关系的基本属性[②]。

再次，实现性经济制度由所有制、分配制度决定、并使其在社会经济再生产和运行中得以实现的相应的经济体制机制，是第三层次的经济制度，也称具体经济制度，是特定社会生产关系的具体实现形式，其内涵是各种生产要素的具体结合方式，以及经济主体的行为规则，表现为经济制度运行层面的各种经济组织形式和管理体系，反映着社会经济采取的资源配置方式和调节机制等，即通常所说的经济体制，其具有一定社会的应变性和灵活性[③]。瑞典斯德哥尔摩大学国际经济研究所所长阿沙·林德白克（Assar Lindbeck）教授给经济制度下的定义，主要着眼于经济运行层面，因而类似于这里所说的实现性经济制度或具体经济制度的含义，他把这理解为"是用来就某一地区的生产、收入和消费作出决定并完成这些决定的一整套的机制和组织机构"，涉及决策结构（集权还是分权）、资源配置机制

---

① 按照马克思的基本观点，"分配关系只不过是从另一个角度来看的生产关系"（《马克思恩格斯全集》第 26 卷，人民出版社 2014 年版，第 55 页），"消费资料的任何一种分配，都不过是生产条件本身分配的结果；而生产条件的分配，则表现生产方式本身的性质。"（《马克思恩格斯选集》第 3 卷，人民出版社 1995 年版，第 306 页）"分配的结构完全决定于生产的结构"（《马克思恩格斯全集》第 2 卷，人民出版社 1995 年版，第 13 页）可见，生产是分配的前提，生产的社会性质与生产的社会关系决定分配形式，分配从属于生产，分配除了可以是产品的分配，还可以是生产工具的分配，分配关系与生产关系具有同一性。马克思在《哥达纲领批判》中指出，分配是历史的，分配方式是由生产方式决定的，不同的生产方式决定了不同的分配方式，没有什么抽象的、永恒的、不同社会制度共同的"公平分配"。

② 如上所说，由我国社会主义初级阶段公有制经济占主体、国有经济发挥主导作用、个体、民营、外资等多种所有制及其经济形式并存和共同发展的决定性经济制度，决定了按劳分配为主体、多种分配方式并存和共同作用的同一性分配制度。

③ 以我国改革开放以来的实践为例。发轫于农村联产承包责任制改革产生的积极效应和示范，很快带动了所有制适应生产力总体水平低、多层次、发展不平衡客观实际的改革，个体、私有、三资企业如雨后春笋般地涌现和快速发展，逐渐形成了公有制为主体、多种经济形式并存的所有制格局结构。而市场化改革中不同所有制经济的发展，必然促进市场主体间的商品生产、分配、交换和市场机制运行及其社会主义市场经济体制的确立和发展。由此形成了有中国特色的社会主义所有制结构的决定性经济制度、分配结构的同一性经济制度和市场与政府结合的实现性经济制度内在有机统一的制度系统。

（市场还是政府计划）、商品分配（均衡价格机制还是配给制）、激励机制（经济刺激还是行政命令）等八个方面的内容①。实现性经济制度、或具体经济制度（经济体制机制）的核心是市场与政府之间的关系。

必须说明的是，基本经济制度的三个层次间相互影响、相互联系、相互制约、相辅相成并构成一个有机整体即系统②；进一步说，三个层次间并非只是机械地单向决定和适应的关系，而是存在着反向作用和互动的关系，适应条件下则表现为促进分配、所有制经济的完善和发展、从而促进生产力的发展；反之则相反。理论和实践中基本经济制度系统及其内部的决定性经济制度、同一性经济制度和实现性经济制度的内在关联性变迁，又具体体现在微观层面的经济组织制度，即企业制度；中观层面的区域经济制度，主要包括城市与乡村关系的经济制度和产业制度等；以及宏观层面的国民经济运行及其调控制度的变迁中。

对于一定社会基本经济制度发展演变的理论认识，不能离开生产力性质及其经济增长变化来抽象地谈论。根据马克思的基本理论，在社会经济活动实践中，生产力是最活跃、最革命的因素，而社会生产力的发展直接引起一定社会基本经济制度系统表面层的实现性经济制度即经济体制机制的应变调整或改革，这是一种对经济运行层面的具体规则、利益关系及其相关格局的调整或改革，进一步作用、影响决定性经济制度和同一性经济制度的基础层，即所有制、所有制形式及其结构、产权利益关系、分配原则、机制及其形式，换言之，这是一种一定社会特定生产关系本质根本不变前提下因应发展变化了的社会生产力新的要求的系统性调整或改革。这种制度变迁可能有促进或阻碍两种情境：一种既可能是突破现行体制对生产力进一步发展的束缚，基于社会某一群体利益（率先行动"第一行动集团"）及至形成社会整体理性的驱动，而对社会实现性经济制度所进行的重建新规则、调整所有制、所有制形式及其结构、产权利益关系、分配原则、机制及其形式、协调利益关系的自觉调整和改革，以促进经济增长和发展③；另一种也可能是基于一定社会利益集团的个别利益、个别理性的

---

① 林德白克：《经济制度与新左派经济学》，中国经济出版社1992年版，第620~621页。

② 系统通常是由具有特定功能、相互作用和相互依赖的若干单元组成的、完成统一目标的有机整体。

③ 1978年末的我国经济体制改革开放，正是基于农民群体的生存利益自发自觉地搞了承包制，尝到甜头了，进而形成全社会"发展是硬道理"的整体理性驱动，这才开启了迄今40多年来的经济高速增长和发展的"中国奇迹"。

驱动（即对他们而言制度变迁的收益高于制度变迁的成本，新体制的净收益预期要高于现行体制），而对社会实现性经济制度做出有利于自身利益的规则的选择性改变，进一步作用和影响决定性经济制度和同一性经济制度，在一定意义上影响甚至损害了社会整体利益，因而一定程度上阻碍了经济增长和发展。

三、经济制度体系与基本经济制度系统：关系、特点及其认识的反思

1. 经济制度体系嵌套的多层关系及其特点

在社会根本经济制度与社会基本经济制度系统构成的经济制度体系中，随着实现性经济制度，即经济体制机制因社会生产力的变化而作出灵活应变和调适性改革与创新，进一步作用、影响社会基本经济制度系统内部的决定性经济制度和同一性经济制度，即所有制、所有制形式及其结构、产权利益关系、分配原则、机制及其形式也会随之受到生产力变化发展的影响而作出或快或慢地调整、改革和变化。长期来看，社会基本经济制度系统也有一个渐进性相应地改革深化和创新发展使其自身趋于完善的过程，换言之，是一种一定社会特定生产关系本质不变前提下因应发展变化了的社会生产力新的要求的系统性调整或改革，并愈益反映和实现着社会根本经济制度本质规定的过程（也就是趋向成熟的过程）。由此可见，在一定社会经济制度体系中，社会基本经济制度系统内部的实现性经济制度即经济体制机制，有着连接生产力和基本经济制度乃至根本经济制度的枢纽环节的作用机理，体现出社会生产力发展——社会基本经济制度系统内部的实现性经济制度即经济体制机制的调适性变革、决定性经济制度和同一性经济制度的调整及改革——社会基本经济制度渐进式改革与完善过程中愈益走向实现社会根本经济制度的本质规定的至臻演变逻辑。而在该社会整个历史时期内，特定社会经济的本质关系则不会改变。

如此看来，经济制度在社会根本经济制度、基本经济制度系统构成的经济制度体系中嵌套着内核层、基础层与表面层的不同层次的关系，各个不同层面各具特点。首先，一般而言，就社会基本经济制度系统来看，其表层的实现性经济制度（具体经济制度）因其总是要适应社会生产力发展及其他政治、社会、文化等上层建筑诸因素变化的要求，即时性、经常性

地进行调整和改革，而具有极大的灵活性和即时应变性；而实现性经济制度的调整和改革又会进一步作用和影响社会基本经济制度的基础层，即决定性经济制度和同一性经济制度，基于生产力状况、或因应生产力新的发展变化也做出的或快或慢、适当地调整、改革和创新并反过来嵌入进新的经济体制之内，通过经济体制机制的再调整、改革得以实现，所以，社会基本经济制度系统的基础层、即决定性经济制度和同一性经济制度具有相对的稳定性和渐进适应性。而实现性经济制度既直接受到生产力变化的影响而即时改革又受到决定性经济制度和同一性经济制度改革的影响再改革，具有"双重影响"下的改革特性。其次，社会根本经济制度表现为在该社会整个历史时期内特定社会经济的本质关系不变的前提下，从长远目标的趋近来看，也有一个随着社会基本经济制度的适当调整、进一步改革、创新和完善而趋于完美实现的过程，因而具有持久的稳定性和长期连续性的鲜明特征①。由此我们可以认识到社会基本经济制度与社会根本经济制度的内在关联，具体在社会基本经济制度的基础层、即决定性经济制度和同一性经济制度与社会根本经济制度的内核层、即其与前社会相区别的所有制及其总体关系的根本特征或重要标志，二者之间是存在着一定的交叉重叠关系的。

2. 对社会基本经济制度认识的变化：反思性评价

过去，我们对社会基本经济制度的认识，主要是与所有制连在一起的。这是指 1997 年党的十五大正式明确和第一次提出社会主义初级阶段基本经济制度时的界定，我把它概括为是"所有制意义"的基本经济制度，其历史进步性在于抓住了决定性经济制度环节，突出了所有制是生产关系基础、在理论上集中关注所有制及其经济形式、所有制结构的"所有制意义"的基本经济制度，所以有着基本、基础层面认识的重大历史意义。在实践中，更是因实事求是、突破了长期以来传统社会主义经济制度单一公有制的束缚、导致的不适应生产力的效率相对低下及其贫穷社会主义的偏差，伴随所有制改革、国有企业、民营企业及其混合所有制企业间多元市场主体的竞争带来了活力；多劳多得、要素贡献分配带来了激励；交换培育了市场、市场体系、市场经济体制机制对资源的优化配置，从而带来了中国经济的快速增长和发展。但是，也体现出一些历史局限性：一

---

① 如社会主义条件下，公有制本质特征不会变，不会因渐进适应性改革而变成私有制，因而具有长期连续性。

是局限于改革的不深入、不成熟、不充分，仅把所有制及其经济形式界定为基本经济制度，使得实践中所有制的单线突进改革也在一定程度上受到分配和体制机制不同步改革的制约；二是对同一性经济制度和实现性经济制度的认识存在着要么不甚明确（同一性经济制度就是如此）、要么有所游离（原来一般将实现性经济制度、即经济运行中的管理体制机制、政策规则等游离于基本经济制度之外另立名称，或叫具体经济制度），使得在基本经济制度的认识上还存在着不完整、不全面、不系统的欠缺。

而自 2012 年党的十八大以来，伴随着中国特色社会主义基本经济制度的形成、发展到逐渐完善、成熟并走向定型，实践的探索和创新赋予了基本经济制度新的更加丰富的内涵，要求我们在理论上从最初集中关注所有制及其经济形式的"所有制意义"的基本经济制度，即公有制为主体、多种所有制经济共同发展的基本经济制度进行理论上新的概括和创新。对此，党的十九届四中全会适时做出的最新概括是由之前仅突出所有制及其经济形式的"所有制意义"的基本经济制度，拓展到不仅包含了经济关系、经济关系的制度表达，还包含与所有制、分配制度及其经济体制机制的制度运行相应的制度规则、制度规范"系统性意义"的基本经济制度，即公有制为主体、多种所有制经济共同发展；按劳分配为主体、多种分配方式并存；社会主义市场经济体制等社会主义基本经济制度构成的系统。我认为，这一将所有制和分配结构以及经济运行体制机制有机统一的"系统性意义"的基本经济制度，是中国特色社会主义市场经济体制成长成熟定型的客观需要和必然产物，体现了主体性、同一性、运行性的统一，体现了实践创新、制度创新和理论创新的统一。

如图 1 所示，本文给出一个基本经济制度相关范畴及其理论逻辑的简图。

尾 论

中国特色社会主义是后发展国家的社会主义探索，是一种特殊类型的社会主义探索，所体现的是一条和资本主义道路相区别的特殊发展道路。中国特色社会主义经济制度是中国特色社会主义制度体系的重要构成部分，是中国特色社会主义道路的经济基础。现阶段中国特色社会主义的经济制度，主要是社会主义初级阶段的基本经济制度。我国通过改革形成的

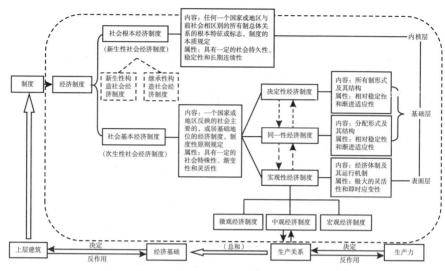

图1　基本经济制度相关范畴及其理论逻辑简图

社会主义初级阶段的基本经济制度，为市场经济体制提供了基本的制度基础①。党的十九届四中全会对社会主义初级阶段基本经济制度做出最新概括以来，目前，见诸报纸杂志对中国特色社会主义经济制度体系的研究，大多是围绕十九届四中全会对中国特色社会主义制度体系"根本制度——基本制度——重要制度"的"三制度"解释，即根本经济制度（党的领导）；基本经济制度（公有制和按劳分配为主体、多种所有制和分配形式共同发展、社会主义市场经济体制）；重要经济制度（科技创新体制机制、开放型经济新体制等）。本文依据马克思主义政治经济学的基本原理，尝试建构起一个经济制度多维度及其分层的理论分析框架，通过基本经济制度范畴拓展及其理论逻辑的研究，对经济制度体系和基本经济制度系统做出新的表达和解释，并运用其分析中国特色社会主义经济制度的形成、发展、改革、转型、成熟及其定型变迁的历史规律，这将在另文专论。

参考文献

1. 《马克思恩格斯选集》第1卷，人民出版社1972年版。

2. 《马克思恩格斯选集》第2卷，人民出版社1972年版。

---

① 陈文通：《对中国特色社会主义经济制度的理论思考》，载于《中国特色社会主义研究》2012年第4期，第11～16页。

3. 《马克思恩格斯选集》第 3 卷，人民出版社 1995 年版。

4. 马克思：《资本论》第 1 卷，人民出版社 1975 年版。

5. 马克思：《资本论》第 3 卷，人民出版社 1975 年版。

6. 《马克思恩格斯全集》第 26 卷，人民出版社 2014 年版。

7. 《马克思恩格斯全集》第 2 卷，人民出版社 1995 年版。

8. 洪银兴：《我国基本经济制度具有显著优势的原理》，载于《人民日报》2020 年 4 月 17 日第 09 版。

9. 李鹏：《从内生性看我国社会主义基本经济制度》，载于《中国经济时报》2019 年 12 月 3 日。

10. 吴先全：《从生产关系视角理解十九届四中全会对基本经济制度作出的新概括》，载于《襄阳日报》2019 年 12 月 30 日。

11. 刘鹤：《坚持和完善社会主义基本经济制度》，载于《人民日报》2019 年 11 月 22 日。

12. 马晓河：《如何理解社会主义基本经济制度新内涵》，载于《中国经济时报》2019 年 11 月 22 日。

13. 林德白克：《经济制度与新左派经济学》，中国经济出版社 1992 年版。

14. 楼健、袁久红：《马克思制度理论视野下的社会主义制度定型问题探析》，载于《浙江工商大学学报》2017 年第 7 期。

15. 陈文通：《对中国特色社会主义经济制度的理论思考》，载于《中国特色社会主义研究》2012 年第 4 期。

资本金融化的历史性及其形塑的生产力与生产关系

——兼论对中国特色社会主义政治经济学理论研究的意义

任瑞敏　张晖明*

20 世纪 70 年代以后，资本主义出现了新的景象。大众消费兴起、金融市场蓬勃发展、科学技术突飞猛进，这种繁荣的场景似乎脱离了马克思的"问题式"而转向一种新的话语。但在这种繁荣景象的背后依然是资本生产与再生产的结构图式，这意味着马克思的"问题式"依然存在，只是被新的生产力和生产关系结构遮蔽。揭示这种新生产方式背后的逻辑是马克思主义理论在资本主义新阶段的历史任务。从本质而言，资本主义的新变化源于资本的表现形式和运行方式发生了变化，它不断运用信用制度在使用权和所有权上的技术化分离来克服社会化大生产与生产资料私有制之间的冲突，从而扩大了以资本为基础的生产和流通范围。因此，当代资本的金融化具有历史性，它重塑了生产方式，并赋予生产力与生产关系以新的特征。就我国而言，20 世纪 70 年代末以来的改革开放战略使我国主动参与到世界经济进程中来，积极融入以资本金融化为时代特征的全球经济中。也就是说，我国主动参与的不是马克思时代以产业资本为主要表现形式的资本，也不完全是列宁时代以金融资本为表现形式的资本，而是金融化的资本，即资本借助金融渠道和运行逻辑在生产、消费、交换和分配中发挥作用。同时，在由资本金融化所主导的国际经济秩序中贡献了我国的力量。因此，资本的金融化逻辑不可避免地渗透到我国的经济建设中来。

---

* 任瑞敏，复旦大学经济学院博士后；张晖明，复旦大学经济学院教授。本文为国家社科基金"资本金融化的形成机制及其中国域论研究"（项目编号：16CZX003），中国博士后基金面上资助（项目编号：2019M651386）的阶段性研究成果。

那么，从根源认识资本金融化的发生逻辑，认清其形塑的生产力和生产关系的特征，本质上是对马克思主义理论和方法论的传承与发展。习近平同志曾说过："学习马克思，就要学习和实践马克思主义关于生产力和生产关系的思想。"[①] 因此，坚持以马克思主义理论为指导的中国特色社会主义政治经济学不能回避资本金融化这一历史背景。

一、资本金融化的历史性：基于马克思主义的理论阐释

马克思认为资本的革命性和进步性源于资本的内在否定性。否定，是能捕捉到自身的缺陷，并创造出扬弃这些缺陷的冲动，[②] 从而达到更高的秩序，是推动自身发展的动力。资本的否定性在于它作为自我生产的货币总是将存在的界限当作限制（如劳动时间的自然界限）而加以克服，从而推动生产力的进步。马克思曾形象地描述了资本的这种特性："资本是力图超越自己界限的一种无限制的和无止境的欲望"[③]。即资本与货币的差别就在于资本在发展自身的同时又面临自身的界限，这种界限使资本感到不自在，因而是一种必须要克服的限制。因此，不断克服和超越面临的限制是由资本的本性决定的。它不断把征服的社会条件作为自己再次运动的前提，在新的阶段开始新的扩张，从而使社会的一切要素从属于自己。因此，资本绝不是财富的某种实体存在，而是一种始终感到不自在的变动的力量。那么资本变动的趋势是什么？马克思认为，"把每一生产部门脚下的自然形成的基础抽掉，并把这种生产部门的生产条件转移到它外部的普遍联系中去，……这就是资本的趋势。"[④] 也就是说，资本要将一切生产行为纳入普遍交换中，从而构建以交换为基础的需要体系和劳动体系。

资本全部的生产过程包括生产与流通两个阶段，两者是内部连续而外部独立的。产品在生产阶段被生产出来意味着资本的价值的丧失，因为其价值转移到产品中去了，（更多）价值的再度复活需要进入流通领域，从商品重新转化为货币。就资本的生产过程而言，流通阶段所占的时间越

---

① 《纪念马克思诞辰 200 周年大会在京举行 习近平发表重要讲话》，载于《人民日报》2018 年 5 月 5 日第 1 版。

② G. 希尔贝克，N. 伊耶：《西方哲学史》，上海译文出版社 2012 年版，第 495 页。

③ 《马克思恩格斯全集》第 30 卷，人民出版社 1995 年版，第 297 页。

④ 《马克思恩格斯全集》第 30 卷，人民出版社 1995 年版，第 525 页。

少，生产周期就越快。因为流通时间是资本的生产时间的扣除，所以流通时间就表现为对生产的限制。"流通在空间和时间中进行"①。空间包括地理意义上的市场范围和交通运输等；时间主要是指就资本增殖的意义上而言的，意味着必要劳动时间的增加和剩余劳动时间的减少。空间是相对于流通时间而言的，资本的发展程度越高，越需要更为广大的空间，与时间就越矛盾，空间因而就越成为需要克服的限制。"资本一方面要力求摧毁交往即交换的一切地方限制，征服整个地球作为它的市场，另一方面，它又力求用时间去消灭空间，就是说，把商品从一个地方转移到另一个地方所花费的时间缩减到最低限度。"② 要减少流通费用和流通时间，马克思曾提到两种解决方案：一是修筑道路，减少地理空间中运输时间的耗费。但是修路的主体不是国家，而是资本本身，即修路本身的资本化。马克思的这一思想已暗含了被后来列斐伏尔、哈维、索亚等西方马克思主义学者所提出的空间的生产思想。二是信用，促进生产和流通的过程连续。正是在这个意义上，马克思引出了信用在资本主义经济中的作用，即信用可以减少流通时间，促进远距离贸易。

信用在马克思的语境中是一个具有历史性的概念，它并非简单地指借贷行为，而是特指产生于资本主义社会的一种与资本相关的行为，"信用作为本质的、发达的生产关系，也只有在以资本或雇佣劳动为基础的流通中才会历史地出现。"③ 信用的历史性在于以商品交换为基础的生产方式的发达到一定程度，即在交换成为经济主体得以生存的方式时，满足他人才能实现自己的理性成为社会规则，信用才能真正发挥降低经济交往成本的作用。比如，货币作为交换关系的符号和信用的体现，其材质从贵金属到纸币的演化充分反映了这一问题：商品经济越不发达，货币作为交换符号的材质就越贵重，越强调交换的即时性，此时货币本身的价值充当了信用；商品经济越发达，越是发挥货币的支付职能，货币本身趋于符号化。但信用的社会意义更在于引发生产方式的变革，马克思对此已有发现，并通过引用托马斯·查默斯的话做了表达："建立在资本主义生产的对立性质基础上的资本增殖，只容许现实的自由的发展达到一定的限度，因而，

---

① 《马克思恩格斯全集》第 30 卷，人民出版社 1995 年版，第 532 页。
② 《马克思恩格斯全集》第 30 卷，人民出版社 1995 年版，第 538 页。
③ 《马克思恩格斯全集》第 30 卷，人民出版社 1995 年版，第 534 页。

它事实上为生产造成了一种内在的，但会不断被信用制度打破的束缚和限制。"① 由此可以看出，信用在资本运行中的引入是源于资本自身的限制的。而打破这种束缚和限制，便意味着资本向更高阶段的发展。马克思虽然没有深度剖析信用打破资本主义生产界限的方式，但已经洞察到它在推动资本主义经济形态转换中的作用——从自由资本主义向垄断资本主义过渡。信用"起初，作为积累的小小的助手不声不响地挤了进来，通过一根根无形的线把那些分散在社会表面上的大大小小的货币资金吸引到单个的或联合的资本家手中；但很快它就成了竞争斗争中的一个新的可怕的武器；最后，它转化为一个实现资本集中的庞大的社会机构。"②

"集中发展到一定程度，可以说就自然而然地走到垄断。"③ 对于信用究竟如何引发资本主义生产方式的变革，这是列宁和希法亭所处时代需要回答的问题。希法亭基于银行资本和工业资本日益融合在一起的现实，认为资本采取了其最高级也最抽象的表现形式——金融资本④。列宁认为垄断是以金融资本为核心的，是资本主义发展到最新阶段的成就。从本质上看，金融资本是资本对自身限制进行超越的结果，是在历史过程中生成的。19 世纪末 20 世纪初，"贫困的积累"使阶级矛盾尖锐，消费不足使流通陷入困境，导致生产和流通难以连续，严重影响资本积累，资本的集中和垄断是对自身困境的自我调整，通过这种方式弥补自身积累。然而，对于单个资本家的资本积累而言，资本是来源于对剩余价值的占有还是社会资本的转移是无差别的，因而集中能够补充资本积累。但从全社会来看，并不意味着总资本量的增加，它只是单纯地改变了既有资本在全社会的分配。所产生的社会后果是小资本被大资本所吞并，资本家剥夺资本家，银行在这一过程中发挥了主要作用。

从 19 世纪末到 20 世纪 20 年代，企业在银行的主导下掀起了并购的浪潮，自由资本主义迈向了垄断资本主义。金融的嵌入突破了生产资料绝对私有约束下的规模小和缺乏协作的弊端，使其在组织形式上更为社会化。企业在产业发展模式上依靠金融财团的资本支持，打造了"大而全"的巨无霸企业，尤其是促进了石油、钢铁、煤炭、天然气等自然资源行业

①　马克思：《资本论》第 3 卷，人民出版社 2004 年版，第 500 页。

②　马克思：《资本论》第 1 卷，人民出版社 2004 年版，第 722 页。

③　列宁：《帝国主义是资本主义的最高阶段》，人民出版社 2014 年版，第 14 页。

④　希法亭：《金融资本》，华夏出版社 2013 年版，第 1 页。

的发展，释放了工业化时代的生产力，也为电气时代的开启打下了坚实的物质基础。然而，这并没有触及资本与劳动之间的关系，没有带来工人的社会改善和经济增长的协同发展，因而也就没有真正超越流通中的限制。资本相对于社会消费力还是严重过剩了，这迫使资本向外寻求新的扩张空间。金融资本驱使主要发达资本主义国家进入帝国主义，掀起了瓜分世界的浪潮，过剩资本被输出到殖民地以及落后国家和地区，以获取更高的利润率。但金融资本要的是统治不是自由，因而并没有改变这些地区落后的生产方式，它们在帝国主义的胁迫下被动地开展经济活动，并没有建构起以资本为基础的需要体系和劳动体系。对于资本的本性而言，这种扩张是不彻底的。随着帝国主义之间为争夺殖民地而引发的战争以及第二次世界大战以后，国家开始对资本主义进行管制，金融资本首当其冲。

政府对金融机构的管制并没有颠覆金融资本的存在基础——资本主义。政府意志的外部约束与金融资本内在本性之间的共同作用，打造了新的资本运行秩序——金融资本与生产资本的职能化分离，即金融资本掌控着大量社会资本，生产资本专注于产品或服务的生产。金融资本获取高额利润必须服务于生产资本（虚拟资本暂不考虑），生产资本有跨越式发展离不开金融资本的支持，两者的结合改变了资本的表现形式和发展路径。尤其是资本市场的崛起和影子银行体系的兴起，寻找好的投资项目或投资领域成为金融资本获取高额利润的手段。相比较列宁时代的金融资本，资本金融化更为注重调动全社会的资源，嵌入资本与劳动的关系中，遮蔽了二者的对立。大众消费的兴起、期权激励的运用、现代企业管理思想的普及，劳动者的社会地位改善与经济增长之间的协同性得以增强。其背后的逻辑是现代生产方式的变革。推动生产力迅速发展的核心要素是技术上的突破，金融资本与生产资本的分离导致创新—技术的资本化，二者的合作客观上形成了有效的创新激励机制。即创新的动力不再单纯由于资本家想获得超额利润，以在市场竞争中处于不败之地，而是对掌握创新—技术源泉的企业家附加了更多的个人情怀——金融资本资助企业家改变世界的梦想——激发了人性中最为积极的主观能动性。创新不断掀起组织方式、生产方式的变革，为生产力注入新的内容。生产力和生产关系的辩证运动具有系统性，生产力的运行路径必然会生成与之相适应的生产关系。

二、创新—技术资本化：生产力的"破坏性创造"与新变化

资本具有无限发展生产力的趋势。在马克思看来："尽管按照资本的本性来说，它本身是狭隘的，但它力求全面地发展生产力，这样就成为新的生产方式的前提。"[①] 资本发展生产力的目的是最大化地把一切要素都纳入以交换为需要的运行体系中来。资本是一个有机体，它是进化的。使社会的一切要素从属于自己，把自己还缺乏的器官从社会中创造出来[②]。一般认为，生产力的基本要素包括劳动资料、劳动对象和劳动者，但这三个要素不是各自独立的，它们在特定的技术条件下协同发展，技术是发挥三者合力的黏合剂。技术越发达，所转化的劳动的生产力就越先进。马克思认为在资本主义社会，知识和技能的积累最终都表现为资本的属性，但尚无架构起信用制度与技术创新之间的联系，因为那时的资本主义尚未发展到信用制度统摄经济发展的阶段。西方主流经济学也极为关注技术在经济中的作用，比如生产函数总是以特定技术水平为前提条件，因为这关涉要素组合的效率，当技术条件发生改变也就意味着生产函数表达式要修正了。在经典的 C – D 生产函数（$Y = AL^{\alpha}K^{\beta}$）和 CES 生产函数（$Y = A\left[\delta K^{-\alpha} + (1 - \delta)L^{-\alpha}\right]^{-\frac{v}{\alpha}}$）中，A 就是代表技术效率的参数。经济学家索洛还进一步提出了对技术进步率和技术进步对经济增长贡献进行估计的计量模型 $A(t) = Y/f(L, K)$。然而，这些研究只是将技术作为结果，没有探讨推动技术变革背后的因素以及技术所带来的生产力与生产关系的调整。

列宁最早洞察到信用制度与技术创新之间的关系，他基于资本主义经济的最新发展特征，捕捉到垄断资本主义语境下技术创新的金融资本特质，"拥有亿万巨资的大银行企业，也能用从前远不能相比的办法来推动技术的进步。例如，银行设立了各种专门的技术研究会，研究成果当然只能由'友好的'工业企业来享用。"[③] 到 20 世纪 70 年代以后，这一模式发展得更为专业和普遍。但不同的是，背后的主导性金融力量不再是银

---

① 《马克思恩格斯全集》第 30 卷，人民出版社 1995 年版，第 539 页。
② 《马克思恩格斯全集》第 30 卷，人民出版社 1995 年版，第 237 页。
③ 列宁：《帝国主义是资本主义的最高阶段》，人民出版社 2014 年版，第 41 页。

行，而是风险资本。它对创新—技术的资本化使创新和技术本身成为一种产业。相比较传统金融机构，风险资本抓住了技术创新的源泉——企业家。什么是企业家？熊彼特做了最为符合资本主义经济性质的定义，"把职能是实现新组合的人们称为'企业家'"①。企业家不是一种职业，也不是一种持久的状况，只有在实现新组合时才是企业家。他们的特质在于存在一种寻找私人王国的梦想②，是智慧和意志的巨人③。企业家的使命是改变现有规则，创造新组合，以"创新"作为它特有的目的④。大卫·哈维在此基础上进一步将企业家理解为英雄人物，准备把技术创新和社会创新推向极致的"杰出的"创造性的破坏者⑤，具有创造性的英雄主义情怀。管理学家德鲁克则将企业家的这种实践提炼为企业家精神，认为适用于经济社会的所有机构。

风险资本对技术创新的资本化主要通过三个途径：一是提供资本支持，宽容失败，激发企业家精神。初创企业往往资金缺乏，它们的核心价值在于企业家的才智和精神。风险资本所要挖掘的是这种具有特殊心智、意志和才能的人的潜力。因而能够以他们为核心，具有较高的失败容忍度。这也是对企业家的最大激励，美国加州大学伯克利分校教授古斯塔沃·曼索通过实证研究，发现短期内对失败的容忍能够有效激励企业创新⑥。正是这种激励机制激发了创新精神。二是为初创企业提供内部管理经验、参与公司运营、帮助完善公司治理，推动企业快速成长。同时，积极利用自身的社会资源和信用，帮助企业迅速在行业内立足。在实践中，受到风险资本资助的企业往往会得到较高的社会认可。三是风险资本的专业化风险管理手段。技术创新具有长期和不确定性，风险资本能够将面临的不确定性转化为风险，再运用专业化的风险管理手段估计风险承受力，从而构建了长期回报与短期容忍失败相结合的激励手段，建立更为可行的效率与成本的核算机制，使创新的经济成本在可控范围之内。

风险资本的最终目的并不是占有所投资的企业，而是永远在寻找下一个能改变经济发展模式的企业家和企业。创新本身成为一种大生意，资本

---

① 约瑟夫·熊彼特：《经济发展理论》，商务印书馆 2017 年版，第 85 页。
② 约瑟夫·熊彼特：《经济发展理论》，商务印书馆 2017 年版，第 106 页。
③ 约瑟夫·熊彼特：《经济发展理论》，商务印书馆 2017 年版，第 95 页。
④ 约瑟夫·熊彼特：《经济发展理论》，商务印书馆 2017 年版，第 93 页。
⑤ 大卫·哈维：《后现代的状况》，商务印书馆 2015 年版，第 27 页。
⑥ 田轩：《创新的资本逻辑》，北京大学出版社 2018 年版，第 26 页。

主义文化变得沉迷于创新的力量①。创新带来的变革和社会生活的变动不居，导致生产力的"破坏性创造"式发展。事实上，马克思在《共产党宣言》中就曾经提到资本对传统生产力的征服和破坏："资产阶级在它的不到一百年的阶级统治中所创造的生产力，比过去一切世代创造的全部生产力还要多，还要大。自然力的征服，机器的采用，化学在工业和农业中的应用，轮船的行驶，电报的使用，整个大陆的开垦，河川的通航……"② 但在金融资本的作用下，技术的这种破坏性更为直接和巨大，互联网的摩尔定律充分说明了这一点。新技术革命加速地更新换代，不断将事物变得陈旧，凸显生产力的"破坏性创造"，即为了创造必须破坏。比如，当3G通讯问世，便意味着2G技术及其相关设备的淘汰；当4G技术问世，便意味着3G及其相关设备的退世。一如哈维所说的："这个巨大的技术产业，越来越懂得强迫不情愿的顾客采用创新技术（这些顾客有时必须为此付出高昂的成本），而国家的法规也往往对技术产业有利。"③ 从本质而言，风险资本资助创新的目的是发现或寻找企业家，将他们的聪明才智转化成现实而为资本所用；企业家创新的动机更加接近于改变世界的野心，是权力意志在现代工商业中的表现，并非纯粹出于提高社会福利的目的。但从另一方面看，技术成为产业发展的核心和灵魂，知识被资本所裹挟，技术的每一次进步和生产工具的每一次更新，都需要劳动者学习新的相关知识，客观上提高了劳动者的技能水平。生产资料、生产工具和劳动者都不断迈向新的更高的层次。

这些高新技术所转化的生产力又成为壮大资本的力量，转化为资本在更高阶段上进一步强大自身的前提条件。因为资本的发展趋势就是"把财富本身的生产，从而也把生产力的全面的发展，把自己的现有前提的不断变革，设定为它自己再生产的前提。"④ 资本主义的发展路向不断证实着马克思的预言。在风险资本推动下发展起来的互联网，日益成为当代经济体系中的基础设施，借助于网络能够跨越时空障碍的信息化优势，极大地拓展了以资本为基础的生产，把过去不产生价值的东西变为产生价值的东西，形成更为细化的需要体系。这凸显了空间作为生产力在互联网语境中

① 大卫·哈维：《资本社会的17个矛盾》，中信出版社2016年版，第99页。
② 马克思、恩格斯：《共产党宣言》，人民出版社2014年版，第32页。
③ 大卫·哈维：《资本社会的17个矛盾》，中信出版社2016年版，第100页。
④ 《马克思恩格斯全集》第30卷，人民出版社1995年版，第540页。

的重要性。科恩在《卡尔·马克思的历史理论：一种辩护》中曾经说过："空间应是生产力中的一项。"① 他将空间作为生产力的候选项之一，其理由在于空间是被使用的和发展的。科恩所指的空间是一个无视所包含内容的抽象考虑，具有特定的空间容积。空间作为生产力的依据是，"即使在一个空间是空无所有的时候，对它的支配也可以产生经济能力，因为它可以放置某种生产性的东西，或者因为生产者需要经过它。"② 如果说科恩对空间的定义还只是理论上的抽象甚至有些语焉不详，那么当代以互联网为基础的经济则生动地演示了空间的存在意义。互联网打造了一个纯粹以社会关系为纽带的无形空间，这种空间类似于吉登斯的"虚化的空间"。即空间日益从有形的地点（place）中分离出来，成为一种由纯粹的社会关系所运转的无形空间（space）。吉登斯认为它们的区别是：地点受"在场"的支配，即在地域中活动；而空间通过"缺场"，远离了面对面的互动情势。③ 互联网形塑了数字经济，构建了基于数字技术体系的资本积累方式和社会生产与再生产的组织形式。比如平台经济，依靠高效的数据采集和运输系统、发达的算力以及功能强大的数据处理算法所支持的数字平台，跨时空跨国界跨部门地集成社会生产、分配、交换与消费活动，④ 充分发挥了资本的生产力。

由资本推动的大数据、云计算更将以资本为基础的生产扩展到个人领域。大数据能够构建全体数据的信息库，而不是随机样本数据，这会产生新的生产模式，比如个人定制服务。马克思曾经说过"所有资本彼此都根据订货进行生产，因而产品始终直接就是货币——这种想法同资本的本性相矛盾，所以也同大工业的实践相矛盾。"⑤ 然而，随着技术手段和生产力的飞跃，互联网所打造的空间使以资本为基础的生产扩展到订货生产领域。这源于大数据所提供的服务平台，使点对点的服务能够像在工业化时代的批量生产一样产生增殖，并且将以资本为基础的生产关系最大化地扩展至个人的生活领域，构建人人都可以参与的模式，但实质上彰显的是资本的力量。

---

① ② 科恩：《卡尔·马克思的历史理论：一种辩护》，高等教育出版社 2008 年版，第 69 页。

③ 安东尼·吉登斯：《现代性的后果》，译林出版社 2011 年版，第 16 页。

④ 谢富胜、吴越、王生升：《平台经济全球化的政治经济学分析》，载于《中国社会科学》2019 年第 12 期，第 62～81 页。

⑤ 《马克思恩格斯全集》第 30 卷，人民出版社 1995 年版，第 548 页。

三、生产关系的层际化、多元交叉和平台化

生产力的"破坏性创造"式发展打造了更为多元的生产体系，因为技术的更新因不同地区、不同技术水平、不同劳动者素质等而不可能同步更替完成，因而在一定时期内的生产模式必然存在传统与现代、落后与先进并存的格局，从而导致生产关系的多元化。总体而言，资本金融化背景下的生产关系具有三重特征：所有制关系上的层际化、分配关系的复杂化和交往关系的平台化。

（一）所有制关系的层际化

每一个时代都有特定的某种所有制关系占据主导地位。马克思基于唯物史观提出了三种所有制形式：个人私有制、资本主义私有制、劳动者个人所有制。其中个人私有制是资本主义以前的所有制类型，特征是生产资料归劳动者所有，是自我雇佣、分散的劳动方式，排斥分工和协作，阻碍生产力的自由发展。资本主义私有制是生产资料归资本家所有，以大工业为基础的生产方式具有较高的生产力水平，但要发挥大机器的生产效率，需要将众多分散的劳动者聚合在一起，按资本积累法则进行社会化大生产。机器的高生产率水平不断排挤处于较低水平的个人私有制，生产工具的先进使个人劳动者的生产工具变得陈旧直至难以维持生存。个人劳动者逐步沦为一无所有的自由劳动者，不得不服从资本的逻辑。因此，随着机器大工业的发展，必然导致资本主义私有制排挤个人私有制。然而，资本主义私有制并非永远存在，它也内含着对自身的否定。它有怎样的发展趋势？马克思对此已做过回答："资本主义生产由于自然过程的必然性，造成了对自身的否定。这是否定的否定。这种否定不是重新建立私有制，而是在资本主义时代的成就的基础上，也就是说，在协作和对土地及靠劳动本身生产的生产资料的共同占有的基础上，重新建立个人所有制。"[①] 对于马克思所说的"在协作和对土地及靠劳动本身生产的生产资料的共同占有"，很多学者将其理解为生产资料公有制，这有很大的合理性，但是否还存在其他可能呢？如果说生产资料公有制所产生的结果是相互协作、对

---

① 马克思：《资本论》第 1 卷，人民出版社 2004 年版，第 874 页。

劳动本身的生产资料的共同占有，那么随着生产力的发达是否存在跳过前提直达目的本身，即直接实现对劳动本身的生产资料的共同占有，进而实现个人所有制？

以互联网为基础设施的当代经济在生产方式和交往方式上已发生了重大变革，它革新了传统的生产要素，比如数据，已成为新的生产要素之一。这源于大数据时代的实践变革，大数据的特征是"大"和"全"，隐含着对资本全方位扩张的技术保障以及随之会产生的新的生产关系，尽管这种变化尚未占据主导地位。互联网经济相对于传统模式的鲜明特征是自由——生产要素的自由流动、劳动者自由个性的发挥、劳动时间的自由安排等。技术手段的先进和生产力的发达将越来越多的要素吸纳到以资本为基础的运行体系中来。生产力的这种进步打造了层际化的所有制关系。个人私有制虽然在以大规模生产为特征的机器大工业时代遭到了排挤，但个性化和小规模生产的灵活积累满足了不同层次的需要，个人私有制在信息化时代又找到了生存的空间。在实践中，以规模化和协作化生产为特征的资本主义私有制仍然占据主导地位。也就是说，在有形的地理空间中，是以资本主义私有制为主导和个人私有制为补缺的所有制形式。但一个需要关注的变化是，在以网络为平台而形成的纯粹由生产关系为纽带的无形空间中，数字经济不断进行着所有制创新，比如共享经济，"以分离资源使用权的形式实现了生产资料由私人占有到社会公众使用的变革。"[1] 这种经济模式提供市场主体平等参与、共享资源的平台，通过技术创新使人们不再受缚于私有产权，用技术手段提供了个人所有制的物质需要。总体而言，互联网从当初工具型的"＋互联网"到现在作为构成社会基本生产组织要素的"互联网＋"的跃升[2]，形塑了所有制关系的层际化。

（二）分配关系的多元交叉化

按照马克思的观点，"分配关系和分配方式只是表现为生产要素的背面。个人以雇佣劳动的形式参与生产，就以工资形式参与产品、生产成果的分配。分配的结构完全决定于生产的结构。"[3] 也就是说生产决定分配。

---

[1] 张玉明、王越凤：《共享经济与新时代马克思所有制理论的融合、创新与发展》，载于《现代财经》2018 年第 10 期，第 3～15 页。

[2] 侯宪利：《谈谈"互联网＋"与人类解放》，载于《党政干部学刊》2020 年第 1 期，第 4～11 页。

[3] 《马克思恩格斯全集》第 30 卷，人民出版社 1995 年版，第 36 页。

在资本金融化背景下，金融工具越来越多地嵌入分配关系中，使分配具有金融化的特征。例如，为激励员工的积极性而采用的期权或员工持股，将员工的收入与企业的发展联系起来。2014 年，谷歌公司为与股权相关的薪酬总共支付了大约 27.52 亿美元，大约人均 57 630 美元。尤其是在创新创业公司，"薪资＋期权"的模式更为普遍，"很大一部分员工只拿中等工资，但拥有大量的股票期权，这些股票的价值在公司达到期望的利润时是可变现的。"[①] 这种设计模式形成了双赢的效果，用未来收益弥补当前的高额人力成本，能够最大限度地发挥劳动的效用，既降低了成本，又提高了公司当前利润。这就在分配关系中除了雇佣劳动所产生的工资性收入，还获得了红利性的资本性收入，使分配关系呈现多元交叉化特征。尤其是随着现代管理思想在企业组织中的渗透，劳动者（特别是知识型劳动者）被赋予新的概念——人力资本，对劳动者的新认识促使企业更倾向于运用金融工具作为激励的手段。

此外，随着互联网空间的发展，平台作为信息的掌控者，拥有了支配劳动的权力，并塑造了新型的劳动关系。数字经济的逻辑是基于知识劳动的分工，但与机器大工业时代的体力劳动者不同，知识劳动者的劳动是体力劳动、知识产权、技术能力等的融合。平台打造了一个新型的经济生态，共同的发展环境的打造是在分工和相互协作中进行的。因此，出现了"众包"、零工经济等新的劳动组织形式。比如在 App 应用程序商店中的软件，多出自第三方软件开发者，平台与开发者按照协议从售卖的应用程序中进行分成。零工经济是以互联网为依托，依靠数字平台强大的数据搜寻能力进行供需匹配的灵活用工形式。谢富胜、吴越认为零工经济是指数量众多的劳动者作为"独立承包商"，通过数字平台企业的中介和组织自主提供计件工作的经济形式。[②] 这种新型经济模式由于可以充分运用个人的闲暇时间、空闲资源、特定技术而迅速发展起来。这种生产模式涉及生产者、平台、消费者三方，由此所决定的分配关系既不完全属于传统的按劳分配，也不完全属于按要素分配，而是融合两者又兼具互联网平台经济特色的交叉性分配关系。

---

① 特伦斯·麦克唐纳等：《当代资本主义及其危机》，中国社会科学出版社 2014 年版，第 189 页。

② 谢富胜、吴越：《零工经济是一种劳资双赢的新型用工关系吗》，载于《经济学家》2019 年第 6 期，第 5～14 页。

（三）交往关系的平台化

由互联网所形塑的交往关系出现了两个看似矛盾的现象：一是当代人愈加孤独，而这正是源于资本在技术手段的作用下已渗透到人们的日常生活中，使人与人之间的交往关系更趋资本化。同时也印证了马克思的预测："人只是在历史过程中才孤立化的。……交换本身就是造成这种孤立化的一种主要手段。它使群的存在成为不必要，并使之解体。"① 生产力的进步将交换关系扩展至人们的日常行为，个人需要满足手段的加强，比如平台点餐、快递送货到家等，平台逐渐取代了面对面地交往。尤其是随着5G技术的普及，人们还会越来越多地把办公场所搬到网络中，传统的集中上班制度将被自由化的工作时间所替代。也就是说以互联网为基础的通信技术的发达将会导致工作模式的社会化扩展至无形空间。这也就意味着从生活到工作都离不开平台。二是互联网打造的空间能够跨越时空的阻隔和有形空间中的边界限制，将无限具有相同爱好、相同需要、共同目标的人聚合在一起，从而使交往关系突破了以亲情、友情和同事关系为基础的"熟识"界限，扩大到陌生人。但人与人之间的关系更加物象化，传统社会中同一时空内的现场交往让位于网络中的社交平台，如Facebook、微信、微博、QQ、网上直播间等。

一个平台就是一个空间。这些平台所塑造的交往关系更加凸显关系的纯粹性，因而也更有效率。如凯文. 凯利所说的"网络闪客"，他们瞬间来袭，瞬间撤离。他曾举例，在"深蓝"与加里·卡斯珀罗夫那场著名的象棋比赛过程中，IBM网站迎来了500万访问者。而比赛一结束，观战者全部作鸟兽散。② 尤其是这次新冠肺炎疫情更加推动了交往关系的平台化，越来越多的会议、活动、赛事等都需要通过平台建立人与人之间的联系。

四、资本金融化对中国特色社会主义经济学理论研究的意义

政治经济学研究人类社会经济发展的一般规律，也研究特定社会发展阶段时期的经济规律，具有阶级性、社会性和历史性，因此离不开它所处

---

① 《马克思恩格斯全集》第30卷，人民出版社1995年版，第489页。

② 凯文·凯利：《新经济 新规则》，电子工业出版社2014年版，第141页。

的时代以及相应的生产力和生产关系水平。生产方式以及与之相适应的生产关系是马克思主义政治经济学的研究对象。但生产方式从本质而言又是由生产力决定的，"随着新的生产力的获得，人们便改变自己的生产方式，而随着生产方式的改变，他们便改变所有不过是这一特定生产方式的必然关系的经济关系。"[1] 由此也可以看出，马克思对于生产方式和生产关系的认定具有鲜明的历史性，是在特定历史时期和社会阶段语境中的研究。就中国特色社会主义政治经济学而言，是以马克思主义理论为指导，以中国经济实践为基础，展现具有中国风格和中国气派的经济学。揭示中国经济发展的规律，在研究范式上要注重历史逻辑、理论逻辑和现实逻辑的统一。要在坚持历史唯物主义方法论的基础上，对生产力和生产关系的理论基础以及在金融化背景下的新变化有充分的认知。

由于中国特殊的近代历史，并没有形成完整的、独立意义上的资本主义阶段。我国在共产党的领导下跨越了充分发展的资本主义阶段，从封建主义直接进入社会主义，继而在国家制度的设计和推动下开启了现代化建设，在经济上迅速实现了赶超。总体来看，从新中国成立到改革开放前，处于社会主义建设的自主探索时期，形成了基于社会实践的理论。从对农业、手工业、资本主义工商业的社会主义改造，到在经济关系上实行"三个主体，三个补充"[2]、"统筹兼顾、综合平衡、注意农轻重协调发展"等，为在计划经济体制下进行社会主义经济建设做出了重大贡献。然而，这一段时期的经济建设并没有大力发挥资本的力量和市场的作用，主要体现为政府主导下的社会资源配置。且由于当时紧张的国际环境，处于补缺地位的资本力量主要是内循环，没有参与到世界资本的循环体系中。改革开放后，我们实行了"以经济建设为中心，坚持四项基本原则，坚持改革开放"的基本国策，逐步建立了社会主义市场经济体制，政府逐步从经济活动的主角超脱为经济环境的设计者，注重发挥民间和资本的力量，引导资本融入世界资本的循环中。然而，此时的资本主义国家已步入资本金融化时期。也就是说，我们打开国门所深入实践的是金融化的资本，已不再是马克思时代以机器大工业为基础的产业资本。这种历史时间的变化是理论研究所不可忽视的。

---

[1] 《马克思恩格斯全集》第 27 卷，人民出版社 1995 年版，第 479 页。

[2] 具体指以国家经营和集体经营、计划生产、国家市场三者为主体，而以个体经营、自由生产、自由市场三者作为补充。

在对外经济关系交往中，全球化打造了新的经济发展格局。资本跨越民族国家的界限，形成了基于世界的社会分工协作体系，在产业链上居于主导地位的发达资本主义国家的经济实践不可避免地影响到我国的发展模式。自改革开放以来，我国不断深化经济体制改革，尤其是在金融领域。打造了金融发展的环境和平台，比如，建立证券交易所、期货交易所；成立股份制银行，四大国有商业银行也先后改制为股份制，整合改制原有的中小金融机构（如信用社）。风险资本、影子银行等在国外蓬勃发展的金融机构也逐步传入我国，早在1985年就成立了中国新技术创业投资公司，IDG、红杉、软银等海外风险机构也逐步进驻中国。金融在经济中的作用不仅是提供了资金支持，更为重要的是彰显了资本的效率逻辑，帮助建立成本与收益的核算机制，促进企业的发展理念和管理方式向现代制度转型。

从经济发展进程的历史时间来看，我国既没有主动参与到马克思时代以产业资本为主导的世界经济体系中，也没有主动参与到以金融资本为主导的帝国主义体系中，而是被动地卷入，处于被剥削、被压迫的地位。但在资本的金融化时期，我国不仅主动参与，而且对这种资本形态下国际经济秩序的正义贡献了自己的力量，如"一带一路"倡议、亚投行等。因此，中国特色社会主义政治经济学以我国的经济实践为基础，抽象、提炼、概括出社会主义经济规律，就不能跨越对资本金融化问题的研究，因为它关涉生产力的改变与生产关系的再思考：

首先，从生产力来看。技术—创新的资本化推动了生产力的"破坏性创造"，技术手段的进步不断开发出新的生产力要素。传统政治经济学理论认为，生产力有三要素：劳动资料、劳动对象与劳动者。但随着互联网经济的发展，空间作为生产力要素的作用不仅仅体现在资本主义经济中，"互联网＋"所打造的空间也在形塑着我国的经济发展模式，我们同样需要正视这一问题。科恩提出空间应是生产力的一项，其依据在于空间是被使用的和发展的。互联网使生产、交换、消费和分配逐步脱离有形的物理空间，进入虚化的网络空间。在这种超越地理概念的无形空间中，物质的实体被抽象转换为数据，能够跨越时空相互连接，托架出纯粹的经济关系，建立跨越全球的社会联系方式。空间的巨大潜能主要表现有两点：一是赋予生产关系与再生产的强大能力。经济是在关系中发展起来的。在物理空间中，自然阻隔严重影响了关系的生产，这也是资本主义自产生以来就极为重视修筑道路，发展交通的原因。但在网络所建构的空间中并不存在这样的问题，空间拥有无限维度，具有成本最小的容纳性、重组性和再生产性。二是信息充分。这一向是经济学的核心假设之一，信息化时代的来临大大降低了信息搜寻的成本。尤其是大数据，能够构建全体数据的信息库，扩大了资本的生产场域，比如前文所说的个人定制服务。那么，生产力的构成要素能否拓展增加空间是值得探讨的问题。

其次，从生产关系来看。生产关系长期以来被认为是政治经济学的研究对象。生产力的进步不断产生着与之相适应的新生产关系。就目前来看，资本最大的创新成果——信息通信互联网，对全球生产模式、消费模式产生了革命性影响。生产力的进步和技术手段的提高，大大增强了资本吸纳一切生产要素，提高自身控制力的可能性，甚至将个人碎片化的闲暇时间、暂时不用的资源都卷入以资本为基础的生产中来，比如共享经济或平台经济。然而，共享经济究竟是对私有制的消解和扬弃，还是将资本获取剩余价值的能力发挥到了最大？对此，目前国内学者的观点不一。如张玉明和王越凤（2018）认为共享经济以分离资源使用权的形式实现了生产资料由私人占有到社会公众使用的变革，是新经济情境下马克思主义所有制的融合、创新与发展。[①] 侯宪利认为"互联网＋"为提升人的自由个性的充分发挥、推动人类解放，促进"人向人的本质的全面回归"和实现"自由人的自由联合"的共产主义社会，提供了必要的物质条件。也有学者提出了平台经济、共享经济的资本实质，如王彬彬、李晓燕认为在私有资本主导下，平台组织日益暴露出过度剥削、信息掠夺、过度金融化、严重过剩等内在缺陷。[②] 谢富胜、吴越、王升升认为，在资本主义条件下，平台经济导致就业不稳定化，劳动对资本的形式隶属不断向实际隶属转变。因此，这又延伸出一个新的问题，平台经济同时出现在我国和资本主义国家，运营模式相似，那么在两种不同的制度下，生产力的趋同会导致生产关系的趋同吗？也就是说，如何在这种新的模式下彰显制度优势？有学者主张构建国有资本主导的合作制平台，这是否是解决问题的终极之策？这都是构建中国特色社会主义政治经济学需要面对的现实问题。

---

① 张玉明、王越凤：《共享经济与新时代马克思所有制理论的融合、创新与发展》，载于《现代财经》2018年第10期，第3～15页。

② 王彬彬、李晓燕：《互联网平台组织的源起、本质、缺陷与制度重构》，载于《马克思主义研究》2018年第12期，第65～73页。

结　语

生产力的发展不断创造着新的生产关系。经济社会已发展到数字经济时代，生产力的进步重塑了新的生产方式，并产生着与之相适应的生产关系。从 1949 年新中国成立到现在，短短 70 年，我国的经济发展历经工业化、信息化、数字化三个历史阶段。其中，工业化阶段主要是作为后来者的赶超，信息化和数字化都是深度参与其中的。但在信息化和数字化的发展背后离不开资本金融化的时代背景，揭示背后的运行逻辑，是以马克思主义理论为指导，坚持历史逻辑、理论逻辑和现实逻辑相统一的中国特色社会主义政治学的历史使命，同时也是中国经济学走上世界舞台的历史契机。虽然由互联网经济所催生的数字经济已发展了 20 多年，但西方主流经济学对此并没有产生以此为基础的新理论。揭示互联网经济背后的逻辑和由其所形塑的新型市场经济，是中国经济学走向世界，讲好中国故事的历史机遇。

参考文献

1. G. 希尔贝克，N. 伊耶：《西方哲学史》，童世俊、郁振华、刘进译，上海译文出版社 2012 年版。

2.《马克思恩格斯全集》第 30 卷，人民出版社 1995 年版。

3.《资本论》第 3 卷，人民出版社 2004 年版。

4.《资本论》第 1 卷，人民出版社 2004 年版。

5. 列宁：《帝国主义是资本主义的最高阶段》，人民出版社 2014 年版。

6. 希法亭：《金融资本》，李琼译，华夏出版社 2013 年版。

7. 约瑟夫·熊彼特：《经济发展理论》，何畏、易家详等译，商务印书馆 2017 年版。

8. 大卫·哈维：《后现代的状况》，阎嘉译，商务印书馆 2015 年版。

9. 田轩：《创新的资本逻辑》，北京大学出版社 2018 年版。

10. 大卫·哈维：《资本社会的 17 个矛盾》，许瑞宋译，中信出版社 2016 年版。

11. 科恩：《卡尔·马克思的历史理论：一种辩护》，段忠桥译，高等教育出版社 2008 年版。

12. 安东尼·吉登斯：《现代性的后果》，田禾译，译林出版社 2011 年版。

13. 谢富胜、吴越、王生升：《平台经济全球化的政治经济学分析》，载于《中国社会科学》2019 年第 12 期。

14. 张玉明、王越凤：《共享经济与新时代马克思所有制理论的融合、创新与发展》，载于《现代财经》2018 年第 10 期。

15. 侯宪利：《谈谈"互联网＋"与人类解放》，载于《党政干部学刊》2020 年第 1 期。

16. 特伦斯·麦克唐纳等：《当代资本主义及其危机》，童珊译，中国社会科学出版社 2014 年版。

17. 谢富胜、吴越：《零工经济是一种劳资双赢的新型用工关系吗》，载于《经济学家》2019 年第 6 期。

18. 凯文·凯利：《新经济 新规则》，刘仲涛、康欣叶、侯煜译，电子工业出版社 2014 年版。

19. 《马克思恩格斯全集》第 27 卷，人民出版社 1995 年版。

20. 王彬彬、李晓燕：《互联网平台组织的源起、本质、缺陷与制度重构》，载于《马克思主义研究》2018 年第 12 期。

21. 谢维营：《历史唯物主义视界中的生产力——兼论知识生产力的特征》，载于《云梦学刊》2001 年第 2 期。

全国高校社会主义经济理论与实践
研讨会第 33 次会议综述

张海鹏　冯志轩[*]

　　为深刻理解习近平新时代中国特色社会主义经济思想，进一步深入总结和阐释新中国 70 年历史性变革中所蕴藏的内在逻辑和规律，全国高校社会主义经济理论与实践研讨会第 33 次会议暨教育部高等学校经济学类专业教学指导委员会第三次全体会议于 2019 年 10 月 26 日在南开大学召开。此次会议由全国高校社会主义经济理论与实践研讨会领导小组、教育部高等学校经济学类专业教学指导委员会主办，中国特色社会主义经济建设协同创新中心、南开大学经济学院、南开大学政治经济学研究中心、南开大学全国中国特色社会主义政治经济学研究中心承办。大会共收到论文一百多篇，全国近百所高校和科研机构的 200 余位专家学者和媒体代表出席会议。在为期两天的研讨中，与会代表围绕如下四个主题展开了深入的交流和研讨，取得了一批有重要价值的研究成果。

一、关于新中国成立 70 年来经济发展的理论研究

　　1. 关于新中国成立 70 年来所取得经济奇迹的内在逻辑

　　武汉大学简新华教授认为，新中国成立 70 年来经济建设所取得的伟大成就归根到底来自坚持和改进中国共产党领导、坚持和创新发展马克思主义、建立和完善社会主义制度。改革开放的逻辑实际上也是包含在这三个逻辑之中的。目前一些流行的观点所总结的中国经济奇迹的原因，如有为政府和有效市场、后发优势、重视教育、人口红利、土地红利都是在这

---

　　* 张海鹏，南开大学经济学院政治经济学研究中心副研究员；冯志轩，南开大学经济学院副教授。

三个基本逻辑的基础上才能发挥作用。

2. 关于新中国成立 70 年来的创新发展方面

吉林大学李政教授回顾了新中国成立 70 年来中国创新发展的历程，并进一步说明中国目前的科技创新优势主要体现在"量"上，拥有大规模的科技投入和广阔的市场需求；而科技创新的劣势则体现在"质"上，表现为基础创新投入不足，科技创新转化能力欠缺，科技支撑经济社会发展能力偏弱，高水平科技人才不足，创新效率偏低等方面。我国要进一步加大基础研究投入、营造创新环境和文化、释放人才活力，构建新时代中国科技创新模式。

3. 关于新中国成立 70 年来农业农村农民发展方面

首都经济贸易大学纪韶教授梳理了新中国成立 70 年来中国农民收入差距和结构的变化，认为破除城乡二元分割结构是促进农民增收的根本前提。我国着力通过持续推动农业人口向非农产业转移就业、培育市场化导向的新型农业经营主体、完善以土地为主的产权制度以及创新强农惠农富农政策体系等方式，不断增加农民的工资性收入、经营性收入、财产性收入以及转移性收入。

二、关于中国特色社会主义基本经济制度的完善和发展

1. 关于社会主义市场经济体制的研究

黑龙江大学乔榛教授认为，社会主义市场经济体制是要建立一种使市场在资源配置中起决定性作用，更好地发挥政府作用的经济体制。这种经济体制在应对"不确定性"问题时，一方面使市场发挥作用可以让"不确定性"引致的动力机制得以释放；另一方面更好地发挥政府作用可以使"不确定性"引致的经济无计划性及经济危机得到有效控制。因此，社会主义市场经济体制是可以实现"鱼和熊掌兼得"的一种体制。

2. 关于国家所有制中的集体性产权与农村集体经济方面

厦门大学吴宣恭教授探讨了国家所有制中的集体性产权问题。他认为，国有企业出现了集体性产权是全民所有制在社会主义初级阶段的最突出特点。它在发挥一系列积极作用的同时，也容易产生只重视资产的保值增值而忽视或偏离国家产业政策和社会经济整体发展需要、国有经济的力量分散化等方面的问题，为此，要加强党对国有经济和国有企业的全面领

导，处理好中央政府部门和各级政府与国有资产监督管理机构的关系，明确国有经济监督管理机构的任务，有区别地发挥国资委对国有企业的管理监督。要处理好做强做优做大国有资本和做强做优做大国有企业的关系，完善国有企业内部治理，规范企业行为。辽宁大学谢地教授探讨了农村集体经济的改革路径和方向问题。他首先区分了所有制的存在形式、载体形式和实现形式。所有制的存在形式体现了所有制的本质规定性，我国农村的集体经济是公有制的一种存在形式；载体形式则体现了制度设计，与集体经济相对应的载体形式是合作经济；而实现形式则是更为具体的体制机制设计，与"承包制"、"股田制"和"三权分置"等相对应。在这个框架下，谢地教授提出，目前中国农村集体经济的一个重要问题在于集体经济没有适当的载体形式，农村集体经济改革的方向应当是存在形式、载体形式和实现形式的"耦合"。

3. 关于公有制经济和非公有制经济关系方面

西南财经大学盖凯程教授首先从马克思的所有制理论出发，认为所有制历史形态的主体性与现实结构的多元性、实现形式的多样性是统一的。社会主义基本经济制度正是这一理论逻辑与中国所有制改革实践相结合的产物。从全局的、历史的角度看，公有制经济和非公经济是相互适应、相互匹配、相互融合的。相关数据表明中国的公有制经济和非公有制经济整体上是呈现"国进民进"的发展趋势。中国人民大学张培丽副教授从社会主义初级阶段、社会主义市场经济理论、生产力发展需要等方面，探讨了民营经济在社会主义中的存在时限问题。

4. 关于混合所有制经济发展方面

南京大学葛扬教授认为，坚持和完善中国特色社会主义基本经济制度，不仅指所有制结构的完善以及实现多种所有制经济更好地共同发展，而且指基本经济制度在微观企业制度上的实现。把混合所有制经济作为基本经济制度的实现形式，就是要塑造与现代社会主义市场经济相适应的微观主体。这样，微观经济主体不再是由单一所有制经济构成，而是多种所有制经济融合为一个经济主体，从而使实现形式更好地符合基本经济制度发展要求，也更好地与社会主义市场经济体制相一致。吉林财经大学宋冬林教授认为，混合所有制改革有利于提高国有企业创新水平，这一机制主要是通过减少政府干预、降低企业政策性负担对国有企业创新发挥作用。加大对非国有资本的引入力度可以更加有效地提高国有企业的创新水平。

三、关于中国经济高质量发展研究

1. 关于中国经济高质量发展的时代背景与实践逻辑方面

当今世界正在经历百年未有之大变局。南开大学陈宗胜教授认为，百年未有之大变局指的是全球性、体系性的变动，是世界上人类命运的演进，是世界文明阶段的更替和变动。在这一过程中，我国要继续发挥好党的领导和社会主义制度优势，发挥经济上的后发优势，进而更好地应对大变局带来的各种风险与挑战。山西大学黄桂田教授认为，历史地看，以前的技术进步尽管在某些产业、某些行业部门发生了替代，但是新的技术会产生新的就业岗位和新的产业部门。当前，需要高度关注以人工智能为代表的新技术革命，对于一个人口大国、劳动力大国的就业问题可能产生的冲击和影响。中国人民大学谢富胜教授在全球生产网络的视角下考察了中国经济新常态的原因和供给侧结构性改革的方向。他认为新常态时期经济增速的下降来自金融危机带来的外部需求萎缩、内部收入分配和需求结构的变化以及生产方式转变带来的利润率下降。因此，需要通过乡村振兴战略缓解产能过剩、构建关键部件开发平台提升企业核心竞争力，更为重要的是建立独特的国内生产网络，实现大规模生产和持续创新的有机融合。南京大学沈坤荣教授探讨了中国转向高质量发展的能力基础、能力结构及其推进机制。他认为，我国在从高速增长转向高质量发展过程中，人口基础、技术基础、制度基础以及产业结构、空间结构、金融结构等方面都在发生深刻变化。为更好地适应这一变化，推进高质量发展，需要充分发挥新发展理念在引领中国发展全局中的作用，要以寻求活力和秩序的平衡为重点规范地方政府行为。

2. 关于防范化解重大风险、精准脱贫和污染防治三大攻坚战方面

首先，关于虚拟经济现象的政治经济学研究。南开大学张俊山教授认为，虚拟经济是当代金融活动派生出的现象，是在资本本性推动下畸形发展的那部分金融活动，不能把虚拟经济等同于金融活动。虚拟经济依靠货币的注入支持来运行，因此会通过通货膨胀和虚拟资本的积累，给经济带来巨大风险。虚拟经济中的价值增殖是对工人阶级乃至全社会的精巧剥削方式。要扭转经济的"脱实向虚"倾向，必须坚持社会主义方向，有效地管控货币的发行和流向，抑制金融活动向虚拟经济转化。

其次，关于脱贫攻坚方面。西北大学白永秀教授探讨了"后精准扶贫时代"扶贫的思路。他认为要对扶贫工作的长期性、系统性和科学性有所认识：从历史的高度去认识扶贫工作，站在农村工作的全局去理解扶贫工作，尊重扶贫工作的规律。今后的扶贫工作的四个重点应是产业、志气、低保和搬迁的四位一体。清华大学蔡继明教授介绍了《土地管理法修正案》的立法经过，探讨了《土地管理法修正案》在划定公共利益范围、明晰为公共利益征收农村土地依据、提高征地补偿标准、保护农民利益等方面的突破与可能存在的不足。

最后，关于环境治理方面。复旦大学陈诗一教授考察了中国环保监管体制的变化与中国环境治理之间的关系。他认为，分权体制下地方政府的逐底竞争会削弱政府解决环境负外部性的能力，这需要环境监管垂直化来解决这个问题，并利用中国一些地方的撤县设区过程这一外生冲击作为检验环境监管垂直化是否有效的自然实验。研究发现，撤县设区明显降低了当地企业的污染排放水平。华中科技大学宋德勇教授认为，环境规制与"资源诅咒"系数之间呈倒 U 形曲线关系，只有当环境规制强度跨越拐点值时，环境规制才能够破解"资源诅咒"效应。行政型环境规制能够通过提升技术创新水平、提高对外开放程度、促进制造业发展的方式间接地打破我国的"资源诅咒"现象，但是市场型环境规制仅能通过提升技术创新水平和提高对外开放程度的方式间接地打破我国的"资源诅咒"现象。

3. 关于"一带一路"倡议与中国的对外开放方面

中国人民大学陈甬军教授从战略创新的角度对"一带一路"倡议进行了研究，从"一带一路"倡议的适时提出、"一带一路"倡议的不断推进、构建人类命运共同体以及助力"两个一百年"奋斗目标的实现等角度对"一带一路"倡议进行了归纳。南开大学盛斌教授探讨了新时代中国对外开放的未来和挑战问题，他认为，中国的对外开放正在从单向开放转向双向开放与多元平衡；从商品要素的市场开放转向标准规则等制度型开放；从市场导向全球化转向发展导向全球化等方面。我国在这一过程中要重点做好自由贸易试验区和自由贸易港建设，更好地推进"一带一路"倡议，推动包容性全球化发展。福建师范大学黄茂兴教授探讨了陆海贸易通道联动的内涵和整体性、复杂性、协调性、网络性和可替代性的特征，总结了陆海贸易通道联动的"港口辐射""园区带动""港口＋腹地"三种发展模式，并指出陆海贸易通道的建设从国际层面上需要进一步加强政治互信、完善合作机制、加强文化交流，从国内层面看需要加强通道的"硬件"和"软件"建设，并完善通道的保障机制。

四、关于中国特色社会主义政治经济学研究

1. 关于老一辈经济学家的学术思想与治学精神对构建中国特色社会主义政治经济学的启示方面

这次年会专门设立一个环节庆祝卫兴华教授荣获"人民教育家"国家荣誉称号，南京大学洪银兴教授在会上简要介绍了卫兴华教授的学术思想、学术贡献和治学精神，即严谨治学，坚守科学阵地；正本清源，准确地解读与运用马克思主义经典著作；见解独到，对社会主义经济理论的科学探索；勇于创新，构建中国特色社会主义政治经济学理论体系。卫兴华教授的学识、学风和治学精神为大家树立了标杆，为学界进一步更好构建中国特色社会主义政治经济学提供了样板。厦门大学庄宗明教授介绍了王亚南教授经济思想的发展历程，尤其是《中国经济原论》一书的写作、出版和再版过程，讲述了王亚南教授是如何从《资本论》的理论出发，结合中国经济实际情况发展经济学理论，并生动阐释了王亚南教授"以中国人的资格来研究政治经济学"这一思想的深刻内涵。

2. 关于中国特色社会主义经济学的学科体系、学术体系和话语体系方面

南开大学逄锦聚教授认为，中国已经进入新时代，新时代需要中国经济学学科体系理论体系、话语体系、教材体系的创新，需要中国经济学教育的创新。创新一定要从中国实际出发，从时代发展需要出发，打破现代西方经济学的束缚，把颠倒的部分扶正过来。发展中国经济学，办好经济学教育要以马克思主义政治经济学基本原理和习近平新时代中国特色社会主义思想为指导思想。中国经济学要为国家发展、民族复兴服务，要为人民服务，为中国特色社会主义制度的巩固和发展服务。中国人民大学刘伟教授认为，习近平新时代中国特色社会主义经济思想深刻回答了什么是中国特色社会主义经济，怎么发展中国特色社会主义经济这一时代命题。这一思想体系指出中国特色社会主义政治经济学要坚持的基本原则是坚持人民立场，以人民为中心是处理各种利益矛盾、着力解决社会主义市场经济体制建设等方面的问题，特别是妥善处理好政府和市场关系等问题的基础。

3. 关于中国特色社会主义经济学的理论体系构建方面

复旦大学张晖明教授认为在中国特色社会主义政治经济学理论体系构建过程中，要坚持问题导向和实践导向，真正读懂中国与世界，基于大量实践经验凝练概念范畴，在概念范畴大量积累的基础上，形成理论认识的思想体系和学术体系架构。浙江大学和吉林财经大学丁堡骏教授以《资本论》的方法论意义为起点，探讨了中国特色社会主义政治经济学的构建问题。他认为，马克思的逻辑、辩证法和认识论是统一在《资本论》当中的，对于马克思主义哲学的认识不能停留在《德意志意识形态》的阶段。中国特色社会主义关键在于创新生产方式，中国特色社会主义政治经济学要有新的概念、范畴和体系。南开大学刘凤义教授探讨了需要概念在中国特色社会主义政治经济学理论体系中的重要作用。他认为，从经典作家的著作到社会主义的传统理论、再到中国特色社会主义政治经济学内容当中需要都是重要的范畴，是社会主义理论的落脚点之一。但是在现有的经济学理论中，却较少讨论需要这一范畴，而是使用需求的概念进行分析。刘凤义教授进一步说明了需要和需求的差别，明确了"客观需要"和"市场需求"的概念，讨论了客观需要的层次性，指出需要除了基本需要、发展需要、享受需要，以及个人需要、公共需要这些层次以外，还包括主动需要和被动需要的区分。并进一步以医疗需要为例说明了被动需要的特殊性。复旦大学高帆教授探讨了中国特色社会主义政治经济学的科学性问题。高帆教授认为一个理论的科学性在于其能够较好地把握经济社会当中的基本特征事实，并在此基础上提炼出这个理论的根本命题，并且这个根本命题能够经得起历史和实践的检验。中国特色社会主义政治经济学的核心命题是社会主义的发展中大国如何实现共同富裕，其中，社会主义制度体现了社会结构、发展中大国说明了约束条件、共同富裕描述了发展的目标。

4. 关于中国特色社会主义政治经济学史方面

天津师范大学李家祥教授探讨了中国特色社会主义政治经济学史的创新发展阶段问题。他认为，以中国特色社会主义经济的理论创新为主线，将党的理论创新过程与理论界围绕此方面作出的研究结合起来，考察中国特色社会主义政治经济学史是可行的。具体可以划分为四个阶段：初步探索阶段、正式提出阶段、重要突破阶段和全面丰富阶段，其间分别显示了新中国建立初期、改革开放初期、社会主义市场经济和全面建设小康社会等理论提出与完善时期、中国特色社会主义经济进入新时代等阶段的理论创新发展进程。

全面建设社会主义现代化国家新征程的
理论逻辑与实践探索

——全国高校社会主义经济理论与实践研讨会第 34 次会议综述

高浩宇　陈　亮　胡文涛[*]

2020 年 12 月 5 日～6 日，全国高校社会主义经济理论与实践研讨会第 34 次会议暨教育部高等学校经济学类专业教学指导委员会第四次全体会议于浙江大学召开。本次会议由浙江大学经济学院和浙江大学民营经济研究中心承办。来自全国 120 多所高校近 300 位专家学者参加了会议，与会专家学者围绕"中国特色社会主义政治经济学经济理论体系构建""社会主义基本经济制度与国家治理体系治理能力现代化""外部冲击与实现'六稳'的理论与实践"以及"中国全面建设社会主义现代化新阶段的经济改革与发展"等主题展开深入交流、充分讨论，推动学术研究的理论深化和学术成果的社会转化。

一、中国特色社会主义政治经济学经济理论体系构建

立足中国大地不断丰富发展中国特色社会主义政治经济学，构建中国特色、中国风格、中国气派的政治经济学学科体系、学术体系、话语体系，是中国经济学界同仁的重大责任与使命担当。

1. 构建新发展格局的政治经济学分析

南开大学逄锦聚教授认为，从马克思的再生产理论来看，新发展格局既继承了马克思社会再生产理论，又有重大创新。新发展格局中的大循

　＊　高浩宇，中国人民大学全国中国特色社会主义政治经济学研究中心助理研究员；陈亮，中国人民大学全国中国特色社会主义政治经济学研究中心研究员；胡文涛，中国人民大学经济学院博士生。

环，不仅是单个市场主体循环，还是国民经济生产、流通、分配、消费的总循环；不仅是国内循环，还是我国经济与世界经济交互进行的国际大循环；不仅是物质产品循环，还是包括服务在内的社会总供给和社会总需求的大循环；不仅是静态的循环，还是在运动中不断发展变化的动态大循环。南京大学洪银兴教授认为，对一个快速增长型的经济体来说，生产消费过程中反向循环的顺畅特别重要，最终消费所带动的需求对供给有显著的牵引作用。消费为生产提供目的和动机，居民消费水平的提升直接带动生产水平的提升。因此，发展消费力和发展生产力同等重要，不仅要通过分配关系的调整释放消费力，还要围绕产业链布局创新链，进一步推动供给侧结构性改革，和需求侧宏观调控同时发力。

中国人民大学杨瑞龙教授认为，畅通内循环必须要坚持社会主义市场经济体制改革的方向，构建现代化的经济体系。市场主体有活力，市场体制有效，宏观调控有度，其中最关键的还是市场主体要有活力，市场主体充满活力对新发展格局的构建至关重要。浙江大学史晋川教授认为，双循环发展战略的实施，在宏观上需要从总需求和总供给互动的方面进行把握，在微观上需要从产品与服务的供给和需求来把握，要形成需求牵引供给、供给创造需求的高水平的动态平衡。西安财经大学任保平教授基于马克思主义政治经济学的分工理论对新发展格局展开分析，国内国际双循环主要强调国内分工与国际分工的协调，而不是国内经济的单循环。为此，构建双循环新发展格局，不仅要建立现代化产业体系、构建新型消费体系，还要积极深入参与国际分工和国际循环。从生产和流通各个环节的辩证关系来看，中国社科院杨静研究员认为，畅通国民经济循环，不仅要改进生产的技术条件、组织条件和社会条件以提高劳动生产率，还要不断改善和促进货币流通与商品流通效率，构建现代流通体系有助于推动以国内大循环为主体、国内国际双循环相互促进的新发展格局的建设。

2. 构建中国特色社会主义政治经济学理论体系问题

西南财经大学刘灿教授认为，中国特色社会主义政治经济学是对中国特色社会主义经济制度和经济发展道路的理论概括。随着中国特色社会主义进入新时代，要构建新时代中国特色社会主义政治经济学学科理论体系，就要不断加深学科认知，在中国特色社会主义政治经济学的研究对象、理论范式以及本质属性上取得共识。南开大学何自力教授认为，中国特色社会主义政治经济学坚持将马克思主义的辩证唯物主义和历史唯物主义作为基本的方法论，以中国特色社会主义生产方式以及和与它相适应的生产关系和交换关系为研究对象，既与马克思主义政治经济学一脉相承，又具有自己的鲜明特点。在新的历史起点上，中国特色社会主义政治经济学发展也面临着新课题。南京大学葛扬教授分析了中国特色社会主义政治经济学的理论特质，指出中国特色社会主义政治经济学是马克思主义政治经济学中国化的理论成果，是深深烙上传统文化、民族性实践性非常强的经济理论，是既具有鲜明人民性又面向世界具有开放性的经济理论。四川大学蒋永穆教授指出，协同创新、构建经济学学术共同体对于中国特色社会主义政治经济学学科发展至关重要，要基于问题导向、学术标准、教学以及研究平台来构建学术共同体。曲阜师范大学杜曙光教授认为，为了更好地完成构建中国特色社会主义政治经济学的学术使命，有必要回顾涉及政治经济学的两次术语革命，重现其"回归古典传统"的术语真义，以辨明分歧、澄清误解，准确划定政治经济学的学科阵营。厦门大学庄宗明教授以王亚南的代表作之一《中国经济原论》的构思、写作、修改和出版过程为例，概述了王亚南运用马克思主义学说，以研究"中国原有的经济形态"对建立"中国经济学"所作的探索和贡献。

3. 马克思主义政治经济学理论研究进展

南开大学刘凤义教授从人类社会发展一般、资本主义社会、共产主义社会三个方面分析了"需要"的基本内涵，并进一步从市场经济运行一般原理和资本主义市场经济两个层面，探究了"需要"与"需求"这两个范畴的区别和联系，为进一步研究中国特色社会主义政治经济学中的"需要"范畴寻找理论基础。复旦大学张晖明教授通过对资本金融化的历史性进行分析，指出资本金融化源于资本利用信用制度超越自身限制的逻辑，但在此过程中引发了物质生产方式的变革。经济全球化使我国成为世界价值链分工协同中的重要一环，资本金融化逻辑已深入我国的生产过程。以马克思主义为指导的中国特色社会主义政治经济学要坚持历史逻辑、理论逻辑和现实逻辑的统一，就不能忽视资本金融化的时代背景及其形塑的生产力和生产关系。

福建师范大学黄瑾教授探讨了马克思"真正的共同体"的另一层含义——基于共同的阶级利益而组成的资产者共同体。基于此，人类命运共同体是在批判与超越资本主义"真正的共同体"条件下，基于"广泛的共同利益"，为建立新型国际关系与世界秩序而展开的一次"现实的运动"。西南财经大学徐志向指出，资本主义生产方式的内在矛盾决定了经济危机产生的必然，而技术的资本主义应用则形成了经济危机演变的逻辑起点。由技术创新、信用扩张、世界市场合成的"三重助力"，推动资本主义经济危机产生的原因更加多样、影响更加深远、应对方式更加多元，并表现出了由产业危机向金融危机以及系统性危机的演变。福建师范大学陈美华从哲学、政治经济学和科学社会主义三个层面论述恩格斯对劳动价值理论的深层次内涵，指出了恩格斯推动了马克思主义劳动价值理论的发展，捍卫了马克思主义劳动价值论的权威等对马克思主义劳动理论的伟大贡献。

二、社会主义基本经济制度与国家治理体系治理能力现代化

党的十九届四中全会对社会主义基本经济制度内涵作出突破性创新，以基本经济制度创新，为推进国家治理体系和治理能力现代化提供了基本遵循。

1. 对社会主义基本经济制度与国家治理问题的探讨

中国人民大学刘守英教授认为，新中国的 70 年创造了两个奇迹，一个是快速发展的奇迹，另一个是社会长期稳定的奇迹。目前大多从经济角度对中国奇迹的解释更多的是在寻找中国高速增长的源头，却忽视了对长期稳定奇迹的讨论。对中国这个转型经济体来讲，长期经济绩效的取得主要源自体制效率和体制秩序的平衡。西南财经大学李萍教授重点刻画了社会基本经济制度范畴内部分层的三个维度，即决定性经济制度、同一性经济制度和实现性经济制度及其关系，从总体上揭示经济制度体系与基本经济制度系统的多层次关系和特点。西南财经大学盖凯程教授从所有制的角度发现，"涓滴效应"在不同经济体中阻滞或畅通实质上受所有制关系规定的"发展为了谁"的增长逻辑支配。"发展为了资本"和"发展为了人民"是两种截然不同的发展道路：前者从私有制出发，沿着自下而上的负向涓滴路径，必然导向两极分化；后者从公有制出发，沿着自上而下的正向涓滴路径，必将导向共同富裕。山西财经大学李玲娥教授认为中国现阶段私营企业具有二重性的特点，一方面具有私有制企业的一般属性，具有资本主义古典企业的特点，另一方面作为我国社会主义市场经济的重要组成部分，又具有特殊属性。

2. 国家治理体系治理能力现代化问题讨论

清华大学白重恩教授认为，针对金融危机出台的"4万亿"财政刺激计划，创造了大量对低教育水平劳动者的需求，从而改善了收入分配。但进入新阶段后，基础设施投资回报率逐渐下降。要想继续改善收入分配状况，提高劳动报酬和居民可支配收入在GDP中的比重，从而扩大消费，不妨进行住房制度改革。浙江大学黄先海教授在新政府经济学理论框架下对政府经济角色进行了思考，他认为应该从"退、立、改、保"四个方面对国内产业政策进行战略性重构：退出竞争性领域的产业政策，创立以提升要素供给侧质量为导向的功能性产业政策，改进产业政策的实施模式，保留产业政策中的特色有效成分。

南开大学景维民教授认为，中国特色社会主义国家治理模式是中国共产党领导的特色社会主义制度下的国家治理模式，它是现代国家治理模式在中国的创新与发展。新时代要进一步完善和优化以人民为中心的制度安排，构建"党—政府—市场—社会"四元一体良性互动的现代国家治理模式，推进中国特色社会主义国家治理体系和治理能力现代化。西北大学钞小静教授认为，新经济可以通过促进单个产业和关联产业生产的优化来推动产业生产的现代化，通过加强供需互动、创新营销模式和推动消费升级来推动产品流通的现代化，通过促进产品内分工与竞争垄断市场结构的形成来推动产业组织现代化，从而使产业体系实现现代化转型。

3. 中国经济高质量发展与全面建成小康社会

西南财经大学丁任重教授认为，小康社会是马克思主义中国化的实践，也是中国式的现代化。全面建成小康社会标志着中国人民千百年梦想的实现，预示着我们能够跨越"中等收入陷阱"，更意味着向共同富裕的奋斗目标迈出了实质步伐。南京大学张二震教授通过对江苏高水平小康社会建设的实地考察，总结出了既有鲜明特色又可推广的"江阴样本"：以民营经济为主体发展实体经济，以推进"民富村强"实现共同富裕，以长江生态修复保护推进产业升级绿色发展，以集成改革推进社会治理体系和治理能力的现代化。曲阜师范大学刘刚教授从生产方式的角度考察了高质量发展阶段的历史必然性，就具体生产方式而言，高质量发展是新一轮工业革命在规模化生产之外追求质量效益的必然要求；就抽象生产方式而言，也是当前生产理念升级的主导方向。

三、外部冲击与实现"六稳"的理论与实践

世界面临百年未有之大变局，我国发展仍处于并将长期处于重要战略机遇期。随着贸易保护主义、地缘政治和新冠疫情形势的叠加，逆全球化现象与中国经济增长潜力成为关注焦点。

1. "百年未有之大变局"和逆全球化

中国社会科学院大学黄群慧教授认为应该从四个方面认识"百年未有之大变局"：一是，生产和贸易的实体经济面临重大变局；二是，全球金融和宏观经济治理出现严重困局；三是，科技和产业创新呈现出加速"革命"新局；四是，国际力量对比步入深刻调整格局。辽宁大学谢地教授从马克思主义政治经济学视阈观察逆全球化现象，认为其本质上是发达国家追求自身利益最大化的手段，根源是资本主义基本矛盾的演化及其及全球的放大。处于逆全球化旋涡中心的中国唯有不断提升经济发展质量、增强综合国力才能更好地应对逆全球化带来的冲击和挑战。吉林外国语大学刘建华教授从中俄贸易关系出发，认为虽然贸易战影响了全球经济和世界整体秩序，但持续扩大合作对形成中俄两国更高水平、更加紧密、更加稳定的贸易关系至关重要。

2. 对新冠肺炎疫情冲击的讨论

中国人民大学张培丽认为，践行"共享发展"理念，构建长短期相结合的政策体系，需要形成政策合力，核心在于推动中小企业形成自我发展的内在成长机制。华中科技大学宋德勇教授分析了数字经济在新冠肺炎疫情期间的"抗冲击"效应，发现数字经济主要通过稳固资金链、促进产业联动、加速复工三种效应助力企业缓解疫情冲击。其中，企业数字化在三大机制中作用全面，而数字金融、数字化治理以及数字化公共卫生发挥的作用则更有针对性。西北大学师博教授认为，新冠肺炎疫情对城市经济的冲击是暂时性的，但后疫情时代中国城市发展面临双重叠加的转型，既要实现冲击后的经济恢复转型发展，也要推动经济现代化转型发展。为此，需要把握增长动能转换、资源配置方式优化和产业链关键环节竞争力提升的机遇，克服经济逆全球化以及传统的集聚经济和治理模式对完善城市现代化经济体系的挑战。

吉林大学冯永琦教授认为，在疫情冲击下全球金融治理面临着全球化

割裂与全球金融治理包容性不足、集体性量化宽松政策再度泛滥、核心大国责任缺失以及国际金融组织效力不足等问题。中国应该积极参与后疫情时代全球金融治理体系的建构。福建师范大学叶琪认为，百年未有之大变局叠加新冠肺炎疫情暴露了当前全球经济治理合作的诸多矛盾，并把全球经济治理合作推入了新的变革点。后疫情时代，全球经济治理首先要选择一个强有力的治理主体平台，中国要从全球经济治理的"参与者"向"积极推动者"转变，维护全球经济治理的多边化、稳定性和有效性。

四、中国全面建设社会主义现代化新阶段的经济改革与发展

全面开启建成社会主义现代化国家新征程，彰显中华民族复兴的初心使命，蕴含着再造发展优势、为人民美好生活而续写中国奇迹的历史担当。

1. 对国有企业改革的讨论

吉林大学宋冬林教授梳理了我国混合所有制发展的理论逻辑和实践逻辑，总结各个时期国有企业改革思路的演变，认为推进混合所有制改革要继续沿着增强国有企业活力、提高国有企业效益的思路，推进国有企业向"管资本"转变，改革和完善国有企业用人机制和激励制度，建立改革的容错机制。浙江大学方红生教授通过研究中国不同所有制企业的周期性投资行为，发现除了中央和地方政府反周期性的财政政策外，央企与地方国企投资所扮演的准财政政策也是中国经济快速走出衰退的一大法宝。

安徽师范大学周端明教授则从知识溢出效应与产业集聚角度探讨了国有企业的贡献：国有企业因为具有更强的研发能力、更多的技术沉淀以及更多知识创新，具有更强的知识溢出效应，对吸引其他企业集聚的贡献更大。对于市场规模小的贫困地区，地方政府可以通过创建或引进国有企业的模式吸引新建企业进入，推动落后地区经济发展。吉林大学李政教授指出，国有企业不仅在理论上代表一种适应社会化大生产要求的先进生产方式，在实践上也确实具有引领创新发展的体制与资源优势。因此，增强创新力是国有企业实现其创新功能、做强做优做大和实现高质量发展的关键，要进一步完善中国特色现代国有企业制度，提高治理体系和治理能力现代化水平，充分发挥国有企业家作用、增强其创新的使命感、责任感与

动力。

2. 对"三农问题"的探析

武汉大学简新华教授指出，中国农村的出路、解决"三农"问题的根本途径，只能是在共产党的领导下，继续推进中国特色新型工业化、城镇化，尽快实现农民工市民化，尽可能持久稳定地吸纳转移更多农村劳动力。复旦大学高帆教授认为，农村劳动力非农化是发展中国家实现城乡二元结构转化的主要机制。从产业、空间、身份等视角进行审视，农村劳动力非农化具有非农业化（产业视角）、非农村化（空间视角）、非农民化（身份视角）三重内涵。西南财经大学韩文龙认为保障和实现农地财产权益是落实以人民为中心的发展思想和共享发展理念的重要体现。农地"三权分置"改革背景下，要实现农民的土地财产权，"确权颁证"是前提，"还权赋能"是本质要求。

关于农村土地制度改革的讨论。河南师范大学刘刚认为，农村集体土地所有、家庭承包经营是党和国家在新中国成立70余年来艰苦卓绝探索出来的解决我国"三农"问题的核心制度，是保障国民经济社会发展长治久安的基础制度之一，是我国在社会主义初级阶段必须毫不动摇坚持和发展的中国特色社会主义农村基本制度。吉林财经大学刘元胜认为，新时代推进我国农村土地制度改革需要正确理解中国特色是逻辑起点、农村是空间场所、土地是物质基础、制度是关系物化的制度内涵。新时代走好具有中国特色现代化农业道路的根本制度，将中国特色农村土地制度的显著优势转化为治理优势，需要坚持党的领导制度、做好改革顶层设计、尊重农民首创精神和强化制度执行。浙江大学郑淋议认为，产权强度、产权长度与产权广度的新范式不仅可以解释当下家庭承包制度改革的基本取向，还能够指明二轮承包后期家庭承包制度改革的未来进路。在二轮承包后期，农地产权制度改革需重点做好建立土地信息数据库、照顾农村特殊群体和配置农地非农用权利等工作，以期为促进乡村振兴、推动城乡一体化奠定坚实的基础。

3. 金融发展

南京大学范从来教授从经济与金融的共生关系出发，发现中国金融业在党的领导下，坚持金融服务经济发展的本质，重视防范金融风险和保障金融稳定，成功推动了中国经济的高速发展，并且经受住了历次金融危机的严峻考验，基本实现了经济金融共生发展、共同繁荣。西南财经大学杨慧玲教授指出，在当代技术竞争格局中，中国以自主技术创新引领经济发展是技术—经济发展规律的必然要求。因此，必须优化技术创新的金融支持体系，为技术创新创造稳定的金融环境，发挥信用在信息技术革命扩散深化过程中的推动作用。山东大学臧旭恒教授通过分析我国养老保险"多轨制"和消费差距特征并存的现象，发现养老保险制度的并轨有利于释放低养老保障参保居民的消费潜力，缩小不同参保家庭间的消费差距。南京大学孙宁华教授发现，与单一的货币政策相比，宏观审慎政策与货币政策协调虽然在面对房地产偏好冲击与房地产供给冲击时会降低产出稳定实现的程度，但能够较大幅度地提高社会福利。从具体的协调方式来看，宏观审慎政策与传统泰勒规则货币政策搭配，实现通胀稳定、产出稳定、金融稳定目标的程度优于宏观审慎政策与关注房价的货币政策搭配，福利损失也更低。

4. 创新驱动战略的实施

北京大学董志勇教授从培养经济学专业人才的角度出发，指出实施创新驱动战略应该继续坚持在开放的条件下培养人才，培养人才需要包容的心态和开放的导向。中共中央党校赖德胜教授认为，科技创新是高等教育的函数，高等教育的专业结构对于创新非常重要。中国构建新发展格局要强调创新的核心地位，必须要维持 STEM 专业的比重不继续下降，否则很难通过科技创新支撑双循环新发展格局的实现。浙江大学潘士远教授通过拖尾专利、突破性创新和新科技创新三个维度考察高质量创新，发现基础研究对中国的高质量创新有很强的促进作用，而且这种作用在国有企业和高科技行业中表现更为显著。山东大学杨蕙馨教授发现技术进步与全球价值链位置攀升存在密切互动关系，在强调创新驱动我国制造业迈向全球价值链中高端过程中，发挥并实现二者的耦合协调作用具有重要的理论及现实意义。南京大学郑江淮教授发现，随着技术分工的细化和产业链的延伸，跨区域创新互动成为创新发展的新趋势，是落后地区实现创新增长的重要路径。浙江大学张洪胜从开放视角解释中国数字经济迅猛增长背后的原因，发现贸易开放是助推中国 ICT 产业突破生产率悖论的关键原因，而且很有可能是开放促进了 ICT 行业的产业化发展和传统产业的数字化转型。中国人民大学范欣认为，数字经济的发展显著推动了经济高质量发展，产业结构优化升级作为传导机制对经济高质量发展也具有显著的正向影响。基于此，政府应大力发展数字经济，加快数字产业化和产业数字化进程，实现数字技术与实体经济的深度融合，进而推动经济高质量发展。

　　研讨会期间还同时召开了教育部高等学校经济学类专业教学指导委员会第四次全体会议和致敬"人民教育家"卫兴华教授的新书发布仪式，并为五位学者代表颁发了由人民教育家卫兴华教授捐赠的第五届"兴华优秀论文奖"（2020）。

第 34 次会议（2020）入选论文目录

作者姓名	第二作者	第一作者单位	文章
白永秀	宋丽婷	西北大学经济管理学院	关于创立"疫情经济学"的设想
常荆莎	严楚弘 陈倩倩	中国地质大学（武汉）马克思主义学院	近年湖北重点高校政治经济学教学状况的调查分析
钞小静	罗鎏锴	西北大学经济管理学院	新经济推动现代化产业体系建设的理论逻辑及实现路径
陈俊龙	张瑞涵 刘佳丽	东北大学秦皇岛分校经济学院	疫情危机下应急物资生产的政府规制研究
陈乐一	文维	湖南大学经济与贸易学院	我国最低工资标准对经济波动的影响研究
陈 亮	胡文涛	中国人民大学中国经济改革与发展研究院	金融发展、技术进步与碳排放的协同效应研究——基于 2005～2017 年中国 30 个省域碳排放的 VAR 分析
陈 龙	伍旭中	复旦大学经济学院	中国特色政府－市场观：核心意蕴、外在表征与建构逻辑
陈美华		福建师范大学经济学院	恩格斯劳动理论的内涵与理论贡献——纪念恩格斯诞辰 200 周年
陈少晖	谢伟杰	福建师范大学经济学院	马克思产权理论导向下国有企业产权结构的优化路径研究
陈叶烽	黄 娟	浙江大学经济学院	治疗不确定性、患者追责制度和医疗市场效率：理论和实验证据
戴双兴		福建师范大学经济学院	中央地方财政关系视域下地方政府土地利用行为演变
丁任重	徐志向	西南财经大学经济学院	党的全面建成小康社会战略研究

作者姓名	第二作者	第一作者单位	文章
杜书云	刘丁瑞 贾傅麟	郑州大学乡村振兴研究院	新冠疫情对我国住房租赁市场的影响及对策研究
杜曙光	刘　刚 李亚男	曲阜师范大学经济学院	以古典传统为界标的政治经济学：兼论两次术语革命
范从来	彭明生 张前程	南京大学经济学院	经济金融共生共荣：理论与中国经验
范　欣	尹秋舒	中国人民大学全国中国特色社会主义政治经济研究中心	数字经济、普惠金融与经济高质量发展
方红生	施如画	浙江大学经济学院	中国特色的宏观调控
冯永琦	于欣晔	吉林大学经济学院	后疫情时代全球金融治理体系建构与中国策略选择
付　华	李　萍	西南财经大学经济学院	农业现代化进程中农业机械化发展对粮食生产的影响——基于区域异质性的分析
盖凯程	周永昇	西南财经大学经济学院	所有制、涓滴效应与共享发展：一个政治经济学分析
高　帆		复旦大学经济学院	农村劳动力非农化的三重内涵及其政治经济学阐释
高淑桂		上海青浦区委党校	马克思资本理论及其中国化实践
葛　扬		南京大学经济学院	中国特色社会主义政治经济学的理论特质
郭　晗	廉玉妍	西北大学中国西部经济发展研究院	构建数据要素市场促进高质量发展的理论逻辑与路径选择
韩文龙	马文武	西南财经大学经济学院	新时代农民市民化过程中农地财产权的"还权赋能"与实现问题
何自力		南开大学经济学院	论中国特色社会主义政治经济学的理论特色及新课题

附录三：第34次会议（2020）入选论文目录

作者姓名	第二作者	第一作者单位	文章
侯 威	伍旭中	安徽师范大学经济管理学院	全球化对中国劳动收入份额的影响——基于 2005～2015 年省际面板数据的实证检验
胡昌雄	胡小文	安徽师范大学经济管理学院	稳增长、控债务视角下结构性减税与货币政策搭配研究
胡小文	张廷龙	安徽师范大学经济管理学院	跨境资本宏观审慎工具选择及货币政策搭配研究
黄 瑾	王 敢 龚显光	福建师范大学经济学院	探讨马克思"真正的共同体"的另一层含义
姜 伟	惠 炜	中央民族大学经济学院	人工智能发展与劳动力就业的理论与实证研究
荆克迪		南开大学经济学院	"十四五"时期坚持绿色发展与建设生态文明的思考和建议
景维民	赵 爽	南开大学经济学院	以人民为中心构建中国特色社会主义国家治理模式
李 丹	方红生	浙江大学经济学院	中国居民储蓄、财政空间与政府债务可持续性
李玲娥		山西财经大学经济学院	论中国现阶段私营企业的二重性——马克思主义政治经济学的分析
李 萍		西南财经大学经济学院	对基本经济制度的再认识：范畴拓展及其理论逻辑
李怡乐		西南财经大学经济学院	《资本论》与建设现代化经济体系的理论逻辑
李 政	周希禛	吉林大学经济学院	国有企业创新功能的理论逻辑与实现路径
梁洪学	刘元胜	吉林财经大学马克思主义经济学研究中心	我国农业供给侧问题焦点及深化改革的政策取向

作者姓名	第二作者	第一作者单位	文章
刘　灿		西南财经大学经济学院	中国特色社会主义政治经济学的学科属性、时代特征和理论体系构建
刘凤义	刘子嘉	南开大学经济学院马克思主义学院	政治经济学视阈下"需要"与"需求"的关系研究
刘　刚		河北师范大学商学院	坚持和完善中国特色社会主义农村基本制度的理论逻辑研究
刘　刚	高桂爱杜曙光	曲阜师范大学经济学院	从生产方式看高质量发展阶段的历史必然性
刘元胜		吉林财经大学经济学院	新时代中国特色农村土地制度改革逻辑与治理路径研究
逯　进	赵亚楠	青岛大学经济学院	长江经济带人力资本对环境污染的影响——基于调节效应的实证研究
孟　醒	罗德明金祥荣	宁波大学商学院	政治关联与民营企业"一带一路"投资
牛文涛	姜润鸽	郑州大学房地产市场研究中心	老年农民群体的多维贫困困境与可持续脱贫机制
乔晓楠	秦梦月李　欣	南开大学经济学院	中国距离贸易强国有多远？——基于政治经济学的理论逻辑与经验研究
任保平		西安财经大学经济学院、西北大学中国西部经济发展研究院	"十四五"时期我国高质量发展加速落实阶段的重大现实问题
任瑞敏	张晖明	复旦大学经济学院	资本金融化的历史性及其形塑的生产力与生产关系
申丹虹	崔张鑫刘锦叶	中北大学经济与管理学院	中国制造业全要素生产率变动存在区域趋同吗？
师　博		西北大学经济管理学院	后疫情时代我国城市经济的恢复性转型发展
石高宏	夏鑫雨	西北大学经济管理学院	福利国家、劳资关系与技能的演化——马克思主义经济学与资本主义多样性理论的比较

作者姓名	第二作者	第一作者单位	文章
斯国新	陆　洲 徐百禄	杭州市委党校萧山区分校	大湾区构想与区域经济转型研究——以杭州市萧山区为例
宋德勇	朱文博	华中科技大学经济学院	数字经济在新冠肺炎疫情期间的"抗冲击"效应研究——基于企业层面的经验证据
宋冬林	李　尚	吉林大学经济学院	混合所有制改革的政治经济学逻辑
宋冬林	谢文帅	吉林大学经济学院	实现小农户和现代农业发展有机衔接的政治经济学思考
宋　宇	董一一	西北大学经济管理学院	新经济背景下的宏观经济政策框架变革
孙宁华	张　翔	南京大学经济学院	货币政策和宏观审慎政策的协调问题研究——以房地产市场调控为例
王　博		中国证监会辽宁监管局	国有企业混合所有制改革税收政策突出问题及对策研究
王立胜	周绍东	中国社会科学院哲学研究所	全面建成小康社会：历史定位与中国道路
王人骏		吉林大学马克思主义学院	"一带一路"背景下边境税收治理的逻辑理路和现实选择
王义中	郑博文	浙江大学经济学院	货币与信贷分离：表现、原因政策含义
吴杨伟	李晓丹	武汉大学经济与管理学院	要素投入是否提升了贸易竞争力？——基于中国制造业的验证
伍旭中	陈　龙	安徽师范大学经济管理学院	党领导以人民为中心的新发展主义——习近平新时代中国特色社会主义经济思想的学术体系研究
武　志		山西财经大学经济学院	论中国特色社会主义政治与经济的关系——纪念恩格斯 200 周年诞辰
西　罗	刘建华	吉林外国语大学国际经济贸易学院	基于稳外贸背景下的中俄贸易关系机遇与对策探讨

作者姓名	第二作者	第一作者单位	文章
谢 地	张 巩	辽宁大学经济学院	逆全球化的政治经济学解释
谢 地	李雪松	辽宁大学经济学院	重振集体经济与推进乡村振兴
徐志向	丁任重	西南财经大学经济学院	论当代资本主义经济危机演变的逻辑与启示
许悦雷		辽宁大学日本研究所	资本主义科技型生产方式研究——以日本产学合作为视角
杨慧玲		西南财经大学经济学院	中国经济的技术周期与金融支持路径——构建经济高质量发展的新动力源
杨蕙馨	田洪刚	山东大学管理学院	中国制造业技术进步与全球价值链位置攀升——基于耦合互动的观点
杨 静	刘志鹏	中国社会科学院马克思主义研究院	畅通国内国际经济大循环的现代流通体系——基于马克思生产与流通辩证关系思想的考察
杨思莹		吉林大学中国国有经济研究中心	政府推动关键核心技术创新：理论基础与实践方案
叶建亮	郑朝鹏	浙江大学经济学院	媒体压力推动了空气质量改善吗？——来自我国地级市的证据
叶 琪		福建师范大学经济学院	后疫情时代全球经济治理合作变革的态势与中国应对
余吉祥	沈坤荣	安徽师范大学经济管理学院	地方政府竞争与国家治理绩效——一项基于锦标赛规模视角的研究
臧旭恒	李晓飞 姚 健	山东大学经济学院	养老保险"多轨制"、家庭消费差距与消费潜力释放
张二震		南京大学长三角经济社会发展研究中心	高水平小康社会建设的江阴样本
张海鹏		南开大学经济研究所	统筹做好疫情防控与脱贫攻坚的对策分析

作者姓名	第二作者	第一作者单位	文章
张洪胜		浙江大学经济学院	探中国数字经济增长之路：典型事实、贸易开放与生产率增长
张培丽		中国人民大学经济学院、中国人民大学中国民营企业研究中心	发展共享经济　力保市场主体
张小茜	王永钦	浙江大学经济学院	担保网络与僵尸企业—风险分担与风险传染的权衡
张小瑛		兰州财经大学经济学院	以开放发展理念引领西部全面开放与经济高质量发展的马克思主义思考
张永峰		南京大学经济学院	中国特色社会主义共同富裕的实现路径——基于所有制结构的视角
赵新宇	郑国强	吉林大学　经济学院	要素市场扭曲提升了企业利润率吗？
郑江淮	戴一鑫	南京大学经济学院	跨越省级行政区的中国城市创新互动——基于产业技术邻近视角的解释
郑淋议		浙江大学中国农村发展研究院	农地产权制度改革新范式：产权强度、长度与广度——来自中国家庭承包制度改革的经验证据
周端明	李　雷　余吉祥	安徽师范大学经济管理学院	知识溢出效应与产业集聚：中国国有企业的贡献
周跃辉		中共中央党校经济学部	习近平经济思想与中国经济的改革发展
周志太	翟文华	淮北师范大学经济与管理学院	产能过剩治理与做强做大做优国企关系研究
朱立冬	周端明	安徽师范大学经济管理学院	马克思技术创新思想研究的三重维度

附录四：

第五届"兴华优秀论文奖"（2020）获奖名单

编号	第一作者	其他作者	作者单位	论文标题	论文入选会议时间
1	刘　伟		中国人民大学经济学院	习近平新时代中国特色社会主义经济思想的内在逻辑	2019年会议论文
2	卢　江	张　晨	浙江大学马克思主义学院	论中国特色社会主义开放型经济体制改革的理论来源	2019年会议论文
3	臧旭恒	陈　浩	山东大学经济学院	不确定性下我国城镇居民消费的习惯形成特征研究	2018年会议论文
4	杨　静	徐　曼	中国社科院马克思主义研究院	马克思主义视阈下全球价值链的空间拓展机理探究——兼论"一带一路"建设的路径构想	2017年会议论文
5	盖凯程	周永昇刘　璐	西南财经大学经济学院	"国进民进"：中国所有制结构演进的历时性特征	2019年会议论文